日本における ホームレスの実態

川上昌子 編著

Masako Kawakami

学文社

執筆分担

川上　昌子	第1, 2, 3, 4, 10, 補章
朝比奈朋子	第3, 8章
大久保幸枝	第3章
柏　　貴美	第3, 4章
木本　　明	第3, 9章
渋谷　　哲	第3, 7章
杉野　　緑	第3, 5章
樋田　幸恵	第3章
早坂　尚子	第3, 6章
牧原　信也	第3章

はじめに

　ここ数年ホームレス調査を自治体から依頼されることが多く，私の周りで貧困研究に取り組んでいる若い人達と共同で調査を実施してきた。中でも2002年度に川崎市の依頼により実施した川崎市ホーレス調査は我々に多くのことを考える機会を与えてくれるものであった。そのことから実態調査の結果を本として纏めることを思い立ったものである。我々はこれまでに，川崎市調査を含め三つのホームレス調査を共同で実施している。それらを含め，また20年前の江口英一先生らとの調査結果とも繋げて考察し，纏めることにしたものである。

　川崎市調査は，川崎市が1994年7月から「パン券」と称される食料品現物支給事業を単独事業として実施していたことから，野宿者であるパン券利用者と川崎市との間に一定の関係がつくられており，非常に実施しやすい条件のもとで進めることが出来た調査である．また，市の職員によるパン券支給の資格調査とアンケート調査が行われてきていることから，川崎市で野宿している者について，殆ど全数といってよいデータがすでに得られており，それを分析し基礎資料とすることが可能であった．そのようにひとつの自治体について，全数調査と，「パン券」を現に利用している野宿者の調査と，我々がホームレスに含めるべきと考える宿泊施設入所者の調査というように，三側面から包括的にデータを収集し分析することが出来た調査であった．ホームレス調査は経験した方ならばわかるであろうが，地域住民調査とは異なり難しい調査である．郵送調査といった方法は全く取ることが出来ない．当然ながら居所が移動するし，調査に応じるかどうかも全く本人の自由であり，しかもその場で調査に応じていただけるよう交渉しなければならない．野宿者にとっては調査に応じたからといっても手みやげのタオルや石鹸程度を入手出来るだけのことである．その点，川崎市での調査は上記したように市と野宿者との間に食料品現物支給事業を通した関係がつくられていたことから，量的にも質的にも十分な偏りの

ない調査を実施することが出来たと考えている．そのような好条件の下でなされた調査であること，また，何より川崎市という京浜工業地帯の心臓部ともいえる地域におけるホームレス調査の結果は，データとして大いに価値あるものと考えるのである．

我々の調査以前にすでにいくつかのホームレス調査がなされ，その成果が発表されている．東京都調査2000年（岩田正美），大阪市調査2001年（森田洋司），名古屋市調査2002年（森田洋司），大阪府調査2002年（中山徹）などをあげることができる．また上記のような研究者が関わった調査だけではなく国や地方自治体による調査も行われ，結果が公表されている．我々の調査もそれらを参考としながら実施したものであり，多くの調査の中のひとつとして追加したにすぎないのであるが，当然に，調査はひとつでもより多くの地域でなされた方がよいであろう．

それらの調査において，共通した傾向が指摘されている．第一に，野宿者は男性の中高年者が大多数を占めること．第二に，長期不況が野宿者をつくりだしたであろうこと，したがってホームレスの者は年々増加していること．第三に野宿者として公園や駅，その他公共物周辺を居所とすることからその存在が明視的となり，一般市民との間に軋轢が生じていること．第四に対応が必要であることが自明であるにもかかわらず，不十分であることなどである．我々の調査結果からも同様の傾向を指摘できたが，第三の点については川崎市は野宿者と市民との距離がより近しいように見えた．

本書において，我々の調査からも上記のような諸事実を示すつもりである．それとともに，我々なりの視点を示したいと考えている．

ひとつは，ホームレスとして表れている貧困の社会的性格を1980年代以前からの経済の高度成長との関連において分析し高度成長の産物であることを示すこと．二つには，師である江口英一先生が，名著『現代の「低所得層」』の最後に収録されている「貧困研究ノートより」で述べられているところの「生きている人間」としてホームレス状況に押し込められている人々を受け止め，個々

人の出来るだけありのままの姿を捉え表わすことである．

　本書は三部構成としている．第Ⅰ部において経済の高度成長とホームレス形成の関係を分析し，第Ⅱ部においては，分析らしい分析を行っていない「調査報告書」として，ホームレスである人々の実態を示すつもりである．そして，第Ⅲ部では調査に関わった若い研究者の人達によるホームレス問題に引き寄せた論考を掲載している．調査に参加し，報告書を共同して作成することにより各自の考えが深められているが，その視点からそれぞれが特に関心を持ったテーマについて論じている．編者からはテーマ・内容についての指示は特に行っていない．しかしながら各自により設定されたテーマが，うまい具合に諸側面にわたり，ホームレス問題の背景の究明から，実態，政策の問題にまで及んでいる．

　本書を纏めるに当たり，しばしば江口英一先生の論文を読み，また，先生がよく口にされた言葉を反芻し，その意味を考えた．江口先生が捉えられた貧困の概念はどのような特徴を持つのか，「ワーキング・プア」にあくまで拘られたのはどうしてなのか等である．編著者としてではあるが，貧困に関係する本を出版することになったことを先生に感謝するとともに，まことに遅々とした歩みであることをお詫び申し上げたい．
　我々の著書が，ホームレスの状況に押し込められている人々の痛みへの理解を広げることに役立つことが出来るならば幸いである．

2005年2月18日

　　　　　　　　　　　　　　　　　　　　　　　　　　　川上　昌子

目　次

第Ⅰ部　ホームレスの形成と性格

序 …………………………………………………………………………………… 1

第 1 章　経済の高度成長期における貧困の創出
　　　――山谷日雇労働者のホームレス化に関する研究――………… 7
　潮見寮入所者調査の概要　7
　第 1 節　潮見寮入所者の特徴　8
　　　1. 入所者の年齢の特徴（9）　2. 学歴について（10）　3. 健康状態（11）
　　　4. 家族関係（13）

　第 2 節　経済の高度成長期における山谷労働者の形成　15
　　　1. 山谷に来た時期（16）　2. 高度成長期における山谷労働者の趨勢（18）
　　　3. 山谷に来た時と日雇就労との関係（19）　4. 山谷に来る前の最長職の社会的
　　　性格（21）　5. 山谷日雇になった理由（24）

　第 3 節　ホームレス化の入口の様相　29
　　　1. 更生施設入所直前の状況（29）　2. 潮見寮による対応と機能（39）　3. 施
　　　設の利用状況（41）　4. 退所時の事情と退所後の行き先（43）

　おわりに　46

第 2 章　日雇労働者の最後の沈澱の様相
　　　――ホームレス化と生活保護――………………………………… 53
　第 1 節　分析ケースの一般的特徴　54
　　　1. 個人的属性に見られる特徴（54）　2. 社会的側面の特徴（56）

　第 2 節　日雇および山谷との関係――山谷日雇労働者のホームレス化―― 57

1. 職歴と日雇（57）　　2. 日雇と山谷の関係（58）

　第3節　生活保護との関連――特に居宅（ドヤ）保護との関連について　65

　　1. 保護の開始時の状況（65）　　2. 保護の開始事情（67）　　3. 保護の状況（69）

　第4節　ホームレス化と生活保護に関する考察　72

　　1. 分析対象におけるホームレスの意味（72）　　2. 野宿ケースのケース・スタディから（75）

第Ⅱ部　近年のホームレスの実態

第3章　川崎市のホームレス……………………………………………………85

　川崎市調査の目的と方法　85

　第1節　川崎市調査結果の概略　88

　　1. 食料品支給事業更新相談時調査の結果（88）　　2. パン券利用者調査と施設入所者調査の結果（97）

　第2節　どんな人たちか　103

　　1. 野宿者の現状（103）　　2. 野宿への過程（109）　　3. なぜ川崎か（119）
　　4. まとめ（122）

　第3節　日々の過ごし方　123

　　1. 衣類について（124）　　2. 食事について（126）　　3. 入浴と散髪について（130）　　4. 住み方について（133）　　5. 職業・就労とその関係について（141）　　6. その他（144）　　7. おわりに（147）

　第4節　施設利用の意味　148

　　1. 健康・医療と施設利用（151）　　2. すまいと施設利用（157）　　3. 生活の安定と施設利用（166）　　4. 施設利用の意味（177）

　おわりに　178

第4章　大都市周辺地区大宮市のホームレス
　　――野宿者の経歴と昼間の過ごし方に関するケース・レコード――　…183

第1節　調査対象者の諸側面　185

1. 入寮者の一般的特性（185）　2. これまでの経歴について（187）　3. 入寮前の生活状況（194）

第2節　昼間の過ごし方と経歴に関するケース・レコード　200

第Ⅲ部　今日のホームレス問題に関する論考

第5章　川崎日雇労働市場の趨勢と野宿生活者 …………………… 219

はじめに　219

第1節　川崎日雇労働市場の趨勢　220

1. カンカンムシと建設日雇（220）　2. 勤労者宿泊施設「臨港苑」開設と日進町（224）　3. 臨港苑の廃止（225）　4. 就業機会の縮小と喪失（227）　5. 全国的な就業機会の縮小（231）

むすび　234

第6章　川崎市における野宿生活者の就労状況 ………………… 239

はじめに　239

第1節　野宿生活者の概要　240

1. 寝場所について（242）　2. 健康状態について（243）　3. 身の回りのことについて（243）　4. 食事について（243）

第2節　野宿生活者の就労状況　244

1. 野宿生活者の仕事（244）　2. 川崎で生活し始めた理由（246）　3. 川崎で生活し始めた時期（249）

第3節　今後の課題　249

1. 希望する生活の場（249）　2. 生活上の不安要素（251）　3. 最低生活費と就労状況（253）　4. 川崎市におけるパン券の果たす役割（254）

第7章 野宿生活が継続可能な川崎市の状況
——川崎市調査からの考察——………………………………………… 257
はじめに　257
  1. 野宿生活者に至る生活歴の3事例（*258*）　2. 野宿生活の開始時期と期間（*262*）　3. 野宿生活が継続可能な状況（*265*）　4. おわりに（*276*）

第8章 労働体系から見る女性「ホームレス」の源泉について……………… 279
はじめに　279
  第1節　女性の労働に関する研究とその問題点　280
  第2節　現代における女性の労働体系　284
  1. 不安定低所得職種の析出（*285*）　2. 不安定性の検証（*302*）
おわりに　312

第9章 東京都・23特別区における「路上生活者自立支援事業」の現状と今後の方向性 ………………………………………………………… 315
はじめに　315
  1. 東京都・23特別区共同実施の「路上生活者自立支援事業」の開始に至る過程（*316*）　2.「路上」生活を強いられる人たちへの「眼差し」（*321*）　3. 東京都および23特別区の「路上生活者自立支援事業」の現状と問題点（*324*）　4. 東京都・23特別区共同実施の「路上生活者自立支援事業」の現状の課題（*329*）　5. 東京都・23特別区共同実施の「路上生活者自立支援事業」の今後の方向（*334*）
おわりに　340

第10章 英国のホームレス重点主義政策に関する考察………………………… 347
はじめに　347
  1. 英国における80'以降におけるホームレス施策の展開（*350*）　2. 野宿者問題の把握と野宿者施策（*356*）　3. イギリスのホームレス施策についての検討（*361*）　4. おわりに（*367*）

補章　戦前の草間八十雄による浮浪者調査……………………………………… 373
　　1. 浮浪者調査の流れ（*373*）　　2. 東京市社会局浮浪者調査と草間八十雄（*376*）
　　3. 浮浪者の形成について（*386*）

あとがき　　393

第Ⅰ部　ホームレスの形成と性格

序

　今日のホームレスの特徴としては，東京を中心に見たとき，日雇労働者からのホームレス化よりも，より上位の社会階層からの落層者により構成されるようになってきていると指摘されている．生産技能工やサービス職業従事者等からの離職者も見られるようになり，従来のように一段階づつの転落過程を経て日雇労働者層として「プール」されるということでなく，時には一般階層に属していた者までもが，一挙的にホームレスになる者が増加しているということである．そのことは，川上の社会階層構成の変化に関する研究や保護層への転落過程に関する研究，なかでも不安定・低所得階層を構成する諸階層の変化の追跡からもいえることである．[1]

　そのような傾向が近年見られるようになってきているにもかかわらず，ここではあえて日雇労働者からのホームレス化を主たる研究テーマとする．その意図は，従来型ともいえる日雇労働者からのホームレス化が実態として今日においてもなお量的に中心的タイプであり，より上位の社会階層といっても大して違わない類似の諸階層といえるものであり，日雇労働者を捉えておくことが施策のあり方を考える上で不可欠であると考えるからである．

　2000年に山谷地区における生活保護受給者の分析を試みた．山谷地区（現在ではこのような地名は正式名称としては地名変更により地図上に存在しないが山谷という呼称は消えないままである）は，上野公園，隅田川河川敷とともにホームレスの人々の集積地域である．新宿区と並んでホームレス人口のもっとも多い代表的な地域のひとつである．その山谷地区のホームレスの人々に生活保護制度がどのように関わることが出来ているかを把握する目的で分析を試みたものである．山谷という地区的特性からか生活保護受給者の中に長期に日雇労働に

従事してホームレスになったものが多くみられるからである．

　この第Ⅰ部の研究においては，日雇労働者からのホームレス化と，さらに生活保護受給にいたる経過について追求するつもりである。まず，1981 (昭 56) 年度に調査した東京都山谷対策室からの委託調査である準生活保護更生施設である潮見寮調査結果の再分析を行うつもりである．その調査は中央大学教授江口英一を中心に川上昌子，佐藤嘉夫，大須真治，中央大学大学院生，淑徳大学学生で実施した調査で，『更生施設に準ずる施設（潮見寮）入所者の位置と類型』東京都福祉局山谷対策室，昭和 57 年 10 月発行の報告書が有る．(以下では本報告書のことを「研究報告書」という)．次いで，2000 年度の分析結果とを関連させて，20 年余の時の流れの中でのホームレス化の変化とその意味を捉えるつもりである．

　ここで，二つの時点の調査分析を関連づけようと考えた意図について簡単に述べておくならば，潮見寮（現在のなぎさ寮）は冬季 12 月から 3 月までの短期間だけ開設される生活保護法による準更正施設であった．山谷のドヤに依拠しながら日雇労働に従事してきて年をかさね壮年期の終わりにちかい年齢となってきた者がそれまでの過酷な労働と生活の結果としての疾病や障害のため，くわえて冬期の農村からの出稼ぎ労働者との競合による山谷労働者に対する労働需要減少のために，体力が相対的に劣る者から就労が全く困難，ないしは一週間あたりの就労日数が少なく不十分にしか就労できない状況になっていた．潮見寮はその者達を主な対象とし，入所期間を限定して収容した施設である．つまり潮見寮は日雇労働者のうちの体力が低下してきている者のために冬の厳寒期の野宿対策として開設されたといえる．入所者の平均年齢はほぼ 49 歳である．短期間（開設は 4 ヶ月間だが入所者は一週間とか 10 日とか，月単位の者もいる）の更生保護施設入所の後に再度労働市場へ復帰していく者が調査の結果では 6 割を占めていた．それに対して今日，山谷のドヤで生活保護の居宅保護を受けている者は長期の保護を受けている者である．それはほぼ 2,500 人といわれる．台東区全体ではなく山谷地区の者に限定した結果であるが，居宅保護を受けて

いる者の平均年齢はほぼ65歳であった．潮見寮入所者が20年後に最後に行き着くことが出来たところが山谷ドヤでの居宅保護であると見ることが出来よう．

そのように仮定して，二つの調査分析から得られた日雇労働者のライフコースのシェーマを描けば，40歳後半頃から罹病，体力の減退をきたしつつもなお働き続け，60歳を過ぎ，全くといって良い程度にまで労働能力を喪失した後に，短期ではない長期の居宅保護（居宅保護をやっと受けられるようになったのにすぐに亡くなる者も少なくないが）が得られている．この点に関してはここではこれ以上言及はしないが，このようなライフコースであると予想されたことから二つの調査分析を結びつけたいと考えたのである．

さて，潮見寮調査の分析結果は，前記したように「研究報告書」としてまとめすでに発表されている．その際に注目した主題は，第一に入寮者にみる山谷労働者の低滞または滞留と，沈澱の構造であり，第二にアオカン（野宿）の常態化如何を中心に，ケースを①自立可能，2ケース2.7%，②の1 疾病や障害があるが軽度で快復見込みのある者，37ケース35.1%，②の2 病気虚弱者で程度が重く就労困難な者，45ケース37.8%，②の3 疾病と障害が重複し加療施設ケアを要する者，7ケース6.3%，③高齢者，7ケース6.3%，④アオカンを常習する者，8ケース7.2%にタイプ分けすることによって，②の1および②の2が多くを占めること，彼らは浮浪化しつつもなお働くことをやめない，つまり産業予備軍としての性格を保持しているところの社会経済的に積極的存在であることを明らかにし，そのことから，山谷で浮浪化しつつある者について，「ルンペン・プロレタリアート」的性格と捉えることを否定したのである（「研究報告書」，p.90）．

「研究報告書」から研究仮説を引用すると，少し長くなるが以下のようである．
「このような人々の山谷への集中は，それらの個人的家庭的事情が加わりつつも，それにいっそう加圧されながら，日本全体の社会的経済的構造変動から生じてきた者であることは否めないであろう．このようにして形成・集中され

た過剰労働人口は，産業とくに建設，運輸，製造業などの労働人口の予備労働人口として一部は不安定な就業の中できわめて流動的な性格を持つとともに，その一部はそのような状態に長く置かれる中で『低滞化』しつつ，固定的な『低滞層』を形成し，その最低部分はいわゆる『浮浪』層となって山谷周辺からその他の地域に拡散し散居していくことである．しかし，より重要なことはこれらの『低滞層』さらには最低の『浮浪』層にもいくつかのタイプがあり，それは労働力たるべき精神的肉体的能力を失ったいわゆるルンペン・プロレタリアというべきものではなく，同時に産業予備軍としての機能を全く失った，ヤッカイ者，反社会的なものではない．表面的な姿はそう見えても，その最低の『浮浪』層の中にさえいくつかのタイプがあり，それはいわば産業予備軍の予備軍ともいうべき者を多く含み，経済事情が違えば一部の就業機会につくことができる．こういった意味でこれらの『浮浪』層は今日の社会経済の中で生成された，いうならば今日的な『浮浪』層である」(「研究報告書」p.8).

　以上のような仮説に基づき，すでに分析結果が「研究報告書」において述べられているのであるが，ここで再分析しようとする目的は，上記の仮説および過去の分析結果について異論を提示することではなく，「低滞と沈澱」の意味を異なる視点から問題とし分析したいからである．先の「研究報告書」は，山谷労働者が主たる入所者である潮見寮入所者の特徴を捉えることを通して，準生活保護更生施設入所者が山谷労働者全体に対して持つところの意味を考察することを主題としていた．ここでの分析は，視点を変えて高度成長期に形成された山谷労働者のホームレス化の必然性とその意味についての考察を主題としたいのである．その際，「研究報告書」のように「現状」および「今後」のホームレス化の必然性を明らかにするということもだが，それ以前の，つまり，山谷労働者として日雇労働市場に組み込まれたことをも問題とし，経済の高度成長期における日本の労働市場の中での位置づけとその意味を探りたいと考えるのである．

　今日の日本社会において日雇労働者がホームレス化する事は当然すぎるくら

い当然の事柄と考えられていよう．しかし，種々の労働政策や社会保障政策，なかでも生活保護制度が整備されている中で，なぜホームレス化が当然なのか．これらの社会政策は貧困への落下をかなりのところ予防していると見られている．日雇労働者に対してはなぜそのように機能しないのか．また機能しないことへの疑問がなぜ発せられないのかということが問題である．

ところで，日雇労働者は一般に社会の最下層に位置づけられる．日雇労働者になることは「落層」ととらえるのが普通である．潮見寮の食堂で入所者の一人ひとりと面接し聞き取り調査をしながら考えるに至ったことは，通常いわれるように「落層」というように捉えることは適切でないということであった．「落層」とは労働市場からの「反発」つまり失業の結果，または他に就労機会が得られなかった結果として発生すると考えられよう．または本人のこれまでの行動，犯罪や飲酒，賭博といった一般に反社会的といわれるところの「逸脱行動」の結果として落層に至ると考えられていよう．ところが，多くの者が「反発」の結果として日雇労働者になったというより，また逸脱的行動は過去にあったかもしれないが，むしろ実に勤勉に働く意欲を持つ者が日雇労働者として経済の高度成長の中では「吸引」されて集められたのである．そして20年を越える年月の間，そこに「滞留」することとなり，次第に低滞化し沈澱化してきているのである．大きな力で引き寄せられて長い年月を経た後の結末が1981年の潮見寮入所であり，それすら短期間しか提供されず，多くの者が明日の当てもないのに施設を出ていくことになる．その者達がさらに60歳を越えて2章で分析する2000年のドヤにおける居宅保護へとつながっていると考えるのである．

注

1)　川上昌子「社会構成の変化と貧困の所在」江口英一編『改訂新版生活分析から福祉へ』光生館 pp. 17〜27参照．なお，「プール」とは落層してきた者がそこに溜まっているという状況だけではなく，産業予備軍としての機能を果たすことを意味している．

第1章

経済の高度成長期における貧困の創出
―― 山谷日雇労働者のホームレス化に関する研究 ――

　第1章では，「豊かな社会」をもたらしたといわれる経済の高度成長期において，「吸引」されて，貧困階層の代表ともされる日雇労働者の大群が新たにつくりだされ山谷に集められたこと，その人々が病気，けが，加齢により労働能力を低下もしくは喪失するにつれてドヤに宿泊出来なくなりホームレス化していくこと，そして1981年，昭和56年の冬期の潮見寮はホームレス化の入口であることを明らかにしたいのである．つまり，以下においては，その入口に観察点を据えてその前後の様相から，ホームレス化問題を単に潮見寮利用者の問題としてだけでなく，高度成長期における日本の貧困の隠蔽の問題として考察するつもりである．

潮見寮入所者調査の概要

　ここで用いる調査の概要について，簡単に述べておくことにしたい．調査は東京都福祉局山谷対策室の依頼のもとに実施したものである．調査票は甲票と乙票を用いた．甲票は開所期間入所者の全数である373人を対象に質問項目を基本的な項目に限定して聞き取りをするために用いた調査票であり，乙票はそのうちの111人について詳しい面接調査を潮見寮の食堂において5～6ヶ所に分かれ一対一で対面して聞き取り調査を実施する際に用いたものである．
　調査時期は1981年12月の8日間，1982年2月初旬の5日間，3月下旬の7日間である．なお「退所理由」については後日に佐藤嘉夫氏により福祉事務所において補充調査がなされた．

第1節　潮見寮入所者の特徴

　潮見寮は，冬季に仕事にアブレ，アオカン（野宿）せざるを得ない山谷日雇労働者対策として作られた施設である．冬季にアオカンをせざるを得ない人々とは山谷労働者の中の底辺の部分であるといえる．入所者を捉えることをとおして山谷労働者の底辺部分がどのようになっているかを捉えることが出来る．

　具体的に，どのような人が入所しているかということは，どういう人が入所出来ているか，つまり行政が実際のところどのような人を入所資格有りと判断しているかということである．社会福祉施設への入所は，潮見寮に限らず，戦後の社会福祉関係諸法の下においても保護基準のような客観的な一律の入所基準があるわけではなく，しかも，施設が作られれば利用できるが作られなければ入所者は生じない．利用者の状況や，必要とする者の人数と施設措置が対応し，結びついているわけではないのである．戦後においても施設利用に関しては「法の反射的利益」ともいえる状況でしかないのが一般的である．潮見寮についても同じことがいえる．東京都が当該施設を冬期開設するようになったので，福祉事務所の方針とケースワーカー個々の判断により，対象範囲にある者のうちの誰が，どのくらいの期間入所出来るかが決められることとなった．ケースワーカーは，実際の業務において，短期保護・更生という施設の設置目的および収容可能人数と，入所希望者の人数と個々人の状況を勘案して個々人の入所措置（どのような身体状況の人をどのくらいの期間措置するか）を決定したであろう．

　以下は，したがって上記の事情の下に「選別」された者の特徴を述べることとなる．

1．入所者の年齢の特徴

　入所者の特徴，プロフィールを捉えておきたい．入所者の年齢構成を示すと，表1－1の通りである．比較のために1980（昭55）年の東京都による簡易宿所宿泊者の全数調査の結果をあげている．それと比較すると潮見寮入所者の年齢構成の特徴は，山谷ドヤ居住者全体についての東京都昭和55年調査結果に比し，40歳代と50歳代が多く，39歳以下および60歳以上が少ない構成であることがわかる．そのことに短期開設施設である潮見寮入所者の特徴が示されていると判断して良いであろう．つまり，若年層が少ないのは若年層には病弱者が少ないからであり，高齢者が少ないのは短期入所では高齢者には対処出来ないからであろう．40歳代と50歳代が主たる入所者ということである．措置された全ケースの平均年齢は48.7歳である．面接調査を実施した者の平均年齢は47.5歳である．平均年齢の48歳という年齢は通常ならばまだ壮年期ということであろうが，野外での労働に従事し，夜も野外で過ごす時間が長くかつ飲酒歴も長い，時にアオカンをせざるを得ない人々は，総じて壮年期とは見えず，10歳も年長に見える人も多く，実際に総じて身体の老いは早いであろうと推察される．

　要するにこの調査が捉えている者は主に40歳代，50歳代であって，年齢的には通常ならばまだ老齢ではないにも関わらず，病気や障害の発症，体力ないし作業能力の低下により，日雇労働市場からの脱落が始まっているという共通の特徴を持つ者達である．そのような共通の特徴を持つ者達であるから体力，作業能力の低下がもたらす生活上の問題をこの分析から考えることが出来る．日雇労働者にとって労働市場からの脱退は常勤の労働者とは異なる意味を持っている．働けないということは，ほとんどの場合，その日からか数日後からかはともかく，短日のうちにお金がなくなり生きられなくなることである．

表1－1　入所者の年齢構成と山谷労働者の年齢構成の比較

	入所者全数		面接調査者のみ		昭和55年東京都調査	
	人数	%	人数	%	人数	%
29歳以下	1	0.2	0	0.0	205	3.4
30～34歳	10	2.7	3	2.7	1154	19.0
35～39歳	40	10.7	10	9.0		
40～44歳	86	23.1	24	21.6	2099	34.5
45～49歳	72	19.3	19	17.1		
50～54歳	77	20.6	27	24.4	1583	26.0
55～59歳	48	12.9	18	16.2		
60～64歳	23	6.2	3	2.7	892	14.7
65～69歳	11	2.9	4	3.6		
70歳以上	5	1.3	3	2.7		
不明			0	0.0	147	2.4
合　計	373	100.0	111	100.0	6080	100.0

注）入所者全数とは，実際に措置されたものから数日で自己退所した者や記入不備を除く．
東京都調査とは山谷対策室『山谷地域－宿泊者とその生活』による男子．
この表の全数は373ケースであるが，この期間の全数は実はこのほかに92ケースの付加ケースがあった．その92ケースは，ほんの数日の滞在で自己退所した者，もしくは調査が不完全であったものである．そのため全体の分析からは除外しているが，付加ケースの特徴は，39歳未満と40～49歳未満が多いことである．相対的に体力があることから早々に自己退所したものと推察される．

2．学歴について

　学歴についてみると次の表1－2の通りである．義務教育だけの者は61%，中等教育を受けた者は18%，高等教育は少なく2人だけで1.8%である．中等教育と高等教育を受けた者をあわせると2割を占める．
　表では年齢階級別に示しているが，年齢階級層により違いがあり，50歳以上では7割が初等教育だけであるのに対して，40歳未満および40歳代の者は約半数は中等教育を受けている．この点から考えて，はじめから社会階層が低かった者ばかりではないことがわかる．

表1-2　学歴

		1 義務教育	2 高校卒	3 大学卒	4 その他	不明	計
人数	40歳未満	7	5			1	13
	40〜50歳未満	23	11	1	1	7	43
	50〜60歳未満	31	3	1	2	8	45
	60歳以上	7	1		1	1	10
	計	68	20	2	4	17	111
％	40歳未満	53.8	38.5	0.0	0.0	7.7	100.0
	40〜50歳未満	53.5	25.6	2.3	2.3	16.3	100.0
	50〜60歳未満	68.9	6.7	2.2	4.4	17.8	100.0
	60歳以上	70.0	10.0	0.0	10.0	10.0	100.0
	計	61.3	18.0	1.8	3.6	15.3	100.0

3．健康状態

　準更生施設である潮見寮入所者の健康状態は重要である．まず，具合が悪いかどうかを答えてもらった．回答を見ると「全く悪いところはない」が2.1％，「通院の必要はないが具合が悪い」が6.7％，「通院している」が89.5％である．「全く悪いところがない」と回答した8人2％は高齢者である．他の者は具合が悪い者である．89％もの者が通院している．

　次に障害の有無について訊ねた結果は表1-4の通りである．障害があると答えた者は58.7％と6割が障害があると答えている．しかし，身体障害者手帳を取得している者は111ケース中3ケースにすぎない．

　病名を主要な病名と第二病名について示すと表1-5のようである．多い順にあげると，けがが19％，肝臓が18％，ヘルニアが15％，胃腸が14％である．けがやヘルニアは野外の重筋的労働によるものである．山谷労働者ということで予想される糖尿や結核は，それぞれ3％と1％と少ない割合である．そのほか目立つ疾病は高血圧症の9％，リュウマチの10％である．飲酒や不摂生もだが，建設業を中心にした危険な重筋的労働によるけがや長期間の身体への負荷による労働災害的性格のものが目立つ．

表1-3 健康状態

		全く悪いところはない	通院の必要はないが具合が悪い	通院している	入院する必要がある	不明	計
人数	40歳未満		1	49		1	51
	40～50歳未満	1	7	150			158
	50～60歳未満	3	11	106	5		125
	60歳以上	4	6	29			39
	計	8	25	334	5	1	373
%	40歳未満		2.0	96.0		2.0	100.0
	40～50歳未満	0.6	4.4	95.0			100.0
	50～60歳未満	2.4	8.8	84.8	4.0		100.0
	60歳以上	10.3	15.4	74.3			100.0
	計	2.1	6.7	89.6	1.3	0.3	100.0

表1-4 障害の有無

		ある	ない	計
人数	40歳未満	27	24	51
	40～50歳未満	85	73	158
	50～60歳未満	81	44	125
	60歳以上	26	13	39
	計	219	154	373
%	40歳未満	52.9	47.1	100.0
	40～50歳未満	53.8	46.2	100.0
	50～60歳未満	64.8	35.2	100.0
	60歳以上	66.6	33.4	100.0
	計	58.7	41.3	100.0

4．家族関係

　調査時点において潮見寮入所者は単身者で占められている．しかし，結婚歴のない者ばかりではない．山谷に住むようになった動機として家族との不和，離婚をあげた者は8％であったが，家族を形成し家族生活を営んだことがある者は55.0％と半数を超える．年齢別に結婚歴の有無を見ると表1－6の通りである．結婚歴の有無は年齢階層によりかなり異なっている．年齢の高い者に結婚歴がある者が多く，低い者は少ない．40歳代では5割，50歳代では6割を越える．

　また，子供の有無について見ると，結婚歴のある者のうち子供有りは57％である．全体では31％にあたる．

　家族，親族とのつきあいの有無について面接調査の結果から見ると「有り」

表1－5　病名

	第一病名	第二病名	計	％
胃腸	39	13	52	13.9
肝臓	55	14	69	18.5
高血圧	24	9	33	8.8
心臓	15	4	19	5.1
糖尿	6	5	11	2.9
結核	3	1	4	1.1
脳	6	1	7	1.9
神経症	3	2	5	1.3
リュウマチ	30	9	39	10.5
腰痛，ヘルニア	52	7	59	15.8
けが	62	10	72	19.3
その他	38	20	58	15.5
不明	8		8	2.1
病気なし	32		32	8.6
計	373	95	468	125.5

注）％は373ケースを100としたもの

が8.1％,「たまに有り」が9.0％である.「ほとんど無し」や「無し」,「家族親族無し」をあわせると71％となる.不明が13％あるので,「たまに有り」を入れるとつきあい有りが2割ほどであり,8割がないということになる.つきあいがある者は少ないのであるが,あるの者の割合が2割あったこと,および結婚歴有りが6割弱を占めることは,むしろ意外に思える大きい数値であった.相対的に安定した家族生活を経験したことがある者が少なくないことを示している.

表1-6 年齢別結婚歴の有無

		有り	無し	計
人数	39歳以下	15	36	51
	40〜49歳	79	79	158
	50〜59歳	77	48	125
	60歳以上	34	5	39
	計	205	168	373
％	39歳以下	29.4	70.6	100.0
	40〜49歳	50.0	50.0	100.0
	50〜59歳	61.6	38.4	100.0
	60歳以上	87.2	12.8	100.0
	計	55.0	45.0	100.0

表1-7 家族・親族とのつきあいの有無

	有り	たまにあり	ほとんど無し	無し	家族親族無し	不明	計
人数	9	10	5	69	4	14	111
％	8.1	9.0	4.5	62.2	3.6	12.6	100.0

第2節　経済の高度成長期における山谷労働者の形成

　日雇労働者がどのように形成され，どのような状態であるか，社会構造の中でどのように位置づけられるかというテーマは，江口英一により一貫して追求されてきている．江口にとって日雇労働者は，近代的貧困に関する研究において特別の意味を持つ社会階層と捉えられている．つまり，日雇労働者は，社会階層序列の中での最下の階層というにとどまらず，賃金労働者が本来的に持つところの不安定性をそのまま具現している者と捉えられるのである．つまり停滞的過剰人口であるのみならず産業予備軍＝プールとしての意義が重要であり，また，「近代的貧困」の独自性であるところの低賃金に規定される所の生存に関わる低レベルの消費水準と，不安定雇用に規定されるところの生活の継続性の不安定という二重の内容を持つことから「KEY階層」と規定されているのである．したがって，そのような日雇労働者の性格規定のために，日雇労働者となることは最下の階層に落層することであり，そして落層したものが「蓄積」されて近代的，つまり資本主義的性格を持つところの過剰人口プールを構成すると捉えられるのである．

　客観的には，また長期的にはすでに述べたように滞留，停滞し沈澱するとすれば，日雇労働者になることはまさに「落層」なのであるが，経済の高度成長期において日雇労働者の形成の具体的過程を跡づけると，落層と捉えるだけではすまされないと考えられるのである．ここで考察したいと考えている高度成長期においては，労働者が日雇就労に転職することは労働者個々人の主観においては上向的な移動として受け止めた者が少なくないのである．もし，建設業のような産業において，現場の場所やその日に必要な職種や労働者数が変動するのにあわせて必要な職種と労働者数を「日雇」として雇用できるとしたら，雇主にとってこれ以上都合が良く，効率の良い雇用形態はない．素早く必要な労働者数を調達しようとすれば従来よりも賃金をいくらか高くしなければならない．だがそうすることで高度成長期には日雇労働市場に必要なだけの労働者

を引き寄せ集めることが出来た．そして，そのことが中小企業の低賃金労働者をして地域で慎ましく生きることを放棄せしめたといえる．そのことが聞き取り調査を通して一人ひとりの話の中に見えてきてもっとも注目させられた点である．

とするならば，我々が指摘してきた低賃金低収入で不安定な諸階層からなるところの「不安定低所得階層」の日本における大量存在が，日雇労働市場の膨張を可能にしたと考えられるのである．日雇労働者がそこから引き出され集められたとすれば，プールの機能を果たしたのはむしろ日雇労働者以外の不安定就業の諸階層の方であるという逆転した見方が出来よう．以下においては，そのような問題意識のもとに，潮見寮入所者について日雇労働市場へと引き寄せられた具体的過程を見ていきたいのである．[1]

1．山谷に来た時期

まず，潮見寮入所者が山谷に来た時期がいつであったかを見ると表1-8の通りである．1960年から1974年の，いわゆる高度成長期に山谷に来た者が多く55％を占めている．現在の年齢との相関を見ると，どの年齢層も高度成長期に来た者が多くを占めるが，40歳～49歳の年齢層においては特に多く66％の者がこの時期に山谷に来ている．40～49歳の者と高度成長の関係が特に注目される点である．

さらに，同表から年齢階層別に特徴を拾うと，39歳以下では1975年以降に来た者が，他の年齢層に比して多く5割を占める．若い年齢層では比較的近年に山谷に来た者が多いのは当然である．50～59歳層や60歳以上の層においても1975年以降の比較的近年に来たものが3割弱を占めている．50歳以上層においては1959年以前に山谷に来た者が多いのは当然として，1975年以降の者が多いのは年をとってから山谷に来た者ということであり，他の職業からの転職者か，または日雇をしていた者が山谷以外から山谷へ転入して来たかのどちらかである．

第1章 経済の高度成長期における貧困の創出

表1-8 山谷に来た時期

	39歳以下		40〜49歳以下		50〜59歳以下		60歳以上		合計	
	人数	%	人数	%	人数	%	人数	%	人数	%
1959年以前	0	0	21	14.0	26	23.2	5	14.7	52	15.1
1960〜1964年	5	10.4	31	20.7	20	17.8	6	17.6	62	18.0
1965〜1970年	7	14.6	37	24.6	12	10.7	5	14.7	61	17.7
1970〜1974年	12	25.0	31	20.7	18	16.1	6	17.6	67	19.5
1960〜1974年小計	24	50.0	99	66.0	50	44.6	17	50.0	190	55.2
1975〜1979年	16	33.3	18	12.0	21	18.8	6	17.6	61	17.7
1980年〜	7	14.6	11	7.3	11	9.8	4	11.8	33	9.6
不明	1	2.1	1	0.7	4	3.6	2	5.9	8	2.3
計	48	100.0	150	100.0	112	100.0	34	100.0	344	100.0
山谷に住んだことなし	3		8		6		5		29	

表1-9 潮見寮入所者の山谷との関係

	39歳以下		40〜49歳以下		50〜59歳以下		60歳以上		合計	
	人数	%	人数	%	人数	%	人数	%	人数	%
前から日雇	5	38.5	13	30.2	22	48.9	5	50.0	45	40.5
山谷に来てから日雇	6	46.1	23	53.5	14	31.1	4	40.0	47	42.4
山谷で日雇はしない	1	7.7	4	9.3	6	13.3			11	9.9
山谷に住んだことはない	1	7.7	3	7.0	3	6.7	1	10.0	8	7.2
合計	13	100.0	43	100.0	45	100.0	10	100.0	111	100.0

2. 高度成長期における山谷労働者の趨勢

　前記のこととの関連において，山谷労働者数を見ておきたい．1960年以降というのは日本経済の高度成長期であったが，同時に，東京オリンピックと地下鉄工事等の都市基盤の整備が東京において進められた時期であり，その時期が山谷労働者がもっとも多くなった時期である．昭和39年，オリンピックの年の前後において山谷簡易宿泊所の宿泊者数がピークとなった時期で，約1万5千人に達したといわれる．山谷日雇労働者の人数はいくつかの機関がそれぞれに調査しているが，『山谷地域と城北福祉センター』（東京都城北福祉センター刊）によると昭和28年8,000人と記載されている．昭和34年の東京都による『立ちんぼ調査』によるとドヤ宿泊者13,000人，うち立ちんぼ500～800人ということである．昭和39年9月に実施された最初の東京都労働局調査の『山谷地区の労働事情』では7,901人が捉えられている．同年の警視庁資料ではドヤ宿泊者11,000人，類似の日払いアパート居住者（実質ドヤ）4,000人合計15,000人である．昭和43年10月東京都労働局調査では宿泊者数9,935人，昭和45年山谷対策室『山谷地域―宿泊者とその生活』では9,339人が数えられているが，労働局調査や山谷対策室調査には日払いアパート居住者は含まれないと推測される．

　ともあれ，山谷労働者数といっても簡易宿泊所の利用者数のデータしか得られないが，実際は山谷を拠点としながら飯場に出張し，契約期間が終わったら山谷に戻る者も多い．飯場と山谷を行き来して断続的に山谷を利用する者達まで含めると何倍かに膨らむはずである．1970年頃の山谷労働者の分析を詳細にされている加藤佑治によれば山谷のベッド数の30％は山谷に定住している者が利用しているが，後の70％は「それに数倍するところの，飯場を流転する日雇い労働者のためのものである」ということである．[2)] 山谷ドヤ利用者の総人数を正確に捉えることは出来ない．我々の調査においても山谷に流入してからずっと山谷にいた者は9.9％，飯場と行き来していた者が63.3％，他地域と出入りしていた者が25.9％である．

以上のように山谷日雇労働者が増大したこの期間においては、失業＝「反発」により、他に生きる方途がなくどうしようもなく山谷に来たというよりも、日雇への就労は、引き寄せ集められたから来た、つまり「吸引」によると考えられるのである。

3. 山谷に来た時と日雇就労との関係

　山谷は地域形態としては簡易宿所が集中している地域であるにすぎないが、同時に日雇労働者の街であることが自明とされている。この調査は潮見寮入所者の調査であって山谷居住者の調査ではない。潮見寮入所者中、山谷に来たことがない者が8名含まれている。111名中103名は山谷居住者であったものであり、日雇であった者はその中の92名である。11名が山谷に居住していて日雇ではなかったものである。したがって我々の調査では山谷居住者の9割が日雇労働者である。

　山谷居住と日雇就労との時間的関係を示すと17頁の表1-9のようである。表では山谷に来る前から日雇就労していた者と山谷に来たことが日雇就労と直結している者とを分けて示したが、山谷に来る前から日雇であった者は111ケース中45ケース、40％で、山谷に来たことと日雇就労が同時である者は47ケース、42％である。そして山谷に居住しているが日雇就労ではない者が11ケース、山谷に来たことがない者が8ケースである。このように、前から日雇をしていて山谷に来た者と山谷に来て日雇になった者がほぼ同数であることは、興味深い事実である。山谷が新たに日雇就労者を呼び込む機能を持っていることを示していると考えられるからである。

　山谷に来る前から日雇就労していた者と山谷に来て日雇になった者を取り出して、山谷に来た時期を見ると表1-10の通りである。両者を比較した場合、1960年から1975年の高度成長期において山谷に来た者の量はさほどの違いがあるわけではない。表に見られるように、前から日雇就労であった者でこの時期に山谷に来た者が62％、山谷に来て日雇になった者では66％である。とい

うことは前から日雇をしていた者であれ，山谷に来て日雇になった者であれ，この時期の山谷には他の地域で日雇をしていた者のみならず，新たに日雇市場へ多くの者を引き入れたということであり，そのような吸引力が山谷の寄場にあったということである．そのため山谷に来て日雇になった者が多いということに注目させられるのである．

関連して山谷に来た年齢および日雇になった年齢を見ると表1－11の通りである．前から日雇の者は山谷に来た年齢が30歳代,40歳代であるのに対して，山谷に来て日雇になった者は29歳以下と30歳代とで8割弱を占める．日雇になった年齢を前から日雇の者についてみると日雇になったのは29歳以下

表1－10 山谷で日雇就労した年次（前から日雇・山谷で日雇就労別）

	前から日雇		山谷に来て日雇		計	
	人数	%	人数	%	人数	%
1959年以前	3	6.7	12	25.5	15	16.3
1960～1964年	8	17.8	9	19.2	17	18.5
1965～1970年	10	22.2	10	21.3	20	21.7
1970～1974年	10	22.2	12	25.5	22	23.9
1960～1974年小計	28	62.2	31	66.0	59	64.1
1975～1979年	9	20.0	3	6.4	12	13.0
1980年～	5	11.1	1	2.1	6	6.5
計	45	100.0	47	100.0	92	100.0

表1－11 山谷に来た年齢，日雇になった年齢

	前から日雇		山谷に来て日雇		計	
	人数	%	人数	%	人数	%
29歳以下	29	64.5	21	44.7	50	54.3
30～39歳	14	31.1	16	34.0	30	32.6
40～49歳	1	2.2	7	14.9	8	8.7
50～59歳	1	2.2	2	4.3	3	3.3
60歳以上		0.0	1	2.1	1	1.1
合計	45	100.0	47	100.0	92	100.0

注：山谷日雇のみ

の者が圧倒的に多い．山谷に来て日雇になった者は，職業歴の途中で日雇に転職した者が多いことを意味する．

4．山谷に来る前の最長職の社会的性格

そこで，山谷に来る以前の最長職の社会的性格を見ることにしたい．少なくとも3年は就業していた最長職は表1－12の通りである．3年以上就業していた職業がない者は最下欄の「最長職なし」としている．表側の階層分類は，これまで用いてきた社会階層分類と基本的には同じであるが,「3生産労働者」および「6雑役作業者」に含めた小分類は日雇労働者の分析であることから独自な分類としての括りを設けたものである．

さて，表から特徴を拾うと，第一に最長職が自営業者であるものが13.2%と少ないこと，したがって労働者階級に属するものがそれ以外ということで圧倒的に多いことが指摘できる．江口，川上がこれまでに国勢調査を主資料として全国の社会階層構成を試算してきた結果では，この調査とほぼ時期を同じくする1980年において，農林漁業者と都市自営業者の割合は10.7%と8.7%で併せて19.4%であった．それと比較すると明らかに少ない割合である．

第二の特徴は，労働者階級の中では「3生産労働者」が39.6%，「6雑役作業者」が26.1%とこれら二つが多いことである．雑役作業者が多いことは当然予想されたこととして，生産労働者が多いことは注目される点である．年齢別では40歳未満と40～50歳未満において42%と多くを占めている．

以上の点はこれまで述べてきたことと符合する．調査年次の年齢が50歳未満層において生産労働者から山谷日雇へという移動が多いことを示すものであるが，問題は，それが落層であるかどうかである．

これらの階層の社会的性格を示すと表1－13のようになる．一般階層，不安定低所得層の分類はこれまで行ってきたことであるが，ここで一般階層に含めたのはⅡの2非農林水産業，Ⅲの1技術者・事務従事者，Ⅲの3の1）技能者である．一般階層と不安定低所得層の境界を製造業企業規模30人の現

表1－12 調査時年齢階級別最長職の階層

	人数						%				
	計	40歳未満	40～50未満	50～60未満	60歳以上	計	40歳未満	40～50未満	50～60未満	60歳以上
Ⅰ 小経営者	0	0	0	0	0	0	0	0	0	0
Ⅱ 自営業者	49	5	23	17	4	13.2	10.0	14.5	13.7	10.2
1 農林水産業	17	1	10	4	2	4.6	2.0	6.3	3.2	5.1
2 非農林水産業	14		8	6		3.8	0.0	5.0	4.8	0.0
3 職人的自営業	18	4	5	7	2	4.8	8.0	3.2	5.6	5.1
Ⅲ 労働者階級	282	40	118	95	29	76.0	80.0	74.7	76.6	74.4
1 技術者・事務従事者	7	0	6	0	1	1.9	0.0	3.8	0.0	2.6
2 販売労働者	9	3	2	4	0	2.4	6.0	1.3	3.2	0.0
3 生産労働者	147	21	66	48	12	39.6	42.0	41.8	38.7	30.8
1) 技能工	34	5	15	10	4	9.2	10.0	9.5	8.1	10.3
2) 無技能生産工程	37	6	18	12	1	10.0	12.0	11.4	9.7	2.5
3) 建設技能工	48	7	25	16	0	12.9	14.0	15.8	12.9	0.0
4) 鉱山労働者	14	0	3	7	4	3.8	0.0	1.9	5.6	10.3
5) その他生産労働者	14	3	5	3	3	3.8	6.0	3.2	2.4	7.7
4 サービス従事者	9	4	4		1	2.4	8.0	2.5	0.0	2.6
5 その他の労働者	13	2	6	2	3	3.5	4.0	3.8	1.6	7.7
6 雑作業者	97	10	34	41	12	26.2	20.0	21.5	33.1	30.8
1) 屋外建設作業	57	6	20	25	6	15.4	12.0	12.6	20.2	15.4
2) 屋外建設以外	20	2	5	11	2	5.4	4.0	3.2	8.9	5.1
3) 屋内雑役	4		2	1	1	1.1	0.0	1.3	0.8	2.6
4) サービス	11	1	5	3	2	3.0	2.0	3.2	2.4	5.1
5) 名目的自営	4	1	1	1	1	1.1	2.0	0.6	0.8	2.6
6) 内職等従事者	1	0	1	0	0	0.2	0.0	0.6	0.0	0.0
Ⅳ 無業	0	0	0	0	0	0.0	0.0	0.0	0.0	0.0
最長職なし	40	5	17	12	6	10.8	10.0	10.8	9.7	15.4
合計	371	50	158	124	39	100.0	100.0	100.0	100.0	100.0
不明	2	1	1							

第1章　経済の高度成長期における貧困の創出

表1-13　調査時年齢階級別最長職の社会的性格

	人数					%				
	40歳未満	40~50未満	50~60未満	60歳以上	計	40歳未満	40~50未満	50~60未満	60歳以上	計
一般階層	5	29	16	5	55	10.0	18.3	12.9	12.8	14.8
不安定低所得階層A	30	78	55	16	179	60.0	49.4	44.4	41.0	48.3
不安定低所得階層B	15	51	53	18	137	30.0	32.3	42.7	46.2	36.9
合計	50	158	124	39	371	100.0	100.0	100.0	100.0	100.0

注：不明の2ケースを除く

表1-14　山谷に来た理由

	経済的理由							個人的理由				11 不明	合計
	1 失業	2 仕事あり	3 飯場で誘われて聞いて	4 高い賃金を求めて	5 手配師に声をかけられて	6 特に山谷くく理由なく移動	小計	7 他に泊まるゆく所なく安い	8 離婚家庭不和など	9 山谷で福祉の保護を受けるため	10 山谷に住んだだけとはない		
回答数　日雇になってから山谷	3	17	9	0	3	8	40	3	0	4	0	0	47
山谷に来て日雇になる	4	15	8	4	0	1	32	8	7	0	0	0	47
その他	3	0	0	1	1	0	5	4	1	1	8	1	20
合計	10	32	17	5	4	9	77	15	8	5	8	1	114
％　　　日雇になってから山谷	6.4	36.2	19.1	0.0	6.4	17.0	85.1	6.4	0.0	8.5	0.0	0.0	100.0
山谷に来て日雇になる	8.5	31.9	17.0	8.5	0.0	2.2	68.1	17.0	14.9	0.0	0.0	0.0	100.0
その他	15.0	0.0	0.0	5.0	5.0	0.0	25.0	20.0	5.0	5.0	40.0	5.0	100.0
合計	8.8	28.0	14.9	4.4	3.5	7.9	67.5	13.2	7.0	4.4	7.0	0.9	100.0

業労働者としてきた．ここでの分類も同じである．ここでは，不安定低所得階層との関係を詳しく見たいためにAとBに分けている．Aは不安定階層であるが社会的に一応きちんとした職業と認められているもの，Bはそうでないものということで，貧困階層と一般に考えられている階層である．「6 雑役作業者」と「最長職なし」をBに含めている．

表1－13を見ると一般階層は14.8％と少なく，不安定低所得階層Aが48.2％と半数弱を占める．不安定低所得階層Bは36.9％でAよりも少ない割合である．年齢別では40歳未満では不安低階層Aは60％，40～50歳未満では49.4％である．60歳以上ではBの方が多い．

以上，山谷労働者は不安定低所得階層Bの中を転々と横移動しているものも多いが，一応社会的にきちんとしていると見られている不安定階層Aからもかなり多く移動してきていることが見て取れるのである．[3]

5．山谷日雇になった理由

山谷日雇になった理由について，「山谷に来た理由，動機は何ですか」と質問したフリーアンサーを分類したものが表1－14である．

日雇になってから山谷へ来た者と，山谷へ来たのと日雇就労とが同時である者を分けて山谷へ来た理由を表頭にあるように分類し示した．「その他」とは山谷に住んだことがない者と山谷に住んでも日雇に就労していない者である．日雇になってから山谷へ来た者と山谷へ来たのと日雇就労が同時である者とでは，山谷に来た理由は当然異なる．前者は大方の者が「仕事があるから」「飯場で聞いて，知人に誘われて」，「特に理由なく」という三つの回答のどれかを回答している．中では「仕事があるから」が多いが，「飯場で聞いて，知人に誘われて」も仕事があるからといって誘われたのであり，この二つの回答の間には差異はないといえる．この二つをあわせると55％であり，これらの回答から，山谷に来た当時，山谷には多くの仕事があったことを窺うことができる．日雇になったのはなぜですかという質問は設けていないので，日雇をしていて山谷

に来た者については職業歴を話してもらったときに日雇になった理由を述べた者についてしかわからない．山谷に来たのと日雇になったのが同時の者は，山谷に来た理由が同時に日雇になった理由でもある．

　山谷に来たのと日雇になったのが同時の者の場合についてみると，その理由は，経済的理由と個人的理由に分けると経済的理由の方が多いが，その中では失業したからという者は4ケース8.5％と少なく，仕事があると思ってとか知人や飯場で山谷の話を聞き，高い賃金に誘われてとかというように，仕方なくというよりも山谷にプラスイメージをもって入ってきているといって良いだろう．ケースを読んでいたときは個人的理由の影響が強いような印象を受けたが，7の刑務所に入ったので他に行くところがない（8ケース）とか，実家や妻との不和とか迷惑をかけた（7ケース）とかというのは47ケース中あわせて15ケースで約3割である．7割が経済的理由に分類できる．手配師に上野駅で声をかけられてというようなことも意外と少なかった．直接的動機を見る限りでは，もっと能動的に山谷にやって来ている．もちろん，それはそれぞれがおかれている社会的地位の範囲という限られた中での選択としてであるが．

　ケーススタデイの意味で山谷へ来た動機を一覧表で示しておくことにする．ここにあげているケースは昭和30年代と40年代に山谷に来て，日雇労働に従事する事になった者に限定している．経済的理由の者が23ケース，個人的理由といえる者が11ケースである．山谷に来る前の最長職と直前地，山谷に来てからの最長職をあげているので，簡単ではあるが山谷に来た前後を含め個々人のライフヒストリーの一端を見て取ることが出来る．

　山谷に来た年齢は大方の者が30歳代以前である．ちょっとしたことをきっかけに山谷に来たことが窺える．「仕事がある」「賃金が高い」ということで引き寄せられて，あるいは誘われて山谷に来ている．

　個人的理由としては，ギャンブルが好き，酒が好きとか自由であるといったこともだが，妻子との離別や親の死亡，兄弟との不仲など家族関係も山谷に来る要因として大きな意味を持っていることがわかる．

表1-15 （その1） 経済的理由で山谷日雇になったケース一覧

年齢順NO	今の年齢	山谷以前の最長職	最初に山谷にきた年月	山谷にきた年齢	山谷へ来る直前地	山谷へ来た動機	山谷での最長職
8	37	叔父の家で建設業	昭44年	25	立川，叔父の家で建設業に従事	働いていた叔父の家をでて，仕事を捜していて，仕事柄山谷の話をよく聞いていた	トビ
11	38	ペンキ会社に臨時工で15年間勤務	昭和49年8月	31	新潟市内	新潟のペンキ会社で上司と口論して，カッとなって上京，山谷を思い出し行く	注入屋（地盤固めをする仕事）9ヶ月
13	39	靴職人	昭52年3月	35	台東区浅草（クツ製造業）	上野，浅草より賃金が高いと聞いて．	建築，土木
18	40	運転手	昭41年頃	25	点々としてあまり1ヵ所にいなかった	運転手をしている時に山谷の近くに友人がおりそこで山谷を知り上京して山谷にくる事になった	建築業
20	41	船乗り	昭45年5月	30	福島県いわき市，実家あり	昭和45年に出稼ぎにきて居着く．それから郷里と行き来しているかは不明	飯場で土木
21	41	段ボール工場など転々	昭42年7月頃	27	新潟県	山谷は労働者の街だし，くればなんとかなると思ったから．アル中のため機械工，農業を続けられず離婚する．	土木建築のトビ
なし	41	不明	昭45年5月頃	30	津田沼居住，亀戸で倉庫係の仕事	倉庫係の時に今より賃金の高い仕事が山谷にあると運転助手にさそわれて	建築　10日位
24	42	菓子屋小僧	昭34年	20	東京千葉の飯場	20才の頃，トビ職人は上になれば楽だと聞き山谷に来た	トビ（1ヶ月20～23日）
なし	42	不明	昭和46年頃	30	東京都三鷹市	東京で遊び，お金がなくなり浅草でそばにいた酒を飲んでいる人に仕事はないかと聞いたら山谷にいけばよいといわれた	トビの手元　玉かけ
29	43	旋盤工，最終職は石川島播磨下請け	昭45年7月頃	32	横浜，喫茶店ボーイ，副主任	10年間深川に住んでいて山谷のことは知っていた．ドヤのことを聞いて	建築現場の片付け等の出張飯場14～15日/月
31	43	スポット溶接	昭48年9月頃	35	千葉県松戸市	山谷へいけば仕事があると友人に聞き，山谷にゆく気になった	土方
35	44	日通（倉庫係）	昭39年夏頃	27	北海道札幌市	札幌は冬が寒い．東京を知りたいため	川鉄（落鉱処理）

第1章　経済の高度成長期における貧困の創出

年齢順NO	今の年齢	山谷以前の最長職	最初に山谷にきた年月	山谷にきた年齢	山谷へ来る直前地	山谷へ来た動機	山谷での最長職
33	45	菓子行商，くつ販売店員，らーめん屋	昭33年7月	22	鹿児島市	東京にいた兄を頼り上京し就職を探す．良い仕事がなく，また兄と上手くいかず山谷へ来る	とび職（非該当）
32	45	最長職なし転々	昭35年	24	東京，兄の紹介で鉄工所に勤めた．3～4ヶ月で飛び出す	兄と折り合いが悪く浅草でブラブラしていた．浅草で知り合った人に誘われて山谷にきた	トビ職，竹中工務店の常雇に（2年間）
42	46	かまぼこ，ちくわの自営業手伝い	昭30年7月	20	熊本市	おじの仕事（かまぼこ，ちくわを作っていた）をやめたので仕事を捜して直接山谷に来る．	土方
38	46	塗装工	昭35年ごろ	25	品川区北品川塗装見習	見習いをしていた親方の紹介で	建築関係の仕事（塗装見習い5年間）
51	49	中学の教員（免職になる）	昭44年10月	37	新宿，赤羽，川口の金属処理工場	昭和40年教員を免職処分，42年に仕事が東京にあると思い金属処理会社へ仕事の様子をみにくる．週刊誌で知っていた	港湾労働者
52	49	印刷店	昭48年3月	42	静岡県浜松市	仕事を探して東京にきたが初めてなので山谷にきた	建築土木関係
57	51	炭坑夫	昭38年10月	33	福島県いわき市植田	福島の炭鉱が閉山になってちょうど東京オリンピックの時で東京に来れば仕事があったので	材料運び
59	51	靴の製甲工	時期不明	不明	堀，川口，山谷のそばの靴屋の寮	クツ屋の住み込みのあとドヤ住まい，それ以外不明	雑工（片づけなど）
83	56	ゴム製造工	昭30年頃	30	北区王子	勤めていたゴム会社が倒産して 職安の仲間から山谷のことを知った	建築作業　15日
89	58	家業の飲食店，板前	昭和44年	46	中央区日本橋	料亭で板前の時，見物にきて山谷を知る．弁当屋に勤めていたときの人に紹介されて山谷に来る気になる	片づけ．
92	58	メッキ工場工員	不明	不明	東京都坂橋区志村坂上	メッキ工場の賃金が低くて辞める．土方の方が日ゼニがよい	建設用パイプの運搬（清掃員）
104	70	温泉番頭	昭和37年頃	61	静岡県北川温泉	何かおもしろそうだったから	土方

表1−15 （その2） 個人的理由で山谷日雇になったケース一覧

年齢順NO	今の年齢	山谷以前の最長職	最初に山谷にきた年月	山谷にきた年齢	山谷へ来る直前地	山谷へ来た動機	山谷での最長職
9	38	仙台で店をやっていた娘2人	昭和43年7月	25	横須賀（寮）（出稼ぎみたいな感じ）	仕事をするため，山谷は仕事がないということはない．ギャンブルが好き．	トビ職
41	46	煎餅焼きなど手仕事	昭和46年	31	足立区保木間センペイ屋住込み	他人にとやかく言われないし昼間仕事をしなくても変に思われないから，山谷の雰囲気が好き．日雇仕事をすることはほとんどない．	軽い手作業の仕事（現場の片付け）
43	47	鉄筋工（アパートに住む）	昭和40年7月	30	江戸川区で鉄筋工（日給月給）アパート住い	話したがらない．結核にかかり体力が落ち鉄筋工として働けなくなったらしい．これまでの生活の仕方を維持出来なくなる．昭和42入院	土木作業（飯場仕事）
47	48	家具職見習い	昭和36年	29	横浜（兄のところ家具屋の手伝）	酒がもとで山谷で日雇になる．一杯のむと分からなくなってしまう	土工
65	53	定職なし	昭和30年頃	27	東京府中刑務所	刑務所をでて山谷へ，その後各地へ行く	不明
1	32	鉄筋工	昭和49年夏	25	練馬でアパートに居住	妻子と別れた．友達がいたので山谷に来る．	鉄筋工
28	43	金型工	昭和40年6月	27	富士市田子浦町	昭和55年けが，入院した後実家である兄の家に行ったようだが，長くいることは出来なかったようで，親がいればこうなっていないという．	トビ職
39	46	大工見習い	昭和35年頃	25	鎌倉の実家	母が後妻で父は酒とバクチ家族関係が良くなくて家をとび出した	道路舗装の飯場，昭和56年11月末〜12月25日まで日手取り12,000円
56	51	プレス工	昭和48年夏	43	葛飾区東新小岩	一緒に暮していた母親死亡．一人暮しになったため，ヤケになった．子どもの頃山谷の近くに住んでいたのでよく知っていた．	飯場の片付（10日位）
78	54	豆腐屋	昭和44年12月	42	葛飾区母，兄と住んでいた	兄とけんかをしたことがきっかけ．山谷に行けば仕事があると わかっていたので．	土工
85	58	レンズ研磨工	昭和47年8月	49	東京都板橋区常盤台	妻とわかれてぶらぶらしているうちに山谷に来た	トビ手元

第3節　ホームレス化の入口の様相

　準更生施設入所時の昭和56年までに山谷に来てからの年数は人により異なるが，日雇として他から移動してきた者は平均すると山谷に来た年次は昭和44年で，山谷に来て日雇になった者は昭和39年であった．山谷に来てから，他へ移動した期間があったかもしれないが，それを考慮しないことにすると11年間から17年間が平均的に経過したことになる．10年以上を山谷労働者として働いてきた人たちである．その人達が調査時現在ホームレス化の入り口ともいえる短期更生施設入所という事態に立ち至っている．その人々の状況が具体的にどのようであるのか捉えることにしたい．年齢，学歴，健康状態，障害の有無については，本人の属性として最初に述べたのでここでは省略する．

　ここでは二つの側面に分けて見ることにしたい．ひとつは入所者の入所せざるを得ない状況について客観的に明らかにすることである．つまり入所時にどのような逼迫した状況であったのかである．もうひとつは行政がどういう状況の人を施設入所可としたか，そしてどのような処遇が行われたかである．

1．更生施設入所直前の状況

（イ）　入所前の就労状況

　入所前1ヶ月間に働いたかどうかを見ることにしたい．表1－16の通りである．全く働いていない者は373人中98人26.3％で，働いた者が274人73.5％である．373人のうち病院や他の施設から移ってきた者が118人あり，働いていなかったと答えた者の人数を超えている．この者達は入所前の1ヶ月間まるまる入院ないし入所していたわけではないことになる．ともあれ4分の3の者はこの1ヶ月に間に働いていたのであり，最後に働いた時と入所までの期間の間隔があまり開いてないのである．

　では，どのように働いていたであろうか．入所者全数である373人について

みた1ヶ月間の就労日数を表1－16でみると，全く働いていない者が26.3%，5日以下が10.5%，6～10日が20.2%，11～15日が15.1%，16日～20日が17.5%，21日以上が10.5%である．1ヶ月のうちの10日以下しか働いていないものが57%である．下欄にあげている東京都調査で山谷労働者全体をみると10日以下は25%であるので，それと比べて入所者の入所前1ヶ月間の就労日数はかなり少ないといえる．当然収入は少なくなる．それにしても直前の1ヶ月間に16日以上とか21日以上働いていた者があわせて3割弱見られることの方が不思議に思われる．16日以上，さらには21日以上フルに働いていた人たちがどうして施設入所することになるのだろうか．

　考えられる理由は，第一は冬に向けて仕事がなく失業状態が長引いているもしくは失業することになりそうだからである．第二は急に病が重くなった，第三は非常に無理をして稼働していたがこれ以上は働けない，そして第四は施設定員に空きがある等である．空きがあればそれほど緊急性が高くない者でも入所できている．

表1－16　入所前1ヶ月間に働いた日数

		0日	1～5日	6～10日	11～15日	16～20日	21日以上	不明	計
人数	39歳以下	6	7	10	8	12	8		51
	40～49歳	42	17	39	22	24	14		158
	50～59歳	37	11	19	18	24	15	2	126
	60歳以上	13	4	7	8	5	2		39
	合計	98	39	75	56	65	39		374
%	39歳以下	11.8	13.7	19.6	15.7	23.5	15.7	0.0	100.0
	40～49歳	26.6	10.7	24.7	13.9	15.2	8.9	0.0	100.0
	50～59歳	29.4	8.7	15.1	14.3	19.0	11.9	1.6	100.0
	60歳以上	33.3	10.3	18.0	20.5	12.8	5.1	0.0	100.0
	合計	26.3	10.5	20.2	15.0	17.5	10.5	0.0	100.0
	55年東京都	6.3		18.5	29.0	25.5	21.0		100.0

(ロ) 稼働，アオカンと入所動機

　入所動機を見ることにしたい．その前に入所直前の住居というか居所の状況を見ておく必要があろう．111ケース中36ケース32％がアオカン，5ケース4％がドヤ居宅保護，18ケース16％が病院施設入所，6ケース5％は友人のアパートへ寄宿，残りの46ケース41％がドヤや飯場にいたものである．ドヤや飯場にいた者はともあれ，それ以外はすくなくとも住居条件からだけで要保護的状況にあることは明らかである．ドヤや飯場にいる者も，これまでのよしみで2，3日はドヤに置いてくれたり，稼働収入の貯蓄で宿泊している者も少なくない．しかし，今日ドヤにいるからといっても宿泊料が払えなければ早晩出なければならない．後掲の入所時の所持金の金額からするとこのことは自明である．

　入所動機はフリーアンサーを分類したものである．表1－17のようである．病気けがで働けない，もしくは治したいと回答した健康的理由のものが53％とほぼ半数を占める．アオカンが続けられないとか金も仕事もなくなり生活できないと回答した生活困窮型ともいえる動機のものが26％である．このように健康的理由と経済的理由とを一応区別して表したのであるが，病気怪我で働けないと回答した者とアオカンが続けられないと回答した者との間にそれほど明確な違いがあるわけではなく，前者は病弱者，後者は失業者ということでは必ずしもないかもしれない．というのは，後者も体力の低下のために，就労の機会が少なくなっているかもしれないのである．

表1－17　入所動機

	病気けがで働けない	アオカンが無理，続けられない	金も仕事もなく生活できない	生活保護が受けられない	他の施設から回された	公的機関によって収容保護された	不明	計
人数	46	12	11	4	8	5	25	111
％	53.5	14	12.8	4.6	9.3	5.8	—	100.0

注）パーセントは，不明を除いた86ケースを100としている．

そこで，入所前1ヶ月間の就労日数が少ない者と20日以上働いていた者とどう違うか，入所前に困ったことや，最後に仕事をしてから入所までの期間の長さ，その間の居場所がどこであるかをケースで見ることにした．一覧表として入所前就労日数ゼロのものと就労日数が20日以上のケースを対比することにすると，表1-18のその1とその2の通りである．就労日数ゼロとは1ヶ月以上就労していない者である．その1とその2で年齢構成に殆ど違いはみられない．その1の表で就労日数ゼロのケースの特徴を拾うと，一つのグループは入院や施設入所，生活保護受給していた者で33ケース中17ケースである．さらなる休養の必要から更生施設へ措置換えされた者である（施設の空きを埋めるために移された者もあるようであるが）．残りのケースで目立つのは長期のアオカンである．15ケースが15日を越えるアオカンを経験している．もっとも長い者は150日に及んでいる．No.90は残飯拾いをしながらのアオカンであり，明らかに浮浪化の傾向が見て取れる．長期の不就労期間を蓄えで生活維持した者は2ケースだけである．

その1，その2ともに健康状態の悪い者が殆どである．その1の方には健康な者が2人含まれている．一人は50歳，もう一人は59歳である．50歳の人は山谷には住まないで上野で手配師から仕事の紹介を受けてきた人で，ホワイトカラー出身で身体が強い方ではないので土方の仕事は出来ず片づけ仕事をしてきたというが，もう2ヶ月近く仕事に就くことが出来ていない．城北福祉センターでは健康ということで入所を当初は断られたようだ．そのため長期のアオカンをする事となった．もう一人は健康といっても59歳であり入所はスムーズに運んだようだ．

他方20日以上働いているケースの特徴はというと，当然ながら最後に働いたときから入所までの間隔が短い点にある．その短い中でアオカンをした者が22名中8ケースもみられる．8ケースは自分の稼働収入でドヤに止宿し，他は一時保護所や友人のところや入院や不明ケースである．このように20日以上働いていた者は多少の蓄えがあり生活出来るかというとそうはいかない者の方が多く見られるのである．また，病気や障害がありながら20日以上働いて

いることに注目したい．

　アオカンの日数は，最後に働いた日から入所までの期間が短いのだから当然短い．しかしもっとも長い者は11日間のアオカンをしている．20日以上働いたグループの方に健康な者は見あたらない．病気や障害を抱えながら無理をしながら20日以上就業していたと見るべきだろう．61歳や70歳の高齢者が20日以上働いている．61歳の人は暮れに飲んで路上で寝転がっているところを殴られ，10万円の金を奪われたが，越冬隊に助けられ城北福祉センターを経由して入所措置となったようだ．調査員はこの人について「仕事はすでに地上の雑役的仕事だけになっており，かえってむらなくつながっているようであり，ひょうひょうと生きている感じがする」と記している．70歳の人は元気なうちは土方で働いたが，年をとったから危険な仕事はしないという．去年から働く場がなくなってきたということだが，今回入所することにした理由は明確に記されていないが潮見寮のような短期施設ではなくて，老人ホーム入所を希望してのようだ．潮見寮が終わって後，もう山谷に戻りたくないといっている．しかし，入所に際して対応した区職員から「もう相談に来るんじゃないよ」といわれたことで将来を案じている．

　この二つのグループを比較して，その1の入院グループは別として，何か明確な差異が見られるということはない．その1の方が疾病と障害が重なる者が多く，やや重症といえるかもしれない．しかし，それだけではなく，疾病・障害あるいは加齢により身体が弱ってきたとき，仕事のグレードを落としながら懸命に働くか，あるいはアオカンに耐えるか，どちらかの選択によるという面があるように見える．懸命に働くことを止めれば即アオカンとなる．とはいえ，懸命に働くべきというつもりは毛頭ない．アオカンが，特に冬季のアオカンがどれほどきつく身体を痛めるものかを何人もの入所者が語った．アオカンを好んでしたいわけではないと．

表1－18（その1）入所前の状況，1ヶ月以上就労していないケース

年齢順NO	病気障害等	入所前1月の就労日数	入所前に困ったこと心配だったこと	最後に仕事した日(A)	入所日(B)	入所前の居所	B－A	アオカンの日数
10	脳に水がたまる／肺に水がたまる／ひだりヒザの痛み	0	特になし	9月	12.10	入院	60	0
11	肝障害（飲酒）	0	入院費は親方が負担．早くなおしたい	12.28	1.25	健康診断の結果入院	28	0
12	胃炎	0	金がなく，身体が思うように仕事が出来ない	12.20	1.27	実家の世話になる	37	0
15	精神分裂症	0	事件を起こしているから将来が心配	9.13	2.02	10.01～1.20まで生保，後アオカン	140	29
19	脳内出血／痔疾	0	民生病院に入院．2,3度入院しているので気まずかった	11.10	12.22	入院	42	0
20	左足ネンザ／右足	0	田舎で出来たら正月をむかえたい．妹に連絡とれない	11.08	12.08	11.24～12.03まで施設．いなかで金をもらう	30	0
22	脳内出血後遺症／左下腿マヒ／糖尿病／結核	0	内縁関係の女性に入院している間にすべて持って行かれた	8月から働いていない．	12.10	入院	130	0
23	腎カイヨウ／高血圧／右ヒジ炎症	0	仕事をしたいが左肘痛で仕事できず	10.15	1.08	6月頃からアオカンをするようになる	74	74
24	頭部打撲後遺症	0	親父の位牌がどうなっているか，自分の身体，住むところ，食べること	11月	1.18	アオカン．1.17～1.18は宿泊施設	80	78
28	右手足が悪い／てんかん発作	0	身体が動かない．3度のご飯を回数減らす	7.10	12.14	蓄えで9.30まで入院のち通院，直前2日間組合事務所	157	不明
30	人指し指が曲らず	0	センターに行くことが恥ずかしいからとまどった	10.20	12.04	10月から12月まで春風寮	45	0
32	慢性肝炎／右足のしびれ	0	右足のしびれ，慢性肝炎，仕事する自信がない	2.28	12.01	生活保護で入院	274	0
33	脳血栓後遺症（上肢，下肢思い通りに動かず）	0	体が不自由で，仕事にありつけない	54年9月	12.01	生活保護で入退院繰り返す．56.5からドヤ	2年2ヶ月	0
37	肝臓・胃	0	妻が離婚後どうしているか	52年7月	12.02	52年7月からアル中，精神科入院	4年5ヶ月	0

第1章 経済の高度成長期における貧困の創出

年齢順NO	病気障害等	入所前1月の就労日数	入所前に困ったこと心配だったこと	最後に仕事した日(A)	入所日(B)	入所前の居所	B-A	アオカンの日数
38	肝臓，高血圧，痔，右手人指し指切断，右手中指の筋切断	0	仕事がないこと	11.12	12.23	11.18～12.23入院	40	0
42	肩がわるいので腕が自由に動かない	0	なし	9.25	12.21	一時保護所は利用しているが3ヶ月間どうしていたか不明	88	不明
44	心臓病／腎臓病	0	子供に会いたいが居場所が分からない，身体のことが心配	1.12	2.26	浅草の旅館に泊まる．アオカンあり	45	2
52	左半身の関節のいたみ，糖尿	0	足が悪くて仕事がなかった	7月	12.09	アオカン	150	150
53	健康（少し血圧が高い）	0	城北福祉センターに断られたこと	9.30	12.18	ドヤおよびアオカン	79	79
55	火事による背中から足にかけて火傷，ヒザのヒビ	0	ねるところも，金もなく体も悪いので本当に心配だった	働いていない	12.22	11月まで大阪の身障者施設	該当せず	
56	腰痛（右半身，ちょっと不自由）	0	腰が痛くて働けないどうしようと思っていた	10月末まで	12.03	ドヤで生活保護	33	0
67	肝臓／消化不良	0	酒に負けて生活費まで飲む．これでは自分は駄目になる	9.15	12.07	一般アパートに住み生活保護	85	0
68	腰椎変形症，脳血栓による左半身のしびれ	0	腰痛のため仕事が出来ず収入がないこと	1.24	2.12	アオカンと宿泊施設	18	15
75	左足が不自由，骨折後遺症で動かず	0	足が不自由で働きたくても働けなかった	8月	12.18	上野駅で55年からアオカン	128	128
77	左足大腿部の痛み，しびれ，（関節，屈伸障害）	0	賃草が流れないか不安	4.30	12.04	日払いアパート，友達の世話になる	220	0
79	肺炎，背ずい骨折後遺症	0	体が悪く死んでしまうのではないか	不明	12.07	肺炎で入院しているが詳細は不明	不	不明
85	肝臓障害，ぜんそく，頭の血管が切れた後遺症	0	老人ホームに入りたいが年齢が達しない	11.10	2.16	11.16から入院	68	0
88	胃セイカイエン	0	金と仕事がないときが困る	10.10	12.21	ドヤ	72	0

年齢順NO	病気障害等	入所前1月の就労日数	入所前に困ったこと心配だったこと	最後に仕事した日(A)	入所日(B)	入所前の居所	B-A	アオカンの日数
90	難聴／高血圧	0	将来どう生活すればよいかわからない	10月末まで	12.07	アオカン, 残飯拾い	38	38
92	健康	0	友人の世話になってばかりも気が引ける	9月	12.18	アオカン, 友人の世話になる	80	80
93	右肩ヒビ	0	体の具合が悪いこと	11月	12.18	ドヤ, 前の蓄え	48	0
96		0	アオカンしてこれでは死んでしまうと思った	12.27	2.17	2日間宿泊施設利用, 他はアオカン	50	48
100	胃痛／膝痛	0	お金に困った	10.20	12.21	アオカン	60	60
101	健康	0	毎日の生活をどうするか, 仕事にありつけない	6月	12.01	7月から11月まで刑務所, あとアオカン	150	不明

表1－18（その2）入所前1ヶ月間に20日以上就労したケース

年齢順NO	病気障害等	入所前1月の就労日数	入所前に困ったこと心配だったこと	最後に仕事した日(A)	入所日(B)	入所前の居所	B-A	アオカンの日数
3	胃かいよう 十二指腸かいよう ムチウチ	20	仕事がない, 体が悪くあまり仕事が出来ない	12.15	12.16	飯場	1	0
6	つい間板ヘルニア	20	身体のこと, 痛さがいつまで続くか	11.26	12.11	4日間会社の寮, 他は不明	15	不
13	右足首ねんざ	20	足が悪く働けないので生活に困った	11.25	12.01	ドヤ	6	0
18	胸部の打撲	20	自分のけがで仕事できず, 生活に困る	12.10	12.21	アオカン	11	11
26	左手化膿	20	手配師にだまされて自分の思ったような仕事につけない	12.10	12.16	友人のアパート	6	0
29	慢性肝炎／腰神経痛	20	健康で仕事に恵まれるかどうかが心配	12.29	1.07	ドヤ	9	0
41	腰痛／右足ひざ下義足	20	足が悪く入院, お金がなくなり退院. 生活に困る	不明	12.22	12.15～12.22入院	不	不
50	心臓病／高血圧のため視力低下	20	仲間と酒を飲みアオカンを繰り返している今の生活に不安	12.11	12.22	アオカン10日	10	10

第1章　経済の高度成長期における貧困の創出

年齢順NO	病気障害等	入所前1月の就労日数	入所前に困ったこと心配だったこと	最後に仕事した日(A)	入所日(B)	入所前の居所	B-A	アオカンの日数
60	腰痛／高血圧	20	入院して身体を治したかったが十分直っていない	11.20	1.22	12.25まで入院,その後通院	52	0
80	結核→再発	20	自分がふしだらで意志が弱く,金がないこと	12.13.	12.15	ドヤ	2	0
97	高血圧肝硬変／足腰の痛み／酒たばこ	20	体の具合が悪いので心配だった	2.12	2.17	ドヤ	5	0
59	肝臓病／右肩筋肉痛／糖尿病／胃弱／人指し指・中指つぶす／手足のしびれ	21	右肩筋肉痛,内臓が弱っているので早くなおしたい	12.29	1.04	アオカン,ドヤが満室で	5	5
76	腰痛／左半身不自由／脳血栓症	21	脳血栓で入院してから今までしていた片づけの仕事が出来なくなった	11.30	12.07	ドヤ	7	0
14	腰痛／肩痛／胃かいよう	22	病気なのに医者にかかれない	12.29	1.04	12.29～1.1ドヤ,そのあとアオカン	6	2
45	痔	22	子供と母親のことが心配．ここからでてどうするかが心配	1.13	2.01	ドヤ,2日間アオカン	17	2
104	肝臓／足のケガ	22	潮見寮の後,福祉事務所に相談してもどうなるか不安	2.06	2.12	ドヤ	6	0
25	手足のしびれ／慢性肝炎	23	肝臓で体がだるい,早くなおしたい	12.23	1.20	1.18～1.19は大井寮．他はドヤにいた	28	0
40	手足のしびれ	24	1月末あたりから手足のしびれ	3.01	3.04	アオカン	3	3
7	左耳はほとんどきこえない／右耳もあまり／蓄膿症／結膜炎／高血圧	25	自分にあった仕事が少ない,年末で仕事なし	12.22	12.25	アオカン	3	3
61		25	胃が痛くて思うように働けなくなって困った	2.28	3.02	3日間春風寮	3	0
91	腰	25	寒くなると持病がでる,年なので将来のこと	12.02	12.10	日払いアパート	8	0
9	腰痛／肝臓	26	身体を治せば仕事はある	2.13	2.17	ドヤ	4	0

(ハ) 所持金等の持ち物

　所持品および所持金について「失礼ですが主な所持品をお聞かせください」と質問した回答が表 1 - 19 と表 1 - 20 である．主な所持品といったので全部を答えていないだろうことが想像される．特に直接身につけているものは「所持品」とは受け取られなかったかもしれない．したがって下着を持っているものは70％となっているが70％の者しか持っていないということはないかもしれないと思うが，しかし，着替えはないのかもしれない．衣類以外の物を見ると，時計の51件，ラジオの41件が持ち物といえる物であり，そのほかは殆ど持ち物はないといえる．お金も，「なし」を含め「500円以下」の者が87％を占める．

　以上が50歳まで働いて生きてきた人たちの持ち物である．ドヤ住まいの日雇労働者は持ち物を家に置いておくわけにはいかないので持ち歩くしかない．季節のはじめに下着から上着まで新調して季節の終わりにすべて処分する．そ

表 1 - 19　入所時の持ち物

	下着	背広	換ズボン	作業着	ジャンバー	Yシャツ	セーター	オーバー	革靴
件数	261	44	93	83	97	48	40	24	13
％	70.0	11.8	24.9	22.3	26.0	12.9	10.7	6.4	3.5
	ネクタイ	他の衣類	時計	ラジオ	テープレコーダー	電気ひげ剃	鞄	その他	計
件数	1	46	51	41	2	7	12	53	916
％	0.3	12.3	13.7	11.0	0.5	1.9	3.2	14.2	245.6

注）％は 373 ケースを 100 としたもの

表 1 - 20　入所時の所持金額

なし	1～100円	101～500円	501～1000円	1001～2000円	2001～5000円	5001～10000円	10000円以上	不明	計
181	69	73	21	11	10	3	4	1	373
48.5	18.5	19.6	5.6	2.9	2.7	0.8	1.1	0.3	100.0

してまた新しい季節のために買うと筆者が面接した人は話したが，十分働けなくなると新しい季節に新しく買うということが出来なくなる．そうするといつまでも着古した汚れた服を着ていなければならなくなる．だんだん浮浪者らしくなっていくことは想像に難くない．

2．潮見寮による対応と機能

冬季短期に開設される潮見寮が上記のような特徴を持つ入所者にどのように対処しているか，どのような機能を持つといえるかを次に捉えることにしたい．

（イ）入所経路

まず，どのようにして潮見寮に入所することになったかという点を見ることにしたい．まず，潮見寮を知ったきっかけをみると福祉事務所でという人が81％であり，城北福祉センターでという回答者が10％である．合わせると9割を越える．潮見寮があることをあらかじめ知っていて，自ら利用を申し出たものは少ないということである．体調が悪い，退院後体調が悪い，あるいはアオカンしているということで福祉事務所や城北福祉センターへ相談した結果として，「病気を治した方がよいといわれ」潮見寮への入所措置が決まった者が多い．調査の質問は「潮見寮への入所の動機，どうして山谷で冬場を越せないのか」というのであったが，質問の後半の「どうして山谷で冬が越せないのか」は重要な質問であったのだが，それに対応した回答は得られてなく，福祉事務所やセンターに相談に行ったら入所を勧められたとしか記入されていないケースが全部であった．

表1-21　潮見寮を知ったきっかけ

	仲間	福祉事務所	城北福祉センター	その他	計
人数	25	302	36	10	373
％	6.7	81.0	9.7	2.7	100.0

そのことは入所に影響を与えた機関にもあらわれている．表1－22によると，福祉事務所と回答したものが26%，城北福祉センターが23%である．そして警察およびその他の公的機関が10%である．これらを合わせるとほぼ6割である．フリーアンサーから回答を拾っているので「回答不明」が35%と多くを占めるのであるが，それを除くとほとんどが上記の公的機関からの助言，示唆による入所といえる．

表1－22　入所にあたっての関係機関

	福祉事務所職員	城北福祉センター	一時保護所	警察	その他の公的機関	病院施設から	その他友達など	不明	計
人数	29	26	1	7	4		5	39	111
%	26.2	23.4	0.9	6.3	3.6	0	4.5	35.1	100.0

潮見寮への入所前から公的救済を受けていた者がいる．入所前の居所は，表1－23によると，複数回答なので計が100%を越えるのであるが，潮見寮に入所する直前に更生施設や病院（医療扶助）といった公的措置を受けていて，そこから潮見寮に移行することになった者が3割を越えるのである．ドヤで生活保護の居宅保護を受けていた者は，必ずしも本人の希望ではなく入所することになった者も見られるようである．

(ロ)　入所措置の目的

入所者全数を対象とした調査の集計結果から身体の状況について前掲の表1－3をみると「まったく悪いところがない」と回答した者は2%，「通院する必要はないが具合が悪い」と答えたものが7%であった．残りの91%は「通院する必要がある」ものであり，そのうち1.3%は入院を希望しているものであった．悪いところはない，もしくは通院の必要はないと答えたものは60歳以上のものに多い．要するに「病気を治した方がよい」ものが主たる入所者であるといえる．このように高齢者もしくは疾病にかかった者であるが，福祉事務所

表1−23 入所前の居所−公的救済を受けていた者の割合

		ドヤ	日払いアパート	一般アパート	アオカン	居候（友人のアパート）	飯場住み込み	病院	更生施設	その他	不明	計	実数
人数	39歳以下	33			16	4	7	5	12	1		78	51
	40〜49歳	86	2	2	43	18	12	21	36	10		230	158
	50〜59歳	56	8	1	39	7	9	15	20	2	9	166	125
	60歳以上	19	1		14	1	3	5	4	2		49	39
	合計	194	11	3	112	30	31	46	72	15	9	523	373
%	39歳以下	64.7	0.0	0.0	31.4	7.8	13.7	9.8	23.5	2.0	0.0	152.9	100.0
	40〜49歳	54.4	1.3	1.3	27.2	11.4	7.6	13.3	22.8	6.3		145.6	100.0
	50〜59歳	44.8	6.4	0.8	31.2	5.6	7.2	12	16	1.6	7.2	132.8	100.0
	60歳以上	15.2	0.8	0	11.2	0.8	2.4	4	3.2	1.6	0	39.2	31.2
	合計	52.0	2.9	0.8	30.0	8.0	8.3	**12.3**	**19.3**	4.0	2.4	140.0	100.0

により入院を要するほど重症ではないが通院は必要な者と判断された者が，というより聞き取りによると通院しなければ入所措置を取消されるという対応のようであったが，潮見寮への措置とされているのである．それ以上のことはわからない．

3．施設の利用状況

施設の中での処遇のあり方からも，施設が目的としているところがわかる．利用状況および処遇について見ていくことにする．

（イ）潮見寮入所時期

まず，保護の開始となる入所時期と，廃止となる退所時期の分布を見ること

にする．表1-24のように，入所時期は12月と1月が多く，退所時期は12月は少なく1月2月，そして3月が最も多い．

表1-24　入所・退所の時期

		12月	1月	2月	3月	合計
人数	入　所	152	109	78	34	373
	退　所	22	103	87	161	373
％	入　所	40.8	29.2	20.9	9.1	100.0
	退　所	5.9	27.6	23.3	43.2	100.0

（ロ）　処遇内容－入所中にしていること

　入所中にしていることのひとつは通院である．89％の者が通院している．ところが，病気について聞き取りしたところでは自分の病名も，軽いのか重いか，飲んでいる薬の名前も医者から教えられていないという者が多く見られた．テレビ，ごろ寝，雑誌や本を読む，散歩は多くの人がしていることであったが，それらは一人でする事柄であり，他の人と一緒にする囲碁・将棋が111人中4人，談話が7人でしかなかった．

　以上の入所中にしていることからみて，処遇としては通院以外には特別なことはなされておらず，「更生」とは静養してもっぱら体力の回復を待つことを目的としていると見えた．たしかに，施設に入所して玄関を入ってくる人と，措置期間を終えて「任意退所」していく人を比べると，違いは歴然としていた．施設では身体を洗って清潔にし，こざっぱりした衣服が支給され，日に三度の食事と定められた本数のたばこ，暖房と寝所が提供される．それだけで，10日間もすると見違えるように顔色がよくなり，普通の肉体労働に従事する男性の風貌に変わっていく様子を，聞き取り調査で施設に通う中で目の当たりにした．入所してきたときの浮浪者然とした，あるいは悄然とした姿は消えていく．潮見寮の処遇は，要するに，普通の食事と少しの医療給付である．更生というが，実際は「保護」であるといえる．しかし保護ともいい切れないのである．措置期間が切れるとアオカンが待つかもしれない労働市場へ押し出されるから

である．労働市場に入ることが出来れば幸いなのだが，入れる保障はない．

入所期間は表1－25の通りである．措置期間が終了したことにより退所することを「任意退所」というが，それ以上いることが出来ないので退所するのに，なぜ「任意」というか筆者には理解しがたい．入所中の態度が規則に従わないとか飲酒とか好ましくない者に対して強制退所の措置が執られるので，それとの違いを明確にするために「強制」でないという意味で「任意」という言葉が用いられていると推測される．上でみたように入所期間は30日以下のものが57％である．平均すると32.6日である．いつまで居たいかについて希望を聞いたところでは，「病気が治るまで」が29％，「できるだけ長く」が7％，「医者の許可がでるまで」が5％，「寮が閉まるまで」が6％と，以上を合わせると48％が病気が治るまではと考えており，またできるだけ長く居たいという希望を持っていることがわかる．

4．退所時の事情と退所後の行き先

退所時の事情と退所後の行き先は表1－26の通りである．飲酒，暴力行為

表1－25　入所期間

		1～7日	8～14日	15～21日	22～30日	31～60日	61～90日	90日以上	不明	計
人数	39歳以下	9	14	7	5	12	3		1	51
	40～49歳	18	29	19	35	47	7	3		158
	50～59歳	9	12	14	23	44	17	6		125
	60歳以上	3	4	4	6	14	5	3		39
	計	39	59	44	69	117	32	12	1	373
％	39歳以下	17.6	27.5	13.7	9.8	23.5	5.9	0.0	2.0	100.0
	40～49歳	11.4	18.4	12.0	22.2	29.7	4.4	1.9	0.0	100.0
	50～59歳	7.2	9.6	11.2	18.4	35.2	13.6	4.8	0.0	100.0
	60歳以上	7.7	10.3	10.3	15.4	35.9	12.8	7.7	0.0	100.0
	計	10.5	15.8	11.8	18.5	31.4	8.6	3.2	0.3	100.0

などの規則違反による「命令退所」，行き先を告げない「無断退所」，施設になじめないとか仕事が見つかったなどといって措置期間内に「自己退所」する者，以上を自ら退所した者として括ると29％である．入院したものが13％，更生施設，老人ホーム，緊急宿泊所，居宅保護へ潮見寮の短期保護では十分でなく，引き続き保護を必要とするため措置替えとなった者が25％である．あわせて38％である．結果として，措置期間が終了して退所した「任意退所」の者は33％であり意外と少ないのである．

　命令退所等自己退所した者は年齢層の若い者に多い．「入院」もややそうである．それに対して措置替えや任意退所者は高齢層において割合が高くなる．措置替えで高齢者が多いのは当然であろう．全体では25％で4分の一だが，60歳以上では入所した者のうちの33.3％，丁度3分の一が措置替えとしてさらに保護を受けることとなっている．それに入院を要する者13％を加えると全体では38％，60歳以上では8％を加えて41％となる．生活保護の居宅保護や保護施設からの入所者，入院者が31％であったことと比べると，退所時にはもっと増加したことになる．通院をし，必要栄養量を満たす食事をとり，静養しても，さらなる保護を要する者の量は減少せずむしろ増加したのである．他方「任意退所」においても高齢者の割合が高くなるのは，高齢者は措置され

表1－26　退所時の事情と退所後の行き先

		命令退所等				措置替え						任意退所	計
		命令退所	無断退所	自己都合	小計	入院	更生施設	老人ホーム	緊急宿泊施設	居宅保護	小計		
人数	～49歳	18	22	34	74	24	16	0	8	23	71	64	209
	50～59歳	7	9	11	27	21	11	0	4	17	53	45	125
	60歳～	1	3	3	7	3	4	4	1	4	16	16	39
	計	26	34	48	108	48	31	4	13	44	140	125	373
％	～49歳	8.6	10.5	16.3	35.4	11.5	7.7	0	3.8	11.0	34.0	30.6	100.0
	50～59歳	5.6	7.2	8.8	21.6	16.8	8.8	0	3.2	13.6	42.4	36.0	100.0
	60歳～	2.5	7.7	7.7	17.9	7.7	10.3	10.3	2.5	10.3	41.1	41.0	100.0
	計	7.0	9.1	12.9	29	12.9	8.3	1.1	3.5	11.8	37.6	33.5	100.0

表1-27　山谷労働者の年齢構成の経年変化

	40歳未満	40歳～	50歳～	60歳～	合計	調査数	宿泊者数
1961年	65.0	18.4	12.1	4.5	100.0	6813	8516
1968年	56.7	23.6	13.1	6.6	100.0	7569	9597
1970年	48.1	28.9	15.2	7.8	100.0	9028	11319
1980年	23.0	35.3	26.7	15.0	100.0	6080	6927
1984年	17.4	33.7	31.7	17.2	100.0	6020	7463
1988年	11.7	31.4	36.4	26.8	100.0	6352	7500
1992年	6.8	25.7	40.7	26.8	100.0	6260	7190
1996年	3.5	18.7	37.5	40.4	100.0	5156	5811
2000年	3.2	12.5	29.7	54.6	100.0	4475	4620

注）1961年と1968年は男子，1970年以降は世帯主
　1961年と1968年は東京労働局調査，1970年以降は山谷対策室調査『山谷地区―宿泊者とその生活』．宿泊者数とは調査日に宿泊していた者の人数，調査票配布数

た期間一杯居て，中途で自己退所することをしなかったということであり，もっと長期の保護を求めているのである．本来ならばもっと長期の保護が必要であることを示していよう．

　任意退所者が33%ということは上記したように意外に小さい数値である．この人々が更生施設の本来の目的を達成した者であろう．自己退所等した者も健康状態がどうしようもない状態を脱していたと考えられるとすれば，任意退所者にそれを合わせると62.5%となる．これらの者はともあれ労働市場へ出ていった者達である．しかしこれらの者も受け皿さえあれば環流して戻って来るであろうことは容易に想像できるのである．総じて自立と要保護の境界線上にいる人々と捉えることができる．したがって，自立といっても完全な自立といいがたい者が多く，「研究報告書」が指摘するように「産業予備軍の予備軍」としてという位置づけのもとに辛うじて労働市場に出ていくのである．上述したように，措置期間が終わったとき，あるいは冬が過ぎ開設期間が終わった時に，現に38%の者が他の施設への施設の措置替え，もしくは入院となっている．上記したように入所時点では，更正施設からの措置替え，および病院退院者は31%であった．

このように保護が継続される者より,「任意退所」の者の方が気になるところである.入所時よりも健康状態は良くなったかもしれない.しかし,病気が完治せず(病類からいって完治は難しいものが多い),障害がある者は就労出来るかどうか,自分が就ける仕事があるかどうかと不安がっていた.もし,就労出来たとしたならば飲酒の生活習慣にすぐに戻ることになるだろう.生きるため,そして酒を飲むために懸命に働いてきたのである.ドヤ暮らしでは,酒を飲まないでは眠れないという.しかし翌朝には早起きして仕事に出かける人々である.

おわりに

これまで,見てきたことから考えたいくつかの点について述べることにしたい.

1 冬季短期間開設の更生施設であるという開設目的に沿った入所者が選ばれて措置が行われている施設の入所者について,入所者の属性について等の入所者の特性,社会経済的性格,入所の事情,退所の事情等について述べた.「研究報告書」に述べられているように,調査時現在における「滞留」の様相と,その集団の中の,より病弱あるいはより高齢である者から順次どうしようもなく「沈澱」していかざるを得ないことを指摘出来る.ここではそれらの指摘されている事実が以下のことの結果であることを述べたいのである.

1981(昭和56)年に潮見寮に入所している者達が40歳代,50歳代であることを強調して来た.平均年齢は49歳であった.調査時に49歳のものは,終戦の年の1945年には13ないし14歳である.多くのものが戦中戦後の混乱期に小学校卒,高小卒,新制中学校卒等として職業生活に入っていった者達である.1981~82年に40歳代,50歳代ということはそういうことである.そして,最長職に見られるように,日雇労働者になる以前に不安定階層Aとしての社会的地位をそれなりに確保しながら,多くの者が高度成長期に山谷日雇労働者

に推転していっているのである．山谷は誰でもが入りやすいところ，そこに行きさえすれば誰でもがすぐに仕事に就くことが出来，1日あたり賃金としてかつて経験したことがない高い賃金を手に入れることが出来るところだったのである．したがって不安低階層Aから日雇労働者への社会階層の移動はさしあたりは貧困の増加としては現れない．この移動が社会的落層として表面化するのは10年，20年の経過の後である．貧困は地下水のように地上の繁栄の下に潜り込んで，覆われて一旦姿を消していたのである．しかしその者達の今日の状況をみると，高度成長の繁栄が作りだした貧困であることは明らかであり，そしてそれは貧困感とか剥奪感といった曖昧なものではなく明白な現実の実体を持つところの貧困であると誰もが認めざるを得ないであろう．

さらに，傍証の意味で以下のデータを示しておきたい．調査時点以降の山谷簡易宿所宿泊者全体の年齢構成の変化に関するデータである．年齢構成の変化を見ることで山谷の構成員の状況の変化を大雑把に知ることが出来ると考えるからである．前述したように，1980（昭和55）年東京都調査（表1-1）においてみられる40歳代，50歳代の割合は，潮見寮入所者と比べると少ないのだが，絶対量としては山谷労働者の中で60％を越える大きさである．約20年前の1961（昭和36）年，10年前の1970（昭和45）年の年齢構成を表1-27で見ると40歳代と50歳代の割合は，1961年では，両年齢あわせて30％，1970年で40％であり，1980年と比べはるかに小さな割合である．つまり40歳未満の若い者の層が以前はずっと厚かったのである．1970年以降から40歳以上の割合が増加した．その間の変化は，1970年以降全体としての山谷労働者数が減少していることから，20歳代，30歳代の若い層の割合が小さくなったということは，若い層の参入が少なくなったことによると推測出来るのである．もし，若い新規参入者がなければ，中高年者層の相対的割合は山谷労働者全体の中で大きくなる．さらに表1-27によれば，40歳代と50歳代をあわせた割合は，1980年で60.5％，1984年で65.4％，1988年で67.8％，1992（平成4）年で66.7％，1996年で66.2％，2000年で42.2％である．1988（昭和63）年までは割合が増加して，それをピークとしてそれ以降数値が小さくなっていく．それは

40歳以下が増加したからではなく60歳以上の者の増加に圧されて40歳代と50歳代の割合が小さくなったのである．2000年度では40歳未満はなんと3.2％でしかなく，40～50歳代が42.2％，逆に60歳以上の高齢層が54.6％と半数以上を占めるに至っているのである．山谷の寄せ場機能の減退とも相俟って，他に行き場がない人達の問題がこのような全体の人数の減少数字で示すことと年齢構成の極度の高齢化という形で現れることとなったと推察される．

ところで，この研究では高度成長期を中心に，施設入所年次であるところの1981（昭和56）年までを考察範囲としている．経済の高度成長期に山谷日雇労働市場に参入した者が，自らの労働力だけを頼りに生きてきて，その結果が一時保護的施設収容とアオカンと不完全就業の繰り返しであること，その状況をここでは捉えているのである．

2　潮見寮は，生活保護法に規定する更生施設である．冬季4ヶ月間の開設という変則的な運営のため「準更生施設」という位置づけであるが，生活保護法関係の施設であることに代わりはない．生活保護ということであれば保護基準が定められており，それ以下に生活が低下したときに補完的に保障する制度であるから，施設入所においても「基準」が適用されて良い．しかし，入所措置が決定したケースを調べて見たところでは，そのような何らかの基準があるとは思われない．入所後における入所している者への処遇は，通院や食事その他のレベルには基準があるが，入所措置の決定の段階での個々人の生活の状態にはかなりの幅があり一様な基準が適用されているようには捉えられなかった．そもそもどのくらい貧しいかを測定することは，生活を前提とする．世帯があって家計が営まれていて，生活構造があるところに生活は成り立っているといえる．単身の日雇労働者の生き方は，働いてお金を得ることは必須条件であるが，だから日雇労働者は誰よりも必死で仕事に就こうとするが，どのように金を使うかは，食費とドヤ賃は共通して必要としても残りの使い道は個々人の全く自由である．また，生活のサイクルが日雇労働者であるということは基本的に1日のサイクルだということである．1日の終わりに持ち金が全くなくなっても

翌日就労するつもりであれば問題はないと考えることが出来る．明日は明日の風が吹くである．明日働けるかどうかは，明日働く労働能力があるかどうかによると考えられてきた．仕事は十分あるという条件の中ではそういえた．そういう条件を前提とするならば入所の可否の判断を主に労働能力による事も妥当であった．実際に生活に困窮しているから生活保護施設に入所するのではなく，健康を損なっているか，障害を負ったか，高齢で働けなくなったか等の労働能力の有無と程度が主たる判断基準とされている．

生活困窮ということを判断するのであれば，就労できているかどうか，アオカンをしているかどうかが考慮されなければならないはずである．1日のアオカンでも非人間的であり，社会的に容認できないとする考えは日本ではまだ確立していない．

3　山谷労働者の特徴は，親族等とのつき合いが全くなくなっているということではないが，単身で生きていて，過去の職業歴において築かれた人間関係を喪失し，山谷地域での地縁性も結ばれず，酒をそこに居合わせた者同士でおごることはあってもその場限りという．多くがすべての人間関係を断ち切った立場に自らを置いている．山谷労働者になるということがこれほどの孤独の中に自らを置くことになるという予想はなかったかもしれない．犯罪等特別の理由があって山谷に来た者もあるが，そうでない場合も山谷労働者になったことで人間関係の繋がりがますます疎遠なものになっていき，通常の社会との隔たりを拡大していくことになる．筆者はこの調査の後に実施した中高年労働者調査において，いくつかの事業所で山谷労働者を雇用することは出来ないかと質問したが，雇っても良いと答えたところはなかった．その理由としては日本的慣行である身元保証人がないという事由があげられた．日本においては人間関係の連鎖からはずれた者に対しては何であれ機会が与えられないのである．機会を与えられないとしたら下に落ちて行くしかない．通常の社会との繋がりの回路をどう作っていくかが課題として考えられなければならないことの重要な点であろう．

社会から切り離された特別の人々と見ることから，山谷日雇からホームレスになった者に対しては根強い差別観があるように思われる．そのような差別観が払拭されなければ，まともな施策は作られようがないだろう．施設保護であれ，居宅保護であれ人として遇されているとはいい難い場面に出会うことが多い．

4 最後に，山谷日雇労働者を母体とするホームレスは高度成長期が作りだした現代的貧困であることを再度述べておきたいと思う．経済の高度成長は日本社会を大きく変えるものであったといえる．その中にあって「不安定低所得層」がこうむった影響は，上向移動の可能性ばかりではなかったということである．上向への変化のように見えながら，不安定性はむしろ強化されたといえる社会階層も少なくない．都市の日雇労働者の場合も，日雇労働者になったときすでに生活崩壊は始まったといえる．どんなに1日あたり賃金額が増大しようとも（実際のところは大した金額ではないのだが），家族を持てず，定住出来る住居もなく，生活のサイクルが1日単位でしかなく長期的展望が全く持てない暮らしは，すでに崩壊している暮らしとしかいいようがない．しかし，若年もしくは壮年労働者として労働能力が十分あり，これまでよりも高い賃金が得られる仕事が確実にある間は，飯場に出張に行き，まとまった額のお金を持ち帰り，使いたいように使うことが出来ることは非常に愉快なことであったようだ．山谷の簡易宿所もだんだんに蚕棚風のベッドや大部屋から個室へ変わっていっている．それは日雇労働者の支払い能力の向上を反映していよう．だからといって生活は向上したのであろうか．大部屋より個室が良いに決まっているが日単位の暮らしでは人間らしい暮らしとはいえないだろう．高い賃金を得て，ギャンブルや飲酒等が自由に出来ることはむしろ蟻地獄に落ちたようなもので，そこから自ら這い出ることは容易ではない．お金を使い切る生活の魅力が大きいだけにそうである．高度成長期においては日雇労働者が相対的に若い労働者により構成されており，健康なものが多かったとすれば，貧困が堆積されてきているとは一般には捉えられなかったのである．貧困はよくいわれるようにまさ

に「隠蔽」されて見えなくなっていたのである．バブル崩壊後の今日，他の階層からの者をも含め一挙にホームレスという形で貧困が顕在化している．日本のホームレスは高年齢層が多いことが特徴であることから，総じて，比較的長期間に及んだ高度な資本蓄積期の反転の結果と見ることが出来ると考えるのである．

注

1) 建設業の高度成長期における技術革新による技能労働者化の単純日雇市場への影響についてはここでは言及することが出来ていない．筆者の力量を越えるからであるが，少なくとも単純労働者としての日雇労働者が量的に大量に必要とされたと考えられる．
2) 『山谷地域における簡易宿泊所宿泊者の実態』東京都民生局山谷対策室，昭和49年3月，p.109．
3) 筆者も参加した山谷調査の報告書『山谷地域における簡易宿所宿泊者の実態』（東京都民政局山谷対策室，昭和49年3月）の中で日雇労働者の社会的構成の章の執筆を担当された加藤佑治氏は「彼らの中心部分は戦後日本経済の急速な発展に伴う社会的分業の発達と労働過程の技術的変革とにたいする適応能力を欠き，あるいはそれを奪われたために，単純不熟練労働市場の底辺部分に向けて排出された人々である」（p.95）ととらえ，特に農村の貧困との関係を重視し，「『農家兼業－山谷流入』と規定した類型は現在無視できないウェイトを占めるとともに，今後ますます山谷労働者の主流となっていくようにおもえる」（p.107）と述べられているが，加藤氏の捉え方は，本分析の都市不安定階層からの移動と捉える観点とは異なるものといえる．

第2章
日雇労働者の最後の沈澱の様相
——ホームレス化と生活保護——

　1981年において山谷日雇労働者のホームレス化が中高年化した者から始まっていたことを，東京都にある準救護施設潮見寮調査結果の再分析である「第1章　経済の高度成長期における貧困の創出」で示したが，そのほぼ20年後の2000年における山谷労働者のホームレス化および生活保護との関係とその状況を追跡することが本章の課題である．

　20年の歳月は当然のこととして人々の老化とそれに伴う非労働力化をすすめることになる．加えて，日雇市場の構造的変化と経済危機の中にあり，社会の最下にあって落層する者を受け止める「プール」であるとされてきた山谷日雇労働者にまで就労機会の縮小は及んでいる．以上の条件のなかで，1980年には労働能力を減下させながらもなお就労の意欲を持ち就労を維持しようとしていた人々が，今日どのように変化したのか．ホームレス化や生活保護受給といった「最後」といえる局面の状況をここでは示すつもりである．当然の事ながら，同じ人について追跡出来ているわけではない．ここで捉えているのは，「最後の沈澱層」であるところの生活保護法の適用をうけ，主にドヤ保護の措置を受けている者の状況である．60歳以上が4分の3と多くを占め，就労不能による無業状態がほぼ固定化している人たちである．

　分析の対象とするのは，山谷地区の生活保護受給者である．いまや山谷のドヤ居住者のほぼ半数が生活保護受給者で占められている．山谷のドヤ居住者は5,000人余であるがそのうち半数が生活保護受給者である．我々が分析対象とする178人は，その山谷居住者の中からたまたま選び出した者に過ぎない．

ここで，分析対象とする178ケースは，表2－1に示されるように，保護開始時において「簡易宿所」に居住していた者と「住所不定」であった者がほぼ半々である．つまり，住所不定が81ケース，46％，ドヤ居住者88ケース，50％，その他4％である．住所不定であったものは，保護開始後にドヤ居住者になった者である．

表2－1　保護開始時における居所

	不定	ドヤ	不明	計
人数	81	88	9	178
％	45.5％	49.4％	5.1％	100.0％

さらに，本章の目的からして，山谷日雇経験の有無を明らかにしておくならば，分析対象である178ケースは全数が生活保護受給者であるが，保護開始以前において日雇労働の経験のない者が5ケース含まれている．しかし，以下の分析ではその数が少ないことから，取除かないままで，分析をすすめることにする．

第1節　分析ケースの一般的特徴

ここでの分析対象は山谷地区における生活保護受給者である．まず，一般的特徴を示しておくことにしたい．

1．個人的属性に見られる特徴

（1）年齢構成

年齢構成を見ると表2－2の通りである．

年齢構成の特徴は，60歳以上の高年齢層が多いことである．59歳以下は25.3％と約4分の1であり，60歳以上が4分の3を占める．平均年齢は65歳

表2－2　現在の年齢

年齢	実数	%
～49歳	8	4.5%
50～54歳	12	6.7%
55～59歳	25	14.1%
60～64歳	37	20.8%
65～69歳	32	18.0%
70～74歳	33	18.5%
75～79歳	19	10.7%
80歳～	12	6.7%
合計	178	100.0%

である．後で見るように生活保護受給直前職は日雇であった者が大部分を占める．日雇であった者の場合，高齢の指標としては，通常用いられる65歳ではなく，60歳を高齢と判断する指標とすることに異論はなかろうと思われる．というのは日雇労働者の老化は通常より早く始まるからである．屋外での重労働に従事し，1日の労働の後も，ドヤに泊まるとしても，ドヤでの就寝までの時間を食事をしたり酒を飲んだりしながら，路上で過ごしてきている人たちである．早く老いるのは当然であり，我々の目には10歳は老けて見える．この表は60歳前からすでに保護の必要が生じていることを表していると見ることが出来る．以下の分析では通常の用法に従い高齢期の始まりを65歳とするが，年齢の特徴を見るここでは，60歳以上を高齢とする方が妥当と考えた．

（2）健康状態

　健康状態を表現するのは大変に難しい．病名が判明してもどれほど重症であるかを判断することは難しい．現在保護を受給しているケースのうち入院中のケースは保護受給中のケースの24％である．入院中のケースについては，目下入院治療が必要な程に重症なケースであるといえる．

　しかし，他のケースも保護開始時点においては，入院治療を必要としたケースは後掲の表2－10にみられるように97ケース55％と高かった．現在も通

院中の者がほとんどである．

（3）家族の有無

現在における同居家族は無く，全員単身である．しかし，過去において結婚歴があった者もある．表2-3は離別した妻子の有無を示したものである．表2-3によると，少なくとも15％の者が妻もしくは子どもが現存している．しかし音信がある者はきわめて稀であり，ほとんどの者が音信はないということである．

表2-3 今の年齢別離別した妻子の有無

	有り	なし	不明	計
～54歳	1	16	3	20
～64歳	7	48	7	62
～74歳	11	44	10	65
75歳以上	8	19	4	31
合　計	27	127	24	178
％	15.2%	71.3%	13.5%	100.0%

注）開始時における離別した妻の生存の有無，生存している子供の有無で結婚歴の有無を判断している．

以上のように，経歴において山谷と大なり小なり関連を持ち，大半が60歳以上の高齢者であり，単身で，入院または通院の状況にある者という特徴を持つ者たちである．

2．社会的側面の特徴

（1）日雇労働経験の有無

山谷での日雇経験がある者とは，ドヤに居住しながら現金仕事をする者だけでなく，山谷のドヤを拠点としながら出張仕事や飯場での仕事をしていた者も含まれる．そのような観点で捉えると，前述したように日雇経験のない者が5

ケース含まれているが，分析対象ケースのほとんどは山谷日雇労働者である．

（２）保護開始前の居所

保護開始直前の住居についていは，「簡易宿所」と「住所不定」がほぼ半々であった．つまり，住所不定が81ケース45％，ドヤ居住者88ケース，50％，その他５％である．簡易宿所の割合が高いのは山谷地区のケースの特性と思われる．

つまり，全員が住所不定のホームレス者というのではなく，ドヤ居住のまま保護受給している者が分析ケースの半数を占めるが，保護受給しなければドヤに住めなくなる，つまりすでに病気等ドヤ代が支払えないという状況になっている者である．したがって，ホームレスと代わるところはないと捉えて差し支えないであろう．

第２節　日雇および山谷との関係
―― 山谷日雇労働者のホームレス化

１．職歴と日雇

山谷が日雇労働市場との密接な関係の下に形成され維持されてきたとするならば，また，それとの関連においてホームレス問題を考えるならば，前職が日雇就労とどのように関連していたかを捉えておく必要があろう．戦後の新制の義務教育修了者の場合15歳で就職すると考え，15歳を起点として10歳間隔でどのような職業歴の変遷をたどったかを見ることにする．それは次の表２−４の通りである．

表２−４から第一に指摘出来ることは，日雇の職歴を持つものが圧倒的に多いことであり，そして第二に職業歴の比較的早い時期に日雇労働者になっていることである．

15歳の最初の職業が日雇である者は3％と，少ない．しかし，25歳になると31％となり，さらに35歳では64％である．45歳では82％とほとんどの者が日雇労働者というように順次割合が大きくなっている．日雇労働者になることは，本人の主観的動機としては高賃金を求めての転職であり，必ずしも「転落」ではないことがあるが，一旦日雇労働者になると，そこから他の職種への転職は困難であることは一般に知られていることである．したがって加齢とともに日雇労働者の割合は増加していくことになる．ところが，65歳では日雇労働者の割合は68％であり減少するように見える．そのように数値が小さくなるのは病気のため就労出来ない無業の者が増えるからである．日雇以外の17名のうち10名は病気で働けない状態であり，他の7名は廃品の回収や露天商など日雇が出来なくなった者でも就くことができる軽労働の仕事に従事している．

表2－4　各年齢時における日雇職種に従事した者の割合

	15歳		25歳		35歳		45歳		55歳		65歳	
	人数	％	人数	％	人数	％	人数	％	人数	％	人数	％
日雇	6	3.4	56	31.5	114	64.0	142	82.1	113	85.0	39	68.4
日雇以外	170	95.5	120	67.4	63	35.4	29	16.7	14	10.5	7	12.3
病気							1	0.6	6	4.5	10	17.5
不明	2	1.1	2	1.1	1	0.6	1	0.6	0	0.0	1	1.8
小計	178	100.0	178	100.0	178	100.0	173	100.0	133	100.0	57	100.0
該当せず							5		45		121	
合計	178		178		178		178		178		178	

2．日雇と山谷の関係

（1）日雇労働者は減少しているか

　ところで，山谷の寄せ場機能の縮小は，ドヤの宿泊者数の減少で考えれば明白である．しかも，目下約5,000人のドヤ利用者が数えられているが，そのうち半数は生活保護によるものであり，実質的な利用者は約2,500人である．往

時の15,000人と比すべくもない減少傾向にある．

では，山谷のドヤ宿泊者の減少は，日雇労働市場そのものの縮小を反映するものだろうか．次に示す表2－5は，全国について国勢調査から日雇の代表的な職種を取り出しその従業者数の年次推移を示したものである．

表2－5　国勢調査による日雇代表職種従事者数の推移（男子）

職種名	昭和45年	昭和55年	平成2年	平成7年
土木工・舗装工	623,405 100.0	765,176 122.7	756,378 121.3	853,315 136.9
陸上荷役・運搬作業者	176,485 100.0	122,135 69.2	130,547 74.0	142,281 80.6
他に分類されない労務作業員	301,130 100.0	330,299 109.7	405,839 134.8	475,887 158.0
鳶	60,425 100.0	68,898 114.0	90,620 150.0	111,512 184.5

注）国勢調査，各年．

上記の表2－5をみると陸上荷役・運搬作業者は昭和45年から55年にかけて減少が見られるものの，その後においては，また，その他の職種においては増大傾向で推移していることが見て取れる．バブル崩壊以降の平成2年以降においても各職種とも従業者数は増加している．

このように全国的には上記の日雇職種に従事している者の減少は平成7年までにおいては見られないのである．山谷のドヤ宿泊者の減少は，したがって全国的な日雇労働市場の縮小によるのでは必ずしもなく，山谷などの寄せ場機能の縮小や，都市部の日雇市場の変質，縮小によるといえるのである．

（2）日雇になった時と山谷に来た時

なぜ山谷の寄せ場機能が縮小してきているのかは今回の分析の範囲からでは明らかにすることは出来ないし，課題でもない．上記のような山谷日雇市場の縮小の中での高齢労働者の問題がここでの課題である．まず，分析対象ケース

について，日雇として主に就労していた場所，および山谷への転入が日雇になることとどの程度関係があるのかを明らかにすることにしたい．

まず，後者の課題から見ることとして，日雇になった時の年齢と山谷に来たときの年齢分布を示すと表2－6のようである．

表2－6　日雇になった時，山谷に来た時の年齢分布

	日雇になった時		山谷へ来た時	
	人数	%	人数	%
～19歳	14	7.9%	4	2.2%
20～24歳	28	15.7%	14	7.9%
25～29歳	28	15.7%	19	10.7%
30～34歳	20	11.2%	24	13.5%
35～39歳	30	16.9%	31	17.4%
40～44歳	13	7.3%	15	8.4%
45～49歳	10	5.6%	16	9.0%
50～54歳	5	2.8%	12	6.7%
55～59歳	1	0.6%	6	3.4%
60～64歳	1	0.6%	11	6.2%
65歳～	3	1.7%	7	3.9%
年齢不明	16	9.0%	14	7.9%
該当せず	9	5.0%	5	2.8%
合計	178	100.0%	178	100.0%

表2－6をみると日雇になった時と山谷に来た時では年齢分布がやや異なることがわかる．日雇になった時の方がより若い年齢階層においてであり，山谷に来た時は高い年齢の者の割合が高い．日雇になったのは40歳以前が67％であるが，山谷に40歳前に転入しているのは52％である．特に60歳を越えてから山谷に転入した者が10％を占めることが注目されるところである．

日雇になったときの年齢は現在（平成12年）の年齢にほとんど関係なく20歳から40歳の間であるが，山谷に来た年齢の方は分散している．例えば今の

年齢が70歳以上の者の場合，山谷に来た年齢は20歳の頃の者から60歳頃の者まで大きく分散している．70歳以上の者は山谷に来た時の集中する年齢層を指摘しにくいのである．

山谷に来た年齢と日雇になった年齢とを相関させてプロットすると図2－1のようになる．日雇になる前に山谷に来たものは5ケースとわずかである．それは，山谷で他の仕事をしていて日雇に転職した者である．山谷に来た時と日雇になったときが一致する者は71ケース，46％である．残りは最初は他の場所で日雇をし，後に山谷に移住してきた者である．もっとも，山谷に来て同時に日雇をするようになった者でもその後一貫して山谷を拠点としていたとは限らない．

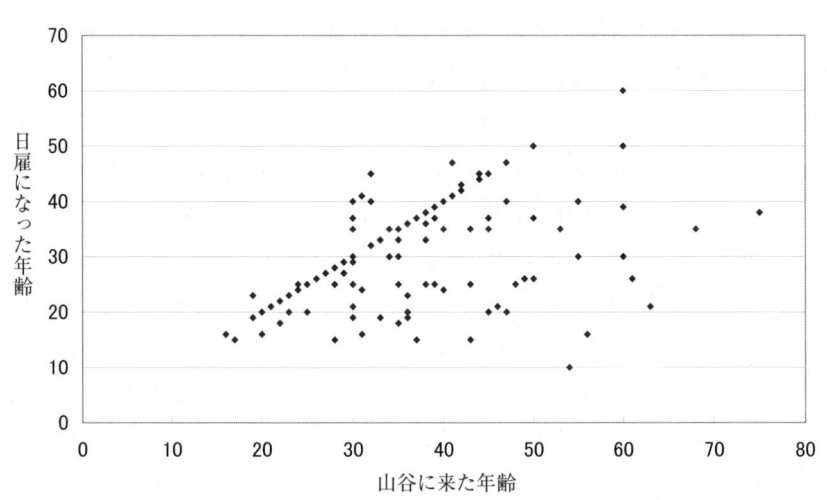

図2－1 日雇になった年齢と山谷に来た年齢

（3） これまでの居所
イ 山谷以前の居所

次に，山谷に来るまでに居住した場所について見ることにしたい．
まず山谷地域で義務教育を終えたことが明確であるものは2人しかいない．

東京で義務教育を終えたものは全数の178ケース中25ケース14％でありそれほど多くない．東京以外のその他の関東地区が52ケース，北陸，東北が45ケースである．北海道は9ケースである．合わせて関東以北は，東京を含めて131ケース，79％となり8割を占めている．このように東京出身者は少なく，主に東または北の方から転入してきている者で占められる．

居住地の特徴は，各地を転々としていることである．居住歴を書ききれなくて，「各地を転々」とか「関東を転々とか」「関西を転々」「飯場を転々」と答えられているケースが65ケース37％を占めている．各地を転々とか飯場を転々というその地域の範囲がどのくらいの範囲に及ぶのかは定かではない．また山谷と答えている者も山谷のドヤに居住して現金仕事を一貫して継続してきたとは限らない．むしろ飯場にいくことが多々あったようで，「山谷」に住むとは「山谷を拠点として」ということの意味のようである．

ともあれこれまでに居たことがあるところということであげられた地名をそのまま列記すると以下のようである．

高田馬場，大阪，横浜，長野，葛飾区，八戸，千葉，神戸，岩手，名古屋，横浜寿町，市原，緊泊施設，浦和，北海道，埼玉，自衛隊，富士市，墨田区，栃木，釜ヶ崎，奈良県，府中，長崎，前橋，板橋区，甲府，上野，小山，川崎，埼玉，中野，蒲田，大宮，猿が橋，熊本，大月，北千住，富山，熊本，新小岩，船橋，立川，宮城，北九州，深川，木更津，銚子，静岡，浅草，荒川区，武蔵村山，練馬区，佐野市，松山，松戸，北区，愛知，福島，青森，御徒町，博多，満州，信濃町，浜松，新宿，大田区，清水市，熱海，品川，佐世保，舞鶴，高野山，ハルピン，ガナルカタル島，満州，アメリカ，海上（漁船員），炭坑，海上（漁船員），炭坑，飯場

ロ　山谷との関わり

最後の保護申請時の居場所は，山谷が141ケース79％である．上野，浅草等が10ケース6％である．残りの27ケース15.1％は住所不定で転々としていたなどで居所が明確でないものである．

また，最後の保護申請以前に，それまでの生活歴において山谷にいたことがなく保護開始となっているものは9ケース5％である．街頭相談や救急車による入院などで保護開始されている者も少なくないのであるが，保護開始前の生活歴を見ると殆んどの者が山谷で日雇就労した経験を持っている．しかし，繰り返しになるが，ずっと継続して山谷にいたわけではない．

（4） 日雇になってから山谷に来るまでの期間，年齢との関連

日雇と山谷との関係をさらに捉えるべく，日雇になってから山谷に来るまでの期間を見ることにしたい．今の年齢により違いがあるか，あるいは日雇になった年齢によって違いがあるかどうかを見てみると表2－7の通りの分布となる．表中のパーセントは不明ケースを取り除いた小計を100として各升目の人数の割合を表示しているものである．

表2－7によると，日雇になるのと山谷に来るのが同時であった者は，日雇になったのが40歳未満であった者に多い．今の年齢が65歳未満であるか以上であるかに関係なく40歳未満で日雇になった者は山谷に来るのと同時であった者が多い．先に述べたように，山谷に来るのと日雇になるのが同時であった者は，寄せ場としての山谷に来た者といえるが，それは全体の46％である．さらに表2－7を見ると，そのように同時である者と日雇になって10年以上たってから来た者とが大きな割合を示している．10年以上たってから来た後者は，地方での日雇仕事がなくなり，あるいは地方では就労出来なくなり，山谷ならばあるかもしれないと考えて来ている．つまり，山谷を最後の頼みとして来たようである．また，最後の頼みのなかには仕事だけではなく城北福祉センターの諸機能・サービスも含まれているようである．

上記したように日雇になって10年以上たってから山谷に来た者も26％と多いのである．そして注目されることはその中では山谷に来たのが40歳以上であった者が多いことである．なかでも現在の年齢が65歳以上の者に多く見られる．つまり，年をとった者が山谷に蝟集してきているということである．このように，日雇として年をとった者が山谷に集まってくる傾向が見られること

表2-7 今の年齢別山谷に来たときの年齢別, 日雇になってから山谷に来るまでの期間別分布

今の年齢	65歳未満		65歳以上		合計
山谷に来た年齢	～39歳	40歳～	～39歳	40歳～	
同時	26 17.0%	6 3.9%	27 17.6%	12 7.8%	71 46.4%
5年未満のうち	10 6.5%	0 0.0%	5 3.2%	1 0.7%	16 10.4%
10年未満のうち	2 1.3%	0 0.0%	1 0.7%	4 2.6%	7 4.6%
10年以上後	4 2.6%	11 7.2%	6 3.9%	19 12.4%	40 26.1%
山谷に来たのが先	3 2.0%	0 0.0%	1 0.7%	1 0.7%	5 3.3%
該当せず	1 0.7%	4 2.6%	1 0.7%	8 5.2%	14 9.2%
小計	46 30.1%	21 13.7%	41 26.8%	45 29.4%	153 100.0%
不明	9	6	4	6	25
合計	55	27	45	51	178

注)「該当せず」とは,日雇として山谷にいたことがない者.

に注目したい.山谷なら仕事があるかもしれないという期待から山谷に来ていると見ることができる.

したがって,山谷を拠点に働いてきて年老いた者に,前記したような他の地域から移住してきた高齢労働者が加わり,高齢者の層を厚くしているといえる.

第2章　日雇労働者の最後の沈澱の様相

第3節　生活保護との関連
―― 特に居宅（ドヤ）保護との関連について

　ここで分析対象としている者は山谷地区に関係がある生活保護受給者である．生活保護がどのような状況の下で開始されているか，どのような保護が行われているかをここでは見ていくことにしたい．

1．保護の開始時の状況

　保護開始の状況を最初の保護開始時でなく，最後の保護開始時について見ていくことにしたい．というのは若い頃にもけがや急性の病気などのため短期の保護受給の経験がある者が見られるので，現在と繋がる保護受給として，最後の保護開始時の状況について見ることにする．

（1）保護開始時の年齢
　最後の保護開始の年齢を5歳刻みの分布でみると表2-8の通りである．最後の保護開始時の年齢は，表2-8に見られるように50歳代から急激に増加する．もっとも多いのは60歳から64歳の間で28％を占める．75歳以上で保護開始となるケースはむしろ少ない．60歳から64歳を中心にして，50歳代60歳代が最後の保護を必要とする，あるいは保護されることができる年齢である．

（2）開始時の健康状態
　次に開始時の状況として，検討すべき点は健康状態である．健康な者，つまり稼働能力がある者が収入がないという理由で開始されているかどうかである．表2-9は開始時における病気の者の病名を示したものである．もっとも多い病気は，肝炎,．肝硬変等の生活習慣病や，重筋的労働の積み重ねによる

筋骨系障害である．年齢が高齢者が多いことによる脳梗塞等も多い．次いで注目されるのは肺結核等であり，喘息や気管支炎も含むが多くは肺結核である．これまでの労働環境および生活環境の悪さを反映しているものといえる．

ところで，全員が病気であるというのではないが，病気がない者は8ケースと非常に少ない．また，病気でない者は例外なく高齢であり，開始時年齢がもっとも若い者で65歳である．おおかたが老衰者である．そのように病気でない者は高齢ということで保護が開始されているのである．

仕事につけないというだけの理由，つまり失業を理由に保護開始されることは全くないというのではないのかも知れないが，我々の分析の限りでは見られない．そのことは病気でない者が仕事に就けないときには，ホームレスとなるしかないということを意味している．

表2-8 最後の保護開始の年齢

	人数	%
～29歳	0	0.0%
30～34歳	0	0.0%
35～39歳	1	0.6%
40～44歳	4	2.2%
45～49歳	6	3.4%
50～54歳	24	13.5%
55～59歳	34	19.1%
60～64歳	51	28.7%
65～69歳	31	17.4%
70歳～	27	15.1%
合計	178	100.0%

（3）開始時における居所

保護開始時における居所は表2-1ですでに示した．

表2-1によると住所不定であった者は45.5%であり，半数以下であった．したがって，半分はホームレスではないように見える．しかし，ドヤを居所としていた者も就労が出来なくドヤ代の支払いが滞り借金している者，体力が落

ち病気がちになっており通院を要する者，あるいはドヤで発病して倒れドヤから救急車で入院した者等である．ドヤ代を滞納している状態や救急車で入院する者は，実際のところはすでにドヤ代の支払不能者である．または稼働不能ということで直ちに支払不能者になるので，住所不定と変わるところはないと見て良いだろう．

表2－9　病気の種類

	病　名	件数	%
1	高血圧	7	3.9
2	胃，十二指腸潰瘍等消化器系	14	7.9
3	糖尿病	10	5.6
4	肝炎，肝障害，肝硬変等	51	28.7
5	精神病	8	4.5
6	アルコール依存症	8	4.5
7	肺結核，喘息，気管支炎	27	15.2
8	筋骨系障害	47	26.4
9	上記以外の肢体不自由，内部障害	41	23.0
10	脳梗塞等	33	18.5
11	その他	17	9.5
12	分からない，不明	2	1.1
13	病気けがなし（老齢）	8	4.5
合　計		273	153.3
ケース数		178	100.0

注）大阪府立大学社会福祉学部都市福祉研究会『大阪野宿生活者調査実態調査報告書』p.24の病気の分類を参考にした．病類と症状が混在している分類であるが，日雇労働が前職である野宿者の特徴をよく示す分類である．

2．保護の開始事情

　保護開始の経由は表2－10のようである．
　不明が29ケース16％と多いのであるが，センター，つまり城北福祉センター経由で保護開始になる者がもっとも多いことは明らかである．表では47％であるが，不明ケースが多いことを考慮すると，5割弱というより，実際は6割

表2-10　保護開始に至る経由

	人数	%
城北福祉センター	84	47.2%
福祉事務所	6	3.4%
街頭相談	22	12.3%
争議団	6	3.4%
救急車	22	12.3%
病院	8	4.5%
保護会	1	0.6%
不明	29	16.3%
合計	178	100.0%

近くの者がセンター経由であるといえよう．城北福祉センターが如何に身近で，行きやすい相談機関と受け止められているかがわかる．

　救急車や街頭相談による保護開始も少なくない．街頭相談によるもので特徴的なのは，22ケース中21ケースが住所不定であった者であることである．救急車による者は，22ケース中13ケースはドヤ宿泊者で，9ケースが住所不定，つまり路上から救急車で運ばれた者である．ドヤ宿泊者の場合はドヤ主が救急車を呼んでいる．つまり，路上から直接救急車で病院に運ばれる者はむしろ意外と少ないといえる．そのことは，城北福祉センターや街頭相談が，最後のセーフティネットとして機能しており，その役割が大きいことを示していよう．身体がつらくなった者は，山谷では，路上で倒れる前に城北福祉センターに行ったり，街頭相談に行ったりしているということである．

　では次に，どのような保護が開始されているかを見ることにする．表2-11に保護開始前の居所と保護の内容を示している．

　保護開始前の合計の行をみると，54％つまり半数以上が入院から保護開始となっていることが分かる．半数以上が入院を必要とするほどに体調を壊してから保護が開始されているということである．

　ドヤに居住していて直接保護開始となった者は，入院が半数の50％であり，

表2−11 保護開始前の居所と保護の内容

開始前＼保護内容	入院	ドヤ保護	緊泊その他	合計
ドヤ	44 50.0%	31 35.2%	13 14.8%	88 100.0%
住所不定	48 59.2%	16 19.8%	17 21.0%	81 100.0%
不明その他	5 55.6%	2 22.2%	2 22.2%	9 100.0%
合　計	97 54.5%	49 27.5%	32 18.0%	178 100.0%

ドヤに住まいつつ体調が悪い者で通院のための生活扶助を受給するようになった者が35％である．

　住所不定であった者は，59％ともっと多くの者が入院という緊急事態をきっかけに保護開始されている．ドヤに居住していた者は35％がドヤ保護，つまり居宅保護されているが，住所不定から直接的にドヤ保護となった者は20％である．ドヤに住まいつつ通院している．住所不定であった者のうちの17ケース21％に緊泊等の施設入所の措置がとられている．

　ところで，住所不定といっても，山谷に居住したことがある者がほとんどであることから，相談機関として「城北センター」があることを知っている人たちがほとんどであると推察できる．その人達でも入院から保護が始まっている者が多く約6割である．山谷地区以外の一般の住所不定者の場合は，おそらく，入院からの開始がもっと高い割合となろう．

3．保護の状況

　どのような保護が行われているかを見ると表2−12の通りである．まずは入院をして治療をしているケースが多い．5割以上が入院から保護が始まっているといえる．つまり，なんとしても治療しなければならないといったかなり

の緊急事態となって保護開始される．本人も緊急事態にならないと保護を申し出ないし，福祉事務所も対応しないということで，入院から保護が始まるケースが多いことになる．特に55歳未満の相対的に若い層はそうである．

表2－12　年齢階級別最後の保護の状況

保護 \ 年齢		入院	ドヤ保護	緊泊など	計
55歳未満	人数	17	1	2	20
	%	85.0%	5.0%	10.0%	100.0%
65歳未満	人数	32	16	14	62
	%	51.6%	25.8%	22.6%	100.0%
75歳未満	人数	35	18	12	65
	%	53.8%	27.7%	18.5%	100.0%
75歳以上	人数	13	14	4	31
	%	41.9%	45.2%	12.9%	100.0%
合計	人数	97	49	32	178
	%	54.5%	27.5%	18.0%	100.0%

とはいえ，すべての者が入院から始まるということではない．退院をして働こうとしたが，体調も仕事に就くことも思うように運ばず，ドヤ保護を申し出ている者，あるいは緊急保護で寮・施設への入所を希望する者がいる．また，高齢のために，入院するほど重篤ということではなくても稼働不能となり，または通院が必要となり保護を申し出ている．

ドヤ保護は年齢階層が高いものほど割合が高くなっている．分析ケース全体として見て，ドヤ保護が多いことに着目する必要があろう．ここでのドヤ保護は，通院治療を要するものがほとんどである．

以上のような状況に対する対応は，入院治療の必要があれば当然入院治療となる．その後状況によってすぐに自立か，寮に入所して体力をつけて自立へという道筋か，またはドヤ保護の形での居宅保護や老人ホームなど施設入所が行われるという流れがある．ドヤでの居宅保護が出来ないほどにＡＤＬが低下している者に対しては老人ホーム入所措置がとられる．だが，特別養護老人ホー

ム入所は福祉事務所の職員の薦めがあっても多くはそれを拒否して,ドヤでの居宅保護を希望するようである.宿泊施設を含め,施設入所よりもドヤ保護の方を望む意向が強いことが個々人の言葉の端々から伝わってくる.要介護状態になりながら,ドヤの設備やバリヤーフリーではない生活の諸便宜などとの関係において,高齢者としては生活しにくいと想像されるにもかかわらず,ドヤ住まいを続け,最後はあっけない感じで亡くなっている.それが彼らに与えられている極度に限られた条件の中では最良の選択であるといえるようである.

　保護の状況に関連して保護受給回数を見ておくことにしたい.表2−13の通りである.

　保護の受給回数は,1回目と2回目のものが相対的に多くを占めている.両者で6割強である.他方で体調を崩して受けて,廃止になって,また体調を崩し受けてというように何回も受けている者が見られる.10回以上も繰り返している者がいる.その者達の中には,十分治癒していないにもかかわらず自己退院して行方不明になり,そしてまた悪くなると城北福祉センターや福祉事務所にやって来るという者がおり,そのような行動は大変目立つので量的にも多いように見えるのであるが,仮に5回以上の者の割合を加算すると17.8%である.

　全体として55歳以上の者が多く,そして1〜2回目のものが多いということであるから,年をとるまではなんとしても働いて自力で生活してきた者たちであり,たとえきっかけは傷病であれ,加齢による稼働能力の低下を主因として保護の開始となったものが大部分を占めるのである.

　さらに,前記の表は今の年齢の4区分別に表しているが,年齢と受給回数の間には相関は見られない.つまり,年齢が若ければ回数が少なく,年齢の高い方は回数が多くなるというように予想したが,そのような傾向は見られない.繰り返しになるが,年齢が相対的に若いか年をとっているかに関係なく受給回数の少ない者の方が多く,回数が多い者は若い者にも年をとっている者にも同じような頻度でみられる.ともあれ,この表からは,年齢の高いものでも,1

表2-13 保護受給回数の分布

	54歳以下	55～64歳	65～74歳	75歳以上	合計	%
1回目	6	13	27	13	59	33.1%
2回目	7	18	17	8	50	28.1%
3回目	3	15	6	2	26	14.6%
4回目		5	2	2	9	5.1%
5回目	2	4	3	1	10	5.6%
6回目	1	1	1	1	4	2.3%
7回目	1	2	1		4	2.3%
8回目		1		1	2	1.1%
9回目			2		2	1.1%
10回以上		3	6	1	10	5.6%
不明				2	2	1.1%
合計	20	62	65	31	178	100.0%

～2回目である者の方が多いことに注目する必要があると考える．つまり生活保護は人生の最後に適用されるということである．

第4節　ホームレス化と生活保護に関する考察

1．分析対象におけるホームレスの意味

　最後に，ホームレスの意味について，ここでの分析対象者から考察することにしたい．ホームレスという言葉は広狭義でもって用いられるが，最近の日本では現に路上生活をしている野宿者を指して狭義に用いられることが多い．ここではさしあたりその狭義の意味で用いることにするが，本書全体ではそのように狭い意味ではとらえていない．表2-1で見たように，保護開始前の居所が「不定」であった者は178ケース中81ケースであり，保護開始時において全ケースがホームレス状態つまり住居喪失状態でなかったことはすでに指摘し

たところである．ここではさらに，それら居所不定ケースのうち詳細が不明なケースを除き，野宿経験「有り」と答えた者74ケースについて，野宿の状況を見ることにする．野宿経験有りの者を取り出して分析するのは，生活保護法73条において，簡易宿所から直接保護開始されているケースは一割程度であり，大方は野宿経験の末に保護受給しているのである．つまり生活保護を受けた者は明確な野宿経験を有する者の方が典型的といえるからである．野宿経験とはどのようなものかをここでは明らかにしたいのである．

　まず，分析対象におけるホームレスの意味をまず述べておきたい．分析に当たりはじめに想定したことは，仕事を失う，または就くことが出来なくなり，その結果として野宿生活が始まる．そして，生活状況が悪化し，例えば食物も得られないというように追いつめられて，保護申請に至るという道筋であった．ところが実際は，そのような明白な野宿期間があり，かつまた路上生活になる以前に完全に失職しているケースは少ないのである．そのため，ホームレス期間を各ケースにおいて確定することが困難であった．また，失業→連続した長期ホームレス→野宿による体力の低下→病気→生活保護といった，失業から始まる一連の流れを典型的なホームレス化の形として描くことも出来にくかった．病気やけがから野宿生活が始まる者も少なくないのである．

　ここで，ホームレス問題を考えていくに当たっては，分析対象としている者が現に生活保護受給者であることを念頭に置いておかなければならないだろう．というのは，ここでは保護受給できた者について，遡ってホームレス時の状況を見ようとしているからであり，生活保護がどの時点で，どのような事態に対応しているかによって捉えることが出来るホームレスの状況は違ってくると考えられるからである．生活保護は，我が国では一般に病気等で労働不能になった者に対応している制度であり，失業にはほとんど対応してきていない．

　さらに，ホームレス以前の就労している時と，後の生活保護受給との間にホームレスの期間がある者が多分多いとはいうものの，その期間は完全な失業状態とは必ずしもいえず，先に述べた病気・高齢と失職または不十分な就労機会が重なっており，加えて体力的に十分に働けないことと仕事がないこととが重複

しているために，断続的な就労や軽労働に従事している状態が見られるのである．そのように不完全就労の状況も野宿者の状況の特性として捉えなければならないと思量する．もし，就労により2～3万円の月収が得られたとしても，多少の食費やたばこ代にはなっても家賃分には当然及ばず，野宿をせざるを得ないのである．

ところで，一般に，次の3つの野宿に至る理由が考えられよう．① 失業（雇用の需要量の減少による就労機会の減少）→野宿 ② 病気による労働不能→野宿 ③ 高齢による就労不能→野宿 である．ここでのケースの特徴を捉えるためにその分類に当てはめてみると，野宿経験有りの74ケースは以下のように分類された．

①	失業→野宿	14ケース	18.9%
②	病気による労働不能→野宿	44ケース	59.5%
③	高齢による就労不能→野宿	16ケース	21.6%
	合計	74ケース	100.0%

つまり，野宿経験「あり」と答えている者について，身体的には稼働可能であるにもかかわらず，失業あるいは仕事に就けないことを主な理由に野宿した者は18.9%と少なかったのである．もっともここで分析対象としているのは生活保護を受給した者である．6割を占めるのが「病気による労働不能→野宿」のケースである．高齢による者は，21.6%であり，特別の病気のない主に高齢による体力の低下ないし雇用されないことによる就労不能者である．ただし，前記したように，いずれの場合も完全に不就労になるとは限らない．

失業と病気と高齢は個々のケースにおいては混合しており仕分けることが困難である．上記の三分類は，一応主要な兆候からこのように分類できるということで示したに過ぎないことを述べておきたい．むしろ複合的であることがここでのホームレスの特性であるからである．

2．野宿ケースのケース・スタディから

　前に示した三分類毎に，個々のケースの一覧表を示すことにしたい．表2－14の表頭にあるように2000年3月時点の年齢，野宿するようになった年次，年齢や野宿期間，仕事を辞めた年次，さらに生活保護と関連した病名や発病年次，保護開始年齢と年次などについて一覧表としている．

（1）失職と路上生活の前後関係

　表2－14の一覧表から，失職と路上生活が同時の者，仕事を辞めた後に野宿生活となった者，野宿生活になっても仕事を続けている者という三つのパターンが見て取れる．そこで三つの分類毎に3パターンに分けると表2－15のようになる．ここで分類する対象は，生活保護受給により目下ドヤに居住しているものである．ホームレスである者全体を代表するわけでないことを断っておく．生活保護制度により選ばれた者達である．

　この表2－15には我々が前もって考えたことと異なることが表されている．三つの分類により多少の違いはあるものの，失職が前で，あるいは同時に路上生活になると予想していたが，そうではなくて，路上生活になってもまだ働いていた者が多いことが示されている．①の失業によるホームレス化した類型において，「同時」は多いが，なんとしたことか「失職が前」のケースは1ケースしか見られない．失職した後にも短期間の雑役的日雇や雑誌集めなどの拾い仕事的な仕事をしていた者が6ケース42.9％と多いのである．②の病気の場合も「失職が後」が多い．病気を抱えつつ稼働していたということである．③の高齢では「失職が前」のケースの方が多い．

　合計の欄を見ると「失職が後」のケースが39％である．不明ケースを除いて割合を見ると62ケース中29ケースで47％，つまり，半数弱が「失職が後」である．この点に野宿者の置かれている状況の厳しさと生活保護受給の困難さが表されていると見ることが出来よう．

表2－14　野宿・就労・生活保護に関するケース一覧

① 失業から野宿　14ケース

一連番号	年齢	生保直前最後の職業	長期野宿になった年齢	長期路上生活になった年次（平成）	路上生活期間	仕事を辞めた時	保護となった病名	発病年次	最後の保護開始年月	最後の保護開始年齢	保護の回数
3	45	該当せず	44	11.06	20日余＋6か月	12.03	右目失明，左目緑内障	11.06	12.03	45	2
6	51	日雇	48	8.07	2＋1＋3＋4か月	10.07	肺結核，肝障害	7.01	12.02	51	5
9	55	日雇	52	10.12	2か月	11.02	肺結核	11.06	11.03	54	3
13	56	日雇	55	11.02	長期かどうかは不明	11.12	骨折，腹膜炎	6.06	11.12	56	4
16	58	日雇	56	10.07	1年半	不明	気管支炎，高血圧	12.02	12.02	58	1
26	62	雑誌の回収	57	7	4年余	7	胃痛	12.03	12.03	62	2
28	63	日雇	60	8.01	1か月	8.01	癌，肺炎軽癒，脳梗塞	8.08	8.02	59	3
33	63	日雇	54	5.04	1か月	5.04	硬膜外血腫，脳出血，肝炎	7.06	7.05	58	2
34	64	鳶手元	58	6.06	通算2年4か月	8.10	慢性肝炎，左上腕神経炎	8.10	8.06	60	3
36	64	日雇	61	8.09	2か月	不明	高齢	該当せず	10.09	62	3
41	66	日雇	60	7.03	1か月弱	7.02	腹痛，高血圧	7.04	7.04	61	1
55	70	日雇	65	6.12	長期間だが期間不明	6.12	不明	不明	11.04	69	11
56	70	日雇	62	4	5年間アオカン多し	9.02	脊椎症，ヘルニア	9.02	9.02	67	1
58	70	日雇	60	2	4年半断続的に	6.04	腰痛，痴呆，歩行困難	11.03	12.02	70	不明

② 病気による野宿　44ケース

一連番号	年齢	生保直前最後の職業	長期野宿になった年齢	長期路上生活になった年次（平成）	路上生活期間	仕事を辞めた時	保護となった病名	発病年次	最後の保護開始年月	最後の保護開始年齢	保護の回数
1	40	雑誌拾い	39	不明	不明	12.02	喘息，痛風	12.02	12.02	40	1
2	42	日雇	39	9.03	2か月	9.03	アルコール依存	2	10.12	41	4
4	47	チケット並び	32	S62	15年間	不明	神経障害，高血圧	12.03	12.03	47	4
5	50	無職	49	11.06	6か月	11.06	関節痛	11.12	11.12	49	1
7	52	日雇	51	11.03	2か月	11.09	肝炎	11.05	11.04	51	2
8	54	日雇	53	10	期間不明	12.01	腰痛，体調不良	11.04	12.02	54	4
10	55	日雇鳶	51	8.05	3か月	8.05	脳梗塞	8.05	9.12	53	3
11	55	日雇	54	11.04	8か月	11.04	胃潰瘍	11.12	11.12	55	1
12	56	日雇	不明	不明	不明	8.04	糖尿病による失明	8.02	11.11	56	6
14	57	日雇	44	S62.05	断続的に2年2か月	6.07	分裂症	61.05	6.09	51	5

第2章　日雇労働者の最後の沈澱の様相

一連番号	年齢	生保直前最後の職業	長期野宿になった年齢	長期路上生活になった年次(平成)	路上生活期間	仕事を辞めた時	保護となった病名	発病年次	最後の保護開始年月	最後の保護開始年齢	保護の回数
15	58	日雇	53	7.12	6か月	7.12	頭部外傷	2.02	8.01	54	33
17	59	無職	57	10.04	通算2か月	不明	アルコール性肝炎	11.03	11.03	58	3
18	59	日雇	54	7.06	断続的に2か月	11.12	C型肝炎，結核，高血圧	S61	11.12	59	7
19	59	新聞販売店	59	12.01	10日	12.01	ヘルニア，体調不良	S35年	12.02	59	3
20	60	日雇	57	7.12	70日	9.11	腰痛，変形性脊椎症	S62年頃	9.12	58	12
21	61	日雇	55	8.12	断続的に3年間	11.06	脳梗塞，高血圧症	11.08	11.08	60	1
22	61	日雇	53	4.01	20日余	4.06	肺結核	5.11	5.11	55	5
23	62	現金仕事	60	10.07	4か月	10.06	糖尿病	10.06	10.10	61	1
24	62	日雇	55	5.05	4年断続	9.01	うつ病，慢性肝炎	9.04	9.02	59	4
25	62	日雇	55	5.07	2か月＋1か月	10.06	肝炎，アルコール依存症	10.07	10.07	60	3
27	62	日雇	54	4.05	退院毎に野宿した	不明	肺結核，気管支炎，肝炎	4.07	12.01	62	16
29	63	日雇	57	6.10	通算4か月	6.05	大腸癌，C型肝炎	7.05	4.08	55	3
30	63	日雇	61	10.05	3か月	10.05	該当せず（交通事故）	12.03	10.08	61	2
31	63	日雇	57	6.08	3か月	7.05	変形性頸椎症	7.06	7.06	58	2
32	63	日雇	57	5.01	通算2年3か月	5年ごろ	結核，肝炎	8.07	8.02	59	5
35	64	日雇	58	6.04	1か月	5.12	肝機能障害，両膝関節症	S62.05	6.05	58	7
37	65	日雇	45	S55	通算5か月	10.01	変形性脊椎症	S55.11	10.08	63	15
38	65	日雇	58	5	3年間	8.07	糖尿病，脳内出血	8.1	9.09	62	3
39	65	不明	65	12.01	1ヶ月	9.11	変形性腰痛症，浮腫	12.03	12.03	65	2
40	66	日雇	60	5	約5年	5年頃まで	神経痛，両下肢マヒ	10.03	10.03	64	1
42	66	日雇	59	5.09	通算1年6月	8.02	C型肝炎	5.09	8.03	62	3
43	66	日雇	53	S62.05	不明	7.03	胃潰瘍	S53.04	7.03	61	16
44	66	日雇	58	5	3年余＋半年	8.12	肝炎，心疾患	7	8.07	62	2
45	67	日雇	63	7	1年以上	7.00	脳塞栓，肺結核	10.01	8.12	64	2
47	68	寺社の掃除	54	6.02	2＋3＋6＋11か月	12.03	狭心症，心不全	5.12	12.02	68	6
49	69	日雇	64	7.04	2か月	6.11	高血圧症，慢性肝炎	7.08	7.05	64	2
51	70	日雇	62	4.09	通算1年8か月	5.10	高血圧症，神経痛	6.10	6.10	65	

一連番号	年齢	生保直前最後の職業	長期野宿になった年齢	長期路上生活になった年次（平成）	路上生活期間	仕事を辞めた時	保護となった病名	発病年次	最後の保護開始年月	最後の保護開始年齢	保護の回数
52	70	新聞配達	67	8.12	1年	7年頃まで	脳梗塞	10.06	9.11	68	1
54	70	日雇	56	S61.07	不明	6.02	糖尿病	S56.01	8.09	66	8
57	70	日雇	66	8.08	10日	不明	肝炎, アルコール依存症	8.08	9.01	66	4
59	71	日雇	66	5.11	2か月	5.09	脳梗塞	5.11	7.04	66	1
61	72	日雇	65	8.11	2か月	8.11	脳梗塞, 胃がん	9.03	11.08	71	9
63	73	現金仕事	67	5.03	4年間ほど	5.02	間欠性は行病	S63.12	9.10	71	5
65	73	日雇	56	S60	通算2か月	不明	アル中, 肝障害, 痴呆,	S49.07	8.08	69	6

③ 高齢による野宿　16ケース

一連番号	年齢	生保直前最後の職業	長期野宿になった年齢	長期路上生活になった年次（平成）	路上生活期間	仕事を辞めた時	保護となった病名	発病年次	最後の保護開始年月	最後の保護開始年齢	保護の回数
46	67	土工	65	11.09	20日余	10.00	脳梗塞, 歩行困難	9.01	11.09	66	2
48	69	日雇	64	5.10	9か月	7.06	老齢, 仕事なし	－	7.06	64	2
50	69	土工	65	8年頃から	5年間	6	脳卒中, 糖尿病	11.12	11.12	69	1
53	70	日雇	63	5	2年	5	腰痛, 変形性脊椎症	7.06	7.10	66	2
60	71	露天商	65	最近と記入	数年	不明	変形性関節症	12.03	12.03	71	1
62	72	日雇	67	6.01	3か月＋2か月	10.12	腰痛, 肝機能障害	6.04	11.01	71	4
64	73	日雇	70	9.04	20日余	9.03	結核, 口頭癌	9.09	9.04	70	2
66	73	日雇	68	8年頃から	4年間ほど	8年頃	排尿困難, 高血圧	12.02	12.02	73	1
67	74	日雇	67	5.12	20日余	6.10	筋炎, 肝炎, 変形性頸椎症	9.09	5.12	68	1
68	74	日雇	69	7.11	短期間	7.11	皮膚病	7.09	7.09	70	5
69	75	日雇	55	S58	年単位であるが不明	6.07	肝硬変, ヘルニア	S58.12	8.02	71	11
70	75	日雇	73	6	不明	不明	肝硬変	2.01	6.06	69	2
71	77	日雇	69	3.12	断続的に年単位	5.07	肝機能障害, 癌	3.12	11.09	76	5
72	78	リヤカー引き	67	2	2年間	8.07	肝炎, 白内障, 腰痛	4.01	8.09	74	6
73	79	日雇	70	6.08	6か月	6.08	老衰	－	6.11	74	1
74	84	日雇	68	S59	不明	2.05	脳梗塞, 糖尿病	2.05	2.05	74	3

表2－15　失職と路上生活の時間的前後関係

	失職と路上同時		失職が前		失職が後		不明		合計	
①失業	5	35.7	1	7.1	6	42.9	2	14.3	14	100.0
②病気	10	22.7	7	15.9	19	43.2	8	18.2	44	100.0
③高齢	4	25.0	6	37.5	4	25.0	2	12.5	16	100.0
合計	19	25.7	14	18.9	29	39.2	12	16.2	74	100.0

　そのように，断続的な雑役や拾い仕事で食いつながれていくので，野宿期間が何年にも及ぶことになるのであろう．また，長期野宿の間に入院が必要という事態になれば生活保護による入院措置がとられる．だが軽癒すると再び路上生活に戻る．そのようにして路上生活期間はさらに長期に及ぶことになる．
　以上のように不完全就労と長期的野宿，ないし断続的野宿がみられるのが特徴である．

（2）野宿の要因としての稼働能力と経済不況

　野宿の要因としては，稼働能力の低下による就労不能と，経済不況下の雇用の収縮による就労不能とが考えられる．これまでに見てきたところでは病気を持つ者や高齢者が多くを占めることから前者の稼働能力低下による就労不能の要因の影響が大きいように見えるのである．
　先の表2－14により計算すると①の失業グループの野宿生活開始年齢の平均は57歳である．②の病気グループは56歳である．①と②の間にはほとんど年齢差はないといえる．次いで③の高齢グループは67歳である．
　高齢以外では56～57歳で路上生活に至る者が多いのであるが，その年齢が長期に日雇労働をしてきた者の身体能力からくる稼働能力の限界であろうか．
　次の二つの図を見ることにしたい．図2－2は現在の年齢と長期野宿になった年齢を相関させ，散布図として示したものである．図を見ると，野宿開始の年齢を示す点は年齢の上昇線とあまり離れないところに打点されている．ほとんどが10歳以内の間隔の中に収まっているといえる．つまり，年齢が高い者ほど野宿するようになった年齢が高いことを示している．

もしも，身体的稼働能力の限界が56～57歳であるとするならば，そしてそれが生理的なもので日雇としての絶対的な体力の限界であるとするならば，野宿開始年齢は，現在の年齢に関係なく，57～58歳でX軸に平行な打点列になるはずである．そうではなく現在の年齢に沿っているということは，より高年齢である者ほど年齢が高くなっても稼働しやすい経済的環境にあったと理解して良いであろう．60歳代以上になっても，体力的には落ちてきても雇用されることが出来る時代背景としての経済環境があり，稼働可能であったと理解されうる．

　さらに，図2－3をあげておきたい．路上生活になった年次を年齢と相関させて打点したものである．記入している線は57歳を示す線である．もしも57歳前後が体力的限界とするならばこの線上の近くに60歳以上の高齢者の場合も分布するはずである．長期野宿になったのは年齢とさほど関係なく平成5年から10年の間と見て良いであろう．

　以上の二つの図から野宿となるのは，身体的な稼働能力の低下の要因はもちろん大きいといえるが，経済的背景の条件の中で捉える観点が必要であることを示唆するといえよう．2000年現在の経済的条件において，56～57歳で稼働不能となるということである．ここでの稼働不能とは拾い仕事が出来ないという意味ではなく，野宿以前の，もっと若い時と同じ仕事による稼働が不能という意味である．

（3）生活保護からの排除

　最後に，生活保護との関わりを再考し述べることにしたい．以上見てきたデータが指し示していることは，生活保護制度が野宿者に対して容易に作動しない現実である．野宿生活対策として生活保護が最良とはいえなくとも，現在の政策体系の下では生活保護で保護されて当然の状況にある．家もなく，働きによる幾ばくかの手持ち金があるとしてもそれが保護基準以下であることは明白である．もともと日雇労働者は今日の仕事にあぶれても，明日は就労する可能性が高いとされてきた．したがって，すぐに保護を適用する必要はないと考えら

第2章　日雇労働者の最後の沈澱の様相　81

図2−2　年齢と長期野宿になった年齢

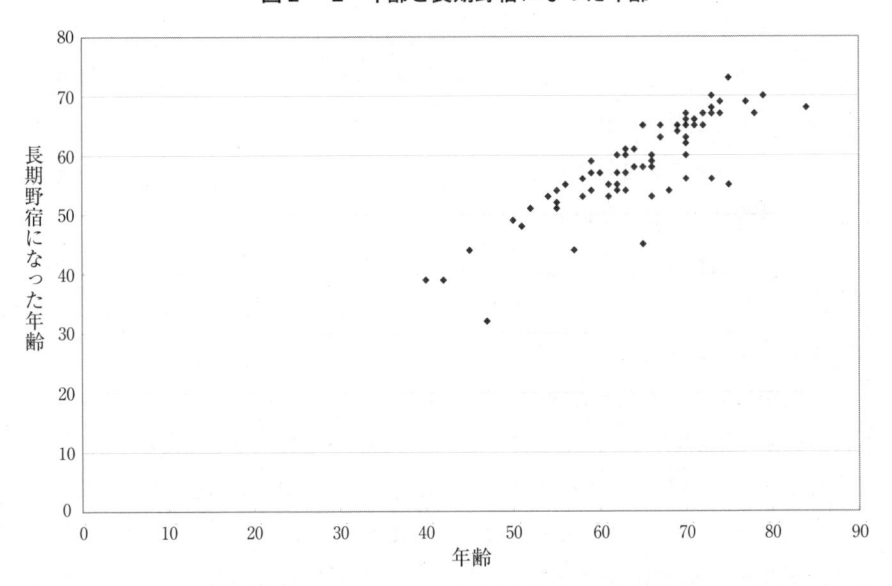

図2−3　現在の年齢と長期路上生活になった年次（平成）

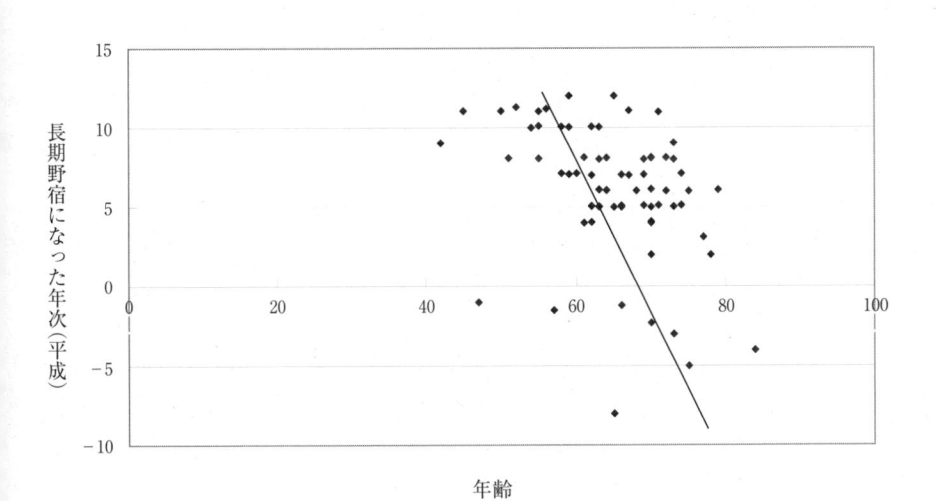

れてきた．好景気の時は確かにそのようであったといえる．しかし，近年は明らかにそうではない．50歳代後半になると日雇の仕事への就労が困難となる．バブル崩壊以前のように60歳代まで継続的に働くことが出来，その後は社会福祉の，例えば特別養護老人ホームの施設保護へとつながることが出来るならば，ホームレスの大量存在という事態にはならないだろう．現在は稼働不能とされる年齢が早くなっているのである．

しかるに，病気にならなければ，または，かなりの高齢にならなければ生活保護を受けることは出来ない．仕事に就けなくなってきた者が野宿者として増加する所以である．

高度成長を通して日雇労働者として大量に「吸引」された者が，バブル崩壊後の現在，50歳代後半以上となり，大量に「反発」されているのである．「吸引」されて「反発」された人々であることを最後に再度強調しておきたい．「吸引」されなければ「反発」されることはなかったのである．ホームレス問題が野宿者個々の個人責任でないことは明白である．そうであるにもかかわらず，野宿者となり生活保護を受給するようになった者から見えてくるのは，生活保護制度からさえも排除されている現実である．

第Ⅱ部　近年のホームレスの実態

　第Ⅱ部では，近年において，ホームレスとしての生活を余儀なくされている人々の特性と，実際の生活の様子を示すことが課題である．「はじめに」において述べたように，第Ⅱ部はホームレスのありのままの状況をとらえ，表わすことを目的とするので，近年実施した調査から，分析らしい分析はしていないかたちで，調査結果の報告のようなものとして示すことにする．これらの調査結果をふまえた考察は，調査に参画したメンバーがそれぞれに第Ⅲ部において行っている．

　2001年に大宮市調査（施設入所者調査）を実施し，2003年に川崎市においてホームレスに関して三側面から包括的な調査を実施した．大宮市調査の方が調査としては先に実施したのであるが，川崎市調査の方が包括的な調査であることと，日本の太平洋ベルト地帯といわれる工業地帯のもっとも代表的な中心である川崎市の調査であることから，川崎市の方を先にあげている．

　近年，ホームレスに関する調査は多く行われ，近年のホームレスの特徴として，長引く不景気の影響による失業問題，すなわち日雇労働者とは限らない諸社会階層からのホームレス化といった側面が強調されている．どの程度にそうであるのか，本書では序章で述べたように日雇からのホームレス化を典型とするという考えを基本に据えているが，ともあれ，今後のホームレス対策を有効なものにしていくためにもホームレスと呼ばれる人々がどのような人々なのか，その社会的特性と生き様の実態を明らかにすることは必要なことであろうと考える．

　川崎市調査以前に大宮市での聞き取り調査を実施しており，また他の地域の調査結果が公表されていたので，それらの結果から気づかなければならなかったはずであるのに十分着目できていなかった事柄が，ホームレスの人々の多くが現に働いているという事実である．失業して後にホームレスとなるという思

いこみから，ホームレスの人々は当然働いていない人々というように我々も考えていたのである．とはいえ働きによる収入は低額であり，住居を確保するには至らない金額である．

　さらに，注目させられた事実は，野宿をせざるを得ないほどに追いつめられている人々の毎日が，「浮浪者」としてイメージされるような，汚いとか臭いとか，時間を無為に好きなように過ごしているということとは違うということである．僅かだが働きによる収入があり，身体を衛生的に保ったり，衣服の洗濯をしたりということに役立てられている．食べることもままならない中で，身体を衛生的に保つことの方にお金が向けられたり，気を遣っていること，規律性を失っていないことは驚嘆に値しよう．

　以下では，そのような実態の詳細を示すことを主眼として述べるものである．

第3章

川崎市のホームレス

川崎市調査の目的と方法

　川崎市野宿生活者実態調査は，川崎市の依頼により調査することになったものである．川崎市の意向により400人程度について調査することを目標としたが，どう対象を捉えるか思案をし，現に野宿生活である者と，施設に入所している者との二つのサイドから，ほぼ200人ずつ調査をすることとした．施設での調査の利点は，落ち着いて調査に応じてもらえるであろうことから，野宿生活者に対する対策を考える上での参考となる詳細なデータが得られると考えたことによる．さらに，川崎市では食料品現物支給事業が行われており，その申請登録者については，アンケート調査が行われているが，集計分析は部分的にしかなされていないということであったので，本調査の一環として，その集計分析を実施することとした．川崎市の野宿生活者は，ほぼ1,000人と数えられているが，当該事業登録者数は前年の平成13年度で1,000人余であり，したがって，野宿生活者のほとんどがその事業に登録していると考えられたので，野宿生活者の全体を知ることが出来る「悉皆調査」と位置づけ分析することとした．

　本調査の課題と目的は，（1）野宿生活者がどのような人達か，どうして野宿生活にならざるを得なかったのかを捉えること．（2）どのような生活をし，困難を抱え，どのような援助を必要としているかを捉えることを目的とした．

　その目的のもとにすでに述べたように三種類の調査分析を実施した．それ

は，① 食料品現物支給事業の「更新相談申込書およびアンケート」の分析，② 食料品支給事業利用者調査，③ 施設入所者調査である．

① は，食料品現物支給事業の更新時，新規申し込み時に実施されている調査で，項目数は少ないが，申請者が自ら記入している．申請資格は，継続して仕事に就いていないこと，生活保護を受けていないこと，寝場所が川崎市内であることである．川崎市における野宿生活者のほぼ全員について捉えられているアンケート調査であるので，基本的属性その他に関する野宿生活者の一般的傾向を大きく捉えることが出来るデータである．② はその中で調査日にたまたま食料品現物支給事業（通称パン券）を利用した人について，路上で面接調査したものである．調査日に実際に利用した人を調査したので，この調査により，食料支給事業が主にどのような状況の人により，どのように必要とされているかを捉えることができた．さらに，③ では，3ヶ所の施設に入所している人について面接調査をし，施設がどのような人によって利用され，どのような役割を果たしているかを捉えた．3ヶ所の施設を対象としたが，1ヶ所は一時宿泊施設であり大方の者は福祉事務所を通して入所している．他の2ヶ所の施設はNPO法人により運営され，入所者は野宿生活者であるが施設と本人の合意のもとに入所している施設であり，入所後主に生活保護を受けている．

このように性質が異なる三つの側面を調査している．つまり，野宿生活者の悉皆調査と，加えて，パン券を必要としている者および施設利用している者の三つの局面について調査したことになる．

以上の三つの分析結果を総合して，川崎市の野宿生活者の特徴を明らかにしたいと考える．

調査の実施について，いますこし詳しく述べると，淑徳大学社会学部社会福祉学科川上研究室（代表：川上昌子）が川崎市健康福祉局地域福祉部から委託を受けて実施した．面接調査の施設調査は3ヶ所の施設を訪問して実施し，パン券利用者調査は，弁当を配る車が停めてある市のプールサイドにおいて受け取

りに来た方達に調査のお願いをして協力していただいた．

　調査は平成14年7月26，27，28日に施設調査，9月22日にパン券調査を実施し，更新時調査は10月から11月にかけてアンケート調査のコピー作業を実施した．

　調査員には淑徳大学学部学生，大学院学生，卒業生等淑徳大学関係者の協力のみならず，中央大学教授大須真治氏，専修大学教授唐鎌直義氏と両大学学生，大学院生，和光大学助教授岩間暁子氏と同学生，日本福祉大学大学院生の協力をいただいた．

　調査に回答していただいた人数は以下の通りである．
　　食料支給事業更新相談時調査　　　　　　　　　　　　　841人
　　食料支給事業利用者面接調査　　　　　　　　　　　　　201人
　　施設入所者調査（一時宿泊事業施設1ヶ所，NPO施設2ヶ所）　187人

　以下では，食料支給事業更新相談時調査を「**全数調査**」といい，食料支給事業利用者調査を「**パン券利用者調査**」と呼ぶことにする．両者ともパン券利用登録者であるが，本文で述べるように，後者の「パン券利用者調査」は，ほとんどが毎日利用する経常的パン券利用者である．

　三種類の，質問の異なる調査票を用いて，調査・分析することになったので，集計，分析作業の過程がかなり煩雑になった．短い期間に，調査を終了し一応報告書のかたちに仕上げることが出来たのは，川崎市の職員の方々，各施設の職員の方々，調査および集計作業に参加された方々の協力のおかげであった．また，なにより調査に応じて下さった方々に心からお礼を申しあげたい．

第1節　川崎市調査結果の概略

　この節では，第2節以下の分析に先立って，1．全数調査，2．パン券利用者調査，3．施設入所者調査別に，それぞれについて利用者の基本的属性を述べ，各調査結果の概略を捉えておくことにする．

1．食料品支給事業更新相談時調査（野宿者全数調査）の結果

　食料品支給事業更新相談時調査（野宿者全数調査）は，平成14年8月から11月の間に申請の受付をする際に利用者本人により記入されたアンケートデータである．その総数が841人分であることから，約1,000人といわれている川崎市の野宿者のほぼ全数に当たると考えられる．そこで「全数調査」と呼ぶことにする．

　その特徴を明らかにするにあたっては，適宜，東京都内を対象に都市生活研究会が行った調査（以下「東京調査」と略す）（『平成11年度路上生活者実態調査』2000年3月），および大阪府内を対象に大阪府立大学社会福祉学部都市福祉研究会が行った調査（以下「大阪調査」と略す）（『大阪府野宿生活者実態調査報告書』2002年3月）との比較を行いながら述べるつもりである．ただし，調査対象の抽出の仕方，質問項目や回答方法等が必ずしも同じではないことをあらかじめ断っておく．

（1）基本属性
① 性別
　野宿生活者の性別は表3-1の通りである．「全数調査」では，男性は835人（99.3%），女性は6人（0.7%）と圧倒的に男性が多い．
　「東京調査」や「大阪調査」でも同様に男性が多いことが示されているが，その中でも川崎市は女性が極端に少ない点が特徴である．

表3−1　性別

	全数調査		大阪調査		東京調査	
	人数	%	人数	%	人数	%
男　性	835	99.3	387	95.3	694	97.9
女　性	6	0.7	19	4.7	15	2.1
合　計	841	100.0	406	100.0	709	100.0

② 年齢

　表3−2に,「全数調査」における年齢分布を表した. 回答者841人のうち,もっとも多かったのは「55〜59歳」で226人(26.9%),次いで「60〜64歳」で206人(24.5%),「50〜54歳」で192人(22.8%)となっており,いずれも2割以上の比率を占めている. 55歳〜64歳の層に集中しているといえる.

　また,30歳代,40歳代前半は少なく,40歳代後半から増加しはじめ,50歳代がもっとも多く,65歳以上からは急激に減少するという分布である.

　なお,最低年齢は,30歳であり,最高年齢は76歳,平均年齢は56.6歳であった.

　また,表3−3から川崎市は「東京調査」や「大阪調査」と比べると,50歳代と60歳代は多いが,49歳以下はかなり少なく,川崎市は相対的に高年齢層

表3−2　年齢（全数調査）

	人数	%
30〜34歳	7	0.8
35〜39歳	5	0.6
40〜44歳	21	2.5
45〜49歳	89	10.6
50〜54歳	192	22.8
55〜59歳	226	26.9
60〜64歳	206	24.5
65〜69歳	77	9.2
70〜74歳	14	1.7
75〜79歳	4	0.5
合計	841	100.0

表3-3 年齢

	全数調査		大阪調査		東京調査	
	人数	%	人数	%	人数	%
29歳以下	0	0.0	4	1.0	4	0.6
30～39歳	12	1.4	13	3.3	43	6.1
40～49歳	110	13.1	90	23.1	138	19.6
50～59歳	418	49.7	147	37.7	337	47.9
60～69歳	283	33.7	118	30.3	161	22.9
70歳以上	18	2.1	18	4.6	20	2.9
合計	841	100.0	390	100.0	703	100.0
平均年齢（歳）	56.6		55.2		55.2	

表3-4 パン券の利用期間（全数調査）

	人数	%
新規	28	3.3
1ヶ月未満	6	0.7
1年未満	27	3.2
1年から2年未満	41	4.9
2年から3年未満	93	11.1
3年から4年未満	161	19.1
4年から5年未満	91	10.8
5年から6年未満	141	16.8
6年から7年未満	78	9.3
7年から8年未満	41	4.9
8年以上	53	6.3
不明	81	9.6
合計	841	100.0

が多いといえる．

（2）現在の状況

① パン券の利用期間

表3-4は，「全数調査」におけるパン券の利用期間を表したものである．

一番多いのは「3年間」で161人（19.1%），次いで「5年間」で141人（16.8%），「2年間」で93人（11.1%）である．3年以上利用している者が7割弱を占め，長期にわたり利用されていることが分かる．また，7年前の制度スタート時から利用している者は53人（6.3%）であった．

利用期間を3年ごとに区切ってみると，3年未満が195人（23.2%），3〜5年は393人（46.7%），6〜8年は172人（20.5%）となり，3〜5年利用している者が約半数を占める．長期利用者が多い．

② 昨夜の寝場所

表3－5は，「全数調査」における昨夜の寝場所を表したものである．公園が圧倒的に多く，378人（44.9%）と約半数を占める．次いで「駅周辺」が228人（27.1%），「公共施設周辺」が158人（18.8%），「河川敷」が124人（14.7%）と続く．

「公共施設周辺」では，ガード下や建物の軒下，駐車場等雨をしのげるような屋根のある場所の回答が多かった．

表3－5 昨夜の寝場所（全数調査）複数回答

	人数	%
公園	378	44.9
河川敷	124	14.7
駅周辺	228	27.1
公共施設周辺	158	18.8
友人宅	1	0.1
不明	1	0.1
回答数	889	105.7
回答者数	841	

③ 野宿期間

表3－6は，野宿生活の期間を表したものである．「全数調査」では，「3年以上」の者が532人（63.3%）と6割以上，「1年以上3年未満」が167人（19.8%）と約2割を占め，8割以上が長期に渡って野宿を強いられていると

いえる.

「3ヶ月未満」は37人（4.4%）,「3ヶ月以上1年未満」は88人（10.5%）で, 合計して1年未満の間に野宿を開始した者は125人（14.9%）であり, 1割強の人々は何らかの理由で調査前数ヶ月以内に路上での生活に至った人である.

また,「3年以上」で比較してみると「東京調査」は39.1%,「大阪調査」は40.9%,「全数調査」は63.3%と「全数調査」の比率が極端に多くなっている. 川崎市においては, 野宿生活者の野宿生活は長期化が進んでいるといえる.

表3-6　野宿期間

	全数調査		大阪調査		東京調査	
	人数	%	人数	%	人数	%
3ヶ月未満	37	4.4	14	3.4	87	12.3
3ヶ月以上1年未満	88	10.5	73	18.0	152	21.4
1年以上3年未満	167	19.8	146	36.0	193	27.2
3年以上	532	63.3	166	40.9	277	39.1
不明	17	2.0	7	1.7		
合計	841	100.0	406	100.0	709	100.0

④　最近の仕事について

表3-7は, 最近の仕事についての回答を表したものである.「全数調査」では「仕事をしている」者は745人（88.6%）と, ほとんどの人が野宿をしている現在においても生活をしていくために何らかの労働を行っており,「仕事をしていない」者は11.4%にすぎない. 一般的に野宿生活者は「怠け者」と思われがちであるが, 9割弱の者が何らかの仕事をしている.

「東京調査」では5割（49.4%）,「大阪調査」では8割以上（80.7%）の者が川崎市と同様に, 野宿をしながらも仕事をしている.

⑤　現在の健康と通院の有無について

表3-8は,「全数調査」における, 現在の健康状態についての回答を表し

表3-7　仕事の有無について

	全数調査		大阪調査		東京調査	
	人数	%	人数	%	人数	%
仕事をしている	745	88.6	327	80.7	351	49.4
仕事をしていない	96	11.4	78	19.3	359	50.6
合計	841	100.0	405	100.0	710	100.0

たものである．自身の体調が「良くない」と思っている人は，170人（20.2%）と約2割を占めた．

しかし表3-9から，前問において健康が良くないと思っている人について通院の有無を問うと，病院へ行くことが出来ているのは，「病院へ行っている」「時々行く」を合わせても約半数（81人，47.7%）にとどまっており，残りの4割（67人，39.4%）は，体調が「良くない」ことを自覚しながらも病院へ行っていない．

表3-8　現在の健康について（全数調査）

	人数	%
良い	115	13.7
普通	539	64.1
良くない	170	20.2
不明	17	2.0
合計	841	100.0

表3-9　健康が良くない人の通院状況（全数調査）

	人数	%
病院へ行っている	62	36.5
時々行く	19	11.2
行っていない	67	39.4
不明	22	12.9
合計	170	100.0

（3）これまでのこと

①　本籍地

表3-10は，「全数調査」における回答者の本籍地について地方別に集計したものである．地方別で見ると，「関東地方」が318人（37.8%）ともっとも多く，次いで「北海道・東北地方」が244人（23.4%），「九州・沖縄地方」が145人（17.3%）となり，この3つの地方で8割以上を占め，他の地方は極端に少なくなる．

関東地方の中では、やはり「神奈川県」がもっとも多く103人（12.2%）、次いで「東京都」が69人（8.2%）である。また、「沖縄県」が52人（6.2%）、「北海道」が47人（5.6%）と遠方出身者が多いのも特徴である。

表3-10　本籍地（全数調査）

	人数	%
北海道地方	47	5.6
東北地方合計	197	23.4
関東地方合計	318	37.8
中部地方合計	83	9.9
近畿地方合計	13	1.6
中国・四国地方合計	30	3.5
九州・沖縄地方合計	145	17.2
不明	8	1.0
合計	841	100.0

② 最終学校

表3-11は最終学歴を表している。中退などの場合はそれ以前の卒業校を意味しているが、「中学校」卒の者が圧倒的に多く615人（73.1%）である。「小学校・国民学校」卒と「中学校」卒を合わせると、631人（75.0%）であり全体のちょうど4分の3が義務教育のみである。「大阪調査」の56.7%に比べ、かなり多い。また、「全数調査」では、「専門学校」や「大学」等の高等教育を受けている者はわずか2.6%（22人）であるのに対して、「大阪調査」では7.1%であり、その比率は3倍近い差となっている。

③ 結婚歴

表3-12は、「全数調査」における、結婚歴について表したものである。「未婚」の者が581人（69.1%）と、圧倒的に多い。内縁関係や死別は「その他」に含まれている。表3-13は、結婚の有無について表3-12から集計したものである。「結婚」、「離婚」、「その他」を合わせた者が結婚経験有りと考えると、

表3−11 最終学歴

	全数調査		大阪調査	
	人数	%	人数	%
国民学校・小学校	16	1.9	25	6.2
中学校	615	73.1	205	50.5
高等学校	169	20.1	120	29.6
専門学校	11	1.3	11	2.7
大学	11	1.3	18	4.4
その他	0	0.0	5	1.2
不明	19	2.3	22	5.4
合計	841	100.0	406	100.0

　結婚経験のある者は236人（28.1%）である．7割の人が，結婚経験が無い．「東京調査」や「大阪調査」も同様に結婚率は低く，前者は約5割（52.9%），後者は3割強（34.2%）である．その中でも川崎市は結婚率がかなり低い．

　人数の多い45歳から69歳について考えた時，平成12年の国勢調査における日本人男性の45〜69歳の未婚率は7.9%であり，9倍近い差がある．

　次の表3−14は，「全数調査」における結婚経験のある236人を対象に，子どもの数について表したものである．結婚経験のある者の中で子どもの数を見ると，約半数の116人（49.1%）の人は子どもがいる．

④　家族との連絡と緊急連絡先

表3−12　結婚歴（全数調査）複数回答

	人数	%
結婚	59	7.0
離婚	177	21.0
未婚	581	69.1
その他	19	2.3
不明	24	2.9
回答数	860	102.3
回答者数	841	

表3-13 結婚経験の有無（内縁関係を含む）

	全数調査		大阪調査	東京調査
	人数	%	%	%
有り	236	28.1	59.6	47.1
無し	581	69.1	34.2	52.9
不明	24	2.8	6.2	0
合計	841	100.0	100.0	100.0

表3-14 子どもの数（全数調査）
（表3-13で「有り」と回答した236人を対象）

	人数	%
なし	120	50.9
1人	41	17.4
2人	44	18.6
3人	24	10.2
4人	5	2.1
5人	2	0.8
合計	236	100.0

表3-15 最後の家族との連絡（全数調査）

	人数	%
1年未満以内	2	0.2
1年前	65	7.7
2年から9年前	195	23.2
10年以上前	479	57.0
不明	100	11.9
合計	841	100.0

家族との連絡がいつまで取られていたかを表3-15で示すと，「10年以上前」が479人（57.0%）と約6割を占める．「2年から9年前」が195人（23.2%），「1年前」が65人（7.7%），「1年未満以内」が2人（0.2%）と極端に少なくなっていく．1年以内に連絡をしている者は67人（7.9%）と1割にも満たない．

では，緊急連絡先はどうなっているかを見ると，緊急連絡先として挙げられている中で一番多かったのは，「兄弟姉妹」であり361人（42.9%），次いで「親」が134人（15.9%）となっている．「親」と「兄弟姉妹」を合わせた，いわゆる自身の定位家族を挙げた者は495人（58.8%）と約6割を占める一方，「音信不通」や緊急連絡先が「不明・なし」の者が，288人（34.3%）と全体の3分の1以上を占める．

表3－16　緊急連絡先（全数調査）複数回答

	人数	％
親	134	15.9
兄弟姉妹	361	42.9
叔父・叔母	34	4.0
親戚	22	2.6
子ども	13	1.5
配偶者	1	0.1
友人・知人	2	0.2
音信不通	78	9.3
不明・なし	210	25.0
回答数	855	101.5
回答者数	841	

2．パン券利用者調査と施設入所者調査の結果

　パン券利用者調査と施設入所者調査の結果について全数調査と比較しながら各調査が捉えた人々の特徴を捉えることにしたい．すでに説明したように，「全数調査」は食料品現物支給事業更新時における申請者に関する調査データである．「パン券調査」は，そのうち，我々の調査日に実際に「パン券」を利用し調査に応じた者についての調査である．そして，施設調査は三つの施設へ入所している者についての調査である．したがって，前二者は，野宿生活中である者の調査であり，施設調査は野宿生活を経験したことがある者で，すべてではないが多くがまた野宿生活へ戻っていく蓋然性の高い者についての調査である．以下においては回答不明を除いた有効回答数の中でのパーセンテージを示し，比較することをとおして特徴を捉える．

（1）年齢構成と健康状態

　まず，年齢と健康状態を比較すると以下のようである．パン券を実際に利用している者が年齢層の高い者が多く，平均年齢も他のグループよりも高い．施設入所者はより高齢者が多いのではと予想したが，そうではない．また健康状

態もパン券利用者の方に健康を害している者がもっとも多く見られ，施設入所用者の方は健康状態の悪い者が多いということではない（表3－17，表3－18）．

表3－17　年齢構成

	野宿全数	パン券利用者	施設入所者
40歳未満	1.4	1.0	6.4
40～49	13.1	7.0	14.0
50～59	49.7	54.7	48.5
60～69	33.7	33.3	27.4
70歳以上	2.1	4.0	3.7
合計	100.0	100.0	100.0
平均	56.6	57.6	55.5

表3－18　健康状態

	野宿全数	パン券利用者	施設入所者
よい	14.0	19.4	19.0
普通	65.4	38.3	46.8
よくない	20.6	42.3	34.2
計	100.0	100.0	100.0

（2）野宿の状況

　野宿の期間は，現に野宿をしている「野宿全数」および「パン券利用者」と「施設入所者」の間で大きな開きがみられる．施設入所者は入所までの野宿期間が3ヶ月未満である者が多い．他方，3年以上に及ぶ長期間の野宿経験者は前二者が5～6割であるのに対して，1割程度と少ないという特徴がある．なぜそのように対照的であるのかである．また，野宿時の寝場所も違っている．前二者が公園や河川敷，公共施設周辺が多いのに対して，「施設入所者」は駅周辺，友人宅，その他，例えば病院からといった者が多い（表3－19，表3－20）．

表3-19 野宿期間

	野宿全数	パン券利用者	施設入所者
3ヶ月未満	4.5	11.5	66.5
3ヶ月以上	10.7	13.2	11.3
1年以上	20.3	24.1	10.8
3年以上	64.5	51.2	11.4
合計	100.0	100.0	100.0

表3-20 野宿時の寝場所

	野宿全数	パン券利用者	施設入所者
公園	44.9	40.8	27.8
河川敷	14.7	11.9	4.8
駅周辺	27.1	25.4	42.8
公共施設周辺	18.8	11.9	3.2
友人宅	0.1	0.5	3.2
その他	0.1	9.5	18.2
合計	105.7	100.0	100.0

(3) 現在の仕事について

　現在，仕事をしているかを見ると，表3-21のように，野宿全数では4分の3の者が何らかの仕事に従事しているが，そのうちのパン券利用者は3割でしかない．体力的に仕事が出来なくなってきている者が主としてパン券を実際に利用していると見ることが出来る．施設入所者も2割が施設にいながらにして仕事をしている．

　施設入所者も含め，野宿時の仕事の種類を見ると野宿全数，および施設入所者の野宿時の仕事は5～6割が土木建設関係であり，日雇である．

　パン券利用者が従事している仕事は，圧倒的に廃品回収，空き缶集めである．体力的に肉体労働に不慣れで日雇の仕事が出来ない者，および加齢のため雇用されず出来なくなった者が空き缶集めをしているといえる．

表3-21　現在仕事に従事している状況

	野宿全数	パン券利用者	施設入所者
仕事をしている	74.0	31.0	20.1
仕事をしていない	26.0	69.0	79.9
合計	100.0	100.0	100.0

表3-22　野宿時の仕事の種類

	野宿全数	パン券利用者	施設入所者
土木建設関係	58.3	12.7	55.8
廃品回収、空缶集め	31.6	84.1	39.0
その他	10.1	3.2	5.2
合計	100.0	100.0	100.0

（4）学歴と職歴

　次に，学歴および職歴を比較したい．学歴は義務教育である中学校卒がいずれのグループにおいても多いのであるが，施設入所者において高卒および大卒の割合が多少高くなっている．学歴が高くなるほど野宿，つまり野外での生活に馴染めないのであろうと推測される（表3-23）．

　職歴は，野宿全数のデータはないので，パン券利用者と施設入所者を比較することしか出来ない．バブル期について見ると，パン券利用者と施設入所者の違いはパン券利用者の8割以上が労務職であり，中でも建設関係であったこと，他方施設入所者はパン券利用者に比べて小経営者や自営業者，販売サービス職であった者が多い．しかし，相対的にそうであるということであって，建設労務職とその他の労務職を合わせると7割に達する（表3-24）．

　ホームレスとなる直前職についてみると，パン券利用者では建設労務職の者がやや増大している．バブル期と直前職の間に大きな差は見られない．第Ⅰ部で論じたように，建設労務職はバブル期において基本的に作られたのである．施設入所者は，小経営者・自営業者の割合は減って建設労務職が増大している．そして，販売・サービス職の増大が指摘出来る変化である．とはいえ，施設入

所者でも直前職は建設労務職が5割という大半を占めることに注目すべきであろう（表3-25）.

表3-23　学歴

	野宿全数	パン券利用者	施設入所者
中学校卒	76.8	68.6	59.4
高等学校卒	21.9	28.4	33.0
大学・短大卒	1.3	3.0	7.6
合計	100.0	100.0	100.0

表3-24　職歴・バブル時

	野宿全数	パン券利用者	施設入所者
小経営者・自営業者		3.5	10.9
事務・営業・技術職		3.0	3.5
建設労務職		63.0	44.0
その他の労務職		22.4	24.2
販売サービス職		6.1	10.5
その他		2.0	6.9
合計	0	100.0	100.0

表3-25　職歴・野宿直前

	野宿全数	パン券利用者	施設入所者
小経営者・自営業者		2.0	4.5
事務・営業・技術職		2.5	2.3
建設労務職		66.2	50.2
その他の労務職		21.7	16.6
販売サービス職		6.6	16.8
その他		1.0	9.6
合計	0	100.0	100.0

（5）結婚歴と家族関係

最後に結婚歴と家族関係を見ておくことにしたい．

結婚歴および現時点における家族との連絡は野宿全数と施設入所者についてのデータしかないので，この二者を比較することになる．野宿全数について結婚していた者と現在も続いている者とを合わせると3割である．施設入所者は55％である．施設入所者の方がやはり結婚していた者の割合が大きな数値を示している．結婚の有無は，特に50歳代以上の者の場合，結婚するだけの経済的安定度のある仕事に就いていたかどうかを意味する．多いとはいえ，施設入所者で結婚したことがない者が45％という数値は，やはり高いといえよう．そして，現在でも結婚が続いている者は3％にすぎないのである．

　家族との関係は，元配偶者なり，婚姻関係が継続している者との関係とは限らないのであるが，親兄弟や子どもとの関係を含むが，関係ありの割合は野宿全数と施設入所者との間にはかなりの差がある．施設入所者は関係ありと回答した者が4割見られる．

　以上から，野宿全数と施設入所者とでは性格がやや異なることが確認できた．特に，野宿生活者のうちのパン券利用者は施設入所者以上に体力的に見ると低下している状況にありながら，なお，野宿生活を継続させようとしていることがわかった．それを可能としているのがパン券制度の存在かもしれない．

表3－26　結婚歴

	野宿全数	パン券利用者	施設入所者
結婚していた	23.9		52.4
現在も結婚が続いている	7.0		2.8
結婚したことがない	69.1		44.8
合計	100.0	0	100.0

表3－27　家族との連絡

	野宿全数	パン券利用者	施設入所者
あり	7.9		37.0
なし・家族なし	92.1		63.0
合計	100.0	0	100.0

野宿生活を続けていることに対して，それを「選好」しているとの見方があるが，我々には野宿生活を「選好」しているというよりは，施設入所を拒否されるに違いないという思い，ないし，施設生活への不信が根底にあるように見えた．

さらに，とはいえ，最後に指摘しておきたいことは，野宿生活者と施設入所者との間に，例えば野宿期間等に大きな違いはあるものの，職歴や家族関係も含め，大きく違うというよりも，重なり合う部分が大きいと見るべきであろうと考える．

第2節　どんな人たちか

第1節では，三つの調査からそれぞれの基本的な属性を明らかにしてきた．特に「全数調査」から，野宿生活をしながらも何らかの仕事をしている人が9割であることが判明したことは，ともすれば「怠け者」というイメージを持ちがちな野宿者像とはかけ離れたものであった．本節では，今回の調査から得られた情報をもとに，イメージではなく実際にどのような人たちが野宿生活をせざるを得ないのか，その生活の経緯を明らかにしていく必要があると考える．本節で使用する調査は，「全数調査」と「パン券利用者アンケート調査」である．

1．野宿者の現状

ここでは，野宿生活を支えるための仕事や収入はどの程度で，野宿を続けざるを得ない実状とどのような関係があるのか見ていく．

（1）仕事について

「全数調査」では，現在の仕事の状況（表3−28）と最近やった仕事（表3−29）について聞いている．表3−28によれば，「あればやる」と「今はしていないがあればやる」を合わせて627人（74.6％）であり，仕事に対して十分「や

る気」があることがわかる．それに対して，「やりたくない」はわずか12人（1.4%）である．

表3-29をみると，「仕事はしていない」が24人（2.9%）であり，表3-28での「していない」173人（20.6%）と比較すると明らかに矛盾がある．実際，表3-29をみると「土木・建築関係」をはじめとして，約9割の人が何らかの仕事をしていることが明らかである．以上のことから，このことは単純な矛盾ではなく，表3-28で現われている「仕事」と，表3-29で現われている「仕事」には野宿者にとっての「仕事」の意味が異なっていると理解することが出来るのではないか．つまり，仕事に対して十分やる気をもっており，現在も生活の（生きる・食べる）ために仕事をしているけれども，その仕事は本当の意味での生活を支えうる仕事にはなっておらず，したがって，人によってはそれらは「仕事」と呼べる仕事ではないのかもしれない．求めている仕事は生活を支えうる仕事であり，野宿をしなくても生活できる仕事なのではないだろうか．

表3-30は「野宿から抜けられない理由」という「全数調査」での自由記述の質問をまとめたものだが，「仕事がない・少ない」と「十分な収入が得られ

表3-28　現在の仕事の状況（全数調査）複数回答

	人数	%
していない	173	20.6
やりたくない	12	1.4
あればやる	597	71
今はしていないがあればやる	30	3.6
缶や雑誌拾いはしている	23	2.7
身体状況が悪くできない	8	1.0
時々やっている	11	1.3
その他	2	0.2
不明	16	1.9
回答数	872	103.7
回答者数	841	

表3-29　最近やった仕事（全数調査）複数回答

	人数	%
土木・建築関係	468	55.6
空き缶拾い	191	22.7
会社員	5	0.6
アルバイト	74	8.8
廃品回収	60	7.1
清掃作業	8	1.0
仕事はしていない	24	2.8
その他	8	1.0
不明	53	6.3
回答数	891	105.9
回答者数	841	100.0

ずお金がない」を合わせると371人（44.1%）いることがわかる．つまり，仕事をしたくても仕事がない，生活していくに十分な収入の得られる仕事がない，そのために現在野宿をせざるを得ない状況におかれている人たちであることが明らかになったといえよう．

また，川崎での仕事が日雇や空き缶集めなども含めて多いと感じているのかまとめたものが表3－31である．これを見ると，5割弱が「少ない」としているが，一方で「多い」としている人も66人（32.8%）いる．このことは，仕事はあるものの，自分のところには仕事がまわって来ないと感じている，と考えることも出来るだろう．いずれにしても，自分にとって十分な仕事としては少ないのである．

表3－30　野宿生活から抜けられない理由は何ですか（全数調査）

	人数	%	有効%
仕事がない、少ない	333	39.6	69.6
十分な収入が得られずお金がない	38	4.5	7.9
病気や障害があり働けない	35	4.2	7.3
年齢のため仕事につけない	21	2.5	4.4
仕事が続かない	14	1.7	2.9
その他	38	4.5	7.9
有効回答者数	479	57.0	100.0
不明・拒否	362	43.3	
合計	841	100.0	

表3－31　川崎は仕事が多いか（パン券利用者調査）

	人数	%
多い	66	32.8
普通	17	8.5
少ない	96	47.8
不明	21	10.4
非該当	1	0.5
合計	201	100.0

以上のことから，仕事はあることはあるが，生活を維持出来るほど十分な仕事としては自分のところに回って来てはいない状況で，しかし，生きるために仕事はしているが，それが本当の仕事であるとは考えていない．本当の意味での生活を維持するに足りる仕事を求めている，という川崎の野宿者の状況が明らかになったといえるだろう．

表3-32 現在の1ヶ月あたりの生活費（パン券利用者調査）

	人数	%	有効%
0円	32	15.8	19.4
1円以上1,000円未満	0	0.0	0.0
1,000円以上3,000円未満	14	7.0	8.5
3,000円以上5,000円未満	8	4.0	4.8
5,000円以上7,000円未満	12	6.0	7.3
7,000円以上10,000円未満	3	1.5	1.8
10,000円以上15,00円未満	20	10.0	12.1
15,000円以上20,000円未満	9	4.4	5.6
20,000円以上25,000円未満	9	4.4	5.6
25,000円以上30,000円未満	6	3.0	3.6
30,000円以上35,000円未満	16	8.0	9.7
35,000円以上40,000円未満	1	0.5	0.6
40,000円以上50,000円未満	8	4.0	4.8
50,000円以上60,000円未満	8	4.0	4.8
60,000円以上70,000円未満	3	1.5	1.8
70,000円以上80,000円未満	3	1.5	1.8
80,000円以上90,000円未満	2	1.0	1.2
90,000円以上100,00円未満	2	1.0	1.2
100,000円以上150,000円未満	6	3.0	3.6
150,000円以上200,000円未満	1	0.5	0.6
200,000円以上	2	1.0	1.2
有効回答数	165	82.1	100.0
拒否	1	0.5	
不明	35	17.4	
合計	201	100.0	

(2) 収入について

それでは，実際野宿をしている人たちは，どの程度の収入で生活をしているのだろうか．また，「生活しうるに十分な収入ではない」とは，どの程度の収入を得ている状況であるのかを見ていくこととする．

表3-32は，1ヶ月にどのくらいを生活費として使っているかを示したものである．厳密な意味では，生活費と収入は異なるが，現在野宿をしている現状を考えると，貯蓄をするほどゆとりのある生活をしているとは考えにくいため，生活費はほぼ収入を表していると考えることができる．表3-32によれば，「収入なし」が32人（19.4％），一日100円未満，すなわち1ヶ月1円以上3千円未満で生活している人が14人（8.5％）いることがわかる．逆に，今回の調査からは，生活保護基準以上の収入のある人は，13人（7.8％）にすぎないのである．人間の最低限度の生活を保障している生活保護法に準じて住宅費を除いて考えたとしても（参考：55歳単身男性の生活扶助費は82,520／月），収入があるとはいえ，憲法で保障されている最低限度の生活さえ保障されていない人たちが野宿で生活をしていることがわかる．しかも，その中には，「身体状況が悪く（仕事が）できない」（表3-28参照）（8人，1.0％）人たちや，「病気や障害・高齢のために仕事につけない・働けない」（表3-30参照）（56人，11.7％）人たちが含まれているのである．

以上のことから，収入がない人たちは仕事をしていないのではなく，むしろ仕事が出来ない状況で，働くことの出来る人たちは仕事をしているものの，明らかに生活維持のための収入とはいいがたい程度の生活費で生活せざるを得ない状況におかれているのだといえるだろう．

(3) 福祉制度の利用について

このような人たちは，過去に生活保護制度を始めとする各種の社会福祉制度を利用して，野宿に至らなくてもいいように生活を維持することができなかったのだろうか．

「パン券利用者調査」では，バブル時（平成元年から2年頃）の健康保険の種

類と年金加入の有無を聞いたが，バブル時においても，健康保険加入「なし」が91人(45.2％)と半数近くが健康保険制度に組み込まれていない人たちであった．また，このような人たちが，雇用保険に加入していたとは考えにくく，病気やけが，失職をしたときに利用可能な社会保障制度が全く不十分であることを意味しているといえるだろう．

また，年金未加入者も109人(54.2％)であった．たとえ，年金受給権があったとしても，平均年齢(第1章参照)を考えるとまだ受給可能な年齢には満たないのである．

以上のように，各種社会保障制度に繋がっていない人たちが，生活保護制度の利用によって，生活を維持することは出来なかったのだろうか．

「全数調査」では，過去に生活保護を受給したことがあるか聞いている(表3-33)．それによれば，「受給したことがある」が116人(13.8％)，施設入所の37人(4.4％)と合わせても153人(18.2％)に過ぎず，「受けたことはない」は632人(75.1％)であった．

表3-33 生活保護について(全数調査)

	人数	％
受けたことがある	116	13.8
施設に入ったことがある	37	4.4
受けたことはない	632	75.1
不明	56	6.7
合計	841	100.0

表3-34 病気のとき福祉の利用をしたか(パン券利用者調査)

	人数	％
ある	85	42.3
ない	112	55.7
非該当	1	0.5
不明	3	1.5
合計	201	100.0

また，病気の時に生活保護を利用したかを聞いた結果が表3-34である．4割の人が「福祉」＝生活保護の利用に結びついたことがわかる．生活保護制度については，病気や障害があること，あるいは65歳以上であることが利用にあたっての条件だと一般的に思われていることだといわれているが，今回の調査でも，聞き取りの中でそのように考えている人が少なくなかった．実際に4割の者が「福祉」で受療したにもかかわらず表3-33に示されるように

13%しか利用したことがないと回答している．医療扶助単給は生活保護とは思われていない．

今回の調査では「相談に行ったことがあるか」という設問は用意しなかったので，なぜ福祉制度に結びつかなかったのかを直接的に明らかにすることは出来なかったが，少なくとも，生活保護制度以外に利用可能な制度がなかったこと，現在生活保護基準以下の生活であっても生活保護制度に結びついていないこと，過去に生活保護制度を利用した人（13.8%）も現在野宿をせざるを得ない状況にあること，病気の治療で生活保護につながっても，野宿生活は変らない人たち（85人・42.3%）がいることが明らかになったのである．つまり，生活保護法が無差別平等（生活保護法第2条）を掲げていても，野宿生活になる前にそれを防ぐような運用はされていないという現実を表わしているといえよう．

2．野宿への過程

仕事はしているものの，生活を支えうるに十分な収入を得られる仕事とはいえず，生活保護制度を始めとする福祉制度にも繋がっていない野宿者像が明らかになったが，このような人たちが，どのような経緯を経て野宿に至ったのかを，次に明らかにしていきたい．特に，どのような生活をしていた人たちなのかを野宿に至った時期と関連して，職歴と住まいと社会的地位の変動に着目して検討する．

（1）野宿時期について

現在野宿をしている人が初めて野宿に至った時期を明らかにすることは，社会・経済的な要因を探る上で重要であると考える．つまり，社会・経済の不安定さがそのまま生活に影響するからである．

「パン券利用者調査」より，初めての野宿時期をあらわしたものが表3－35，表3－36である．これをみると，平成4年が16人，平成8年以降，特に

表3-35 初めての野宿時期（パン券利用者調査）

和暦	人数	%
～昭和60年	8	4.0
昭和61年～平成2年	6	3.0
平成3年～平成7年	39	19.4
平成8年～平成12年	68	33.8
平成13年	13	6.5
平成14年	18	8.9
不明および非該当	49	24.4
計	201	100.0

表3-36 初めての野宿時期と現在の年齢のクロス（パン券利用者調査）

	50歳未満	50歳以上55歳未満	55歳以上60歳未満	60歳以上65歳未満	65歳以上70歳未満	70歳以上	非該当	不明	合計
～平成3年	2	6	4	5				1	18
平成4年	1	5	1	5	1	3			16
平成5年		1	2	2	1				6
平成6年			1	3					4
平成7年	1	2	3	2	1				9
平成8年	1	3	3	7	3	1			18
平成9年		1	5	2	2	1			11
平成10年			3	4	3				10
平成11年	1	4	8	5			1		19
平成12年		5	2	2	1				10
平成13年	2	4	2	3	1		1		13
平成14年	1	3	8	4	2				18
非該当	1	1							2
拒否					1	1			2
不明	5	10	14	10	4	2			45
合計	15	49	59	50	17	8	2	1	201

平成8年が18人，平成11年が19人，平成14年が18人と目立って多いことがわかる．同時に，その時に野宿に至った人たちが調査時にも野宿である（継

続してか, 再度かは問わず) ことを意味している.

次に, 初めての野宿時期と現在の年齢との関連を表わしたのが表3-36である. 就労不可能な年齢になったことによって野宿に至ると仮定すれば, 当然年齢が高くなれば野宿に至った人数も増加するはずだが, これをみると, 45歳以上において, 特に年齢との関係がなく野宿に至っていることがわかる.

以上のことから, 川崎で野宿している人たちが野宿に至った理由としては, すでに大阪の調査等でも指摘されているように, 平成3年のバブル崩壊による経済的な不況の影響であるといえるだろう. また, 平成8年以降, 一貫して多いことも長引く不況の影響であるといえるだろう.

(2) 職歴について

次に, バブルの影響・長引く不況の影響を直接的に受けたといえる人たちは, バブル時にどのような仕事をしていたのか, また野宿に至る直前にはどのような仕事をしていたのか明らかにする必要があるだろう.

表3-37は, バブル時と直前職を職種・業種・地位の各項目について比較したものである. これを見ると, バブル時においても直前職においても日雇をはじめとした不安定な地位での建築土木業現業職が多いことがわかる.

地位に着目してみると,「社員 (常雇)」がバブル時には73人 (36.3%) だったものが直前職では59人 (29.4%) に減少している. 一方,「日雇など」はバブル時には103人 (51.2%) だったものが直前職では123人 (61.1%) へと増加している. 以上のことから, バブル崩壊後に「常雇」から「日雇」への不安定な地位への移動があったことがわかる.

また, 業種に着目してみると,「建築土木」がバブル時には126人 (62.7%) だったものが, 直前職では135人 (67.1%) へと増加している. 一方,「製造」がバブル時には33人 (16.4%) だったものが直前職では29人 (14.4%) に,「運輸」がバブル時には10人 (5.0%) だったものが直前職では7人 (3.5%) へとそれぞれ減少していることがわかる. 以上のことから, 減少した業種から「建築土木」への流入があったのではないかということが予想できる. また, 地位と

表3-37 バブル時と野宿直前の職種・業種・地位の比較（パン券利用者調査）

バブル時		
職種		
	人数	%
現業職	175	87.0
販売サービス	12	6.0
サラリーマン	6	3.0
その他	4	2.0
拒否	1	0.5
不明	3	1.5
合計	201	100.0

⇒

野宿直前		
職種		
	人数	%
現業職	176	87.5
販売サービス	13	6.5
サラリーマン	5	2.5
その他	2	1.0
拒否	1	0.5
不明	4	2.0
合計	201	100.0

業種		
	人数	%
製造	33	16.4
鉱業	2	1.0
運輸	10	5.0
港湾	3	1.5
建築土木	126	62.6
農林漁業	1	0.5
販売飲食	7	3.5
サービス	9	4.5
その他	6	3.0
拒否	1	0.5
不明	3	1.5
合計	201	100.0

⇒

業種		
	人数	%
製造	29	14.4
鉱業	2	1.0
運輸	7	3.5
港湾	2	1.0
建築土木	135	67.1
農林漁業	0	0.0
販売飲食	11	5.5
サービス	9	4.5
その他	2	1.0
拒否	1	0.5
不明	3	1.5
合計	201	100.0

地位		
	人数	%
社長・役員	1	0.5
自営業主	7	3.5
家族従業者	2	1.0
社員（常雇）	73	36.3
派遣	5	2.5
日雇・臨時雇・パート・アルバイト	103	51.2
その他	4	2.0
拒否	1	0.5
不明	5	2.5
合計	201	100.0

⇒

地位		
	人数	%
社長・役員	1	0.5
自営業主	4	2.0
家族従業者	1	0.5
社員（常雇）	59	29.4
派遣	6	3.0
日雇・臨時雇・パート・アルバイト	123	61.1
その他	2	1.0
拒否	1	0.5
不明	4	2.0
合計	201	100.0

の関連で考えると，地位を維持した業種の移動であったとは考えにくく，業種の移動がさらなる経済的な不安定さを引き起こしたことも十分予測できる．

そこで，バブル時と直前職での業種と地位の変化をクロス集計したものが表3-38である．この表から，めだった増減がみとめられるのは，やはり「日雇など」の「建築土木」が，バブル時には90人であったものが直前職では103人と増加していることと，「常雇」の「製造」がバブル時には27人であったものが直前職では18人へと減少していることである．

まず，「建築土木」に着目すると，「常雇」が目立って減少したわけではない（バブル時26人から直前職24人）．次に，「製造」に着目すると，「日雇」がバブル時には2人から直前職には4人，「パート」がバブル時には0人から直前職には2人だが，目立った移動とはいいきれない．そこで，やはり「製造」の「常雇」から「建築土木」の「日雇」への移動があったといってもいいのではないか．今回の調査からは他の業種での目立った移動は確認できなかったが，いずれにしても，川崎が工業の発展した都市であることから，これらに関連した仕事をしていた人たちが不況の影響を受けて「日雇建築土木」に移動したであろうことが推測できるのである．そして，このような移動は，単純に慣れない不安定な仕事に移動した，ということだけではなく，表3-37から明らかになったように，野宿と隣り合わせの地位への移動が行われたということなのである．その移動は，経済的な不況が主たる原因だったといえよう．

(3) 仕事をやめた理由

就労の変化と住居の変化を社会・経済的な変化の中で検討してきたが，このような人たちが野宿に至る前に仕事をやめたのはどのような理由だったのか．表3-39をみると，「仕事がなくなる」が61人（30.3%），「会社の倒産やリストラによる解雇」が34人（16.9%）と，約5割が仕事そのものがなくなったか，会社の経営難によって仕事を失ったことがわかる．また，「病気やけが」，「定年」「高齢」であることを理由にあげた人も合わせて57人（28.3%）いた．一方，「自分からやめる」は25人（12.4%）にすぎない．

表3-38 バブル時と直前職の業種と地位のクロス（パン券利用者調査）

バブル時

業種＼地位	社長役員	自営業主	家族従業者	常雇	派遣	日雇期間工臨時雇	パート・アルバイト	その他	非該当	不明	合計
製造		1	1	27	2	2					33
鉱業						1	1				2
運輸		2		6		1	1				10
港湾						3					3
建築土木		2		26	3	90	3			2	126
販売飲食		2		5							7
サービス				7		1		1			9
その他	1			2				3			6
農林漁業			1								1
非該当									1		1
不明										3	3
合計	1	7	2	73	5	98	5	4	1	5	201

野宿直前

業種＼地位	社長役員	自営業主	家族従業者	常雇	派遣	日雇期間工臨時雇	パート・アルバイト	その他	非該当	不明	合計
製造		1	1	18	3	4	2				29
鉱業				1							2
運輸				4		2	1				7
港湾						2					2
建築土木		1		24	3	103	4			1	136
販売飲食		2		8					1		11
サービス				3		4					7
その他	1			1				3			5
農林漁業											0
非該当									3		3
不明										3	3
合計	1	4	1	59	6	116	7	3	4	4	205

表3-39　野宿する直前の仕事をやめた理由（パン券利用者調査）複数回答

	人数	%
会社の倒産やリストラによる解雇	34	16.9
自分の会社や店が倒産	7	3.5
自分からやめる	25	12.4
仕事がなくなる	61	30.3
期限がきた	11	5.5
病気・けがのため	31	15.4
定年	1	0.5
高齢の為	25	12.4
今もほぼ毎日仕事をしている	3	1.5
時々仕事をしている	18	9.0
家庭の事情	9	4.5
金銭トラブル	5	2.5
会社とのトラブル	2	1.0
その他	4	2.0
拒否	2	1.0
不明	8	4.0
回答数	246	122.4
回答者数	201	

　以上のことから積極的に仕事をやめた，または解雇というよりも仕事がないために働けない状況になった，あるいは，多くが「日雇建築土木業」だったことを考えると，病気やけが，年齢的に仕事をすることが出来ない・仕事をもらえない状況になった人たちであるといえよう．そして，「日雇建築土木業」の人たちにとって「仕事がなくなる」とは経済的な影響を受けて仕事そのものが減ったことを意味しているのである．

　また，注目したいのは，「今もほぼ毎日仕事をしている」，「時々仕事をしている」とした人が21人（10.5％）いることである．このことは，継続して仕事をしていても日給が下がったり，仕事を得ることができる日数が減少したことで，住居を維持できなかったために野宿に至っている可能性があることが表われていると考えることが出来るのである．

（4）住まいについて

　経済的基盤においてもともと不安定な状況にいたこと，経済的な不況によって不安定な就労に至ったこと，また，自己理由ではなく仕事がなくなったことによって職を失ったことが大きな流れとして把握できたが，次にそれぞれの時期にどのような住居環境であったのか，どのような変化があったのか，またそのときの就業状況との関連はあるのか検討する．

　表3-40はバブル時の住まいと野宿直前の住まいを比較したものである．この表からは目立った住居移動はないように見える．もちろん，「持ち家」が減少（バブル時6.5％から野宿直前5.0％へ）し，「借家・アパート」が増加（38.3％から40.4％へ），「飯場」，「簡易宿泊所（ドヤ）」が増加（24.8％から26.8％へ）しているなど，住居・生活の不安定さを示唆する移動が若干認められるものの，目立った移動とはいいがたい．

表3- 40　バブル時の住まいと野宿直前の住まいの比較（パン券利用者調査）

バブル時

	人数	％
持ち家	13	6.5
借家・アパート	77	38.3
社宅・寮	38	18.9
飯場	17	8.4
簡易宿泊所（ドヤ）	22	10.9
カプセルホテル・サウナ	3	1.5
親兄弟・知人宅	2	1.0
病院・施設など	0	0.0
飯場とドヤ	6	3.0
寮と飯場・ドヤ	5	2.5
野宿	5	2.5
住み込み	2	1.0
その他	0	0.0
不明	11	5.5
合計	201	100.0

⇒

野宿直前

	人数	％
持ち家	10	5.0
借家・アパート	81	40.4
社宅・寮	35	17.3
飯場	20	10.0
簡易宿泊所（ドヤ）	27	13.3
カプセルホテル・サウナ	3	1.5
親兄弟・知人宅	3	1.5
病院・施設など	4	2.0
飯場とドヤ	2	1.0
寮と飯場・ドヤ	5	2.5
野宿	0	0.0
住み込み	2	1.0
その他	2	1.0
不明	7	3.5
合計	201	100.0

一方,大阪調査に準じて,「持ち家」と「借家・アパート」を比較的住居が安定していると見ると,バブル時においても野宿直前においても5割弱(バブル時44.8%,野宿直前45.4%)にすぎず,大阪調査と比較して住居環境は全体的に不安定だったということができる.

全体的に住居環境が不安定であるならば,経済的基盤がより不安定な「日雇」の人たちに着目した場合,その不安定さはどのようにあらわれるのかを見みたのが表3-41である.

この表からも,バブル時と野宿直前では明らかな変化は見られない.住まいの形態別の増減を表3-40と比較すると,「借家・アパート」が29.6%から30.6%へ,「社宅・寮」が14.3%から19.3%へなど,多少の移動の中でも差異が見られるが,大きな変化とはいいがたい.

また,比較的住居が安定している「持ち家」と「借家・アパート」の割合は,

表3-41　日雇いのバブル時と直前の住居の比較 (パン券利用者調査)

	バブル時		野宿直前	
	人数	%	人数	%
持ち家	2	2.0	3	2.6
借家・アパート	29	29.6	35	30.6
社宅・寮	12	12.3	18	15.8
飯場	14	14.3	17	14.9
簡易宿泊所(ドヤ)	21	21.4	26	22.7
カプセルホテル・サウナ	0	0.0	2	1.8
親兄弟・知人宅	1	1.0	1	0.9
病院・施設	0	0.0	2	1.8
飯場とドヤ	5	5.1	2	1.8
寮と飯場・ドヤ	2	2.0	4	3.5
野宿	2	2.0	0	0.0
住み込み	2	2.0	2	1.8
その他	2	2.0	2	1.8
不明	6	6.1	0	0.0
合計	98	100.0	114	100.0

バブル時において 31.6％，野宿直前において 33.2％と 6 割強が不安定な住居環境にいたことがわかる．「日雇」の人のうち約 89％の人が「建築土木業」であったこと（表 3 － 38）を考えると，そのうち約 3 割の人たちは安定した住居を維持していたことになり，不安定な就労においてもそれだけの技術と勤勉さ持ち合わせていたことを示しているともいえるだろう．

なお，ちなみに，「寿」や「山谷」などの大きな寄せ場のあるドヤ地域を居住地としたことがある者の割合を見たところ，日雇経験者だけではなく全員に対して質問した結果であるが，次表のように「ある」と回答した者は，パン券調査で 32.8％，施設調査で 17.2％と少ない割合であった．日雇経験者は直前職では表 3 － 37 に見たように 61％と多いのであるが，日雇労働者が集まる昔ながらのドヤ地域に居住したことがある者はそれと比して少ないのである．

表 3 － 42　ドヤ地区居住の経験の有無

	パン券調査	施設調査
有り	32.8%	17.2%
無し	67.2%	82.8%

また，前掲の表 3 － 40 によると，野宿直前に「病院・施設など」にいた人が 4 人いたことは，第 1 節で述べたように，居宅保護としての生活保護が役割を果たさなかったことを示す重要な指標であることをつけ加えておきたい．今回の調査では 4 人であったが，少なく見積もっても全野宿者の 2％にその可能性があることを示しているといってもいいだろう．

以上のことから，バブル崩壊後に何らかの住居を維持出来なくなる決定的な要因があったというよりは，むしろ，バブル時においても野宿直前においても，一貫して全体的に不安定な住居環境にいたために，仕事がなくなり収入が減ったことでその住居環境を維持出来なくなって野宿に至ったことが明らかになったといえるだろう．

3. なぜ川崎か

　ここまでで，経済の影響を受けて，不安定な就労形態で不安定な住居環境で生活していた人たち，すなわち「日雇建築土木業」を代表とするような人たちが，長引く不況の中でさらに生活を維持することが困難になり野宿に至る経緯が明らかになってきたが，現在川崎市内に生活している野宿者が，なぜ川崎にいるのか，なぜ川崎に来たのか，という問は，川崎市民であれば当然持ちうる疑問ではないだろうか．その問に含まれる疑問としては，「川崎でなくても他の地域でもいいのではないか」，あるいは，「パン券があるために川崎にい続けるのではないか」，さらに，「パン券がなければここまで野宿者はいないのではないか」というものがあるのではないかと推測する．本節では，そのような疑問に対して，なぜ川崎にいるのか，パン券の利用はどのようにされているのか明らかにしていきたい．

(1) 川崎に来た理由

　表3-43は，「全数調査」での「川崎に来た理由」，表3-44は，「パン券利用者調査」での「川崎に来た理由」をそれぞれ示したものである．表3-43を見ると，「仕事を求めて」が575人（68.4%）と，仕事をするために川崎に来たことがわかる．また，「仕事で来てそのまま」が192人（22.8%）となっていることから，仕事をするために川崎に来て，一定期間仕事をした後，現在仕事が出来ない・仕事がないために野宿をしていることが推測できる．一方，「パン券利用者調査」では，川崎に来た理由を「全数調査」より細かい質問項目によって明らかにすることを目指した（表3-44）．これによれば，「他所で仕事がなく仕事を探しに川崎に来た」が95人（47.3%），「若い時から川崎で仕事をしてきた」が43人（21.4%），「仕事で来た」が10人（5.0%）となっている．そして，「他所で野宿していて川崎に移ってきた」が10人（5.0%）にすぎないことがわかった．以上のことから，現在川崎で野宿している人たちのほとんどが，ある時期から川崎で仕事をしていたが現在仕事がなくなった，という人たち

と，他の土地で仕事がなくなって川崎に仕事を探しに来たが，実際には仕事が十分になかったため現在に至っている，という人たちであるといえる．

表3－43　川崎に来た理由（全数調査）複数回答

	人数	%
仕事を求めて	575	68.4
仕事で来てそのまま	192	22.8
もともと川崎の住民	28	3.3
他に行く所がない	4	0.5
パン券があったから	1	0.1
友人・知人がいたから	2	0.2
その他	9	1.1
不明	39	4.6
回答数	850	101.0
回答者数	841	

表3－44　川崎に来た理由（パン券利用者調査）複数回答

	人数	%
他所で仕事がなく仕事を探しに川崎に来た	95	47.3
若い時から川崎で仕事をしてきた	43	21.4
仕事で来た	10	5.0
他所で野宿していて川崎に移ってきた	10	5.0
川崎市生まれ	5	2.5
前から川崎の住民	6	3.0
なじみの土地	8	4.0
知り合いがいた	8	4.0
その他	10	5.0
不明	11	5.5
拒否	1	0.5
回答数	207	103.2
回答者数	201	

（2）パン券を知った場所

仕事をするために，あるいは仕事を求めて川崎に来た人たちが，どこでパン券のことを知ったのか．表3-45をみると，「川崎で」が182人（90.5%）であり，約9割の人は川崎に来て初めてパン券の存在を知り，現在利用していることがわかる．また，残りの1割の人たちは他の地域でパン券のことは知っていたものの，1）で川崎に来た理由（表3-43）として「パン券があるから」と答えた人が1人であったことを考えると，パン券があることを知っていたことと川崎に来た積極的な理由がパン券であったことの関連が明らかであるとはいいがたいだろう．

表3-45 どこでパン券を知ったか（パン券利用者調査）

	人数	%
川崎で	182	90.5
横浜や東京で	8	4.0
その他	5	2.5
不明	6	3.0
合計	201	100.0

（3）パン券利用について

また，必ずしもパン券を毎日利用するわけではないことは第1章で明らかになったが，それではどのような時に利用しないのだろうか．表3-46を見ると，「仕事がある時」が90人（44.8%）であり，このことは，仕事（収入）がなくて生活（食べ物）に困る時にパン券を利用している人たちが利用者の約4割いることを示している．つまり，第1節ですでに明らかにしたよう，仕事がある時は仕事をし，パン券に頼ることなく生活をすることが出来ていて，パン券は仕事がない時の野宿者のいわば，セーフティーネットの役割を果たしていることの表われではないだろうか．また，調査日にパン券を利用していなかった人たちの中には，その日仕事をしていた人たちが含まれていることになり，このことを考慮すると少なく見積もって約4割の人たちである，と捉えたほうが

よいだろう．

表3－46　パン券を利用しない時はどんな時か
（パン券利用者調査）　複数回答

	人数	%
仕事がある時	90	44.8
毎日利用	61	30.3
お金がある時	13	6.5
体調不良の時	8	4.0
寝坊した時	5	2.5
食糧がある時	4	2.0
その他	4	2.0
非該当	4	2.0
不明	18	9.0
回答数	207	103.1
回答者数	201	

以上のことから，川崎に生活している野宿者は，仕事のために川崎に来て，その多くが川崎に来てからパン券のことを知り，少なく見積もって約4割の人は仕事がないときにパン券を利用して生活しているということがわかった．前節までで，仕事はしているけれど住居環境を含めた生活を維持出来なくなった結果，野宿に至ったのではないかという推測をしたが，ここでも仕事があればパン券を利用しなくても野宿生活が成り立っている人たちがいることが明らかになった．

4．まとめ

本節では，川崎で野宿している人たちが，どのような人たちなのかを，なぜ野宿せざるを得ないのか，野宿に至る経緯，なぜ川崎にいるのかに分けて考察してきた．以上のことから明らかになったことをまとめると以下のようになる．

第一に，川崎の野宿者の多くは生きていくために仕事をしており，しかし，

その収入は最低限度の生活を保障している生活保護基準に満たない生活を余儀なくされているということである．しかし，生活保護制度を始めとする福祉制度に繋がっていないのである．

　第二に，野宿に至るまでには，「完全失業」ということではなく，経済的な影響で徐々に収入が減ったことによって生活の維持・住居の維持が困難になったため，生きていくために路上に出たということが推測されるに至った．これらの人たちの多くは日雇建築現業職に従事しており，もともと不安定な生活だったのである．そして，「稼動年齢」でなくなったということよりも，景気の変動で仕事に就きにくい状況に追いやられることが明らかになった．

　第三に，収入が少なくても仕事をしており，仕事がないときには，パン券を利用して路上で生活している人たちも少なくないことがわかった．もし，パン券と安定した住まいさえ保障されれば，野宿を続けなくても生活出来る人たちが多く含まれているのである．

第3節　日々の過ごし方

　この節では，川崎市内の公園・駅・河川敷といった路上での生活を余儀なくされている野宿者たちの，日々の生活の過ごし方について，今回の調査から確認されたことを整理していくこととする．

　国際連合は，昭和62年を「家のない人々のための国際居住年」に指定したが，今回の調査はそれから15年が経過した時点で実施された．川崎市内の公園・駅・河川敷などで野宿している者の数は増加している．野宿者の日々の過ごし方を，たとえその断片であっても明らかにしていくことは，現実に必要とされている実効性ある施策を検討していく上で，必要不可欠な内容を提供するものであると思われる．

　そこで，野宿者の日々の生活について，以下に「衣・食・住・職」を中心に述べていきたい．

1. 衣類について

(1) 衣類の入手方法について

今回の調査では,「施設調査」のみで衣類に関連する質問が行われた. 入所前, 野宿時の衣類の入手方法について,「以前から持っていた」が35.3％,「自分で購入する」が25.1％,「ボランティアからもらう」が18.2％,「知り合い・友人からもらう」が10.2％であった. なお「ボランティアからもらう」の18.2％の数値は,「その他」の回答中に「ボランティアからもらう」に等しい内容のもの, 例えば「教会・組合等からもらう」が含まれていたために, それらを加えて計算しなおした数値である (表3-47).

平成14年7月26～28日現在での施設入所者の人たちは, 比較的に野宿生活の期間が短い段階で入所されている傾向があることが, 既に前章等で触れられているが, おそらくそのために「以前から持っていた」が35.3％あり,「自分で購入する」といった"余裕"のある人が25.1％存在するのだろう. この両者の合計で60.4％に達していた.

表3-47 野宿時の衣類の入手方法 (施設調査) 複数回答

	人数	％
自分で購入する	47	25.1
知り合い・友人からもらう	19	10.2
ボランティアからもらう	17	9.1
商店・コンビニ等からもらう	0	0.0
拾ってくる	13	7.0
以前から持っていた	66	35.3
福祉行政から	4	2.1
その他	25	13.4
回答数	191	102.2
回答者数	187	

(2) 洗濯について

洗濯の回数について,「全数調査」では週あたりの回数として,「1回未満」

が11.9%,「1回」が41.1%,「2回」が15.8%,「3回」が9.8%,「4回」が2.7%であり,これらの合計は81.3%であった.逆に,洗濯をしていない人は1.0%と極めて少数であった.パン券利用者調査において面接調査をしたが,汚れが目立つ人はほとんど見られなかった(表3－48).

他方で「施設調査」では,表3－49によると「月4回以上」(週1回以上に相当するものと考える)が41.2%であった.施設入所者は野宿生活が比較的短期間の者が多いことから,野宿の生活状況に不慣れであって,きちんと定期的な洗濯に取組む体制や余裕が無かったこと等が考えられる.

表3－48 洗濯の回数(全数調査)

		人数	%
1週間に	0回	8	1.0
	1回未満	100	11.9
	1回	346	41.1
	2回	133	15.8
	3回	82	9.8
	4回	23	2.7
	5回	7	0.8
	6回	1	0.1
	7回	26	3.1
	不明	115	13.7
	合計	841	100.0

表3－49 野宿時の洗濯回数(施設調査)

		人数	%
1ヶ月に	0～3回	31	16.6
	4～7回	25	13.3
	8～12回	34	18.2
	15回	5	2.7
	30回	13	7.0
	不明	79	42.2
	合計	187	100.0

（3）日用品の入手方法について

日用品の入手方法について，「施設調査」では「自分で購入」が37.4％,「以前から持っていた」が26.7％,「ボランティアからもらう」が16.6％,「知り合い・友人からもらう」が10.2％であった．「自分で購入」が37.4％であるということからは，ある程度の日用品については自分で手持金により購入することの可能な段階で施設入所に至った経過がわかる．なお「ボランティアからもらう」の16.6％の数値は，「その他」の回答中に「ボランティアからもらう」に等しい内容のもの，例えば「教会・組合等からもらう」が含まれていたために，それらを加えて計算しなおした数値である．

また，「以前から持っていた」が26.7％であるということは，野宿生活の期間が比較的に短期間であったことから，約4人に1人は以前からの日用品をそのまま使用していることが確認された（表3－50）．

表3－50　野宿時の日用品の入手方法（施設調査）複数回答

	人数	％
自分で購入する	70	37.4
知り合い・友人からもらう	19	10.2
ボランティアからもらう	16	8.6
商店・コンビニ等からもらう	0	0.0
拾ってくる	12	6.4
以前から持っていた	50	26.7
福祉行政から	4	2.1
その他	30	16
回答数	201	107.4
回答者数	187	

2．食事について

（1）「パン券」の利用状況について

「パン券利用者調査」は平成14年9月22日に，午前6時半から始まる「パン券」＝弁当支給に際して実施されたが，当日は雨も降ることなく比較的落ち

着いた調査を行うことが出来た．「パン券利用者調査」の実施によって明らかになったことは次の6点である．

① 「パン券」の受け取りに来られる人たちは，午前7時までに22.4％，午前7時〜7時半の間に23.4％，午前7時半〜8時の間に19.4％，午前8時〜8時半の間に15.9％，午前8時半〜9時の間に14.4％が受け取りに来ていて，支給の開始される午前6時〜7時までの早朝の段階で，すでに約4分の1の人が受け取りに来ていた．

② 「パン券」の受け取りに来る際の交通手段は，「徒歩」による人が60.2％，「自転車」による人が38.8％であって，その他の交通手段の利用は極めて小数であった（表3−51）．

表3−51 「パン券」を受け取りに来る時の交通手段（パン券利用者調査）

	人数	％
徒歩	121	60.2
自転車	78	38.8
その他	1	0.5
不明	1	0.5
合計	201	100.0

③ 「パン券」の利用は，「週6〜7日」が73.6％，「週3〜5日」が16.4％で，合計で90％となっており，ほぼ毎日利用している人が多数を占めていることが確認された（表3−52）．

④ 「パン券」をほぼ毎日（週に3回以上）利用している人が90％を占めているなかで，1日に3回食事をしている人は24.9％に過ぎないことが分かった．調査から1日1回の人が16.4％，2回の人が50.7％でこの合計だけで67.1％であった（表3−53）．

表3-52 「パン券」の利用回数（パン券利用者調査）

	人数	%
不規則なので何回といえない	12	6.0
週に　　6〜7回	148	73.6
3〜5回	33	16.4
1〜2回	2	1.0
弁当支給を利用したばかり	2	1.0
不明	4	2.0
合計	201	100.0

表3-53 1日の食事の回数（パン券利用者調査）

	人数	%
1回	33	16.4
2回	102	50.7
3回以上	50	24.9
何回といえない	9	4.5
非該当	1	0.5
不明	6	3.0
合計	201	100

⑤川崎市において「パン券支給事業」が実施されているということを，川崎市以外の地域で知った人は6.5%と非常に僅かであり，野宿生活者は，必ずしも「パン券」の支給のために川崎市に来たのではないことが確認された．

　すでに川崎にいて，「パン券支給事業」について川崎で知った人が90.5%を占めていることが分かった（表3-45）．

⑥このことからは，決して川崎における「食料品支給事業」（パン券支給事業）の実施によって，他の地域の野宿生活者を"呼び寄せている"ことではないことが確認された．

　また，「全数調査」では「パン券受給歴」について，「5年以上」が

37.3%,「2〜5年未満」が41.0%,「2年未満」が4.9%,「1年未満」が3.2%,「1ヶ月未満」が0.7%であり,かなりの長期間に渡って「パン券」が利用されていることが確認された(表3-4).

(2) 食事の回数について

「パン券利用者調査」では食事の回数が1日について,「1回」が16.4%,「2回」が50.7%であって,合計で67.1%であったが,「大阪府調査」では食事の回数が1日について「3回以上」が35.2%,「2回」は41.4%,「1回」は7.1%であり,「パン券利用者調査」に比較して「大阪府調査」の方が食事の回数は多かった.それでも食事の回数が1日について「2回まで」の人だけで約半数を占めている(表3-53).

他方「施設調査」では,施設入所前の食事の回数が1日に「1回」が21.9%,「2回」が31.0%,「3回」が20.3%であり,食事の回数が2回までの人の割合は52.9%であった.どの調査においても食事の回数が1日について「2回まで」の人の割合は,ほとんど半数を下回ることがないことが確認された(表3-54).

また,食事の回数を1日について3回を標準的な回数と仮定しても,実際に野宿者にとっては,通常の1回分の食事を2回に分けて食べることで,その状態に胃を"慣らす"ことにより,空腹感や"ひもじさ"から少しでも逃れると

表3-54 野宿時における1日の食事の回数 (施設調査)

	人数	%
0回	4	2.2
1回	41	21.9
2回	58	31.0
3回	38	20.3
何回といえない・ある時に食べる	21	11.2
不明	25	13.4
合計	187	100.0

いうような，"生活の知恵"を働かせている人の少なくないことは，他の地域での同様の調査や，福祉事務所等の関連機関の実務を通してよく聞くことのある事実である．そのように空腹感を慣らして回数を分けて食べたとしても，1日の必要栄養量を満たす事は出来ない．

（3）「パン券」利用を含んだ食べ物の入手方法について

「施設調査」において，入所以前の「食べ物のおもな入手方法」について質問したところ，「自分で購入する」が43.3％，「川崎市のパン券利用」が33.3％であった．実際には施設入所中の人たちの方が，わずかに「パン券」利用の割合が低かったことが確認された（表3−55）．

表3−55 野宿時の食べ物の入手方法（施設調査）複数回答

	人数	％
自分で購入する	87	43.3
知り合い・友人からもらう	39	19.4
ボランティアからもらう	16	8.0
商店・コンビニ等からもらう	31	15.7
川崎市のパン券を利用	67	33.3
その他	25	12.4
不明	20	10.0
回答数	285	141.8
回答者数	201	

3．入浴と散髪について

（1）入浴について

入浴（身体を拭く等も含まれる）については，調査の実施時期の違いも大きいが，「全数調査」では，週当たりの回数として「1回」が37.9％，「2回」が15.7％，「3回」が10.2％で，これらの合計で63.8％と約6割になっている．

逆に「1週間に1回未満」は16.1％，入浴をしていない人は1.0％ときわめて

表3-56 風呂の回数（全数調査）

		人数	%
1週間に	0回	8	1.0
	1回未満	135	16.1
	1回	319	37.9
	2回	132	15.7
	3回	86	10.2
	4回	16	1.9
	5回	8	1.0
	6回	2	0.2
	7回	28	3.3
	不明	107	12.7
合計		841	100.0

少数であった（表3-56）．

　他方で，「施設調査」での風呂（身体を拭く等も含まれる）の回数は，1ヶ月当たりの回数で「1回」が13.2％，「2回」が9.1％，「4回」が10.7％，「8回」が18.2％であり，その他の回答は実に多様な状況を示していて，何らかの傾向を把握することは困難であるが，比較的，野宿生活の期間が短い段階で施設に入所している傾向から，路上での生活における"一定の生活リズム"のようなものが共通化して見られないということが推定される（表3-57）．

（2）散髪について

　「施設調査」では，「1ヶ月に1回」が33.1％，「2～3ヶ月に1回」が24.4％，「行っていない」が23.6％，「不定期」が8.7％である．散髪についてはある程度，髪の伸びることの早い人，長くても気にしない人等の個人差がやや大きく影響する項目であるといえる（表3-58）．

　さらに，散髪の方法についても聞いているが，「床屋」は，187人中44人であり，床屋以外の方法として「ボランティアにやってもらう」が27人，「自分でやる」が25人，「友人にやってもらう」が11人であった（表3-59）．

表3－57　野宿時の風呂の回数（施設調査）

		人数	%	有効%
1ヶ月に	0回	22	11.8	18.2
	1回	16	8.5	13.2
	2回	11	5.9	9.1
	3回	3	1.6	2.5
	4回	13	7.0	10.7
	6回	1	0.5	0.8
	7回	5	2.7	4.2
	8回	22	11.8	18.2
	10回	4	2.1	3.3
	12回	7	3.7	5.8
	15回	4	2.1	3.3
	30回	13	7.0	10.7
有効回答者数		121	64.7	100.0
非該当		18	9.6	
不明		48	25.7	
合計		187	100.0	

表3－58　野宿時の散髪の回数（施設調査）

	人数	%	有効%
行っていない	30	16.0	23.6
1ヶ月に1回	42	22.5	33.1
2～3ヶ月に1回	31	16.6	24.4
4～6ヶ月に1回	9	4.8	7.1
1年に1回以下	4	2.1	3.1
不定期	11	5.9	8.7
有効回答者数	127	67.9	100.0
非該当	23	12.3	
拒否	1	0.5	
不明	36	19.3	
合計	187	100.0	

表3-59 野宿時の散髪の方法（施設調査）

	人数	%	有効%
自分	25	13.4	23.4
友人	11	5.9	10.3
教会・ボランティア	27	14.4	25.2
床屋	44	23.5	41.1
有効回答者数	107	57.2	100.0
非該当	53	28.4	
拒否	1	0.5	
不明	26	13.9	
合計	187	100.0	

4．住み方について

　いずれの調査においても，男性の単身での生活が圧倒的に多かったことが特徴的であるが，以下，各項目ごとに整理していくこととする．

（1）野宿生活の期間について

　「パン券利用者調査」では，野宿生活の期間について「5年以上」が35.8％，「5年未満」が12.9％，「3年未満」が14.4％，「2年未満」が8.5％であり，その合計から1年以上の路上での生活を「余儀なくされている」人が71.6％を占めていることが分かる．これら野宿生活の期間は，川崎の場合にはおおよそパン券利用期間と一致しているものと推定される（表3-60）．

　他方で「全数調査」では，野宿生活の期間について「3年以上」が63.3％，「3年未満」が19.8％，「1年未満」が10.5％，「3ヶ月未満」が4.4％である（表3-61）．

　さらに「大阪府調査」では，野宿生活の期間について「10年以上」が7.6％，「5～10年未満」が13.1％，「3～5年未満」が20.2％，「1～3年未満」が36.0％，「6ヶ月～1年未満」が12.8％，「3ヶ月～6ヶ月未満」が5.2％，「3ヶ月未満」が3.4％である．3年未満の人が57.4％と約6割であることがわかる．

表3-60 路上生活の期間（パン券利用者調査）

	人数	%
1ヶ月未満	11	5.5
3ヶ月未満	8	4.0
6ヶ月未満	10	5.0
1年未満	15	7.5
2年未満	17	8.5
3年未満	29	14.4
5年未満	26	12.9
5年以上	72	35.8
路上生活をしていない	3	1.4
不明	10	5.0
合計	201	100.0

表3-61 路上生活の期間（全数調査）

	人数	%
3ヶ月未満	37	4.4
3ヶ月以上1年未満	88	10.5
1年以上3年未満	167	19.8
3年以上	532	63.3
不明	17	2.0
合計	841	100.0

このように「パン券利用者調査」との比較では，「大阪府調査」の方が「5年以上」の割合が低い．逆に「1～3年未満」の割合は「大阪府調査」の方が高かった．同じ川崎における3つの調査結果は，それぞれの調査によって数値はまちまちで一定した結果を得られていない．

それでも川崎における野宿生活の期間は，「パン券利用者調査」「全数調査」ともに，「大阪府調査」よりも長期に渡っていることは確認することが出来た．

(2) 路上での寝場所について

「パン券利用者調査」では「路上での寝場所」に関して，昨夜の寝場所とし

て「公園」が40.8％、「駅」が25.4％、「河川敷」が11.9％、「公共施設等（市役所・労働会館・駐輪場等）の軒下」が11.9％で、以上で全体の90％であった（表3－62）。

表3－62　昨夜の寝場所（パン券利用者調査）

	人数	％
公園	82	40.8
河川敷	24	11.9
駅	51	25.4
道路上	12	6.0
公共施設内	24	11.9
友人の家	1	0.5
その他	4	2.0
拒否	1	0.5
不明	2	1.0
合計	201	100.0

また、「全数調査」では「公園」が44.9％、「駅周辺」が27.1％、「河川敷」が14.7％、「公共施設」が18.8％となっている（表3－63）。

以上から、寝場所としては「公園」が40.8％～44.9％の範囲、「駅」および「駅周辺」が25.4％～27.1％の範囲、「河川敷」は11.9％～14.7％の範囲、「公共施設の軒下」が11.9～18.8％の範囲であることが確認された。

（3）寝場所の位置について

「パン券利用者調査」では、寝場所に関しての問いに関しては、「小屋・ブルーシートを常設」が29.4％、「場所はほぼ一定」が49.8％で、この2つの合計だけで79.2％と約8割である。以上から、定住性の高い路上での生活となっていることが分かる（表3－64）。

また「全数調査」では、「テント小屋掛け」が29.8％、「ダンボールなど移動」が58.1％であり、この2つの回答に二分されているが、「パン券利用者調査」

表3-63 昨夜の寝場所（全数調査）複数回答

	人数	%
公園	378	44.9
河川敷	124	14.7
駅周辺	228	27.1
公共施設周辺	158	18.8
友人宅	1	0.1
不明	1	0.1
回答数	890	105.8
回答者数	841	

表3-64 寝場所の位置（パン券利用者調査）

	人数	%
小屋・ブルーシート・テントを常設	59	29.4
場所をほぼ一定している	100	49.8
場所をよく移動する	40	19.8
その他	1	0.5
不明	1	0.5
合計	201	100.0

に設けた「場所はほぼ一定」が，全数調査には設けられていない．「ダンボールなど移動」という中に，駅で寝ている者が多く含まれていると推察される（表3-65）．

表3-65 寝場所の位置（全数調査）

	人数	%
テント小屋掛け	251	29.8
ダンボールなど移動	488	58.1
軒下	38	4.5
その他	39	4.6
不明	25	3.0
合計	841	100.0

さらに「大阪府調査」では,「テント」が55.7％,「小屋」が19.5％,「段ボールハウス」が2.2％,「布団・毛布」が9.6％である.ここで「パン券利用者調査」での「小屋・ブルーシートを常設」が29.4％と,「場所はほぼ一定」が49.8％の2つの合計が79.2％ということと,「大阪府調査」での「テント」が55.7％,「小屋」が19.5％の合計で75.2％ということは非常に近い数字を示していることが分かった.

(4) 寝場所の地域と確保について

「パン券利用者調査」によると,寝場所の地域は,「川崎区」が87.1％,「多摩川河川敷の川崎側」が7.5％であり,合計で94.6％になり,かなりの地域的な集中傾向が見られる.

また,寝場所を決める大変さについての回答では,「大変」が49.2％,「大変ではない」が47.3％と2つに分かれているが,通常,野宿生活をすることの大変さ」はきわめて容易に理解されることである.それにもかかわらず,野宿生活の期間が「1年以上」の者が71.6％を占めていたことから,推定の域を出ないが,それだけ野宿経験を経た場合に,寝場所を決める大変さについて「大変ではない」とする回答が増加することは,ある意味で自然なことであると考えられる(表3－66).

表3－66　寝場所を決める大変さ (パン券利用者調査)

	人数	％
大変	99	49.2
大変ではない	95	47.3
非該当	2	1.0
拒否	1	0.5
不明	4	2.0
合計	201	100.0

以上から,「川崎区」や「多摩川河川敷の川崎側」という寝場所の集中傾向の見られる地域では,寝る場所の定住性の高さが示され,ある程度まで比較的

"安心"して路上での生活をすることが出来ていることがうかがわれる．

なお「大阪府調査」では，路上での生活場所の移動に関して，「施設管理者の退去指導にあったから」が33.3%で第1位であった．このことは川崎とは"好対照"をなす事実として，または，川崎という地域の，野宿者に対する受容的対応を示す事実として確認することが可能であることを付記しておきたいと思う．

（5）その他——路上生活における住のあり方とその関係について

「パン券利用者調査」では，現在の路上での生活を「初めて」としている人が57.7%と過半数を超えていることも大きな特徴と思われる（表3-67）．

前住地は「東京」が33.3%，「横浜」が10.9%，「横浜以外の神奈川県」が

表3-67 今回の野宿は初めてか（パン券利用者調査）

	人数	%
初めて	116	57.7
初めてではない	69	34.3
非該当	2	1.0
拒否	2	1.0
不明	12	6.0
合計	201	100.0

表3-68 前住地（パン券利用者調査）

	人数	%
川崎生まれ	4	2.0
横浜	22	10.9
横浜以外の神奈川県	20	10.0
東京	67	33.3
その他から	77	38.3
拒否	1	0.5
不明	10	5.0
合計	201	100.0

10.0％であり，「その他から」は38.3％であり，比較的に全国に散らばっている傾向が見てとれる（表3－68）．

また「パン券利用者調査」では，福祉施設への入所希望については，「希望する」は35.8％であり，この数字は他の地域の路上調査と比較して，いくらか高い割合を示している．しかし，「希望しない」が48.8％と約半数であることからも，決して福祉施設への入所を希望する割合の高くない状況にあることには変わりはなく，福祉施設による方策は，やはりその利用される当事者からは敬遠されがちであることが分かる（表3－69）．

表3－69　福祉施設への入所希望の有無（パン券利用者調査）

	人数	％
希望する	72	35.8
希望しない	98	48.8
分からない	9	4.5
入れないと思う	14	6.9
拒否	1	0.5
不明	7	3.5
合計	201	100.0

さらに，住まいに関係する希望として，「民間アパート」44.8％，「公営住宅」7.5％，「どこでも良い，住まいといえる所で暮らしたい」9.4％の合計で61.7％であり，6割以上の人がアパートに代表されるノーマルな意味での住まいでの生活を希望していることが分かる．

他方で「住み込みで働けるところ」は10.9％であることからも，住み込み就労の選択枝を希望する人は決して少なくない（表3－70）．

加えて「パン券利用者調査」では，住まいの場所については，「川崎区が良い」が59.7％で約6割を占め，「どこでも良い」は36.3％であった．「川崎区が良い」とする理由については「暮らしやすい」の45.0％，「知人が多い」の27.5％，「仕事を探す関係上」「なじみがある」がともに25.0％，等が挙げられている（表3－71，表3－72）．

表3-70 住まいの希望（パン券利用者調査）

	人数	%
民間アパート	90	44.8
公営住宅	15	7.5
どこでも良い・住まいといえる場所	19	9.4
施設	12	6.0
住み込みで働けるところ	22	10.9
特に希望はない	31	15.4
親元（実家）	3	1.5
その他	4	2.0
不明	5	2.5
合計	201	100.0

表3-71 住まいの場所の希望（パン券利用者調査）

	人数	%
川崎区が良い	120	59.7
どこでも良い	73	36.3
その他	3	1.5
拒否	1	0.5
不明	4	2.0
合計	201	100.0

表3-72 川崎区周辺へ希望する理由（パン券利用者調査）複数回答
（表3-71で「川崎区が良い」と回答した120人を対象）

	人数	%
仕事を探す関係上	30	25.0
暮らしやすい	54	45.0
知人が多い	33	27.5
雰囲気が良い	16	13.3
なじみがある	30	25.0
その他	18	15.0
不明	1	0.8
回答数	182	151.6
回答者数	120	

5. 職業・就労とその関係について

(1) 仕事をしているかどうかについて

「全数調査」では，仕事について前掲表3-28によると，「あればやる」が71.0％，「していない」が20.6％，逆に「やりたくない」は1.4％に過ぎない結果になっていた．このことから「仕事をしたくても仕事が無い」という状況が推定される．また，仕事をしたいと考えている人の割合が約71.0％，約7割と高い率を示していることが確認された．

同様に，仕事に関係して前掲表3-29によると，「最近やった仕事」は，「土木・建築関係」が55.6％と過半数であり，次いで「空き缶拾い」22.7％と，これだけで合計78.3％となっている．他には引っ越し荷物運びなどの「アルバイト」が8.8％，「廃品回収」が7.1％と，いずれも不安定な仕事の割合が高いことが確認された．

また，その仕事をしていた期間については，「1ヶ月以内」が13.0％，「1週間以内」が15.9％，「2～3日」が32.7％で，これらの合計で61.6％になっていて，実際に継続した仕事をすることの出来ていない状況が分かる（表3-73）．

表3-73 最近やった仕事の期間（全数調査）

	人数	％
2～3日以内	275	32.7
1週間以内	134	15.9
1ヶ月以内	109	13.0
6ヶ月以内	44	5.2
1年以内	37	4.4
1年以上	136	16.2
非該当	18	2.1
不明	88	10.5
合計	841	100.0

「大阪府調査」では「仕事をしている人」が80.5％、「仕事をしていない人」が19.3％であるが、「仕事をしている人」の88.7％が「廃品回収」であった。

次に「パン券利用者調査」では、「仕事のある日は配食サービスを利用しない」とした人は44.8％、他方で表3－52によると73.6％の人が毎日のように「パン券」を利用していた。裏返してみると、この日の「パン券利用者調査」の対象としてアンケート調査に協力してくださった人たちは、当日は仕事に就くことができなかった人たちであったということが推測される。

川崎での仕事については、前掲表3－31によると、「多い」との回答が32.8％であるにもかかわらず、他方で「少ない」との回答も47.8％あり、この二者に比較して「普通」との回答は8.5％に過ぎなかった。このことからは"仕事は無くはないけれど自分には回ってこない"という現実を物語っているのではないであろうか。

（2）これから希望する仕事について

そのような状況であるにもかかわらず、「全数調査」で「これからやりたい仕事」に関しては、「土木・建築関係」が59.7％と過半数で、「アルバイト」が11.8％、「空き缶拾い」が8.4％、「廃品回収」が2.7％で、これらの合計で82.6％と約8割の人たちが不安定な仕事しか希望していないことが確認される。「土木建設関係」の仕事がもっとも望ましい仕事と考えられていることが調査票の行間から感じられる。それはそのような仕事の経験しか持っていないために、経験の無い仕事を避けたり、初めから無理と諦めてしまっている可能性を示唆しているものと推定される（表3－74）。

（3）職業・就労・仕事の探し方について

「パン券利用者調査」では、「仕事に関係する情報の収集」については「知人から」が51.2％ともっとも多く、「別に情報は必要ない」が16.9％、「手配師から」は10.9％であった。「知人」というまさにインフォーマルな"情報源"に頼らざるを得ない状況が分かる。さらに加えて、「手配師」を「知人から」と

表3－74　これからやりたい仕事（全数調査）複数回答

	人数	%
土木建築	502	59.7
空き缶回収	71	8.4
会社員	25	3.0
アルバイト	99	11.8
廃品回収	23	2.7
その他	67	8.0
高齢や病気で仕事ができない	6	0.7
不明	72	8.6
回答数	865	102.9
回答者数	841	

表3－75　仕事の情報収集（パン券利用者調査）

	人数	%
知人から	103	51.2
新聞・雑誌	17	8.5
別に情報は必要ない	34	16.9
手配師	22	10.9
その他	19	9.5
不明	6	3.0
合計	201	100.0

表3－76　仕事の探し方・場所（全数調査）複数回答

	人数	%
原っぱ	443	62.3
川崎駅	66	9.3
新聞	39	5.5
知り合いの紹介	171	24.0
職安	14	2.0
その他	1	0.1
有効回答数	734	103.2
有効回答者数	711	100.0

表現している人,「手配師」と「知人」を同様に考えている人も少なくないことが推定される(表3-75).

概して,人が野宿生活をしている状況下では,ノーマルでフォーマルな求職の手段は「機能しない=役立たない」といえよう.既存のノーマルでフォーマルな求職の手段は「ハローワーク」を通しての求職活動であろうが,住民票の存否さえはっきりとしない状況では,「ハローワーク」を通しての求職活動は実際には無理であろう.

他方で「大阪府調査」では,「求人雑誌・新聞」が35.5%と高い割合であり,逆に「知り合いからの紹介」は29.0%となっている.今回の「パン券利用者調査」の方は,「知人から」が高い割合を示している.

また「全数調査」では,仕事の探し方・場所としては「原っぱ」が62.3%,「知り合いの紹介」が24.0%,「川崎駅」が9.3%,「新聞」が5.5%となっている.「原っぱ」の62.3%という割合の高さは,体力的・年齢的に肉体労働でも働ける人にとっては,寄せ場としての「原っぱ」は求職のための有効な手段として残っていることを示している(表3-76).

さらに,他の調査では「原っぱ」という聞き方をしておらず,例えば「知人から」との答えの中にも,この「原っぱ」が含まれている可能性を示唆している.「原っぱ」とは想像しがちな広い場所では決してなく,実際は狭い通りで日雇の求人者,求職者が集まってくる場所,つまり「寄せ場」的ものである.「全数調査」では「原っぱ」が62.3%を占めていることから,日雇就労をしている人たちの相当数の存在と照応するものと推定される.

6. その他

(1)家族との連絡と他人とのつきあい

「全数調査」では,家族との連絡を取っていない期間は前掲表3-15によると「2年から9年」が23.2%,「10年以上」が57.0%で合計80.2%にもなっている.

また,「パン券利用者調査」では「他人とのつきあい」について,「おしゃべり・情報交換」が54.2%と約半数,「食物・その他を分け合う」が13.4%である.「人づきあい」を「なし」とした人は36.3%であり,現代の社会状況の中で野宿生活をしている状況下で,3人に1人以上の人が「人づきあいなし」という"孤独な野宿生活"になっていることが分かる(表3－77).

表3－77　他人との付き合い(パン券利用者調査)複数回答

	人数	%
おしゃべり・情報交換	109	54.2
食物・その他を分け合う	27	13.4
なし	73	36.3
拒否	1	0.5
不明	14	7.0
回答数	224	111.4
回答者数	201	

(2) 健康状態

健康状態に関係しては,「パン券利用者調査」では表3－18によると,「全く良い」が19.4%,「まあまあ」が38.3%,「あまり良くない」が42.3%であり,約4割の人が自分の健康状態について「あまり良くない」と感じている.具合の悪い場所の有無については43.8%の人が「ある」と答えていて,この双方の数字は妥当なものである.

また「全数調査」では,表3－8より,健康状態について「よい」が13.7%,「ふつう」が64.1%,「よくない」が20.2%である.いずれの調査でも健康状態を「よい」と答えている人は13.7%～19.4%であって,2割にも達していないことが確認される.

さらに,健康状態について「よくない」とした人たちについて,表3－9から「病院へ行っている」が36.5%,「時々行く」が11.2%であって,合計すると47.7%と約半数程度である.逆に「行っていない」が39.4%であり,このことからは医療の保障も充分に行われていないことがわかる.

(3) 今後の希望，考えていること

「全数調査」では「これからのことで思っていること」として，「アパートに入りたい」が47.9％，「生活保護を受けたい」が29.4％，「働きたい」が14.9％，「施設に入りたい」が5.3％であった（表3-78）．

表3-78 これからのことで思っていること（全数調査）複数回答

	人数	％
生活保護を受けたい	207	29.4
施設に入りたい	37	5.3
アパートに入りたい	338	47.9
働きたい	105	14.9
何も考えられない・わからない	78	11.1
今のままかわらないだろう	17	2.4
その他	32	4.5
回答数	814	115.5
回答者数	705	
不明	136	
合計	841	

「アパートに入りたい」は現実としては「生活保護を受ける」ことがなければ実現の困難なことであると思われるが，実際に人が野宿生活をしている状況下でも，「就労＝自活」への強い思いから，さらに「生活保護を受ける」ということに付きまとうスティグマから，「生活保護を受けたい」という声が24.5％に留まっていると推察される．このことから，少なくとも「受けたくても容易に受けられない」という生活保護制度の運用の現状が分かる．

また「大阪府調査」では，「民間アパート等の個別住宅」の希望が有効回答数の63.0％，「公営住宅等の個別住宅」の希望が12.7％で合計75.7％である．

いずれの調査においても，行政機関との関係では概して「法外援護」＝例えばパン券等の利用のみに限定されている傾向が見られる．「大阪府調査」では行政機関に相談に行かない理由として，「世話になりたくない」が18.5％，「不

信・あきらめ」が 46.2％,「情報がない」が 14.2％ とある.

（4）「パン券が無くなったらどうなるか」という問いへの答え

「全数調査」での,「パン券が無くなったらどうなるか」という問いへの自由意見については, 初めて具体的な「思い」が表出されてきている. ここには人間の生活の基本である「衣・食・住・職」のうちの,「食」が極限されて初めて具体的な「思い」が, 短い単語として表出されるという状況を理解することが出来る.

その具体的な「思い」の表出は以下の通りであった.

① 「困ります（171 名）」「大変困ります（19 名）」「苦しい（5 名）」といった,「困ります」「苦しい」と言葉を表出した者は合計 226 名.
② 「死ぬ（5 名）」「餓死（5 名）」「死んじゃう（5 名）」「死んでしまう（3 名）」といった,「死」に関する言葉を表出した者は合計 52 名.
③ 「生活が出来ない（13 名）」といった,「生活」に関する言葉を表出した者は合計 24 名.

以上のような, パン券が生活を維持するのに必要な現実を表出している回答が, 80％を遥かに越えて多数出てきている.

また,「アルバイトでしのぐ（2 名）」「空き缶拾いや廃品回収で何とかなる」「がんばります」「コンポの仕事」「しょうがない」「炊き出し」「どうにかなる」「どっちでもよい」「働きたい」「もっと働く」等の回答は合計で 32 名, わずかに 7.4％程度しかなかった.

加えて,「犯罪を犯すしかない（2 名）」との回答もあり, 本当に切実な日々の過ごし方を見てとることができ, 様々な課題はあるにしても現状では「パン券」の果たしている役割の大きさを再確認する結果となっている.

7. おわりに

この節では, 川崎市内の公園・川崎駅・駅の周辺・河川敷等で野宿している

方の，その日々の生活の過ごし方について，「衣・食・住・職」を中心に取り出し整理した．

一般的な「野宿者」のイメージは，「洗濯もせず，風呂にも入らないので臭い」「仕事もしないでぶらぶらして，うらやましい」「あの人たちは好きで野宿しているのでしょ」といった感じであろう．

しかし今回の調査結果が示すように，野宿者の多くは，仕事を切に希望しており，洗濯や散髪をして身なりを整えている．そして野宿生活ではないアパート等での生活を望んでいることが確認できた．つまり一般に生活している住民と同様な意識と希望を，厳しい野宿生活の中でも感じとっているといえよう．

野宿生活をしている方の多くは，求人数の減少や疾病により失業し，手持金が底をついて住居を失い，野宿生活の中で仕事を探している．その求職期間をパン券で繋いでいるのが現実の野宿生活の姿であろう．

野宿者の意識と希望は先に示したイメージとは違うものであり，野宿期間は長期に及ぶものの，求人数の増大と単身者の住居の確保が施策として図られたなら，野宿生活から脱出できることを調査結果は示している．

野宿者とは，浮浪者ではなく，大方が「路上での生活を余儀なくされている者」と理解し位置づけることが必要であると考える．

第4節　施設利用の意味

はじめに

この節では川崎市内にある野宿生活者を対象とした施設入所者調査結果から，野宿生活者にとって施設利用の意味を探る．内容は1．健康・医療と施設利用，2．すまいと施設利用，3．生活の安定と施設利用の3点である．

調査対象・方法

施設入所者調査の対象は川崎市内にある野宿生活者の生活支援を目的とする

A．B．Cの3施設利用者である．調査員が各施設を訪問し，協力の得られた利用者に面接調査を行った．その結果，A施設44人中27人，B施設100人中68人，C施設150人中92人，合計187人の利用者から回答を得ることが出来た．調査期間は2002年7月26日から28日である．施設内での面接調査であったので，他の調査に比べ，もっとも詳しく話を伺うことが出来ている．

施設の概要

調査対象となった3施設の運営主体・開設年次・定員・目的などは表3－79に示すとおりである．各施設が出している説明書から書き写したものであり，運営主体，定員は施設により異なっている．A施設は，NPO法人が設立した施設で，それまで社員寮として使われていた施設を改装し使用している．部屋は相部屋で1部屋2人程度である．B施設は，川崎市が緊急一時宿泊事業を委託している施設である．市が100ベッドを借り上げ，要援護者の心身のリフレッシュをはかり，就労へ結びつけることを目的とした単独事業を行っている．今回の調査対象のひとつでもある食料品現物支給事業の受給資格更新の受付の際に用いられる施設でもある．簡易宿泊所（通称：ドヤ）を改装した施設である．部屋は相部屋で，1部屋8名程度である．C施設は，宿泊施設として入所者の属性や，施設運営方針等において，一般的な普通の施設である．今回の調査の中でもっとも多い定員である．サウナを改装した施設であるため，相部屋の寝室と大きな居間がある施設構造である．1部屋は6人程度である．

いずれの施設も，原則として食事は3回提供されているが，施設内で調理している施設と業者の弁当を配布している施設があった．入浴設備もあるが，1週間の入浴回数は施設によって異なる．

A施設およびC施設利用者の多くは施設を住所として，生活保護を受給している．各自の保護費の中から「家賃」「食費」などの費用を施設へ支払っている．必要経費として徴収される費用は二つの施設で異なっている．

B施設利用者は市の緊急一時宿泊事業の対象であり，生活保護は受給していない．現物支給として食事・宿泊が提供されている．医療を必要とする利用者

に対しては生活保護の医療扶助で対応している．

利用者の日常生活について生活時間，門限，外出，金銭管理，当番制などについて規則をもうけている．「寮長」「施設長」などと呼ばれる職員がいる．

このような野宿生活者生活支援を目的とする施設は市内十数ヶ所に開設されている．

表3－79　調査施設概要

施設名	A施設	B施設	C施設
開設年次	平成13年11月	平成8年12月	平成13年11月
定員	44名	100名	150名
運営主体	特定非営利活動法人S	有限会社H	特定非営利活動法人F
施設目的・方針・理念	①日本の豊かな物質文明社会にありながら，避けられないホームレス者の発生に対処するため，原因の究明をはかり，生活の改善と就労を支援し，社会福祉及び人権の確立と都市環境の保全に寄与する． ②ホームレス者に必要かつ良質な生活支援システムを提供する非営利・協同の市民事業を開発・運営して，社会のノーマライゼーション実現に貢献する． ③ホームレス者に対応する施設及びノウハウを駆使し運営する支援事業のネットワーク化をはかり，社会への復帰及び参加の諸条件を整備する．	要援護者に対する居住先設定までの中間宿泊先として，宿泊期間内に必要な施策を講じ，生活・医療援助等を通じて自立更生の促進を図る．	中・高年単身者の生活支援
その他	第2種社会福祉事業（宿泊事業）	川崎市福祉事務所の宿泊依頼による宿泊援護事業を実施している．	第2種社会福祉事業（宿泊事業）

1. 健康・医療と施設利用

施設利用との関連において，健康および身体状況がどのようであるか，まず，やや詳しく見ることにしたい．

（1）健康状態

施設を利用している現在の健康状態について35人（18.7％）が「良い」と答えており，「まあまあ」が46.0％，「悪い」が63人（33.7％）あり，健康状態にかなりの幅がある利用者が施設という同一の環境で生活していることがわかる．

全数調査では「良い」が13.7％であったので施設の方が5ポイント上回っていた．「悪い」はやはり全数調査の20.6％よりは13ポイント高い結果である．「良い」者も，「悪い」者も施設の方が多いという結果である．施設利用者が，健康状態の「悪い」者ばかりではないということに注目したい．

A施設利用者は「まあまあ」がもっとも多く17人（63％），次いで「悪い」6人（22.2％），「よい」は4人（14.8％）である．

B施設利用者68人中32人（47.1％）が「悪い」としている．「悪い」者の割合が高い．次いで「まあまあ」20人（29.4％），「良い」14人（20.6％）である．

C施設利用者は「まあまあ」49人（53.2％），次いで「悪い」25人（27.2％），「良い」17人（18.5％）となっている．施設ごとに利用者の健康状態はかなり違う

表3-80　健康状態

	A施設		B施設		C施設		施設全数	
	人数	％	人数	％	人数	％	人数	％
良い	4	14.8	14	20.6	17	18.5	35	18.7
まあまあ	17	63.0	20	29.4	49	53.2	86	46.0
悪い	6	22.2	32	47.1	25	27.2	63	33.7
不明	0	0.0	2	2.9	1	1.1	3	1.6
合計	27	100.0	68	100.0	92	100.0	187	100.0

表3－81　現在の病名

	A施設		B施設		C施設		施設全数	
	人数	%	人数	%	人数	%	人数	%
慢性気管支炎	1	3.7	0	0.0	0	0.0	1	0.5
結核	0	0.0	1	1.5	0	0.0	1	0.5
喘息	3	11.1	0	0.0	0	0.0	3	1.6
肺気腫	1	3.7	0	0.0	0	0.0	1	0.5
その他呼吸器の病気	0	0.0	1	1.5	2	2.2	3	1.6
呼吸器の病気計	5	18.5	2	2.9	2	2.2	9	4.8
高血圧	8	29.6	8	11.8	8	8.7	24	12.8
心臓病	4	14.8	5	7.4	5	5.4	14	7.5
その他循環器の病気	0	0.0	0	0.0	1	1.1	1	0.5
循環器の病気計	12	44.4	13	19.1	14	15.2	39	20.9
胃・十二指腸潰瘍	0	0.0	7	10.3	9	9.8	16	8.6
肝炎	2	7.4	7	10.3	3	3.3	12	6.4
肝硬変	1	3.7	0	0.0	1	1.1	2	1.1
その他消化器の病気	2	7.4	2	2.9	1	1.1	5	2.7
消化器の病気計	5	18.5	16	23.5	14	15.2	37	19.8
脳・脊髄・神経の病気	2	7.4	3	4.4	5	5.4	10	5.3
血液の病気	0	0.0	0	0.0	0	0.0	0	0.0
糖尿病	4	14.8	6	8.8	8	8.7	18	9.6
その他ホルモン・代謝の病気	0	0.0	2	2.9	5	5.4	7	3.7
ホルモン・代謝の病気計	4	14.8	8	11.8	13	14.1	25	13.4
アレルギー・膠原病・免疫の病気	0	0.0	0	0.0	0	0.0	0	0.0
感染症・寄生虫病の病気	0	0.0	1	1.5	0	0.0	1	0.5
椎間板ヘルニア	2	7.4	3	4.4	6	6.5	11	5.9
その他骨・関節・筋肉の病気	4	14.8	5	7.4	10	10.9	19	10.2
骨・関節・筋肉の病気計	6	22.2	8	11.8	16	17.4	30	16.0
皮膚の病気	2	7.4	1	1.5	1	1.1	4	2.1
白内障・緑内障	2	7.4	4	5.9	7	7.6	13	7.0
その他目の病気	1	3.7	1	1.5	3	3.3	5	2.7
目の病気計	3	11.1	5	7.4	10	10.9	18	9.6
耳の病気	2	7.4	0	0.0	2	2.2	4	2.1
鼻・のどの病気	0	0.0	0	0.0	0	0.0	0	0.0
歯槽膿漏	2	7.4	1	1.5	5	5.4	8	4.3
その他口腔・歯・あごの病気	0	0.0	1	1.5	0	0.0	1	0.5
口腔・歯・あごの病気計	2	7.4	2	2.9	5	5.4	9	4.8
腎臓・泌尿器の病気	0	0.0	0	0.0	1	1.1	1	0.5
男性生殖器の病気	0	0.0	0	0.0	1	1.1	1	0.5
うつ傾向	0	0.0	0	0.0	1	1.1	1	0.5
癌	0	0.0	2	2.9	0	0.0	2	1.1
病気はあるが病名不明	1	3.7	3	4.4	0	0.0	4	2.1
病気なし	6	22.2	19	27.9	35	38.0	60	32.1
不明	0	0.0	6	8.8	2	2.2	8	4.3
回答数	50	185.2	89	130.9	122	132.6	263	154.7
回答者数	27		68		92		187	

第3章 川崎市のホームレス 153

表3-82 現在の症状（複数回答）

	A施設		B施設		C施設		施設全数	
	人数	%	人数	%	人数	%	人数	%
めまい	2	7.4	9	13.2	8	8.7	19	10.2
しびれ・麻痺	5	18.5	10	14.7	9	9.8	24	12.8
胃の痛み	3	11.1	5	7.4	4	4.3	12	6.4
胸の痛み	3	11.1	1	1.5	2	2.2	6	3.2
急に痩せた	1	3.7	0	0.0	2	2.2	3	1.6
腹痛	1	3.7	3	4.4	2	2.2	6	3.2
食欲不振	3	11.1	3	4.4	4	4.3	10	5.3
身体がだるい	5	18.5	5	7.4	9	9.8	19	10.2
腰痛	9	33.3	6	8.8	23	25	38	20.3
咳が出る	3	11.1	2	2.9	2	2.2	7	3.7
血痰が出る	0	0.0	0	0.0	0	0.0	0	0.0
頭痛	3	11.1	3	4.4	4	4.3	10	5.3
目が見えにくい	2	7.4	10	14.7	14	15.2	26	13.9
耳が聞こえにくい	4	14.8	7	10.3	5	5.4	16	8.6
皮膚のかゆみ	2	7.4	3	4.4	3	3.3	8	4.3
歯が痛い	2	7.4	2	2.9	9	9.8	13	7.0
歯がない・一部ない	8	29.6	5	7.4	20	21.7	33	17.6
よく眠れない	2	7.4	4	5.9	3	3.3	9	4.8
その他	9	33.3	23	33.8	26	28.3	58	31
なし	7	25.9	8	11.8	16	17.4	31	16.6
不明	0	0.0	6	8.8	2	2.2	8	4.3
回答数	74	274.1	115	169.1	167	181.5	356	190.4
回答者数	27		68		92		187	

事がわかる.

特に,「悪い」と回答したものが最も多いB施設は,市の単独事業を受託しているためと考えられる（表3-80）.

(2) 病名・症状

病名（複数回答）は多岐にわたっているが,高血圧24人（12.8％）,骨・関節・

筋肉の病気19人（10.2％），糖尿病18人（9.6％），白内障などの目の病気18人（9.6％）の順に多い．結核は1人のみであった．同年代の男性の疾病に比べて，椎間板ヘルニア，骨，関節の病気，口腔・歯の病気の割合が高い．

一方，「病気なし」が60人（32.1％）いる．施設別では，A施設利用者の22.2％，B施設利用者の27.9％，C施設利用者の38.0％が「病気なし」としており，3施設の中では相対的にC施設利用者に健康な者が多いことがわかる（表3－81）．

次に症状を見ると，施設利用者全体の83人（44.0％）が何らかの症状を抱えている．「腰痛」がもっとも多く38人（20.3％），次いで「歯がない」33人（17.6％），「目が見えにくい」26人（13.9％），「しびれ・麻痺」24人（12.8％）の順となっている．この他に「めまい」「耳が聞こえにくい」「身体がだるい」が多くあげられている．「その他」では足・膝の痛み・むくみ，歩行が困難などの下肢の症状が多い．

一方，症状は「なし」と答えた者は31人（16.6％）であり，先の「病気なし」60人より少ないことから，病名はないが何らかの自覚症状をもっている者がいることがわかる（表3－82）．

施設別では，A利用者は「腰痛」9人（33.3％），「歯がない・一部ない」8人（29.6％），「しびれ・麻痺」5人（18.5％）が多い．B利用者は「しびれ・麻痺」，「目が見えにくい」各10人（14.7％），「めまい」9人（13.2％）が多い．C利用者は「腰痛」23人（25.0％），「歯がない・一部ない」20人（21.7％），「目が見えにくい」14人（15.2％）が多い．

これらの病気・症状は平成14年に入ってからと回答したものが34人（18.2％），平成12年，13年がそれぞれ13人（7.0％）であり，近年になり何らかの病気・症状を抱えるようになったことが示されている．

（3）身体の不自由な箇所

身体の不自由な箇所については，99人（52.9％）が「ない」，82人（43.9％）が「ある」としている（表3－83）．不自由な箇所は「足」が25人（30.1％），「腰」

19人（22.9％），「指・手・腕」13人（15.7％），「目」12人（14.5％）が多くあげられている．その他には3人の半身麻痺がある（表3－84）．

これらの箇所は，先の症状と合致するものである．利用者の大半が屋外の肉体労働に従事していたことを考えると，不自由な箇所がその仕事に与えた影響

表3－83　不自由な箇所

	A施設		B施設		C施設		施設全数	
	人数	％	人数	％	人数	％	人数	％
なし	16	59.3	37	54.4	46	50	99	52.9
ある	11	40.7	29	42.7	42	45.7	82	43.9
不明	0	0.0	2	2.9	4	4.3	6	3.2
合計	27	100.0	68	100.0	92	100.0	187	100.0

表3－84　不自由な箇所の内容（複数回答）

	A施設		B施設		C施設		施設全数	
	人数	％	人数	％	人数	％	人数	％
指・手・腕	1	8.3	3	10.4	9	21.4	13	15.7
足	1	8.3	12	41.4	12	28.5	25	30.1
腰	4	33.4	7	24.2	8	19.0	19	22.9
肩	0	0.0	2	6.9	2	4.8	4	4.8
背中	0	0.0	1	3.4	1	2.4	2	2.4
首	0	0.0	1	3.4	1	2.4	2	2.4
目	1	8.3	4	13.8	7	16.7	12	14.5
耳	1	8.3	5	17.3	1	2.4	7	8.4
言語機能	0	0.0	1	3.4	1	2.4	2	2.4
心臓	0	0.0	1	3.4	2	4.8	3	3.6
胃	1	8.3	0	0.0	2	4.8	3	3.6
肺	0	0.0	0	0.0	3	7.1	3	3.6
血圧	0	0.0	0	0.0	1	2.4	1	1.2
歯	1	8.3	0	0.0	3	7.1	4	4.8
その他	4	33.4	2	6.9	6	14.3	12	14.5
あるが箇所不明	0	0.0	2	6.9	0	0.0	2	2.4
回答数	14	116.6	41	141.4	59	140.5	114	137.3
回答者数	12		29		42		83	

(4) 現在の通院状況と入所以前の医療費

現在の通院状況を表3-85に見ると半数以上の98人(52.4%)が通院している. 3施設別では, B利用者の66.2%にあたる45人, A利用者は16人(59.3%), C利用者は37人(40.2%)が通院している.

また, 通院を「希望しているが通院していない」者は22人(11.8%)いるこ

表3-85 通院状況

	A施設		B施設		C施設		施設全数	
	人数	%	人数	%	人数	%	人数	%
現在通院している	16	59.3	45	66.2	37	40.2	98	52.4
希望しているが非通院	4	14.8	5	7.3	13	14.1	22	11.8
希望していない	7	25.9	15	22.1	42	45.7	64	34.2
拒否	0	0.0	3	4.4	0	0.0	3	1.6
合計	27	100.0	68	100	92	100.0	187	100.0

表3-86 以前の医療費の支払方法

	人数	%
国民健康保険	10	5.4
健康保険	18	9.7
組合健保	1	0.5
労災	1	0.5
障害者手帳	1	0.5
生活保護	55	29.4
自費負担	32	17.1
行けなかった	33	17.7
行く必要がなかった	12	6.4
民間の保険	1	0.5
親族支払い	3	1.6
不明	20	10.7
合計	187	100.0

とから考えても通院を必要とする者が多く含まれると考えられる．

　施設利用以前の医療費の支払方法は，「生活保護」が55人（29.4％），「健康保険」18人（9.7％），「国民健康保険」10人（5.4％）である（表3-86）．生活保護が医療費保障の大きな役割を果たしていたことがわかる．一方，「自費負担」32人（17.1％），「行けなかった」と回答したものが33人（17.7％）も見られる．

　健康状態，病名，症状，不自由な箇所を具体的に見ると，施設利用者の半数以上は健康状態・身体状態に何らかの問題を抱えていることが明らかになった．一方，特に問題のない利用者もおり，健康・身体状況にはかなりの幅があることが示された．また，施設によっても健康状態・身体状態に相違があることがわかった．このような施設利用者にとって，施設は健康状態を改善し，必要な医療へ繋がる場となっているとともに，休息する場となっているといえよう．

2．すまいと施設利用

（1）施設利用の経過

　既に第1章で述べられているように，施設利用者の70％以上は川崎市内の駅・地下街，公園で生活していた．その野宿期間は，1週間未満から5年以上とばらついている．では，どのような経緯で施設において生活するようになったのかを見てみる．

　施設利用者全体では，「福祉事務所からの紹介」53人（28.3％），次いで「施設職員からの勧誘」42人（22.5％），「自分で申し込む」24人（12.8％）となっている．

　施設別に見ると入所に至る経緯は大きく異なる．A施設利用者は19人（70.4％）が「ボランテイアの紹介」，次いで「自分で申し込む」5人（18.5％）である．「福祉事務所からの紹介」は1人，「職員の勧誘」はなしである．B施設利用者は49人（72.0％）が「福祉事務所からの紹介」であり，次いで「自分

で申し込む」10人(14.7%)である．さらに，福祉事務所からの紹介のうち16人は病院からの紹介である．C施設利用者は「職員からの勧誘」が42名(45.7%)ともっとも多く，次いで「入所者から誘われた」16名(17.4%)である．「施設職員からの勧誘」，「入所者からの誘い」で63.1%を占めている．B・C利用者ともに「ボランテイアからの紹介」はなかった．利用者全体で「パン券のところで聞いた」は3人であった(表3－87)．

表3－87 入所の経緯(複数回答)

	A施設		B施設		C施設		施設全数	
	人数	%	人数	%	人数	%	人数	%
職員からの勧誘	0	0.0	0	0.0	42	45.7	42	22.5
福祉事務所からの紹介	1	3.7	49	72.0	3	3.3	53	28.3
自分で申し込む	5	18.5	10	14.7	9	9.8	24	12.8
ボランティアからの紹介	19	70.4	0	0.0	0	0.0	19	10.2
入所者に誘われた	1	3.7	0	0.0	16	17.4	17	9.1
その他	1	3.7	8	11.8	4	4.3	13	6.9
仲間に教えてもらった	4	14.8	1	1.5	12	13.0	17	9.1
その他(理由不明)	0	0.0	1	1.5	13	14.1	14	7.5
拒否	0	0.0	3	4.4	0	0.0	3	1.6
回答数	31	114.8	72	105.9	99	107.6	202	108
回答者数	27		68		92		187	

施設入所の時期は平成14年7月がもっとも多く49人(27.1%)，平成14年に入所した者が143人，全体の79.0%，を占めている．平成13年は31人(17.1%)，平成12年は3人(1.7%)である．利用者の95%が平成13年11月以降入所している．これは，3施設のうち2施設が平成13年秋以降に開設されたことによると考えられる．入所期間が長いか短いかは，重要な点であるが，開設して間がないため，分析出来ない．

(2)川崎に来た時期と理由

施設利用者が初めて川崎に来た時期をみると，102人(54.5%)がバブル経済

崩壊後の平成3年以降である．特に，47人（25.13%）が平成14年になってから川崎に来ている．高度経済成長期である昭和36年から昭和46年までに川崎に来たとする者はわずか11人（5.9%）に過ぎない．（表3－88）．

表3－88　川崎に来た時期

	人数	%
昭和17年から35年	10	5.4
昭和35年から49年	17	9.1
（うち昭和36年から46年）	(11)	(5.9)
昭和50年から平成2年	31	16.6
平成3年以降	102	54.5
（うち平成12年）	(3)	(1.6)
（うち平成13年）	(19)	(10.2)
（うち平成14年）	(47)	(25.1)
不明	27	14.4
合計	187	100.0

川崎に来た理由は，「仕事があると思ってきた」がもっとも多く52人（27.8%），「以前に川崎で仕事をしていた」28人（15.0%），全体の42.8%が就労のためである．「野宿をするようになってから来た」15人（8.0%）である．「パン券があるから来た」は6人（3.2%）に過ぎないが，「施設入所のため」が24人（12.8%）いる．

施設別では，B施設利用者の20人（29.4%），C施設利用者の32人（34.8%）が「仕事があると思って来た」と答えている．同様にB利用者の9人（13.3%），C利用者の17人（18.5%）が「以前に川崎で仕事をしていた」と回答している．これに対して，A施設利用者は「仕事があると思って来た」は0人，利用者全体の74.1%にあたる20人が「施設利用のため」川崎以外の地域から来ている（表3－89）．

バブル経済崩壊後に仕事を求めて川崎へ来たものが施設利用している割合がもっとも高いことがわかる．また，川崎の住民として働き，住まいを持っていたが，施設利用となったものが2割程度である．

表3-89　川崎に来た理由（複数回答）

	A施設		B施設		C施設		施設全体	
	人数	%	人数	%	人数	%	人数	%
野宿するようになってから来た	1	3.7	3	4.4	11	12.0	15	8.0
以前に川崎で仕事をしていた	2	7.4	9	13.3	17	18.5	28	15.0
川崎で生まれた	1	3.7	3	4.4	5	5.4	9	4.8
川崎に住所があった	0	0.0	1	1.5	5	5.4	6	3.2
川崎市のパン券があるから来た	2	7.4	0	0.0	4	4.3	6	3.2
仕事があると思って来た	0	0.0	20	29.4	32	34.8	52	27.8
施設入所のため	20	74.1	2	2.9	2	2.2	24	12.8
その他	1	3.7	17	25.0	22	23.9	40	21.4
不明	0	0.0	14	20.6	3	3.3	17	9.1
回答数	27	100.0	69	101.5	101	109.8	197	105.3
回答者数	27		68		92		187	

（3）最後の住まいを出た理由

　野宿生活直前の住まいを出た理由は「仕事がなくなって家賃がはらえない」「離職で社宅をでた」「仕事が終わって飯場をでた」などの仕事を失ったこととの関連をあげたものがもっとも多く，87人（53.4％）であった．次いで病気・けがをあげたものが18人（11％），家賃滞納13人（8％）である．社宅・寮・飯場などの仕事とともに提供される住まいに住んでいたものが，職と住まいを同時に失ったことがわかる．また，アパートなどに住んでいたが，収入が十分ではなくなり住まいを維持出来なくなったことも示されている．職業と住まいの関係が深い人々であり，継続的に働きつづけることで住まいを維持していた人々といえるだろう．

（4）職歴と住まい

　どのような職業に従事し，どのような住まいに住んでいたのかを見ることにする．基本的属性に示されたように学歴は中卒106人（57.3％），高卒61人（33％）であり，施設利用者の多くが10代後半に就労始めたことが分かる．

① 職歴の変化

初職は75人（40.1％）が「製造業現業」でもっとも多く，次いで47人（25.1％）が「販売サービス業」，27人（14.5％）が「建築土木現業」，「事務職」17人（9.1％）となっている．雇用形態は，「常用」が147人（78.6％）ともっとも多く，「家族従業者」14人（7.5％），「日雇など」10人（5.4％）の順である．

初職をやめた年齢を見ると，10代のうちに離職したと回答したものは26.3％，20代前半が23.6％，20代後半が16.8％と若いときに離職している．

次に最長職を見ると，「建築土木現業」が66人（35.3％）ともっとも多くなり，「製造業現業」42人（22.5％），「販売サービス業」32人（17.1％），「事務職」11人（5.9％）となる．雇用形態は「常用」が114人（61.0％），「日雇など」33人（17.6％），「臨時雇」10人（5.4％）「派遣常用」5人（2.7％）となり，不安定な雇用形態の割合が高まっている．一方，「社長・部長・役員」3人（1.6％），「自

表3－90　職種

	初職		最長職		直前職	
	人数	％	人数	％	人数	％
管理職	2	1.1	6	3.2	2	1.1
専門職	1	0.5	0	0.0	1	0.5
技術職	2	1.1	4	2.1	1	0.5
事務職	17	9.1	11	5.9	2	1.1
製造業現業	75	40.1	42	22.5	21	11.2
建築土木現業	27	14.5	66	35.3	90	48.1
鉱業現業	1	0.5	0	0.0	0	0.0
港湾現業	1	0.5	3	1.6	1	0.5
保安現業	1	0.5	1	0.5	5	2.7
販売サービス	47	25.1	32	17.1	22	11.8
雑役	5	2.7	6	3.2	20	10.7
その他	5	2.7	12	6.4	5	2.7
不明	3	1.6	4	2.2	14	7.5
なし	0	0.0	0	0.0	3	1.6
合計	187	100.0	187	100.0	187	100.0

営業」10人(5.3%)も見られる.

こうした最長職には10代後半に就職したものは29.4%, 20代前半に就職した者は24.5%と半数以上が20代前半までに就いている. 初職を離れた後に, ほどなく就職したことが示される. 最長職を離れた年齢は, 50代前半が15.1%と多く, 次いで40代となっており, 50代前半まで最長職を続けていたことがわかる. 最長職の期間は, 10年以上19年が25.5%, 20年から29年が22.9%, 30年以上は15%である. 最長職の期間が25年以上のものは26.4%となっている.

野宿直前職は「建築土木現業」が90人(48.1%)と半数近くを占めるようになっている. 次いで, 「販売サービス」22人(11.8%), 「製造業現業」21人(11.2%), 「雑役」20人(10.7%)である. 雇用形態は, 「日雇など」89人(47.6%), 「常用」46人(24.6%), 「派遣常用」14人(7.5%)である. 最長職時と比べて「常用」が著しく減少し, 「日雇」「臨時」が増加している(表3-90, 91).

表3-91 雇用形態の変化

雇用形態	初職		最長職		直前職	
	人数	%	人数	%	人数	%
社長・役員・部長	0	0.0	3	1.6	1	0.5
自営業	4	2.1	10	5.4	8	4.3
家族従業者	14	7.5	3	1.6	1	0.5
常用	147	78.6	114	61.0	46	24.6
派遣常用	0	0.0	5	2.7	14	7.5
臨時雇	3	1.6	10	5.4	11	5.9
日雇など	10	5.4	33	17.6	89	47.6
その他	0	0.0	1	0.5	0	0.0
無職	0	0.0	0	0.0	3	1.6
わからない	4	2.1	1	0.5	1	0.5
拒否	2	1.1	1	0.5	1	0.5
不明	3	1.6	6	3.2	12	6.5
合計	187	100.0	187	100.0	187	100.0

② 社会階層の変化

　職歴の社会階層を表3-92より見ると，初職では無技能生産工程従事者が45人（24.9％）ともっとも多く，次いで技能工27人（14.9％）で，両者で39.8％占めていた．屋外建設作業はわずか10人（5.5％）であった．最長職になると屋外建築作業が40人（22％）ともっとも多くなり，次いで技能工22人（12.1％），無技能生産工程従事者21人（11.5％）となっている．直前職では，79人（45.2％）が屋外建設作業となっている．全体の70.9％が雑役作業者階層となっている．

　また，バブル経済の時の職業を社会階層で見ると，61人（35.3％）が屋外建設作業となっており，バブル経済時に他の階層から屋外建設作業へ移動してきたものが多いことが示される．

　職歴を見ると施設利用者の多くは，10代後半から20代前半に最長職につき，その後長年建築土木現業，製造業現業などの同一の職種に従事してきたことが示されている．雇用形態はしだいに「常用」から「臨時」「日雇など」，と不安定な形態の割合が高まっている．雇用形態の変化，特に非正規雇用の中にいた人々といえよう．

③ 住まいの変化

　初職の時の住まいを見ると，「社宅・寮」51人（27.3％），親との同居などの「親族・知人宅」は46人（24.6％），「借家・アパート」42人（22.5％）となっている．「住込み」も15人（8％）見られる．「社宅・寮」「住み込み」「飯場」など仕事に関連する住まいが全体の36.9％となっている．

　最長職の住まいは，「借家・アパート」63人（33・7％），「社宅・寮」48人（25.7％），「持ち家」24人（12.8％）となっている．「借家・アパート」「持ち家」など92人（49.2％）が一定の住まいを形成していた事が分かる．一方「社宅・寮」「住込み」「飯場」「簡易宿泊所」などの仕事に関わる住まいも76人（40.6％）ある．「公営住宅」はわずか5人（2.7％）である．

　直前職の住まいになると，「社宅・寮」が52人（27.8％）ともっとも多くなり，

表3-92 社会階層の変化

	初職		最長職		バブル時		直前職	
	人数	%	人数	%	人数	%	人数	%
Ⅰ 小経営者	1	0.6	3	1.7	7	4.0	2	1.1
Ⅱ 自営業	15	8.2	17	9.3	12	6.9	6	3.4
農林水産業	3	1.6	1	0.5	0	0.0	0	0.0
非農林水産業	5	2.8	4	2.2	4	2.3	3	1.7
職人的自営業	3	1.6	6	3.3	5	2.9	3	1.7
建設職人	3	1.6	4	2.2	3	1.7	0	0.0
建設以外職人	1	0.6	2	1.1	0	0.0	0	0.0
Ⅲ 労働者階級								
技術者・事務従事者	20	11.0	12	6.6	6	3.5	4	2.3
販売労働者	8	4.4	5	2.7	2	1.2	1	0.6
生産労働者	83	45.9	72	39.6	48	27.7	31	17.8
技能工	27	14.9	22	12.1	8	4.6	3	1.7
無技能生産工程従事者	45	24.9	21	11.5	13	7.5	11	6.3
建設技能工	7	3.9	17	9.4	14	8.1	9	5.2
鉱山労働者	2	1.1	0	0.0	0	0.0	0	0.0
その他生産労働者	2	1.1	12	6.6	13	7.5	8	4.6
サービス従事者	11	6.1	10	5.5	6	3.5	2	1.1
その他の労働者	5	2.8	5	2.7	3	1.7	2	1.1
雑役作業者	38	21.0	58	31.9	85	49.2	124	70.9
屋外建設作業	10	5.5	40	22.0	61	35.3	79	45.2
屋外建設以外	4	2.2	6	3.3	5	2.9	5	2.9
屋内雑役	5	2.8	2	1.1	5	2.9	16	9.1
サービス	17	9.4	9	5.0	10	5.8	17	9.7
名目的自営業	0	0.0	1	0.5	3	1.7	6	3.4
内職等従事者	2	1.1	0	0.0	1	0.6	1	0.6
転々	0	0.0	0	0.0	1	0.6	0	0.0
Ⅳ 無業	0	0.0	0	0.0	3	1.7	3	1.7
合計	181	100.0	182	100.0	173	100.0	175	100.0
不明	6		5		14		12	

表3－93－①　初職時の住居形態

	A施設		B施設		C施設		施設全数	
	人数	%	人数	%	人数	%	人数	%
持ち家	4	14.8	9	13.3	9	9.8	22	11.8
借家・アパート	9	33.4	14	20.6	19	20.6	42	22.5
公営住宅	1	3.7	0	0.0	1	1.1	2	1.1
社宅・寮	5	18.5	20	29.4	26	28.2	51	27.3
住込み	3	11.1	2	2.9	10	10.9	15	8.0
飯場	0	0.0	2	2.9	1	1.1	3	1.6
簡易宿泊所（ドヤ）	0	0.0	0	0.0	1	1.1	1	0.5
病院	0	0.0	0	0.0	0	0.0	0	0.0
親族・知人宅	5	18.5	16	23.5	25	27.2	46	24.6
その他	0	0.0	1	1.5	0	0.0	1	0.5
不明	0	0.0	4	5.9	0	0.0	4	2.1
合計	27	100.0	68	100.0	92	100.0	187	100.0

表3－93－②　最長職時の住居形態

	A施設		B施設		C施設		施設全数	
	人数	%	人数	%	人数	%	人数	%
持ち家	3	11.1	13	19.1	8	8.7	24	12.8
借家・アパート	14	51.9	27	39.7	22	23.9	63	33.7
公営住宅	2	7.4	0	0.0	3	3.3	5	2.7
社宅・寮	4	14.8	16	23.5	28	30.4	48	25.7
住込み	1	3.7	3	4.4	6	6.5	10	5.3
飯場	1	3.7	1	1.5	12	13.0	14	7.5
簡易宿泊所（ドヤ）	0	0.0	1	1.5	3	3.3	4	2.1
病院	0	0.0	0	0.0	0	0.0	0	0.0
親族・知人宅	2	7.4	1	1.5	10	10.9	13	7.0
その他	0	0.0	3	4.4	0	0.0	3	1.6
不明	0	0.0	3	4.4	0	0.0	3	1.6
合計	27	100.0	68	100.0	92	100.0	187	100.0

表3-93-③ 直前職時の住居形態

	A施設		B施設		C施設		施設全数	
	人数	%	人数	%	人数	%	人数	%
持ち家	3	11.1	1	1.5	1	1.1	5	2.7
借家・アパート	6	22.2	20	29.4	15	16.3	41	21.9
公営住宅	1	3.7	2	2.9	1	1.1	4	2.1
社宅・寮	8	29.7	16	23.6	28	30.4	52	27.8
住込み	0	0.0	2	2.9	6	6.5	8	4.3
飯場	5	18.5	4	5.9	18	19.6	27	14.4
簡易宿泊所（ドヤ）	0	0.0	2	2.9	10	10.9	12	6.4
病院	0	0.0	0	0.0	0	0.0	0	0.0
親族・知人宅	1	3.7	4	5.9	3	3.3	8	4.3
サウナ・カプセルホテル・ビジネスホテル	2	7.4	2	2.9	4	4.3	8	4.3
その他	0	0.0	1	1.5	1	1.1	2	1.1
不明	1	3.7	14	20.6	5	5.4	20	10.7
合計	27	100.0	68	100.0	92	100.0	187	100.0

「借家・アパート」41人（21.9%），「飯場」27人（14.4%）の順となる．「持ち家」は5人（2.7%）と減少する．「社宅・寮」「飯場」「住み込み」「簡易宿泊所」など仕事とともに得られる住まいが99人（52.9%）と半数を超える．直前職になると「サウナ・カプセルホテル・ビジネスホテル」を転々とするものが見られるようになる（表3-93-①，②，③）．

施設利用者は働き続けていたが，容易に住まいを失う階層に集中していたことが示された．施設利用は，失った住まい，あるいは屋根の役割を果たしている．

3．生活の安定と施設利用

1，2で利用者にとって，施設は健康の維持回復，医療の保障，住まいと屋根を提供する場として必要であることを述べた．しかし，利用者は健康状態を

(1) 健康状態と就労

　ここでは，3施設のうち利用者の数が多く，川崎市内で野宿していたものの割合が高いBおよびC施設の利用者について見ていくことにする．B施設は市の単独事業を受けている施設であり，C施設はNPO法人による施設であるという性格の違いがある．性格の異なる施設別に見ることで施設の果たしている現在の役割について以下に述べたい．

　表3-94-①，②は健康状態別に現在の就労状況を見たものである．B施設利用者のうち収入のある仕事を「している」と回答したものは12人（18.2%），「していない」は54人（81.8%）である．C施設利用者は「している」22人（24.2%），「していない」69人（75.8%）と，C施設利用者の方が仕事をしてい

表3-94-①　健康状態と就労状況（B施設）

	している		していない		合計	
	人数	%	人数	%	人数	%
悪い	6	18.8	26	81.2	32	100.0
まあまあ	1	5.0	19	95.0	20	100.0
よい	5	35.7	9	64.3	14	100.0
不明	−	−	−	−	2	−
合計	12	18.2	54	81.8	68	100.0

表3-94-②　健康状態と就労状況（C施設）

	している		していない		合計	
	人数	%	人数	%	人数	%
悪い	4	16.0	21	84.0	25	100.0
まあまあ	9	18.4	40	81.6	49	100.0
よい	9	52.9	8	47.1	17	100.0
不明	−	−	−	−	1	100.0
合計	22	24.2	69	75.8	92	100.0

る者の割合が高い．もっとも，C施設利用者は施設内の職員として働いていると回答したものが6人いた．

健康状態別にみると，B・C施設利用者ともに健康状態が悪くても仕事をしているものが存在するが，健康状態がよくなると仕事をしているものの割合が高まっている．B施設利用者は健康状態が「よい」もののうち5人（35.7%），C施設利用者は9人（52.9%）が仕事をしている．健康状態が「よい」が仕事をしていない者は60歳以上の利用者である．

施設を利用しながら仕事をしている利用者の存在が明らかになったが，その仕事は「不定期」，「週3日」，「引越しのアルバイト」など安定的なものではない．収入も「1日8,000円」「月2万円」「答えづらい」など施設を出て生活を維持するには困難な金額であると調査では回答があった．

（2）健康状態と野宿経験

健康状態と野宿経験を見ると，B施設利用者とC施設利用者ではかなり差がある．B施設利用者は「初めて」35人（51.5%）と半数以上，「初めてではない」8人（11.7%），明確な回答が得られなかった「不明」は18人（26.5%）である．健康状態が「悪い」利用者で「初めて」の割合が高い．

C施設利用者は「初めて」44人（47.8%），「初めてではない」34人（37%）と，B施設利用者に比べて初めてではない利用者の割合が高い．健康状態別にみると大きな差はない（表3-95-①，②）．

（3）健康状態と野宿時の収入

野宿時の収入を見ると，B施設利用者は「収入あり」20人（29.4%），うち「仕事による収入」は17人，「収入なし」24人（35.3%）．C施設利用者は「収入あり」56人（60.9%），うち「仕事による収入」は52人，「収入なし」34人（37%）である．C施設利用者の半数以上は野宿時に仕事によって収入を得ていたことが分かる．

仕事の内容は「缶回収・ダンボール回収・雑誌回収」，「日雇」「建設土木」が

表3－95－① 健康状態と野宿経験（B施設）

	初めて		初めてではない		不明		非該当		合計	
	人数	%	人数	%	人数	%	人数	%	人数	%
悪い	18	56.3	2	6.2	9	28.1	3	9.4	32	100.0
まあまあ	10	50.0	3	15.0	4	20.0	3	15.0	20	100.0
よい	7	50.0	2	14.3	4	28.6	1	7.1	14	100.0
不明	−	−	1	−	1	−	0	−	2	−
合計	35	51.5	8	11.7	18	26.5	7	10.3	68	100.0

表3－95－② 健康状態と野宿経験（C施設）

	初めて		初めてではない		不明		非該当		合計	
	人数	%	人数	%	人数	%	人数	%	人数	%
悪い	12	48.0	11	44.0	2	8.0	0	0.0	25	100.0
まあまあ	25	51.0	16	32.7	2	4.1	6	12.2	49	100.0
よい	7	41.2	6	35.3	1	5.9	3	17.6	17	100.0
不明	−	−	1	−	−	−	−	−	1	−
合計	44	47.8	34	37.0	5	5.4	9	9.8	92	100.0

ほとんどであり，収入は「月によって違う」「1日7,000円」「1日500円」とかなり不安定で低額である．

健康状態別では，B利用者の健康状態が悪い者の13人（40.6%）が収入がなかったが，C施設利用者の「悪い」者の20人（80.0%）は収入がある（表3－96－①，②）．

（4）施設利用直前の仕事と居場所

野宿経験が初めてか，その時に収入があったかは，直前の仕事，生活場所，野宿期間と関連が深いといえる．表3－97は，直前職をみたものである．

B施設利用者は「建築土木現業」25人（36.8%），「販売サービス」「雑役」が各7人（10.3%）であり，C施設利用者は「建築土木現業」58人（63.0%），「販売サービス」10人（10.8%）と建築土木業従事者がC施設利用者の方が多い．雇用形態もB施設利用者の26人（38.2%）は日雇であるが，C施設利用者は56

表3-96-① 健康状態と野宿時の仕事（B施設）

	収入あり		収入なし		不明		合計	
	人数	%	人数	%	人数	%	人数	%
悪い	6 (6)	18.8 (18.8)	13	40.6	13	40.6	32	100.0
まあまあ	9 (8)	45.0 (40.0)	6	30.0	5	25.0	20	100.0
よい	5 (3)	35.7 (21.4)	4	28.6	5	35.7	14	100.0
不明	0	0.0	1	50.0	1	50.0	2	100.0
合計	20 (17)	29.4 (25.0)	24	35.3	24	35.3	68	100.0

（ ）内の数字は、「収入あり」のうち、仕事によって収入を得ている人数とその割合である。

表3-96-② 健康状態と野宿時の仕事（C施設）

	収入あり		収入なし		不明		拒否		合計	
	人数	%	人数	%	人数	%	人数	%	人数	%
悪い	20 (18)	80.0 (72.0)	5	20.0	0	0.0	0	0.0	25	100.0
まあまあ	26 (26)	53.1 (53.1)	22	44.9	1	2.0	0	0.0	49	100.0
よい	9 (8)	52.9 (47.1)	7	41.2	0	0.0	1	5.9	17	100.0
不明	1 (0)	100.0 (0.0)	0	0.0	0	0.0	0	0.0	1	100.0
合計	56 (52)	60.9 (56.5)	34	36.9	1	1.1	1	1.1	92	100.0

（ ）内の数字は、「収入あり」のうち、仕事によって収入を得ている人数とその割合である。

人（60.9％）である（表3-97，98）.

次に施設入所直前の居場所としてあげられたものを見ると，B施設利用者は公園16人（23.5％），駅・地下街14人（20.5％），「アパート」12人（17.6％），「会社の寮」4人（5.9％），「病院」5人（7.4％）となっている．これに対して，C施設利用者は駅・地下街が49人（53.3％）と半数を超え，次いで公園30人（32.6％）となっており，アパート，病院は見られない（表3-99）.

表3−97　直前職

	B施設		C施設		施設全数	
	人数	%	人数	%	人数	%
管理職	1	1.5	1	1.1	2	1.1
専門職	1	1.5	0	0.0	1	0.5
技術職	0	0.0	0	0.0	1	0.5
事務職	1	1.5	1	1.1	2	1.1
製造業現業	8	11.7	9	9.8	21	11.2
建築土木現業	25	36.8	58	63.0	92	49.2
港湾現業	0	0.0	1	1.1	1	0.5
保安現業	2	2.9	2	2.2	5	2.7
販売サービス	7	10.3	10	10.8	22	11.8
雑役	7	10.3	8	8.7	20	10.7
運輸	4	5.9	1	1.1	5	2.7
拒否	1	1.5	0	0.0	1	0.5
不明	8	11.7	1	1.1	11	5.9
非該当	3	4.4	0	0.0	3	1.6
合計	68	100.0	92	100.0	187	100.0

表3−98　直前職時の雇用形態

	B施設		C施設		施設全数	
	人数	%	人数	%	人数	%
社長・役員・部長	1	1.5	0	0.0	1	0.5
自営業	3	4.4	2	2.2	8	4.3
家族従業者	0	0.0	1	1.1	1	0.5
常用	19	27.9	20	21.7	46	24.6
派遣常用	5	7.4	8	8.7	14	7.5
臨時雇い	2	2.9	3	3.2	11	5.9
日雇等	26	38.2	56	60.9	90	48.2
分からない	0	0.0	1	1.1	1	0.5
拒否	1	1.5	0	0.0	1	0.5
不明	8	11.8	1	1.1	11	5.9
非該当	3	4.4	0	0.0	3	1.6
合計	68	100.0	92	100.0	187	100.0

表3-99 施設入所直前の居場所（複数回答）

	B施設		C施設		施設全数	
	人数	%	人数	%	人数	%
公園	16	23.5	30	32.6	52	27.8
河川敷	4	5.9	5	5.4	9	4.8
駅・地下街	14	20.5	49	53.3	80	42.8
路上	1	1.5	3	3.3	5	2.7
公共施設周辺	0	0.0	3	3.3	6	3.2
サウナ・カプセルホテル	11	16.2	13	14.1	28	15.0
簡易宿泊所（ドヤ）	2	2.9	2	2.2	4	2.1
友人宅	5	7.4	0	0.0	6	3.2
飯場	1	1.5	3	3.3	4	2.1
会社の寮	4	5.9	3	3.3	7	3.8
アパート	12	17.6	0	0.0	12	6.4
病院	5	7.4	0	0.0	5	2.7
施設	0	0.0	1	1.1	1	0.5
その他	0	0.0	2	2.2	3	1.6
不明	3	4.4	4	4.3	8	4.3
回答数	78	119.1	118	128.3	230	123.0
回答者数	68		92		187	100.0

　野宿期間はB施設利用者の29人（42.7%）が「1ヶ月未満」である．C施設利用者は「6ヶ月以上1年未満」27人（29.3%），「3ヶ月以上6ヶ月未満」25人27.1%と野宿期間は長いものの割合が高い（表3-100）．

　以上から，市の事業を委託しているB施設は健康状態が悪く，野宿が初めてで，その期間も短い利用者が中心であること，これに対してC施設は直前職が建設土木業日雇で，野宿時も日雇か空缶拾いなどの何らかの仕事をしていた，比較的野宿期間の長い利用者が中心であることが明らかになった．

(5) 施設入所による生活の改善

　表3-101は，施設に来てよかったことである．82名（43.9%）が，食事を3食とれることをあげている．具体的内容として，「食事の心配をしなくなっ

表3-100 直前の野宿期間

	B施設		C施設		施設全数	
	人数	%	人数	%	人数	%
1ヶ月未満	29	42.7	17	18.5	50	26.8
1ヶ月以上3ヶ月未満	16	23.5	16	17.4	38	20.3
3ヶ月以上6ヶ月未満	13	19.1	25	27.1	44	23.6
6ヶ月以上1年未満	3	4.4	27	29.3	41	21.9
1年以上2年未満	0	0.0	3	3.3	3	1.6
2年以上3年未満	0	0.0	1	1.1	1	0.5
3年以上	1	1.5	3	3.3	4	2.1
不明	6	8.8	0	0.0	6	3.2
合計	68	100.0	92	100.0	187	100.0

た」「食事ができる」といったものであり，生命活動に必要最低限のレベルにおいて「食事環境がよくなった」と回答している．また，「雨露がしのげ，寝床で寝ることができる」が77名（41.2%）であり，施設入所によって屋根を確保したことが分かる．

表3-101 施設に来てよかったこと（複数回答）

内容	人数	%
食事を3食とることができる	82	43.9
雨露がしのげ，寝床で寝ることができる	77	41.2
風呂に入ることができる	41	21.9
洗濯ができる	15	8.0
通院等身体によい	20	10.7
安心できる	24	12.8
人間関係ができた	23	12.3
特によいことはない	25	13.4
拒否	10	5.3
回答数	317	169.5
回答者数	187	100.0

「風呂に入ることができる」41名（21.9％），「洗濯ができる」15名（8.0％）であり，身体を清潔に保つことが出来ることに関する回答が，食事，屋根に次いであげられている．

「通院等身体によい」が20名（10.7％），「安心できる」24名（12.8％）と回答したものもある一方で，「特によいことはない」と回答したものが25名（13.4％）いる．

以上のことから，施設に入所したことによって，食事や屋根を確保し，身体を清潔の保つことができる機会を得たこと等が入所した意味となっている．

（6）施設生活に伴う困難

施設入所で困ることについての自由記述を分類したのが表3-102である．

もっとも多いのが食事についての回答である．具体的には「専門の職員が作っていないので衛生面が不安」「パンとラーメンが多い」「毎日同じような食事内容である」等があった．施設入所によって，食事の量は確保されたことを評価する傍らで，次は食事の質を問うているといえる．

次いで，「相部屋であること」15名（8.0％），「プライバシーが守られない」9名（4.8％），「団体生活」12名（6.4％），「室温が自由にできない」7名（3.8％）と約20名が団体生活についての困難を回答している．具体的内容としては「（相部屋なので）プライバシーがない」「いびき等で夜眠れない」等のほか，入所している女性からは「男性が多数で相部屋なので着替える場所がない」との回答がある．

その他，「職員が専門職ではないこと」7名（3.8％）の具体的内容は，「相談にのってもらえない」「障害を持つ入所者に対して職員が何も対応をしていない」等の処遇に関するものもあった．生活の援助に関連することとして「体調にあわせた対応をしてもらえない」「（集団生活のため）食事療法ができない」「糖尿病なので体調にあわせた食事内容にして欲しい」といったものである．

また「お金が足りない」と回答したものは12名（6.4％）である．NPO法人の施設入所費用の利用者負担は生活保護費から拠出されるが，負担額がどの程

度なのかが未調査のため不明である．しかし「タバコが買えない」「本が買えない」「（お金が足りないので）求職活動がままならない」といった回答を見ると，単に浪費をしているからとはいいがたい要因が推測される．

その一方で，「なし（諦念を含む）」が94名（50.3%）であった．半数が「なし」と回答しているが，「困難がない」のではなく「団体生活なのだから仕方がない」「お世話になっているのだから」等の諦めが随所に表れている「なし」である．「早く出たいが行く場所がない」「本当は世話になりたくない」「無償で助けてもらっているのだから意見は言えない」等の回答がみられる（表3－102）．

施設利用にあたって，寝るところや食べ物の確保は一応なされたが，最低限

表3－102　施設生活で困ること（複数回答）

内容	人数	%
食事の内容	17	9.1
相部屋について	15	8.0
プライバシーが守られない	9	4.8
団体生活について	12	6.4
人間関係が複雑	11	5.9
室温を自由にできない	7	3.8
入浴回数が少ない	6	3.2
お金が足りない	12	6.4
規則が細かい	5	2.7
外泊・外出が自由ではない	1	0.5
飲酒・喫煙が自由ではない	4	2.1
職員が専門職ではない	7	3.8
個別対応が少ない	8	4.3
仕事について	8	4.3
なし（諦念を含む）	94	50.3
その他	4	2.1
よく分からない	14	7.5
拒否	10	5.3
回答数	244	130.5
回答者数	187	100.0

以下の処遇内容であることが示されたと思われる．施設入所者の多くが，団体生活に伴う困難を甘受し，諦念を含みながら施設で暮らしていることが示されたのではないだろうか．

(7) 施設への要望

以上のことを踏まえて，自立支援施設への希望を示したい．

「相部屋」については86名（46.0%）が「わるい」としている．表3-102では15名（8.0%）が困ると回答しているが，もし別の施設ならば「相部屋ではない方がよい」と86名（46.0%）が，答えたことになる．

また，「飲酒の自由」については，「よい」60名（32.1%），「どちらでもかまわない」64名（34.2%），規則があることについては，「よい」122名（65.2%），「どちらでもかまわない」33名（17.7%），「わるい」（ないほうがよい）9名（4.8%）となっている．門限があることに対しては，「よい」75名（40.1%），「かまわない」46名（24.6%），「わるい」46名（24.6%）となっており，「門限の時

表3-103 自立支援施設に希望すること

		よい	かまわない	わるい	その他	拒否	不明	合計
食事つき	人数	115	30	26	1	4	11	187
	%	61.5	16.1	13.9	0.5	2.1	5.9	100.0
相部屋	人数	22	59	86	11	0	9	187
	%	11.8	31.5	46.0	5.9	0.0	4.8	100.0
飲酒自由	人数	60	64	42	3	4	14	187
	%	32.1	34.2	22.5	1.6	2.1	7.5	100.0
職員	人数	58	67	36	4	5	17	187
	%	31.0	35.8	19.3	2.1	2.7	9.1	100.0
規則	人数	122	33	9	4	5	14	187
	%	65.2	17.7	4.8	2.1	2.7	7.5	100.0
金銭管理	人数	119	24	18	5	4	17	187
	%	63.7	12.8	9.6	2.7	2.1	9.1	100.0
門限	人数	75	46	46	2	5	13	187
	%	40.1	24.6	24.6	1.1	2.7	6.9	100.0

間による」といった回答もあった (表3-103).

施設利用によって，生存レベルの生活へ改善されたことについては，評価されており，「食事」と「屋根と寝床」と「医療」を複合的に提供していることが分かった．その一方で，生存レベルの最低限度の生活しか支えていないことも示された．

施設利用者は，「無償で世話になっているのだから贅沢は言えない」といった回答に代表されるような気持ちを持ちつつも，もし自立支援施設に入るのであれば，現施設とは違う援助内容の施設を望んでいることが示された．

そして，施設での団体生活をただ否定しているのではなく，団体生活であるならば，プライバシーを守りながら，一定の規律が必要と考えていることが示されている．

4．施設利用の意味

施設利用者は直前まで働いていたが，仕事を失う，あるいは収入額が十分でなくなり住まいを失っている．施設は何よりも屋根の提供，布団で寝る，食事を食べる，身体を清潔にするなどのもっとも基本的な生活をとりもどす場となっている．その生活の中で休息し健康を回復し，必要な医療へと繋がっていることが分かった．このことは当然必要なことである．しかし，施設での生活内容は，人たる生活の保障という観点からすると最低限度にも満たないレベルであった．

住まいを失うリスクは野宿者全員に同じようにあったのだが，施設に繋がるルートはかなり偶然性が高く，誰にでも同じように保障されているわけではないといえる．他方で，パン券利用者調査からも感じたことは，野宿している者にとって既存の施設への入所が好ましいとは必ずしも考えられていないという側面があることである．パン券が利用でき，寝るところがそれなりに確保できれば野宿生活の方がよいということのようである．

上記した二つの施設の比較から，身体状態が悪く，短期間の野宿生活者は市の事業を受けているB施設へ，そして，野宿時も何らかの収入を得て，一定期間生活していたものはNPO法人のC施設へと繋がっていることが明らかになった．つまり，B施設は施設入所の緊急性が高い者，C施設は施設入所を基本的に好まない人達が長い野宿生活の中で一時的に利用していると推測される．では，緊急性の点において低いC施設は不要かというとそうはいえまい．屋根のあるところで寝起きすることは，人として最低必要な生きる上での条件であろう．

川崎市に限らず，NPO法人のSSSや，FIS等の施設が，施設の大部分を占めることからC施設の有り様は注目される．

現施設は，年齢はもちろん，健康・身体状況，野宿期間，生活を再構築する要望などにかなりの幅があるにもかかわらず，食事，居住空間，生活時間は画一的であり，利用者の安定的な生活の再構築に向けて，利用者の実際に即した多様な施設のあり方，援助内容を考えることが出来ているとはいいがたい．利用者の安定的な生活の再構築に向けて，利用者の実際に即した多様な施設のあり方，援助内容を考えることが急務であると考えられる．

生活の場として，提供される生活水準，そして職員の専門性などにおいて課題が多いことは明らかである．

おわりに

川崎市は野宿生活者が他の自治体と比較してより集中している地域といえる．なかでも，川崎区における集中度は大きく，川崎駅周辺や富士見公園，多摩川河川敷を寝場所にしている者が顕著である．その近隣の地域住民と野宿者との間に軋轢があっても不思議はない．しかし，地域住民は何とかならないかと市へ働きかけているようであるが，野宿者の方は住民に受け容れられているとまではいえないまでも，拒絶されているとまでは感じていない．川崎市の川崎区は労働者の街として発展してきたせいか，仕事がないことによる野宿者の

存在に，仕方がないと受け止める向きがあるのかも知れない．野宿者への聞取り調査によると，他の地域と比べて，じろじろ見られたり，攻撃されたりすることが少ないという話だった．いやな思いをすることが少ないということである．パン券や施設といった利用できる施策があることもだが，地域のそのような歴史的性格にもよると推測される．

　さらに特徴として指摘出来ることは，野宿者の人たちが一般に身綺麗であることである．少しの限られた収入を入浴のために支出したり，清拭や洗濯をまめにしている．水曜パトロールというボランテイア団体の働きかけにもよるだろうが，段ボールが散乱しないように清掃がかなり行き届いている．仕事を，日雇や空缶ひろいであるが，している者が多い．今後のこととしては，多くの者が施設よりもアパートで暮らしたいという希望を持っている．仕事のためには早起きもしなければならない．野宿生活者は，ほとんどの者がいわゆる「浮浪者」ではないといえる．むしろ，地域に受け容れられているというのではないかも知れないが，追い立てを食わないことが浮浪者にまで追い込まないですんでいるといえるのではなかろうか．

　そのように，前歴としては日雇労働者であった者が多いのであるが，一般住民の暮らし方と意識においてさほど隔たりはない．つまり，表現が差別的と見られるかも知れないが，堕落してはいないといえよう．川崎市では特に野宿者を堕落させない地域の力が作用していると思われた．「隔たり」がより大きくなり，地域での市民からの差別意識が強くなれば，どうなっても良いと捨て鉢な考え方になるかも知れないが，野宿の境遇になりこの先のことはどうしてよいかわからず呆然としながらも自ら何とか規律性を持って生きようとしている人々の姿が川崎市では見られた．それは行政，市民，野宿者本人たちの三者の相互関係の結果であるといえよう．

　川崎市からの調査依頼に当たり，パン券利用者数が日により，あるいは月により違いがあるので，その理由を探って欲しいという事があったが，その理由は，仕事に就けるかどうかであることが明らかになった．「仕事がある日にパン券を利用しない」という回答が多かったが，早朝に仕事にいくことになるの

で時間的にパン券を利用することが出来ないことと，仕事する日は収入があるので利用しないでも良い．また逆に，パン券が仕事を続けることを支援しているといえる．このことは重要である．日雇の仕事に就けない時，つまりアブレた時にはパン券があると思えることから，月に2～3日といった少しの日数でも働くことができ，そのことによって生活が崩れることなく労働者としてのあり方を維持できているのではないか．野宿しながらも，全面的に依存的にならないですんでいると捉えることが出来る．もしパン券がなければもっと多くの就労日数がなければ野宿生活の継続も不可能となるであろう．

パン券以外にも，川崎市では生活を維持できる機会が提供されている．例えばいくつかの教会による古着の提供である．炊き出しもされている．これらの細々した小さな支援の積み重ねも野宿生活を支えているといえる．出来るだけ清潔な衣服を着用出来ていることは地域生活の維持にとって重要なことである．

以下に調査から得られた野宿者の類型について述べたい．三つの調査から，野宿生活者に次の3類型があると考えた．

1　日雇仕事に就くことが出来る体力があり，実際に毎日ではなくとも雇用されることがある者．ただし，仕事をしたいときには雇用口がありいつでも就労出来るということではないため，明日の就労は不確実である．働いた日にもドヤではなく路上生活をせざるを得ない．働くことが出来た日数は月1回から週3回ぐらいまでと，働けるといってもかなりの幅があるが，概ね，失業者の範疇に近い者といえよう．パン券はアブレた日に主に利用されている．したがって就労日数が少ない者は頻繁に利用している．時に，施設をシェルター代わりに利用することがある．そこで野宿生活による体力低下を回復させることが出来る．

2　軽度の病気や障害があったり，病気があるということではないが体力的に

落ちてきており，日雇仕事に就くことは，今日の雇用状況下では出来ない者．または野宿生活になる前に日雇仕事の経験がない者．主に缶拾いの仕事をしている．パン券はフルに活用している．パン券と路上生活の条件（定住場所）がなければ生きていくことが困難な者．この体力の者では，施設に入所している者は多くなる．

3　体力が落ち，病気もあり缶拾いの仕事をすることもかなわない者．パン券もしくは施設がなければ全く生きていけない者．しかし，施設入所に拒否的であり，また入所させてもらえるとも考えていない．

　全数調査をもとに，野宿している者について前記の3分類に分ける推計を試みた．その結果は以下の通りである．
　A　断続的に日雇に就労している者　<u>44.2%</u>（全数調査，最近の仕事が土木建設で，これからの仕事も土木建設の者）
　B　体力低下と日雇仕事に不慣れなため，缶拾いの仕事で過ごしている者　<u>44.4%</u>（100% − A − C）
　C　体力的に仕事が出来ず何もしていない者　<u>11.4%</u>（全数調査，最近，仕事をしていないし，これからもどんな仕事であれ，つくことが出来ないと予想される者）

　推計に当たり用いたのは，全数調査の更新時に「最近した仕事は何か」と「これからやりたい仕事は」という質問の回答である．例えば「最近した仕事は」という問いに対して「建設日雇」と回答し，これからの仕事の希望として同じ「建設日雇」であれば，建設日雇として働くと想定してAとし，これからの希望が廃品回収であればBと想定する．何も記入がなく健康状態が悪いということであればCという風に，組み合わせから判断したものである．「最近の仕事は」という問いに対して直近の仕事を回答しているので，申し込み時まで，何ヶ月間も仕事に就いていなかったり，体力的に稼働不能になった者もいる．その

ような点を出来るだけチェックしたが，Aの％の数値は，やや多めに推計したことになると考えている．

　この3類型を念頭に入れて対策を考える必要があると考える．つまり，野宿生活者といっても，一様ではなく幅があるということを念頭に置くことである．また，パン券や施設の利用の仕方にも幅がある．抵抗なく，すぐに生活保護であれパン券であれ利用できる者と，そうでない者がある．上記のC類型の者の場合は，施設なり生活保護による居宅保護が緊急になされる必要があると思うのである．C類型の者に対してもきちんとしたセーフティネットがない状態である．セーフティネットは野宿状況の捉え方や多様な個々人への接し方，対応のあり方まで含め，いかに人権を尊重した対応をするか，その社会的援助のあり方が大切なことだといえよう．

　その前提として，路上ではなく，屋根のあるところで毎日を過ごすことが出来ることはどんな人であれ，人として当然のことであるという考え方にたつべきではなかろうか．最低限必要（ミニマム）といえる屋根のある暮らしや，日々の食べ物，衣服，清潔に保てることなどの提供が受けられ，かつ，仕事も体力に応じてすることが出来れば，より自立的な生き方が出来ると考える．最低生活の保障の先に「自立支援」が位置づくと考える．現下の社会的援助の状況は「最低生存」の水準すら確保出来ていない状況である．

第4章
大都市周辺地区大宮市のホームレス
──野宿者の経歴と昼間の過ごし方に関するケース・レコード──

はじめに

　2001年に，我々は，大宮市（現在のさいたま市大宮区）のホームレス調査を実施する機会を得た．この調査は大都市でなく，その周辺都市における調査であることが特徴である．また，宿泊施設NPO法人SSSのU寮入所者を面接調査したものである．

　本調査は，ケース・レコード作成を目的に調査したのではない．もともとは大宮市のホームレスの全体的特徴を捉えることを目的とした調査であったが，寮内での個々人との面接調査であったことから，詳細な聞き取りが出来たケースがあり，その個票を元にアセスメントをし，ケース・レコードを作成することを試みたものである．本章では，第1節で調査結果の全体の概要を示し，第2節においてケース・レコードを示すことにする．したがって，第1節は，大宮市のホームレスの全体的な分析結果というよりも，第2節と関わりがある事柄に重点を置いて述べている．第2節のケース・レコードは，ホームレスということで，一般に夜の寝場所や過ごし方の方に関心が向けられるが，ここでは敢えて昼間の過ごし方にも注目した．住まいがないことは昼間の過ごし方にも影響を与える．川上が聞き取り調査を行ったイギリスのブリストル市ではホームレス対策として昼間を過ごすためのデイセンターが設置されていた．大宮調査の結果は大宮市の報告書，または，淑徳大学の『総合福祉研究年報6号』掲載の川上昌子「大都市周辺地区ホームレス－さいたま市大宮地区宿泊所調査結果」を参照されたい．

施設利用者の全員が実際に野宿を経験した者とは限らないが，野宿経験者は8割以上を占めていた．我々は施設入所者だけではなく，別に同時に都立大学の岡部卓教授を中心に大宮市で現に野宿をしている者からの聞き取りも実施したが，その時期は冬の真最中で昼間でも凍るような痛いほどの寒さを感じる日であった．野宿をしている人たちから聞取りをするべく数時間野外で過ごしただけでもかなり身に応えた．野宿者の方達の話によると，冬は寒いので，野外で過ごすことは容易ではなく，そのため全く金にならないようなひどい労働条件でも飯場に行く者や宿泊施設に入る者が多いということである．ここでは施設入所者のなかの野宿経験のある者についてケース・レコードを作成している．作成したケース・レコードは17事例である．

　大宮の地理的特性は説明するまでもなく良く知られているであろう．東北新幹線や上越新幹線が最初に停まる大きな駅が大宮であり，東北方面への鉄道の要所といえるところである．人口増加が進んでいる都市である．いくつかの公園があるが，中でも氷川神社に隣接する大宮公園は広く，格好の野宿場所となっている．しかし，上野公園のような集積したテント村は見られない．大宮駅も野宿者が多い場所であるが，シャッターが開いている間の駅の中に，ホームレスの姿はほとんど見られない．2001年の大宮地区の野宿者は増加しつつあるが，まだ，沈澱し停滞層と化しているとはいえない状況にあった．

調査方法

調査対象者　SSS宿泊所入所者　調査完了人数は77人（調査日在寮者）

調査年月日　2001年10月13日から14日まで

調査方法　SSS関係の宿泊所の食堂にて質問紙を用い面接，聞き取り調査を実施

調査員　淑徳大学学生，大学院生（樋田幸恵，渋谷哲，木本明），大学院修士課程修了者（朝比奈朋子，早坂尚子，牧原信也），研究生（木川田貴美），杉野緑（淑徳大学研究生），川上昌子（淑徳大学教授）．なお，調査実施の準備，および集計は樋田幸恵さんに負う．

第1節　調査対象者の諸側面

　宿泊所へ生活保護により措置されている者についての調査である．その宿泊所は野宿者を主として入寮させているNPOの施設SSS（Social Security Service）のひとつである．調査結果から得られた入寮者についての諸特徴は以下のようである．

1．入寮者の一般的特性

（1）年齢構成
　現在の年齢の分布は以下の表4−1のように，現在の年齢は50歳以上の者が84.4％を占める．だが，そのうち65歳以上のいわゆる高齢者は15.6％にすぎない．年齢としてはまだ稼働年齢である者の方が多い．

（2）性別
　入所者のほとんどが男性である．女性は4人である．

表4−1　年齢

	人数	％
〜39歳	3	3.9
40歳〜44歳	2	2.6
45歳〜49歳	7	9.1
50歳〜54歳	15	19.5
55歳〜59歳	18	23.3
60歳〜64歳	20	26.0
65歳〜69歳	8	10.4
70歳以上	4	5.2
計	77	100.0

（3）健康状態について

健康状態は良い者が多い．明確に良くないと答えた者は13人，17%である．あまり良くないを加えると39%である．通院中の者が半数である．一般の生活保護受給者と比べると健康な者の割合が非常に高い．

表4-2　現在の健康状態

	人数	%
1 良い	14	18.2
2 まあ良い	11	14.3
3 普通	21	27.2
4 あまり良くない	17	22.1
5 良くない	13	16.9
6 わからない	1	1.3
計	77	100.0

（4）家族について

ほとんどが，現在，単身者として入寮している．1組のみ夫婦で入寮している．その他，別居している配偶者がいる者が3人である．

ただし結婚歴がある者は，内縁関係を含めると47人，61%もある．子供がいる者は10人，13%である．

（5）現在の職業について

仕事に就いていない者がすべてといってよい．入寮後働いて稼働収入がある者は2人見られたが，雑誌集めなどの廃品回収をしてわずかな金額を得ている者であり，稼働収入といえる程の金額を得ているのではない．

以上のように，入寮者はホームレスであり，住居がない者であるが，年齢的には中高年者とはいえ，まだ稼働能力があり，健康状態も必ずしも悪い者ばかりではない．つまり，健康状態が悪いため稼働不能となっているのではなく，

ほとんどの者が仕事がないために就労不能に陥っている人たちであり、その結果として住居を喪失した者である．

2．これまでの経歴について

（1）学歴について

義務教育だけの者が67％である．年齢としては50歳代のものがもっとも多いが，その世代として考えて中卒の割合が高いといえる．同時に，3割以上が中等教育以上の学歴の者であることも注目される．

表4－3　学歴（中退者はその前の学歴とする）

	人数	％
尋常小，新制中学校卒（小，中，高中退含む）	52	67.5
旧制中，新制高校卒	17	22.1
大学校卒	7	9.1
不明	1	1.3
合計	77	100.0

（2）職業歴の特徴

（イ）最長職

どのような職業経験を持つ人たちかという観点から見ることにしたい．

最長職の関係業種および従業上の地位を見ると次の表のようである．

表4－4，4－5から，最長職は，ホームレスに従来多いといわれていた土木建設業従事者であった者が28％ともっとも多いが，製造業や販売サービス業に従事していた者もおのおの27％と多い．さらに従業上の地位を見ると，日雇は14％で，それに対比して常用労働者であったと答えた者が75％とはるかに多い点が注目される．ホームレスとなってしまう「常用」とはいかなる常用であろうか．この点は，さらに究明されなければならない．

表4-4　最長職の業種

	人数	%
事務職	1	1.3
製造業現業職	21	27.3
建設土木現業職	22	28.5
鉱業現業職	2	2.6
運輸流通関係	8	10.4
販売サービス関係	21	27.3
転々	2	2.6
合計	77	100.0

表4-5　最長職の従業上の地位

	人数	%
管理職	2	2.6
自営業	6	7.8
常用	58	75.3
日雇,臨時工,期間工,パート等	11	14.3
合計	77	100.0

(ロ)　直前職の特徴

次に，野宿直前職について見ると表4-6，4-7のようである．

野宿直前職は，関連業種は製造業が減少し，建設土木業従事者が増加する．とはいえ建設土木関係であった者は39％で約4割である．もっとも多いが大部分を占めるというのではない．従業上の地位では，最長職と比べて常用の割合が小さくなる．それでも常用であった者がもっとも多く，46％である．そして，日雇や臨時雇，期間工等であった者が40％である．もっとも多いと考えられる「建設日雇から野宿者へ」というコースでは必ずしもない．

表4-6　野宿直前職の関係業種

	人数	%
製造業	10	13
建設土木	30	38.9
運輸通信	6	7.8
保安	1	1.3
販売・サービス	20	26
転々	3	3.9
入院	2	2.6
不明	5	6.5
合計	77	100.0

表4-7　野宿直前職の従業上の地位

	人数	%
自営業	4	5.2
常用	36	46.7
日雇,臨時工,期間工,パート等	31	40.3
その他	2	2.6
不明	4	5.2
合計	77	100.0

(ハ) 最長職から直前職への移動－3つのグループ間移動

個々人の職業を三つのグループの序列，つまり，① 一般階層　② 不安定階層A，③ 不安定階層Bに括って示すことにする．

この階層3区分は日本の社会階層を生活保護受給の可能性から区分し序列づけたものである．一般階層は，保護受給層の直前職としては滅多にない階層であり，安定性があり安定階層といえる階層である．不安定階層Aは小零細企業で働く労働者を典型とするところの健康で働いている限りは「まとも」といえる生活を営むことが出来るが，不安定性を内包している階層である．不安定層Bは健康で働いていたとしても貧困の兆候が明白である階層である．そのように大きく3区分してみると，最長職が一般階層であったものは少ないが一割を占め，②の不安定階層Aが最下の階層であるBよりも多く5割を占めていたのである．直前職になると ③ 不安定階層Bが51ケースで，7割弱を占めるようになる．だが，まだ不安定階層Aおよび一般階層が21ケース，3割弱である．近年の野宿者の特徴として，階層転落の幅が大きいことが指摘されているが，大宮の宿泊施設入所者についても同様の傾向を指摘出来る．川崎市調査でも，施設入所者に同様の傾向を見ることが出来た．

次に，最長職から直前職への変化のルートを見ることにすると，表4－9のようであった．

表4－8　最長職と直前職の社会階層

	最長職	直前職
① 一般階層	11	3
② 不安定階層A	40	18
③ 不安定階層B	25	51
無業（病気）	0	2
不明	1	3
合計	77	77

表4－9によると，一般階層から，あるいは不安定階層Aで野宿生活になった者は1．2．5．を合わせると27％である．不安定階層Bへ落層してから野

宿生活へ入っていった者が3．6．で35％である．中でも目立つのは6．の不安定階層AからBへ移動した者の30％である．そして一貫して不安定階層Bである者が31％である．

つまり，①不安定階層Aからという者，②AからBへ落層してからという者，③一貫してBでという大きく3パターンに分けることが出来，パーセントの大きさの多少の差はあるが，各パターンが3割前後とほぼ同じ割合を示している．第2節では，この三つのパターンで括って，示している．

表4－9　最長職から直前職への階層移動

最長職－　直前職	人数	％
1．一般　→一般	3	3.9
2．一般　→不安定A	2	2.6
3．一般　→不安定B	4	5.2
4．一般　→不明	2	2.6
5．不安定A→不安定A	16	20.8
6．不安定A→不安定B	23	29.9
7．不安定A→病気	1	1.3
8．不安定B→不安定B	24	31.1
9．不安定B→病気	1	1.3
不明	1	1.3
合計	77	100.0

（3）　住居歴について

ホームレスについての調査としては，過去においてどのような住居の状態であったかは重要な点である．住居歴の特徴を見ることにしたい．

（イ）　最長職のときの住まい

最長職に就いていたときの住居形態は表4－10の通りである．

最長職に就労していたときの住居形態は，持ち家の者は15％と少ない．賃貸住宅．アパートに居住していた者が多く，両者を併せると61％になる．6割強の者は，日本では普通といえる住まいの形態であったといえる．

社宅・寮が27％である．社宅・寮は飯場に近いものから，社員のための福利更生施設といえるものまで考えられるが，ここではどちらかは分からない．いずれであれ，社宅・寮は，退職するときには当然出ることになる．社宅・寮に住んでいた者が27％と多いことはそのような生活基盤の不安定性を抱えていたということである．

表4－10　最長職時の住居形態

	人数	％
持ち家，	12	15.6
賃貸住宅，アパート	35	45.4
社宅，寮	21	27.3
親戚，知人宅	3	3.9
住込み	1	1.3
飯場	3	3.9
不明	2	2.6
合計	77	100.0

(ロ)　直前職のときの住居形態

次に，野宿および住居がなくなる直前職時の住居形態を見ると，次のようである．

直前職のときの住居と最長職のときの住居形態を比較すると，持ち家と賃貸住宅・アパートが減少し，社宅・寮と飯場が増加している．最長職と直前職の間に落層があったとすると，その傾向は当然であるが，持ち家であったものと賃貸・アパートであった者の減少は61％から43％であり，その減少の度合いはむしろ小さいといえる．住込みや飯場がもっと多くなると予想したが，そうではなく，賃貸住宅．アパートの者と社宅・寮であった者がほとんどであった．社宅や寮は仕事を辞めると同時に出なければならないし，賃貸住宅に居住していた者も家賃が支払えなくなると早晩出なければならなくなる．アパートは「安定的」と分類されることが多いが，収入の確保があくまで前提である．

関連して，直前職時のみならず，過去においてドヤにいたことがあるかを質

問したが,「有り」は 14% であった. 寄せ場労働市場とは関係がない者の方が大多数であるといえる.

表 4 − 11 野宿直前職の住居形態

	人数	%
持ち家	6	7.8
賃貸住宅・アパート	27	35.1
社宅・寮	28	36.4
住込み	2	2.6
ホテル	1	1.3
飯場	9	11.7
不明	3	3.9
合計	77	100.0

(4) 大宮とホームレス
(イ) 大宮に来たときとホームレスの関係
大宮に来たときとホームレスの関係は次のようなグループに分けることができる.

① 大宮で働いた期間が 1 年以上あってホームレスになった者　27 名　35%
② ホームレスとなってから大宮に来た者　　　　　　　　　　37 名　48%
③ ホームレスの経験がない者　　　　　　　　　　　　　　　13 名　17%

上記のホームレスの経験がない者というのは,病院から入寮したとか,失業してすぐに入寮したとかいうものである. その 13 名のうち 30 歳未満から大宮に居住していた者は 4 ケース, 5.2% である. 上記の ① の 35% にこの 5 % を加えるとほぼ 40% となる. つまり, 入寮者の 4 割は大宮に一応居住していた者である. 他の 6 割の者がホームレスとして大宮に来た者である.

(ロ) 大宮を選ぶ理由
なぜ大宮に来たかを直接的に訊ねた質問ではないが, 大宮の中のそれぞれの

野宿場所を選んだ理由の回答は以下のようである．

表4－12　野宿場所を選んだ理由

	人数	％
知人の存在	9	11.7
仕事があったから	1	1.3
食べ物があったから	2	2.6
暖かいから	4	5.2
雨露がしのげるから	11	14.3
施設管理者の追い立てがないから	3	3.9
静かに過ごせるから	7	9.1
良く知っていたから	4	5.2
成り行き	6	7.8
生活がしやすい	2	2.6
知り合いが居ないから	1	1.3
勧められた	1	1.3
野宿経験なし	13	16.9
不明	9	11.7
合計	77	100.0

　上記の理由のうち雨露がしのげるとか，知人が居たとかという理由は当然の理由で，大宮に限ったことではないだろう．大宮の特徴といえるのは「静かに過ごせる」という理由を挙げた者が多い点にあると思われる．食べ物とか仕事とか，生活しやすいとかそのような生活条件の点が特に良いと思われているのではない．東京都心から離れて，ホームレスが集積しているようなところではない所をむしろ選んできているように見えた．しかも，目下のところは常設のテントや小屋を造るということにはなっていない．そのことに，本人達としてはホームレスの状態が長期に及ぶことがないようにと願っていることが表されているように思われた．

3. 入寮前の生活状況

U宿泊所の入所者は，ホームレスの状況になっていたものであるが，必ずしも全員が野宿経験者ではない．77名中，野宿経験者は64名である．野宿を経験することなく入寮した者が13名である．経験のない者とは，手持ち金でカプセルホテルやドヤに泊まっていた者とか，病院退院直後の者とか，大宮に来たところで宿泊所のことを知りすぐに入所することにした者とかである．

（1） ホームレスとなった事情
（イ） 野宿期間と年齢

野宿期間を見ると表4－13の通りである．

表4－13 ホームレスの期間（大宮以前も含む）

	人数	%
ほとんど無し	13	16.9
1ヶ月以内	11	14.3
6ヶ月以内	15	19.4
1年以内	8	10.4
2年以内	7	9.1
3年以内	10	13.0
3年以上	13	16.9
合計	77	100.0

表4－14 最初にホームレスとなった年齢

	人数	%
35歳～39歳	6	7.8
40歳～44歳	4	5.2
45歳～49歳	11	14.3
50歳～54歳	12	15.6
55歳～59歳	11	14.3
60歳～64歳	11	14.3
65歳～70歳	6	7.8
70歳以上	3	3.9
不明・該当せず	13	16.8
計	77	100.0

ここでいうホームレスの期間とは，大宮以前も含む期間である．野宿するようになってから3ヶ月以内とか6ヶ月以内とかの者が半数を占め，野宿期間が短い者が多い．他方で一年以上に及ぶ者が4割である．

次に，最初にホームレスになった年齢をみると，表4－14に見られるように，ホームレスに40歳以前になった者は1割に満たない．50歳代でホームレ

スになった者がもっとも多い．30歳代，40歳代，50歳代のものを加算すると6割になる．年齢的には十分稼働能力があると思われる人々が就業出来ないためにホームレスを余儀なくされているといえる．40歳代後半からホームレスとなると見ることができる．

(ロ) ホームレスとなった直接的原因

ホームレスになる前の最後の仕事を辞めた理由は表4－15のようである．

表の上から5番目までは倒産や失業という経済的理由であるが，56％を占める．「職場環境の悪化」は，派遣の仕事をさせてもらえなくなったとか，賃金が少なくなったとかという理由が含まれており，単純に人間関係が悪くなったというのではない．とすると，この回答の者も経済的理由に含まれると見て良い．そうすると4分の3の者の離職理由が経済的理由であるといえる．

年齢的あるいは身体的理由である「定年」，「病気けが」，「高齢」を合わせると23％である．そして家庭の事情が2％である．

表4－15　最後の仕事を辞めた理由

	人数	％
自分の会社や店が倒産	7	9.1
勤めていた会社や店を解雇された	12	15.5
自分から退職した．賃金の未払い	10	13.0
仕事がなくなった	10	13.0
契約期限が来た	4	5.2
定年になった	3	3.9
病気けがのため退職	11	14.3
高齢のため仕事ができなくなった	4	5.2
家庭の事情	2	2.6
職場環境の悪化	9	11.7
回答拒否	1	1.3
不明	4	5.2
合計	77	100

（2）野宿経験者の入寮前の生活状況
（イ） 寝場所

表4－16 野宿していた者の寝場所（複数回答）

	人数	％
駅周辺	27	42.2
公園	34	53.1
ビル，家屋の軒下	3	4.7
河川敷	6	9.3
陸橋下	2	3.1
その他	12	18.8
合計	84	131.2
野宿経験なし	13	－
野宿なしを差し引いた人数	64	100.0

表4－17 寝場所の形態

	人数	％
テント常設	3	4.7
ハウス常設	7	10.9
毎回つくる	19	29.7
敷物ですます	12	18.7
特につくらず	8	12.5
廃屋の中	1	1.6
廃車の中	2	3.1
ベンチで	6	9.4
施設内	3	4.7
その他	2	3.1
不明	1	1.6
合計	64	100.0
野宿経験なし	13	16.9

　寝場所としてもっとも多いのは公園である．半数である．次いで多いのは駅で4割である．そして河川敷が9％である．それ以外も含めて，それぞれにそこを寝場所にした理由で多いのが「雨露がしのげる」「知人がいる」「静かに過ごせる」である．

　ところで，この寝場所は大宮の野宿者全体の分布を必ずしも反映しないかもしれない．というのはSSSの働きかけが，駅周辺および公園で主に行われているからである．大宮におけるホームレスの地域分布はもっと広範囲である．社会福祉行政センター（福祉事務所）の岡村氏により作成された分布地図によると，公園，河川敷など，広範囲に分散している様が見て取れた．

　次に寝場所の形態は表4－17のようである．

　表4－17から，テント常設やハウス常設が少ない点が特徴といえる．その都度段ボール箱で囲ったり，敷物を強いたり，そのままベンチに寝たりという

ように，特定の場所に住み着いている者が少ないという点に大宮の入寮者の特徴がある．

(ロ) 昼間の居場所

次に，昼間の居場所を見ると表4－18のようである．

昼間の居場所としては，寝場所と同様公園周辺と駅周辺であった者がもっとも多い．だが，それ以外に昼間は，かなり移動している様子が見て取れる．また，デパートや水辺や野球場でぼんやりと時間を過ごすということに象徴されるように所在なく時間を過ごしている風が見られる．仕事をしていた者は6.2%と少ない．

表4－18 昼間の居場所（複数回答）

	人数	%
公園周辺	41	64.1
駅周辺	25	39.1
陸橋下	2	3.1
図書館	7	10.9
仕事で広範囲に移動	4	6.2
生活のために広範囲	9	14.1
水辺	2	3.1
公共施設内（競輪場，野球場など）	4	6.2
デパート，パチンコ屋など	5	7.8
不明	1	1.6
合計	100	156.2
野宿の経験なし	13	－
野宿者合計	64	100.0

(ハ) 食事，日用品，衣類の調達

食事の調達方法は，自分で購入する者とコンビニ等からもらう者が多く，前者が48%，後者が42%である．自分のお金で買っていた者の方がコンビニ等からもらう，又は拾ってくる者よりも多いのである．もうひとつのグループは

表4-19 食事の調達(複数回答)

	人数	%
自分で購入する	31	48.4
知り合い友人からもらう	12	18.8
近所の人からもらう	4	6.3
コンビニ等からもらう	27	42.2
その他	2	3.1
合計	76	118.8
野宿なし	13	
野宿者合計	64	100.0

表4-20 日用品と衣類の調達方法(複数回答)

	日用品		衣類	
	人数	%	人数	%
自分で購入	22	34.4	10	15.7
近所の人からもらう	0	0	3	4.7
知り合い友人からもらう	7	10.9	5	7.8
コンビニ等からもらう	1	1.6	2	3.1
拾ってくる	19	29.7	21	32.8
その他	23	35.9	27	42.2
合計	72	112.5	68	106.3
野宿者合計	64	100	64	100.0

知り合いや友人からもらっている者である．友人からもらうということは，短期間なら，又は時には可能であろうが長期間は無理であろう．

　日用品も食事と同じように自分で購入する者が多いが，「拾ってくる」と回答した者が目立つ．「その他」が35％と多いが，「この間必要がなかった」とか「持っていた物で間に合った」という内容である．衣類の調達は容易でないことが上記の表から窺える．「拾ってくる」が32％であるが，廃品回収した物の中に入っているのであろう．「以前から持っていた」という回答者が42％である．新しく購入することは困難であることが分かる．

(ニ) 散髪と風呂

表4-21を見ると，散髪をしないという者も風呂に入らないという者も少ない．散髪しなかったという者はともあれ，風呂に入らなかったという者が少ない．このことは注目に値する．大宮市の路上生活者調査においても清潔さを保とうとする者が多かった．

表4-21 散髪と入浴

散髪	人数	%
散髪しない	5	7.8
必要ない	7	10.9
友人，自分で	30	46.9
床屋	17	26.6
教会等	3	4.7
不明	2	3.1
野宿者合計	64	100.0

風呂	人数	%
風呂に入らない	10	15.6
行水で	18	28.1
入る	35	54.7
不明	1	1.6
野宿者合計	64	100.0

(ホ) 路上生活で困ったこと

最後に，生活において困ることの回答を挙げておく．

表4-22を見ると，多くの困る点が回答されている．第1はやはり食べること，おなかがすいて辛いとか，コンビニから廃棄弁当が出なくなったこととかである．第2は住居がないことに関連すること，つまり，暑さや寒さが防げないとか，よく眠れないとか，眠る場所を探すのに苦労するとかである．第3は他の人からの視線や扱いについて，さらには無防備であることから物を取られたり，絡まれたりするおそれがあること．それとともに孤独が訴えられている．第4に健康について，そして第5に情報が入らないことについてである．SSSの寮にいても情報を得る手だてがないという．

これらの事は，普通の市民生活では何気なく充足されている事柄である．野宿者の毎日がいかに過酷であるか，尋常でないかである．

表4－22 路上生活で困ったこと（複数回答）

	人数	%
おなかがすいて辛い	20	31.2
寝る場所を探すのにとても苦労する	14	21.9
よく眠れない	13	20.3
暑くて（又は寒くて）困る	28	43.8
入浴，洗濯，清潔に保つことができない	24	37.5
孤独で，誰とも話をせずおかしくなりそう	6	9.4
仕事や生活の情報がなくどうして良いか分からない	9	14.0
通行人や子供から嫌がらせを受けとても怖い	4	6.3
物を取られたり，酒を飲んでいる者に絡まれたり，とても怖い	10	15.6
市民から変な目で見られる	7	10.9
コンビニやファーストフードの廃棄弁当が出なくなった	4	6.3
通院したいがお金がなく通院できず辛い	8	12.5
役所や病院でひどい対応を受けることが辛い	5	7.8
その他	14	21.9
辛いことや困ったことはない	3	4.7
合計	169	264.1
野宿者合計	64	100.0

第2節　昼間の過ごし方と経歴に関するケース・レコード

ケースレコードの並べ方は，188頁から189頁にかけて説明している階層の分類①②③別に，さらに，それぞれにおいて年齢順とする．

① 最長職　一般階層
事例1　男性　40代前半　大卒　路上生活3ヶ月で浦和SSSクラブに入所

　Pさんは，平成13年2月から約3ヶ月程路上で生活し，その後浦和SSSクラブへ入所した．Pさんは大学を卒業し，30代前半から40代前半にかけて，営業職の常用従業員として働いてきた．Pさんは以前結婚しており，義父がP

さんを婿養子にと考え，会社と家を世話してくれていたが，Ｐさんが妻と別れることになったため，会社にも家にもＰさんの居場所がなくなってしまった．

その後，事業を行っている友人を頼り，非常雇の運転手として雇ってもらうが，間もなくして，友人と上手くいかなくなり辞めている．住居は，友人が借りていてくれたが，仕事を辞めるとともに出ることになった．その後，Ｐさん曰く，「友人やホームレスがたくさんいるし，大きいし，雨露がしのげる」といった理由により，千葉県の柏駅周辺で寝泊りするようになった．しかし，夜は寝ないで過ごしていたらしい．Ｐさん曰く，「ダンボールでだけは寝たくなかった」，「そのままずっと，そういうふうになっていくのは嫌だった」ということだった．そのかわり，昼に暖かい場所を選び，公園，ベンチ，昼の駅（デパートの暖かい空気が上がってくるらしい）等で寝ていた．始めは一人で生活していたが，そのうち仲良くなった人々がいて，5人くらいで集まっていたらしい．そして，食べ物は，Ｐさんは恥ずかしくて拾ったり出来なかったので，平気な人にしてもらい，貰っていた．そのかわり，お金を稼げない人のために，今度はＰさんが稼いでくる，といった助け合いをしていた．その仕事は主に，駅の本の収集や，代理で並んで1回に付き 2,000 円〜2,500 円貰うといったものだった．その中から必要なものを買い，お風呂は友人と交代で2日に1度銭湯を利用していた．Ｐさんの「路上での生活で困ったこと，辛かったこと」は，「無かった」と答えてはいるものの，「希望が無かった」というＰさんの言葉も調査員の書き込みに残されている．

事例2　男性　40代後半　突然のリストラで職を失う　再就職口がなかなか見つからず住む場も失う　路上生活2年3ヶ月で浦和SSSクラブへ入所

Ｑさんは，平成11年7月から約2年3ヶ月程路上で生活し，その後平成13年9月頃浦和SSSクラブへ入所した．Ｑさんは高校を卒業して，25歳からは物流関係で常用従業員として働いていた．Ｑさんが45歳の時，転勤を命ぜられるが，実母の世話をＱさんがみていて，転勤するのは困難であったので，会社に相談したところ，解雇された．その時のＱさんの住居は，埼玉県内の民間

賃貸住宅であった．Qさんは結婚はしていない．Qさんは再就職口を求め，ハローワークに通ったり，自分で探したりしたが，45歳以上の人にとって，再就職は難しく，その間に借りている部屋代が払えなくなり，荷物をひとつにまとめ出ることになってしまった．その際，実母の世話は弟に頼むことにした．その後，Qさんは川口方面の公園で，路上生活をすることになった．始めは一人で生活していたが，荷物から少し離れた隙に，預金通帳などを盗られてしまい，それ以来怖いので，なるべく知人を作り，一緒に生活するようにしていたらしい．Qさんは，川口の公園で，ダンボール等を利用したり，簡単に敷物を敷いたりして寝泊りしていた．そして，朝起きると，新聞などで日払いのアルバイトを探し，見つからない時は，駅などにも足を伸ばし，そこでも仕事を探していた．そして見つかれば，公園からアルバイトへ行っていたのである．40代であれば，日払いの仕事は途切れることなく見つかっていたようであったが，住む場所（アパート）を失ってしまい，ますます定職への就職は困難となっていった．

　食べ物や日用品は，働いてきたお金で購入し，衣類は100円ショップなどを利用して，購入，または以前から持っていたものを使用していた．お風呂は3～4日に1度くらい銭湯を利用し，散髪は，働いてきたお金を貯め，5ヶ月に1度くらい美容室等で切っていた．日々働いては倹約し，生活感覚を失わないよう生活していたように思われる．しかし，路上で生活していたので，よく眠れなかったり，物を盗られたり，からまれたりするのではないかといった不安や，下痢が続くといった身体的症状を抱え，不安定な生活を送らざるを得ない状況が長く続いていたのである．弟にはよく連絡をしていたようで，そのような繋がりも，Qさんを大きく支えていたように思われる．

事例3　男性　50代前半　路上生活中姉に世話になる　失業後退職金が尽きた時点で妻に追い出され離婚　路上生活1年で浦和SSSクラブに入所

　Oさんは，平成12年9月頃より約1年程路上で生活し，その後浦和SSSクラブへ入所した．Oさんは20歳から，デパートで販売の常用従業員として働

いていた．しかし，Oさんが45歳の時に，デパートの後継者が居らず，廃業となったので，職を失った．その後販売職を探したが，販売はパートで間に合ってしまうため，なかなか再就職ができなかった．その時Oさんは結婚しており，夫婦で埼玉県内の民間賃貸住宅に暮らしていたが，再就職がなかなか叶わず，退職金が尽きた時点で，妻より追い出される形で離婚したようである．その後，家を出た時の荷物を知り合いに預かってもらい，主に与野公園で寝泊りするようになった．その場所を選んだのは，「大宮公園は怖いということ」，「生れた時からずっと大宮で暮してきたので，駅などで近所の人に会いたくないので，近寄らないようにした」という理由からであった．Oさんの昼の生活は，公園などのベンチで寝ていたことが多い．それは，「与野公園では夜，犬の放し散歩をしていることがあり，とても怖くて眠れない」ということからのようである．そのため，昼安全な所で眠るための，寝る場所を探すのにとても苦労していたようである．その他，駅の方へ出向き，パチンコ店に入り，人のパチンコを見ていたり，知り合いを作って話をしたり，図書館へ行ったりしていたようだ．仕事はしていなかったようで，食事は，連絡をとっている姉にもらっていて，お風呂もこの姉の家で週に3，4日程使わせてもらっていた．時々はお金も貰っていたようだ．しかし，姉の夫には内緒にしていたらしく，それらは限られたものであったようだ．日用品・衣類は，知り合い・友人から貰い，散髪は，はさみを持っている知人に切ってもらっていた．Oさん曰く，「市民から変な目で見られたりするのは慣れたものの，夜昼問わずよく眠ることは出来ず，その寝る場所も探すのに苦労する」．また，「清潔に保つことが難しい」ということで，このような状況の下では，仕事を探すことも非常に困難だったことと思われる．

事例4　男性　50代後半　定年間近でリストラ　サウナ・ビジネスホテルで約1ヶ月生活し，その後浦和SSSクラブへ入所

　Gさんは，平成13年4月より約1ヶ月間サウナ・ビジネスホテルで寝泊りし，その後平成13年5月より浦和SSSクラブへ入所した．Gさんは以前，プ

レス成型の常用従業員として，23～24年間働いていた．その時の住居は，始めは民間賃貸住宅で，その後社宅であり，いずれも東京都内であった．しかし，定年まで後2年という時にリストラに遭い失業した．結婚はしていたが，離婚している．平成13年の3月に，住んでいた東京都内の社宅を引き払い，大宮のサウナやビジネスホテルで寝泊りするようになった．大宮を選んだのは，「知り合いに会わないから」ということである．Gさんは職を失ってから，ハローワークへ行ってみたようだが，年齢により見つけることは難しかったようだ．サウナやビジネスホテルで寝泊りするようになってからは，特に仕事はしていなかった．サウナやビジネスホテルを出る時間等は不明であるが，Gさんはそこを出た後，荷物をパチンコ屋のロッカーに入れて，主に図書館で本を読んだり，新聞を読んだりして過ごしていたようである．食事は自分で購入し，散髪は安い所を探し，そこに行って切っていた．日用品や衣類はもともと所持していたようで，特に必要はなかったようである．そして夕方になると，またサウナやビジネスホテルを探し，そこでお風呂を使用し，休む，という毎日であったとのことである．Gさんのこの1ヶ月の生活の中で，「もっとも困ったり，辛かったこと」はという問いに，「仕事がしたかった」という回答である．定年まで働き，その後は年金で生活をしようと考えていたGさんにとって，予想外のリストラによる喪失感は大きいものと思われる．そのため，これからどうするかということよりも，生きていければいい，何とか無事に2年間過ごし，年金生活で安定を得たい，と思っているようである．

事例5　男性　60代前半　自営業から日雇へ　ダンボールハウス常設　路上生活2～3年で浦和SSSクラブへ入所

　Hさんは，平成11年頃から2～3年程度，大宮近辺の路上で生活し，その後浦和SSSクラブへ入所した．Hさんは以前，東京都内で飲食店を営んでいた．しかし，Hさんが57歳の時に，一身上の都合により店を続けることが出来なくなった．その時の住居は，始めは持ち家，後には民間賃貸住宅であった．以前結婚はしていたが，離婚している．Hさんは，平成11年頃より，大宮で

日雇の仕事を見つけ働き始めた．その時から同時に，路上での生活も始まったようだ．Hさんは，大宮公園，大宮駅，浦和駅のいずれかで，ダンボールハウス等を常設して寝泊りしていた．始めは1人だったようだが，その後毎日顔を合わせる人と知り合い，ともに生活していた．Hさんの一日は食品を探すことから始まるようだ．朝早く，あるファーストフード店へ行くと，残り物を出してくれたらしい．または，ごみの中から探し拾っていた．Hさんがいうには，埼玉県では，ボランティア団体等の食事の配給はなく，その点では東京都内の方が恵まれているということだった．Hさんは，昼は主に公園や駅周辺にいたが，そこでは寝ていることが多かった．それは，Hさん曰く，「夜は寒くて眠れなかった」，「ガードマンが回るために長時間眠れないから」ということだった．また，電車の始発に乗り，電車の中で睡眠をとることもあったようだ．お風呂は殆ど入らず，時々水で身体を拭く程度，散髪はかまわなかった．Hさんの「路上での生活で困ったこと，辛かったこと」は，「おながすいて辛い」，「入浴，洗濯などが出来なくて，清潔に保つことが出来ずに困る」，「市民から変な目で見られるのが辛い」ということを挙げていて，その時の身体状況は，ひどくだるい・冷えるので腰が痛い・よく眠れない，といったことであり，栄養不足で，だるく，昼も寝ているしかないという生活であったようである．また，Hさんがいうには，こういう生活をしていれば，家族や親族等と連絡が途絶えるのが殆どということであり，頼ることが出来る人も所もなかったようである．

② 最長職　不安定階層A
事例6　男性　30代後半　路上生活2年で浦和SSSクラブへ入所　野宿場所－大宮公園

　Bさんは，平成11年の夏の始め頃から約2年間程路上で生活し，平成13年7月下旬より浦和SSSクラブへ入所した．Bさんは中学卒業後，住み込みで働くようになったが，その仕事そのものがだんだん無くなり，24歳から33歳までの9年間，製本業で常用の従業員として働いた．その後清掃，解体の仕事

など4回くらい仕事を変えたが，また製本業で常用の従業員として働いた．しかし，仕事が無くなり，辞めざるを得ない状況となり，それまで住んでいた賃貸アパートを出たことから路上生活が始まったようである．Bさんは結婚はしていない．

　Bさんは主に大宮公園で寝泊りし，その一日は，午前3時から4時に早起きして，食料を探しに行くことから始まっていた．それは主にコンビニエンスストアに行き，もらっていたようだ．その後身繕いをしてから，あちこちに仕事を探しに行っていたそうだ．どのような仕事を探していたのかは不明であるが，路上での生活をするために，あちこちで捨ててあるマンガ本を集め，それらを本屋へ持って行き，お金を得ていたようである．そのお金で洗剤等を買っていた．お風呂は，2～3週間おきにお金を置いていってくれる人がいたらしく，その時に銭湯を利用していた．「路上での生活で困ったこと・辛かったこと」では，「うるさくてよく眠れない」，「洗濯などが出来ない」，「通行人や子供から嫌がらせを受けとても怖い」，「体調が悪くなった時」を挙げており，路上での生活中は，ひどい下痢が続き，胃の痛みがあり，よく眠れなかったという，身体的にも精神的にも，ぎりぎりの状態だったようである．

事例7　男性　40代前半　突然失業し日雇となる　以前の住居は持ち家　路上生活2年で浦和SSSクラブへ入所

　Lさんは，平成11年の秋より約2年間路上で生活し，その後浦和SSSクラブへ入所した．Lさんは34歳から38歳まで，販売・サービス職の常用従業員として働いていたが，自分の会社が倒産し，職を失った．その時の住居は埼玉県内の実家の持ち家であった．Lさんは結婚はしていない．その後，なぜ家を出なければならなくなったかは不明であるが，平成11年の秋頃より，路上での生活となった．Lさんは，日雇の仕事があれば，そこで働き，夜は飯場で生活していた．しかしその他は，日払いのアルバイト（引越し作業，運送業，箱詰め作業，土木工事）を探し，お金のある時はサウナ等で寝泊りし，お風呂を使用し，散髪も床屋へ行っていたようだ．お金のない時は，浦和駅周辺や別所沼

公園で，ダンボール等を利用して毎回寝場所を作ったり，夏場は簡単に敷物を敷いて寝ていた．場所は１ヶ所に留まって居たわけではなく，他にも野宿する人が多く，雨露をしのげ，近所の住民や施設管理者からの追い立てのない場所を，その度に選んでいたようである．始めは一人で生活していたが，そのうちに顔見知りの人も出来たようであった．仕事の無い昼は，主に駅のデパートやパチンコ店，公園のベンチにいることが多かった．食べ物は自分で購入するか，知り合い・友人にもらい，仕事のない日が続いた時は，ゴミ捨て場からも拾っていた．日用品・衣服についても同様のようである．お風呂は公園の水道で，タオルを用い身体を拭く程度だった．Ｌさんの「路上での生活で困ったこと，辛かったこと」は全ての面で挙げられており，「おなかがすいて辛い」，「寝る場所を探すことの苦労」，「暑く（寒く）て困る」，「清潔を保てない」，「物を盗られたり，人にからまれる恐怖」，「変な目で見られる辛さ」，「病院に行くことが出来ない」ということであり，身体的にも，めまい・ひどい下痢が続く・皮膚のかゆみや発疹・急激にやせた・ひどくだるい・胃の痛みがあった，ということであった．このように，身体的にも，精神的にも追い詰められたような状況にあって，日雇や日払いのアルバイトを探し続ける気力を持ち続けることは，非常に困難であったと思われる．

事例８　男性　50代前半　路上生活６年で浦和 SSS クラブへ入所　テント常設　結婚経験あり

　Ｅさんは，平成６年頃から約６年程路上で生活し，その後，平成13年の４月に浦和 SSS クラブへ入所した．Ｅさんは中学卒業後，パチンコ屋の店員として働き，その後，車の部品製造業の常用従業員，オルゴールの個人会社で常用従業員と職を転々としていた．もっとも長く勤めていたオルゴールの会社では，25歳から35歳まで働いていたが，会社の社長が亡くなり，後継ぎがいないため廃業となってしまったようだ．その時Ｅさんは埼玉県内の実家に住んでいた．結婚の経験はあるが，離婚している．路上生活になる直前には，建設・土木関係で日雇の従業員として働き，飯場で生活していた．しかし，時期は不

明であるが，高齢のため仕事が出来なくなったということである．始めは，埼玉県熊谷市のビルの間で，その後大宮公園で，そして最終的には，1年6ヶ月間，大宮の橋の下のブルーシートを使用した常設のテントで，生活をしていた．その場を選んだ理由は，Eさん曰く，「国有地なので退かされないから」という．そこでEさんは一人で生活していた．しかし，同じ場所で1年以上暮らしていたためか，周りと交流するようになり，食べ物は，知人・友人からもらったり，近所の人からもらったり，仲良くしていたお巡りさんからももらうことがあったらしい．また，日用品は拾ってきたものを使っていたが，友人と貸し借りすることもあり，散髪などは，友人に煙草一箱でバリカンでやってもらっていたそうだ．Eさんは昼間，図書館で本を読んだり，コンビニエンスストアへ行ったり，公民館を利用して将棋などをして過ごしていたようだ．また，花や野菜を植え，自活の足しになるよう世話したり，時には近所の人と会話をすることもあったという．夏には毎日公園へ行き，公園の水道で行水や洗濯をし，冬は週に1〜2度銭湯を利用していた．そして夜にはテントに戻り，危険物から拾ってきたコンロで食事を作る，といった一見生活をしていたように見える暮らしである．しかし，Eさんの「路上での生活で困ったこと・辛かったこと」への回答は，「おなかがすいて辛い」ということであり，「仕事や生活の情報がなくて，どうしていいか分からない」ということである．

事例9　女性　50代前半　夫婦で路上生活　路上生活1ヶ月（車中での生活を含むと1年）で浦和SSSクラブへ入所

　Fさんは，夫と共に路上生活をして，その後夫婦そろって平成13年の6月頃に浦和SSSクラブへ入所した．以前はFさんの夫が勤めに出ていて，Fさんは専業主婦だったとのことである．その時は宮城県内の民間賃貸住宅に二人で暮らしていた．しかし，Fさんの夫は糖尿病があり，症状がひどくなったために働くことが困難となり，仕事を辞めてから生活が成り立たなくなってしまったようである．その後，借りていた住宅を出て，二人で住込みの仕事を探しながら車で移動し，ホテルや車中に泊まる生活が約1年続いた．しかし，そ

の生活も苦しくなり，大宮公園で生活するようになったようである．二人は大宮公園に簡単に敷物を敷いて寝泊りしていた．雨が降る日はテントをはっていたそうだ．昼間，Fさんの夫は仕事に行き，Fさんは公園や駅に一人になる．夫が居る時は二人で話などをしながら過ごすが，一人でいるときは何をする訳でもなかったらしい．ただ，夫が帰ってくるまでが心細く，とても怖く，不安な気持ちを抱えながら，公園にひっそりといたようだ．

事例10　男性　60代前半　結婚現在もあり　路上生活1ヶ月で浦和SSSクラブに入所

　Kさんは，平成12年に約1ヶ月程路上で生活し，平成13年3月より浦和SSSクラブへ入所した．Kさんは以前，東京都内で塗装業を営んでいた．しかし，徐々に仕事がなくなってしまったために，仕事を通しての知人や友人に仕事をもらい，埼玉県内にて臨時雇いやアルバイト（主に塗装業やペンキ塗りなど）をしていた．しかし，その仕事も年齢や，仕事そのものが無いということで断られるようになり，仕事の全く無い時は路上での生活をするようになった．Kさんの一日は，仕事探しから始まっていたようだ．仕事があれば，そのまま仕事へ行き，その後仕事場で用意されている社宅・寮等で寝泊りできるが，その日1日のアルバイトしか見つからない時は，宿泊代としてのお金を使わずに，それを食事代にまわしていたということだった．Kさんは，とにかく毎日諦めずに，知人・友人に連絡を取り，仕事を探していたらしい．しかし，どうしても仕事が見つからない日は，図書館へ行き本を読んだり，路上での生活に役に立つような情報を集めたり，市の催し物がある時はそれを利用していた．そうして夕方になり，スーパーやデパートのお惣菜が値引きされる時間帯をねらい，食料を自分で購入し，その日その日の気候等によって寝場所を捜し求めていた．Kさんは日用品や衣服とともに寝袋を所持していて，それを利用していたとのことだった．昼の生活や行動は夜の生活と非常に関係する．Kさん曰く，「暑いのは何とかなるが，寒いのはどうしようもなく，夜眠れない」とのことだった．そのため，仕事がない日の昼間，暖かさを求めてという意味でも，

図書館やデパート屋上の日当たりの良い所などで過ごすこともあったようだ．また，どうしても寒くて仕方がない時は，大宮の市で運営されている100円浴場が午前10時から午後10時まで開いていて，仮眠施設もついているので利用していたとのことだった．大宮に仕事を見つけるために来てからは，離れて暮らしているが，Kさんには奥さんがいて，何としてでも長期に出来る仕事を探し，収入を得て夫婦で自立した生活を送りたいと思っている．そのことがKさんにとって，大きな支えになっているようだった．そのため，日中は諦めずに仕事を探すことに努力し，見つからない時でも，情報を集め，生活感覚や社会性が失われないように努力していたように見えた．

事例11　男性　60代前半　始めは友人宅その後廃車にて生活　路上生活2年6ヶ月で浦和SSSクラブへ入所

　Jさんは，職を失って以来，1年程Jさんの友人宅で生活し，その後大宮の路上で約1年6ヶ月程生活した後，浦和SSSクラブへ入所した．Jさんは，18歳から50歳まで製造業の常用従業員として働き，その時の住居は東京都内の民間賃貸住宅であった．Jさんは結婚はしていない．その後，建設・土木の常用従業員として働き，埼玉県内の社宅・寮に住んでいた．しかし，何らかの理由（本人答えられないとのことにより不明）によりその仕事を辞め，社宅・寮も出ることとなった．その頃から，埼玉県内の友人宅で寝泊りするようになったようである．その後，その友人宅も出て，埼玉県の大原河川敷に廃車を見つけ，Jさん曰く「近所の住民から追い立てられないから」ということもあり，そこで生活するようになった．始めは一人で生活していたが，Jさんより1ヶ月後に来た人がいて，友人関係のようになったらしいが，その人は体調が悪かった様子で，Jさんが気付いた時にはすでに亡くなってしまっていた，ということである．Jさんは，廃車の中で寝泊りし，昼は収入を得るためにアルバイトを探し，アルバイトが見つかればそこで働いていた．また，仕事がない時は何かを拾い集め，それらを売っていたらしい．Jさん曰く，「毎日働いていた，土日も休みではなかった」ということである．食べ物は知り合い・友人からも

らったり，商店・ファーストフード・コンビニエンスストア等からもらっていた．日用品・衣類はアルバイト等の収入で，自分で購入したり，拾ってきて使用していた．散髪は自分で所持していたバリカンで行い，お風呂は近くに住んでいた友人宅で借りていたらしい．「路上での生活で困ったこと，辛かったこと」について，Jさんは，「辛いことはいっぱいあった．今この場ではいえない．」ということであり，その表情は暗いものだった．

事例12　男性　70代前半　路上生活1年6ヶ月で浦和SSSクラブへ入所

　Rさんは，平成11年7月頃より1年6ヶ月程路上で生活し，その後浦和SSSクラブへ入所した．Rさんは，19歳から54歳まで左官工として働いた．その時の住居は，埼玉県内の民間賃貸住宅であった．Rさんは結婚し，娘と息子もいたが，後に妻と離婚．以来音信不通になっている．その後，建設・土木業で常用従業員として働いたが，勤めていた会社を解雇され，職を失った．その時の住居は東京都内の社宅・寮で，仕事を辞めるとともに，出て行かなくてはならなかったのだろう．その後は，たまたま辿りついたところが埼玉県上尾市で，Rさんは上尾運動公園に寝泊りするようになる．昼間Rさんは，主に公園にいて，陸上競技を見たり，公園の掃除をしたりして過ごしていた．また昼に寝ている場合は，いつも決まった場所にいた．それは，公園の管理者から，「見えないように居るように」といわれていたからであった．仕事は廃品回収のようなことをして，月に2万〜3万円程の収入になったらしい．そのお金で，食べ物は購入し，お風呂は1週間に1度銭湯を利用していた．日用品，衣類は拾ってきたものを使用し，散髪は友人にバリカンでしてもらっていた．ごく稀に，近所の人と仲良くなり，お風呂を使わせてもらえることもあったらしい．しかし，日々廃品を回収し，それで僅かな収入を得て，公園利用者に見えないよう，ひっそりと生活してきたと思われる．Rさんは，「路上生活での困ったこと，辛かったこと」に対し，「無かった」と答えているが，調査員の書きこみに，「現在のような施設に入れることを思って耐えられた」とあった．現在は，音信不通になっている子供達に1度でも会いたいという望みを持っている．

③ 最長職　不安定階層B

事例13　男性　30代後半　結婚経験あり　子あり（現在は実家に預けている）
　　　路上生活10日間で浦和SSSクラブに入所．野宿場所－大宮公園

　Aさんは，平成13年6月に約10日間程路上で生活し，その後平成13年の6月下旬より浦和SSSクラブへ入所した．高校時代より暴力団関係の事務所へ出入りし始め，職や住む場を転々としていたようである．もっとも長い職でも23歳から25歳の時に，常用の従業員として働いていた運転手である．20代前半に結婚し，子供が生れたが，耳が聞こえないという障害があり，当時の妻（当時16歳）が鬱状態となり，1年後に離婚した．その後はAさんが子供を引き取り，2歳から9歳まで一人で育てた．Aさんの実父が障害のある孫を受け入れず，公務員として働く母から経済的援助を受け，子供と二人でウィークリーマンションで暮らし，子供を聾学校幼稚部・小学部へと送迎していた．その間，Aさんは日雇やアルバイトとして職を転々としていたようだが，子供の養育を理由に辞めていた．その後は，どこか住む場所を借りることが出来なくなり，子供を実家に預け，路上生活に入ったと思われる．大宮は，子供の学校の関係でよく利用していたので，よく知っていて，友人・知人と共に大宮駅周辺で寝泊りしていたようだ．Aさんは所持金がいくらかはあったのであろう．食事は知り合い・友人からもらうこともあったが，自分で購入し，日用品や衣類も自分で購入していたようだ．お風呂も銭湯を利用していた．Aさんは，昼は主に大宮公園に行っていたようである．しかし，そこで特に目的があったという訳ではなさそうであった．「路上での生活で困ったこと・辛かったこと」という質問事項の中で，「仕事や生活の情報がなくて，どうしていいか分からない」ことを挙げており，公園のベンチに座り，今後の生活が不安でどうしようもなく，何も手につかなかったのではないかと思われる．

事例14　男性　40代後半　製造業常用従業員から契約社員を経て日雇へ　路上生活4ヶ月で浦和SSSクラブへ入所　親との連絡あり．野宿場所－大宮駅または大宮公園

Cさんは，平成12年12月頃から約4ヶ月程路上で生活し，その後浦和SSSクラブへ入所した．Cさんは，21歳から24歳まで自動車の部品を作る会社で働いたが辞め，その後は人材派遣会社に登録し，部品を作る会社で，1年ごとの契約で働いていた．しかし，平成10年頃に会社を解雇された．その後大宮へ仕事を探すために来て，大宮では月に10日から15日くらい日雇の仕事をし，その時は飯場で生活をしていた．そして，仕事がない時は，大宮駅の軒下や大宮公園で生活するようになった．Cさんの路上での生活は，始めは一人であったが，そのうちに友人が出来た．仕事のない日は，大宮駅や大宮公園にダンボール等を利用して毎回寝場所を作り，そこで寝泊りし，そして昼は，駅の中のケース（ごみ箱と思われる）から雑誌等を拾い集め，駅の外で売っていたとのこと．食事や日用品は，働いて得た所持金や，本を売って得たお金で購入した．衣類は，飯場での支給品や，教会等でもらっていた．Cさんがいうには，人を頼りに出来ないので，食事などはない時は摂らなかったらしい．お風呂は銭湯を利用し，4日から5日に一回入ればよく，散髪は働いたお金を貯めて行くこともあったが，そのままにしていたことも多かったようである．Cさんの生活は日雇の仕事があるかどうかによって大きく左右されていて，路上での生活は，仕事や生活の情報がなく，どうしていいか分からなく，非常に不安であったという．また，病院に行きたくてもお金がなく，具合の悪い時はただじっと耐えるしかなかったようである．

事例15　男性　50代前半　大学卒　元自営業　結婚経験なし　路上生活4ヶ月で浦和SSSクラブへ入所．野宿場所－大宮公園．

　Dさんは，平成13年の2月頃から約4ヶ月間路上で生活し，その後浦和SSSクラブへ入所した．以前は物品販売業を営んでいたが，暴力団とのトラブルからその仕事が出来なくなってしまった．その時の住居は埼玉県内の民間賃貸住宅であった．その後，肉体労働ではない日雇で週に1度働いたが，生活が厳しくなり，借りていた住居を出て，大宮公園に寝泊りするようになった．路上で暮らすようになってからは，就職活動をしても，住民票や保証人の点でう

まくいかなかったらしい．そのため，住居がないということで就職活動も出来なくなり，週に1度の日雇の仕事は続けていたが，その他の仕事のない日の昼は，図書館で過ごしていた．図書館で読書をすることが，Dさんにとって唯一の居場所であり，出来ることだったのだろうと思われる．現在は浦和SSSクラブへ入所しているが，Dさんの今の生活の要望は，「ここに居れば寝ることや食べることが保証されるが，これらがスタートではないし，金銭だけではなく，自立のためのサポートが欲しい」ということである．

事例16　男性　60代前半　実家を出て以来住居定まらずサウナ・深夜喫茶・公園で寝泊り　路上生活約30数年後浦和SSSクラブへ入所

　Iさんは，30数年住む場を作らず，その時の状況や気分によってサウナ等を移動しながら寝泊りし，平成12年9月下旬に浦和SSSクラブへ入所した．Iさんは中学卒業後，実家が営んでいた印刷業で働いていた．その時の住居は東京都内の実家であった．しかし，Iさんが20代後半の頃，家族内の何らかのトラブルにより，仕事を辞め，実家からも出て行かざるを得ない状況になったようである．それ以来，Iさんは仕事を見つけ働いたものの，根気がなくなったり，自分に合った職がなかったり，人間関係の諸問題等の理由により，仕事が長く続かず，定住することなく過ごしてきたようだ．Iさんは，以前結婚はしたが，離婚している．Iさんの主な寝場所は，お金のあるときは東京都内のサウナや深夜喫茶で，お金のない時は東京駅周辺やベンチ，真夏などは公園でも寝泊りしていた．常時仕事があったわけではなかったらしい．以前よく利用していた錦糸町周辺のサウナは，値段が高くなり，利用できる時間帯も短くなってしまったために，ゆっくり休むことが出来なくなり，他を探すことになったという．そうした生活を続けているうちに，年齢的にも仕事を探すことが困難となってきて，1週間に2度程，日雇の仕事をするのがやっとであったようだ．
　Iさんの仕事のない日は，朝，以前から持っていた所持品をショルダーバックにまとめて持ち，寝泊りしていた場所を出て，その後図書館に行き本を読んだ

り，公民館などで暇つぶしをするといったことだった．東京都内のキリスト教関係者等による炊き出しや，区役所等による配給のある日は，そこで食事をし，散髪も必要な時はそこでしてもらっていた．また入浴は，月に2度，東京都中央区入船の銭湯で無料の日があり，その日を利用していた．しかし，仕事も見つからず，お金もなくてどうしようもなかった時は，食べ物などは拾って食べていたということだ．Ｉさんのこのような生活の中で，「最も困ったこと，辛かったこと」は，「おなかがすいて辛い」，「暑く（寒く）て困る」，「将来を考えると自信がなくなる」ということを挙げ，また身体的には，めまいがあり，よく眠れないという状態だったらしい．実家を出て以来，Ｉさんにはどこにも居場所がなく，頼れる人もいなく，非常に心細いまま過ごして来たようである．

事例17　女性　60代前半　結婚経験あるが死別　路上では友人・知人と生活，移動　路上生活3ヶ月で浦和SSSクラブへ入所

　Ｍさんは，路上で約3ヶ月程生活し，その後浦和SSSクラブへ入所した．Ｍさんは以前結婚したが，夫と死別しており，その後から自分が働かなくては生活が成り立たなくなったと思われる．平成3年に関東へ移り，Ｍさんが54歳から61歳まで，パチンコ屋に常用の従業員として働きはじめた．その時の住居は茨城県内の店の寮であった．その後千葉県に移り，建設・土木業の常用従業員として働くが，会社自体に仕事が無くなったために，職を失うことになった．その時の住居は千葉県内の会社の寮であったが，出て行かなくてはならなくなったのだろう．その後から東京の上野駅周辺で，路上生活となったようだ．Ｍさん曰く，「その場所は行きあたりばったりで，特に考えていたわけではなかった」ということである．始めは一人で生活していたが，そのうちに知り合いができ，一緒に生活し，移動していたという．昼は主に公園のベンチに座っているか，駅で本などを読んでいるか，その周辺を歩きまわっていた．食べ物は，Ｍさん曰く，「女だからということで貰うことが多く，苦労はしなかった」ということだった．また日用品は，ティッシュは街で配っているものを貰い，毛布などは持っていなかったが，その他に必要なものは特に無かった．衣類は

以前から持っていたものを使用していた．お風呂は，公園などに座っていると，台湾人の親切な人が見るに見かねて，面倒を見てくれていたらしい．散髪は，上野公園で行われている，教会のボランティア活動の日に，切ってもらっていた．夜になると，ダンボール等を利用して毎回寝場所を作っていた．そのような上野での生活の後，埼玉県浦和市へ知人を頼り訪ねた．しかし，頼ったが突き離されてしまったとのことである．そして仕事も見つからず，浦和駅周辺で生活するようになったが，公園等へ行っても，ボランティアによる炊き出しなどはなく，散髪などもしてもらえなかったとのことである．

第Ⅲ部　今日のホームレス問題に関する論考

第5'章
川崎日雇労働市場の趨勢と野宿生活者

はじめに

　1990年代の中頃から都市部で野宿生活者の姿が目立つようになってきたが，2002年川崎市で行った野宿生活者の調査では野宿生活者の中核は中年単身労働者であった．その90％は仕事関連で川崎に住んでおり，野宿生活をしている現在でも大半が何らかの仕事をしていたが，就労実態は非常に不安定で，長期的なものとはなり得ていない．しかし，そこには生活の糧を得るための就労に対する強い意欲と生きていくためにいつでも仕事に就けるような生活様式を路上生活においてもなお持ち続けている姿を見ることが出来た．

　筆者は働き続けてきた労働者がなぜいとも簡単に路上生活を余儀なくされているのか，なぜその数は増加しているのか，という疑問を持った．すでに先行調査により野宿への要因は失業もしくは十分な仕事が得られないことであることは明らかにされてきている[1]．その多くは大規模な寄せ場との関係，あるいは寄せ場労働者として考察されているが[2]，本章では都市で働く中高年労働者としての側面から野宿生活者を考察するものである．

　川崎での調査結果から野宿生活者の就労面での特徴として次の3点を挙げることができる．

　第一は50歳代半ばの男性単身労働者であること．大半の野宿生活者は中学卒業後，長年建設業や製造業の現業場面で働いてきた労働者であり，その中心は日雇労働者である．これまでに日雇を経験したことがある者は80％であった．

　第二は日雇労働者であるが山谷・寿・釜ヶ崎などの大規模な寄せ場経験者は

3分の1程度ということである．仕事を求めて川崎へ来て，実際の仕事は「はらっぱ」といわれる青空労働市場，あるいは新聞，知人の紹介などで得てきた．寄せ場経験のない労働者の多くが今回初めて野宿を経験している．

第三は日雇労働者であるがその住まいは簡易宿泊所ではなく，アパート・借家，社宅が多いことである．そのために仕事を失うと同時に住まいも失っている．日雇という雇用形態ではあるが継続して同じ雇い主に雇用されていた，あるいはアパート・借家を構えることが可能なほど恒常的に仕事が得られていたことが示される．

これらの事実から野宿生活者を都市で働く中高年労働者として位置づけて就労問題を考察することとした．本章ではひとつの都市の例として川崎市を捉え，川崎日雇労働市場の趨勢を通して就労問題を考察する．川崎市は神奈川県北東部に位置する横浜と東京にはさまれた人口129万人（2003年）の政令指定都市である．東西29キロ，南北17キロ，面積132平方キロの細長い形をしており，臨海部は工業地帯として飛躍的に発展し，内陸部は東京のベッドタウンとして開発されてきた．JR川崎駅と京浜急行川崎駅が中央に位置し，駅前の広場から海岸へ2本の広い道路がはしり，その外側に京浜急行大師線と南北線が通っている．この4本を縦に国道と産業道路が横断している．駅や道路は企業の正門，工場へとつながっている．かつては鉄鋼業を中心とする重化学工業で栄えた「労働者の街」川崎であったが，基幹産業の衰退と長期経済不況により経済面での低迷が続いている．

第1節　川崎日雇労働市場の趨勢

1．カンカンムシと建設日雇

川崎日雇労働市場は通称「はらっぱ」と呼ばれている富士見公園と稲毛神社がある．現在でも「手配師」による仕事の斡旋が行われているが，聞き取りに

よれば，この10年間で仕事がなくなったという声が多く聞かれた．筆者らが「はらっぱ」を訪れた際も，未明から労働者は集まってきたが，数えるほどのバンが来たに過ぎなかった．しかし，その実態を統計資料などで確認することは，すでに関係資料が廃棄処分されているので困難なため簡易宿泊所・勤労ホーム臨港苑関係者からの聞き取りと『川崎労働白書』[3]，『川崎労働史』[4] などから日雇労働市場の趨勢を描くこととする．

　工都川崎は独占資本とともに発展してきたといわれている．農漁業の町であったが多摩川下流，臨海地帯が工業に適していることに着目され20世紀に入ると工都としての道を歩んでいった．戦前から京浜工業地帯の心臓部であり，戦争中は多くの軍需工場が存在していた．戦後は川崎市としてだけではなく，神奈川県としてもいち早く工都港湾都市川崎の建設に取り組んできた．工業発展のために川崎港の整備と工業用水の確保，火力発電，東海道線から臨海部にかけての商工業・公共施設と地域整備が進められた．

　1960年には日本鋼管，いすゞ自動車，三菱重工業，東芝，日本電気，日本石油，昭和石油，昭和電工などの大企業が集中し，工業生産額は全国3位，川崎港貨物取り扱いは横浜港を抜いて2位となっている．1970年代に入ると石油コンビナートが川崎を支えた．製造業を中心とする川崎の工場は「親会社－下請－孫請け」のピラミッドを形成しており，ひとつの親会社は20社から100社，200社の下請を有している．

　このような発展を支えるために膨大な労働力を必要としたが，いわゆる本工だけではなく社外工，臨時工，季節労働者，出稼ぎ労働者，失対労働者，日雇労働者が存在していた．国勢調査から就業人口の増加と職業別動向を見ると，1955年からの10年間で就業人口は2.4倍，約43万人に達し，うち生産工程・労務作業者は21万人，就業者の49.8％を占めていた．同時期全国の就業総数4,760万人のうち生産工程・労務作業者は約31％，1,474万人であった．いかに川崎が膨大な現業労働者を必要としたのかが分かる．その後は1990年に入っても約18万人（就業者の28.3％）が生産工程・労務作業に従事している．

表5-1 職業大分類15歳以上就業者数 川崎市

年次		1955年	1965年	1975年	1985年	1990年	1995年	2000年	2000年全国
15歳以上就業者総数	実数	178,751	426,292	482,395	548,716	625,376	650,979	649,403	62,977,960
	構成比	100.0	100.0	100.0	100.0	100.0	100.0	100.0	100.0
専門的・技術的職業従事者	実数	10,943	19,922	41,110	74,620	101,791	110,452	121,067	8,489,745
	構成比	6.1	4.7	8.5	13.6	16.3	17.0	18.7	13.5
管理的職業従事者	実数	4,016	10,885	23,210	22,537	26,635	27,623	18,263	1,798,152
	構成比	2.3	2.5	4.8	4.1	4.3	4.3	2.8	2.85
事務従事者	実数	24,495	72,570	102,910	116,043	142,213	146,703	148,688	12,063,827
	構成比	13.7	17.0	21.3	21.2	22.7	22.5	22.9	19.15
販売従事者	実数	21,276	45,019	64,535	81,945	96,267	104,697	108,517	9,491,850
	構成比	11.9	10.6	13.4	14.9	15.4	16.1	16.7	15.1
サービス職業従事者	実数	14,567	29,762	38,655	41,684	46,000	52,798	57,380	5,561,829
	構成比	8.2	7.0	8.0	7.6	7.4	8.1	8.8	8.8
保安職業従事者	実数	—	4,322	4,910	4,624	5,164	5,824	6,186	995,712
	構成比	—	1.0	1.0	0.8	0.8	0.9	1.0	1.6
農林漁業作業者	実数	12,719	8,469	4,560	4,238	3,749	3,792	3,265	3,149,337
	構成比	7.1	2.0	1.0	0.8	0.6	0.6	0.5	5.0
運輸・通信従事者	実数	6,493	23,073	23,570	22,007	22,351	22,914	21,680	2,257,821
	構成比	3.6	5.4	4.9	4.0	3.6	3.5	3.3	3.6
生産工程・労務作業者	実数	84,239	212,089	177,825	178,516	177,233	168,762	153,457	18,433,062
	構成比	47.1	49.8	36.9	32.5	28.3	25.9	23.6	29.2
分類不能の職業	実数	3	181	1,110	2,502	3,973	7,414	10,900	736,625
	構成比	0.0	0.0	0.2	0.5	0.6	1.1	1.7	1.2

国勢調査各年版より作成5)

川崎日雇労働者は大別して港湾労働，製造業の下請，建設業で働いてきたといえる．当初は港湾労働が中心であったが，1966年「建設港湾労働」の雇用の安定をはかる港湾労働法が制定され，港湾労働の近代化がすすめられた．港湾労働は日雇労働者への依存度が高いために，労働者の雇用は不安定であり，少ない就労日数，不明確な賃金，労働災害の多発，前近代的な人間関係などの問題が山積していた．また，港湾労働者が失対事業で働いていたり，失対労働者が港湾労働に従事することもあった．同法施行により，日雇港湾労働者を登録制にし，登録後は失対対象者とせず，港湾運送業者が日雇を雇い入れる場合には公共職業安定所を通すこととなった．

　その後日雇労働の中心は，産業構造の転換，経済状況により港湾労働からしだいに建設業へと移ってきた．「はらっぱ」の裏手には「川崎職業安定所分庁舎」があり日雇専門の職安として機能していた．その前身は「横浜港労働公共職業安定所川崎出張所」として港湾日雇労働を取り扱っていた．

　また，緊急失業対策事業法による失業対策事業は1949年から開始し半世紀にわたり実施されてきた．仕事の内容は後片付け，清掃からしだいに土地整備事業，道路整備事業など建設業へと変化している．1952年に川崎市労政課は「日雇労務者実態調査」を実施している．市内の県営・市営の失対事業に約2,900人が従事しており，35歳以上のものが75％を占め，単身者は男性の29.3％，女性の14.5％に過ぎず，大半が家族を持っていることが報告されている．この人数は当時の神奈川県下失業対策事業紹介対象者の32％にあたる．

　1970年代中頃は，約1,500人の日雇労働者が職業安定所を通して仕事をしており，うち約80％が失対対象者であった．

　川崎市において日雇労働者は，市営川崎埠頭の整備をはじめとする港の片付け，港湾荷役，沖仲，船の錆び落としをする「カンカンムシ」などの港湾労働，石油コンビナートを支える社外工としての日雇，先述した道路・建物整備での建設労働，製造業関連の下請仕事など周辺労働力として常に求められてきた存在であった．聞き取りによれば「何をするにも必要とされた人々」であった．

2. 勤労者宿泊施設「臨港苑」開設と日進町

　前述したように戦後川崎は工業港湾都市建設の目標のもとで多くの労働者を必要としたが,「住むに家なしの川崎」といわれたように住宅は不足していた.これに対して市営住宅,企業による給与住宅の建設,さらに低所得階層に対しては簡易宿泊所,勤労者宿泊施設の建設が行われた.

　神奈川県は「工業地帯の復興に働く労働者の住宅対策」として3ヶ所の宿泊施設の建設を計画した.県直営施設として,1949年横浜市神奈川区「東神奈川ホーム」,1950年同南区「清水ヶ丘ホーム」,1951年川崎区に「臨港苑」（定員440名）を開設した.県単独事業としては先駆的なものであった.その後,社会福祉事業法制定などにより第二種社会福祉事業の宿所提供施設として,1954年から神奈川県福祉協会が運営にあたっている.低額で労働者に住まいを提供することを目的とし,開設当初の利用者は港湾日雇労働者が中心であり,京浜工業地帯が形成されていく中でピーク時には3施設で1,350名が利用していた.しだいに,ここに宿泊しながら下請関連企業で社外工などとして就労するものが増えていった.1950年代後半の状況を示す資料によれば,8畳ばかりの縦長の部屋の両側に3段づつ2つ,計12のベッドが蚕棚のように並んでいた.簡易宿泊所より安い1夜30円の寝場所を求める労働者が集まっていた[6].

　また1953〜4年頃より民間事業者が市から許可を得て宿泊業を開始している.このようにしてはじめられた簡易宿泊所がもっとも多く1地域に集中しているのが日進町である.「はらっぱ」,港湾からはかなりの距離がある.当初は所帯持ち,子どもも含む人々へ宿泊を提供していたが,しだいに労務者中心となっていった.市からの指導を受けながら,安全面,衛生面の改善を重ね,1960年代初めにはもっとも多い63軒が営業をしていた.川崎福祉事務所の報告によれば[7],利用者の80％は生産年齢にある単身男性労働者で,一日を京浜工業地帯で働く港湾労働者,建設作業員,とび,季節労働者,失対労働者などであり,宿泊代金を前払いして宿泊していたという.2004年55軒が旅館,ビジネスホテルとして営業を続けている.

この地域の簡易宿泊所では管理人が互助会を作り，川崎市労政課，福祉事務所と協力し環境浄化と一般市民との融合に努力してきた経緯がある．労政課[8]は戦後直後1946年に市長直属の単独課として新設され，失対事業，事業所・労働組合調査と労働福祉事業を行っており，「自由労働者・出稼ぎ労働者対策」として「宿所連絡員制度」[9]（1962年）をもうけ，簡易宿泊所に止宿する勤労者の福祉の向上と住みよい街づくりを行ってきた．これを受けて管理人互助会は，宿泊者に対して地元企業による映画会などの娯楽の提供，3ヶ月継続して宿泊している者には国民健康保険加入を勧める，当地区管理人から民生委員を出すなどの具体的な取り組みを行ってきた．その結果は山谷暴動の余波を防ぎ得たこと，現在の日進町宿泊所街の街並みにも表れている．

　この他，市による労働者の住宅対策として，簡易宿泊所への緊急宿泊の委託，「臨港苑」への「無宿労務者」保護を行っていた．現在も宿泊所のベッド借り上げ，越年対策事業として全国で初めての既存施設である市立体育館開放を行っている．

　川崎市は住宅の提供だけではなく，独自の労働行政の中に低所得労働者も位置づけ，労働者の定着と福祉の向上に努めてきたことが分かる．

3．臨港苑の廃止――宿泊施設から複合施設へ

　低額で労働者へ宿泊を提供していた臨港苑は当初の目的は達したとして1990年廃止され，地域のニーズにあった障害者・高齢者のための救護施設「ノーマ・ヴィラージュ聖風苑」（定員80名）として1992年に生まれ変わっている[10]．さらに，2003年時点で川崎市委託事業としての在宅障害者デイサービス事業，介護保険施行に伴う在宅老人デイサービス事業，指定居宅介護支援事業を併設している．

　開設以来，勤労者ホームとして港湾労働者，日雇労働者等が宿泊していたが，1971年ドルショック，1973年オイルショックで東芝，日本鋼管等が企業整理を行い，下請関連企業労働者の解雇を行ったために，臨港苑を宿泊所として利

用してきた者は市外へ他出する，または郷里に帰るなどして利用者は減少した．

同時期に勤労市民課（前労政課）が実施した「昭和48年　出稼ぎ労働者および無宿労働者に関する調査」から1972年，1973年の臨港苑は「無宿者一斉収容業務[11]」により保護された労働者の保護施設としての役割へと転換していることがわかる．1972年以降の利用者総数90名のうち「一斉収容業務」で収容されたもの54名，「願出入所入所者」36名である．「願出入所」とは「1．市内福祉事務所を通して来苑する者，2．警察や交番に保護された者，3．単身で直接来苑する者」の3分類であり，福祉事務所経由の者が大半を占めており，在苑しながら下請の日雇で就労している者が多く，次いで加療のために入院している．

その後景気の回復と共に川崎市の就業人口は増加するが，臨港苑利用者は減少したため，事業の見直しが行われた．この間利用実態を示す資料はないが，1989年3月時点で，定員448名に対して単身男性120名が宿泊しており，うち生活保護受給者79名，一般入所者41名（うち日雇労働者36名，その他5名），一般宿泊料金は1日当り350円であった．福祉事務所からの入所依頼が多く「駆け込み寺」的な役割を果たしていたこと，利用者は年々高齢化する傾向にあったことが記録されている[12]．廃止に伴う利用者の転居は自力によったが，福祉事務所との調整，不動産屋との折衝，救護施設・老人ホーム・東神奈川ホームなど他施設への入所依頼，病院入院手続きなどを職員が行い，転居後も生活に関する相談が相次いでいた．開設当初は日雇労働者が中心であったが，しだいに何らかの相談援助を要する高齢者，障害・疾病を抱えた者が長期宿泊，定住化するようになっていたことが読み取れる．

ともあれ川崎市の成長と経済変動の中で約40年間にわたり「臨港苑」が日雇労働者など労働者の宿泊施設として一定の役割を担ってきたことが示されている．一方，バブル経済時に臨港苑利用者が増加せず，減少していったことは，多くの日雇労働者がアパート・借家，社宅・寮での生活が可能になったと考えられる．

4. 就業機会の縮小と喪失

　川崎では「何をするにも必要とされた日雇労働者」であったが，1990年代に入りその就業機会がしだいに縮小あるいは失われている．その要因として次の事柄が考えられる．

　第一は港湾労働の近代化と常用化である．1988年港湾労働法が改正されたことにより，それまでの日雇港湾労働者の登録制度が廃止され，企業外に確保する港湾労働者を常用化し，港湾運送事業主の求めに応じて港湾労働者を派遣する「港湾労働者雇用安定センター」が設置された．港湾労働法施行当初は日雇労働者による荷役作業を前提としていたが，コンテナ化・荷役作業の機械化を中心とする輸送方法の進展が港湾労働を大きく変えたことが改正の背景にある．

　横浜港では港湾労働安定協会が指定され，川崎区千鳥町に川崎支所が設置された．横浜港労働公共職業安定所川崎出張所と県職業安定課資料によると，この改正により「常用港湾労働者」は月平均1,319人と前年より4.5％の増加となった．一方，日雇労働登録票所持者は月平均311人と前年比26％も減少し

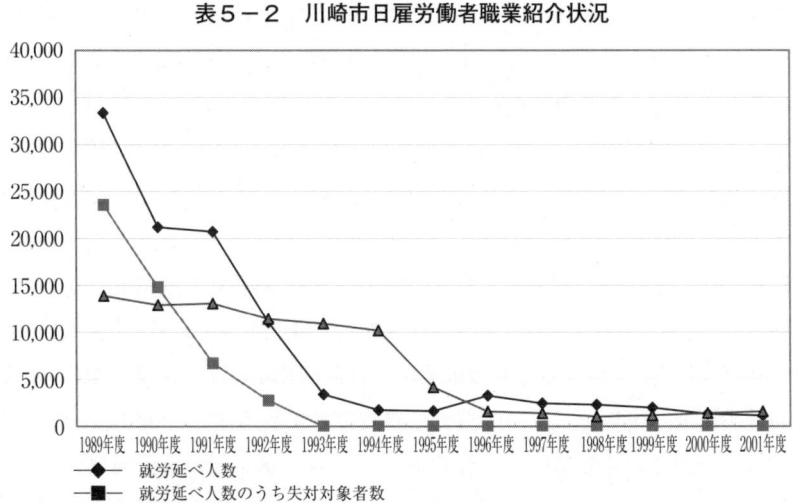

表5-2　川崎市日雇労働者職業紹介状況

── 就労延べ人数
── 就労延べ人数のうち失対対象者数
── 日雇雇用保険受給者

ている．日雇新規求人延べ数は年度計で約7,400人，前年比36.5％，就労延べ数は7,444人，前年比30.9％と大幅に減少した．その後も常用港湾労働者は増加するが，日雇新規求人延べ数，就労延べ数は大幅に減少していく[13]．

港湾労働，港湾施設の近代化，コンテナ化による荷役革新が進展していく中で，1989年川崎港は過去最高の65,731千トンの入港となるが，取扱高に比べて労働力需要の減少が著しいことが「川崎労働白書」で指摘されている．

第二は日雇求人の縮小である．関係者からの聞き取りによれば1995年，96年ごろから縮小傾向が顕著になる．その背景には建設作業などの機械化と外国人労働者の流入があるという．

「92年度労働白書」は日雇労働者は一貫して減少傾向にあり，主として港湾荷役，建設作業に従事していると述べている．公共職業安定所による日雇労働者職業紹介状況を見ると，1991年度就労延べ人数は20,711人であったが，2001年は1,156人である．1949年制定された緊急失業対策法に基づき創設された失業対策事業は1992年9月末をもち神奈川県下すべての自治体が失対事業を終了した．川崎市の失業対策事業紹介者数はピーク時には4,000人を数えた．職安データから日雇紹介を見ると，事業終了後の1993年度からは就労実人員が激減し，2001年度は僅か171人である．さらに日雇雇用保険受給者もけた違いに減少していることから，たとえ仕事があっても所定の就労日数を確保できなくなったことがわかる．

第三は基幹産業であった製造業の移転，閉鎖である．川崎の労働市場を左右するのは製造業といわれてきた．市内事業所数は増加を続けてきたが，「平成8年事業所企業統計調査」で初めて僅かながらの減少をみせ，中でも製造業は807事業所，対前回比13％減となり，従業者数約37,000人の減少となった．5年後の「平成13年度事業所企業統計調査」では5年間で3,919事業所，全体の8.5％が減少し，製造業は882事業所，対前回比16.3％，従業者数約44,000人の減少となっている．同年調査では建設業事業所は605（対比13.3％），従業者数約12,000人（対比26.3％）の減である．三井倉庫などの港湾関連企業の移転倒産，日本鋼管，日本板硝子の移転，東芝，NEC，富士通の縮小によるも

第5章 川崎日雇労働市場の趨勢と野宿生活者　229

表5－3　川崎市求人・求職状況

単位：人

		'87年度	'88年度	'89年度	'90年度	'91年度	'92年度	'93年度	'94年度	'95年度	'96年度	'97年度	'98年度	'99年度	'00年度	'01年度
新規求人	A	32,832	38,855	41,984	41,905	36,679	30,652	24,730	23,323	23,566	28,343	29,001	23,149	22,947	43,781	45,206
新規求職申込件数	B	23,819	21,274	18,774	18,005	19,876	24,638	29,683	31,284	32,516	31,093	31,897	37,571	37,151	45,238	48,856
新規求人倍率	A/B	1.38	1.83	2.24	2.33	1.85	1.24	0.83	0.75	0.72	0.91	0.91	0.62	0.62	0.97	0.93
有効求人倍率		0.81	1.14	1.23	1.40	1.18	0.80	0.50	0.36	0.42	0.51	0.52	0.34	0.31	0.49	0.51

*1987年度から1999年度は新規学卒・パートタイム労働者を除き、2000年度、2001年度は新規学卒を除いたパートタイム労働者を含む。
表5－2・3・5は『川崎労働白書』各年版より作成。

表5－4　川崎市の実世帯数、実人員および人員保護率の推移

		'87年度	'88年度	'89年度	'90年度	'91年度	'92年度	'93年度	'94年度	'95年度	'96年度	'97年度	'98年度	'99年度	'00年度	'01年度
総数	実世帯数	7,172	6,899	6,671	6,365	6,223	6,279	6,620	7,267	7,863	8,422	9,007	9,773	10,821	11,707	12,959
	実人員	11,833	11,007	10,326	9,520	9,040	8,921	9,303	10,136	10,777	11,361	12,196	13,382	14,824	16,204	17,805
	人員保護率(‰)	10.51	9.63	8.92	8.11	7.62	7.46	7.75	8.43	8.96	9.41	10.02	10.87	11.97	12.98	14.06

表5－4は、『川崎市統計書』各年版より作成。

のと考えられる.「親会社-下請け-孫請け」構造は,親会社の移転・倒産により関連する下請企業などに多大な影響を与えるといわれている.企業の移転は1970年代中頃から始まり1980年代には産業構造の変化として川崎市でも受け止められるようになっている.当時の産業構造の変化と中小零細企業への影響を論じた吉田は,親会社の合理化再編は系列から排除された多くの中小企業を生み出すとともに,系列として存在し得ている企業に対しても大きな影響を与え,地域に深く根を下ろしている存在だけに中小零細の末端,建設業や第三次産業部門を含めてきわめて大きいものであると述べている[14].

1980年代はそれでも大企業が存在したが,近年は倒産・移転し企業そのものが存在しなくなっており,末端までの影響は計り知れないものである.これを裏づけるように1992年度から有効求人倍率は1を下回り,1999年度0.31にまで低下している.失業者の実数に近いとされる雇用保険受給者は1993年度から大きく増加し,2001年度約11万5,000人,生活保護受給世帯数はこの10年間で2倍,12,757世帯,17,805人となっている.

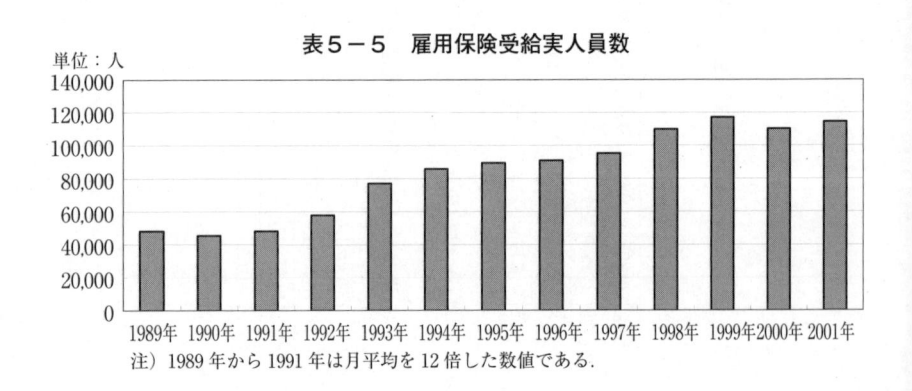

表5-5 雇用保険受給実人員数

単位:人

注) 1989年から1991年は月平均を12倍した数値である.

港湾労働の近代化と常用化,日雇求人の縮小,基幹産業の移転・倒産は相互に関連しあいながら日雇労働市場を変容させ,狭めてきたといえよう.日雇労働市場を直接表わす指標はないが,国勢調査から生産工程・労務作業者数の動向を見ると,全国では1990年を100として,1995年99.9,2000年95.4とゆ

るやかな減少傾向にあるが，川崎市は1995年95.5，2000年86.4と全国を上回る減少を示しており，特に1990年代後半に大きく減少していることが分かる．この時期は「はらっぱ」などでの聞き取りで「仕事が少なくなった」，「得にくくなった」とする時期と符合している．

表5－6　生産工程・労務作業者の推移

		1990年	1995年	2000年
全国	実数（単位千人）	19,330	19,309	18,433
	指数	100.0	99.9	95.4
川崎市	実数（単位千人）	177	169	153
	指数	100.0	95.5	86.4

国勢調査より作成．

5．全国的な就業機会の縮小

　川崎市に示される産業構造の変化，経済状況は川崎固有の問題ではない．表5－7から全国の就業状況を見ると就業人口は1997年までは増加し6,557万人となるが1998年から減少し，2002年には6,330万人5年間で227万人が減少している．完全失業率も高水準にあり，1990年2.1％であったが，川崎調査を行った2002年は5.4％である．男性の年齢別完全失業率は15歳〜24歳がもっとも高いが，次いで55歳〜64歳までが7％を超えている．完全失業者を求職理由別に見ると「非自発的な離職によるもの」151万人ともっとも多く，うち「勤め先や事業所の都合」115万人，「定年又は雇用契約の満了」36万人である．

　「非自発的離職によるもの」の対前年比は1998年以降急増し，1998年57.4ポイント，1999年20ポイント，2002年42.5ポイントと増加しており，男女共に年齢が上がるほどこの数値は増加し，男性45〜54歳50ポイント，55〜64歳は58.3ポイントである．勤め先や事業所の都合で離職した男性のうち28％は45〜54歳，22％が55〜64歳である[15]．離職後仕事へ就いたとしても，その条件は相対的に悪く，50〜54歳で転入職したものの約41％が5人から

表5−7　従業上の地位別就業者数の推移

(単位：万人)

		1990年	1991年	1992年	1993年	1994年	1995年	1996年	1997年	1998年	1999年	2000年	2001年	2002年
	完全失業率（％）	2.1	2.1	2.2	2.5	2.9	3.2	3.4	3.4	4.1	4.7	4.7	5.0	5.4
全産業	総数	6249	6369	6436	6450	6453	6457	6486	6557	6514	6462	6446	6412	6330
	自営業主総数	878	859	843	814	796	784	765	772	761	754	731	693	670
	家族従業者	517	489	456	418	407	397	382	376	367	356	340	325	305
	雇用者総数	4835	5002	5119	5202	5236	5263	5322	5391	5368	5331	5356	5369	5331
	一般常雇	3933	4067	4162	4230	4271	4273	4313	4344	4308	4255	4266	4265	4205
	臨時雇	393	398	409	422	424	433	448	475	493	516	552	570	607
	日雇	126	127	121	123	122	120	120	125	126	125	119	122	120
建設業	総数	588	604	619	640	655	663	670	685	662	657	653	632	618
	自営業主総数	91	92	91	88	89	90	91	92	87	87	89	87	88
	家族従業者	35	33	31	29	29	29	28	30	27	25	26	24	24
	雇用者総数	462	479	497	523	536	544	551	563	548	544	539	520	504
	一般常雇	334	347	363	386	400	408	413	423	407	404	403	388	375
	臨時雇	22	22	23	24	23	24	24	24	24	22	25	25	27
	日雇	39	37	32	32	33	31	30	30	30	30	25	25	24
製造業	総数	1505	1550	1569	1530	1496	1456	1445	1442	1382	1345	1321	1284	1222
	自営業主総数	142	138	135	118	113	105	98	97	91	89	84	70	64
	家族従業者	57	55	52	45	44	43	40	38	33	33	31	30	26
	雇用者総数	1306	1357	1382	1367	1340	1308	1307	1307	1258	1223	1205	1185	1131
	一般常雇	1100	1147	1177	1165	1151	1118	1112	1111	1071	1041	1023	1003	953
	臨時雇	91	90	80	80	74	70	76	79	73	74	79	78	78
	日雇	24	24	23	22	20	19	20	20	18	17	17	16	15

総務省統計局　労働力調査年報より作成．

29人規模の事業所へ就職し，約37％は賃金が低下し，14.1％は3割以上も下がっている[16]．このように全国的に就業機会が縮小しており，中でも中年男性はきわめて厳しい現状にあることが統計数値に示されている．

表5－7から産業別の就業動向を見ると，製造業ではすでに1993年から減少し始め，1994年には1,400万人台となり，2002年には1,222万人と10年間で347万人が製造業を離れたことになる．特に，1997年から1998年の1年間に60万人が減少しており，この数値は全産業からの総離職者数を上回っている．日雇，臨時だけではなく常用で働いてきた人々も1992年の78％となっている．

建設業は1997年まで就業者は増加するが，1998年から減少に転じ，ピーク時に比べて67万人が減少している．雇用者のうち一般常用雇用者，日雇が減少しているが，これに対して臨時雇用者が3万人増加している．年齢別建設業就業者を見ると50歳以上は1990年33％であったが，1997年35.7％，2002年39.9％と中高年の割合が高くなっている[17]．これは他産業からの離職者が建設業へ入職することと年齢が高くなるほどその割合が高くなること，建設業からの離職者の大半は再び建設業に入職し，特に50歳代は80％以上が建設業に入ってくることによると考えられる[18]．

産業別失業率では1999年以降製造業と建設業の失業率が高く，特に建設業は離職失業者のうち非自発的失業者が66.7％も占めている．中高年男性労働者

表5－8　年齢10歳階級別完全失業率　男性　（単位％）

	総数	15－24歳	25－34歳	35－44歳	45－54歳	55－64歳	65歳以上
1988年	2.5	5.1	2.1	1.5	1.6	4.4	1.5
1990	2.0	4.5	1.8	1.2	1.1	3.4	1.4
1995	3.1	6.1	3.0	1.9	1.8	4.6	2.2
2000	4.9	10.4	5.0	2.9	3.5	6.8	3.2
2001	5.2	10.4	5.5	3.4	3.7	7.0	3.2
2002	5.5	11.1	5.9	3.7	4.3	7.1	2.9

労働力調査より作成．

にとって就業の機会となっていた建設業がその役割を果たすことが出来なくなっていることが示されている．さらに，職業別では運輸・通信従事者，労務

表5-9　産業別の失業率，離職率，失業期間，非自発的失業者

	建設業	製造業	運輸・通信業	卸売り小売飲食業	サービス業
失業率					
1991年	1.3	1.1	1.5	1.5	1.1
1996年	1.9	1.3	2.6	2.3	2.1
2001年	2.9	2.9	2.6	3.2	2.1
離職率（2001年）	2.3	1.6	1.9	2.7	2.2
失業期間（2001年）	4.0	4.7	3.8	3.4	3.4
非自発的失業者（離職失業者に占める割合）	66.7	57.6	52.6	35.0	36.9

（単位：失業率、離職率および非自発は％、失業期間は月）
出所）平成14年度図説労働経済白書からの引用．

作業者の失業率が高い．

　川崎市に限らず就業機会が絶対的に縮小しており，特に50歳代中頃の男性，建設業従事者，労務作業者の困難さが明らかになった．年齢，産業，職業はまさに野宿生活者と重なるものである．

むすび——就業機会の縮小と生活

　以上の考察を通して野宿生活者は働きたくない人々ではなく，産業構造の転換，基幹産業の空洞化，就業機会の絶対的な縮小により働きたいが仕事を得ることが出来ない状況に置かれていることが明らかになった．それは日々の糧を得るために収入が得られないだけではなく，住まいも同時に失った人々であった．換言すれば今日の経済状況において真っ先に早期退職・労働からの引退を強制されたといえる．しかし，自ら生きていかなければならないためにアルミ缶回収，たまに得られる日雇仕事で生存を繋げている．

　高度経済成長の後期（1967年）に山谷研究を行った江口は，山谷日雇労働者

を高度経済成長が展開した労働力流動化政策のもとで「全国的に流動化せしめられた階層の最先端として積極的に作り出されたもの」として位置づけていた[19]．日雇労働者の内部構造と一般労働者の労働と生活に対する作用・機能，失業問題における意義を明らかにした．日雇労働者にとって「失業＝『アブレ』すなわち『所得の喪失』の常習化した生活は，体力と気力の年齢相応以上の低下，社会生活からの孤立と脱落，そして定住すべき住居を失った"家なし" Homeless を生む」としている．失業は単なる「職場からの遊離」のみではなく「職場から反発されていること」を意味し，「反発されていることは」そこで止まっているのではなく，重層的な産業予備軍の中側を通って，最下の沈殿である窮迫民に至ることであり，この意味で山谷は失業のもっとも深い終結点であると述べている．さらに重層的な予備軍を通して労働者の社会的地位と生活をおしさげる強靭な役割を果たし，その意味では失業の現代的起点であるとしている．

今日の野宿生活者の就労問題から見えたものは，江口の指摘したもっとも深い終結点の深さが表現できないほどより深まっていること，そしてその深い闇への入り口はより広がり，入り口付近のもろく崩れやすい姿であった．さらに野宿生活者の増加は私たちの生活との連続性をより鮮明に示している．

長年釜ヶ崎日雇労働者について研究してきた庄谷は，1990年に横浜寿においてドヤで生活保護を受けている老齢労働者調査を行っている[20]．生活史の聞き取りから社会的変動に影響され最長職から切り離され，次の仕事に移った段階と相前後して家族や家を失っていることから，この段階で雇用政策と社会保障の支援が必要であったとしている．生存権理念に基づけば，国は低家賃の良質の住宅を建設し，低所得でも労働所得で支払える住宅を提供する住宅政策を立てる責任があると述べている．それが実現していない段階では，少なくともすべての人に何らかの住まいを持たせ，自治体がホームレス問題の解決の戦略をたてることが本筋であるとしている．

江口や庄谷の研究成果にもかかわらず，日雇労働者，住所なき者への政策は空白のままおかれていた．そして「ホームレス対策[21]」は自立の意欲と就労自

立が強調されているが，就業機会が絶対的に縮小している今，野宿生活者問題を解決するために求められていることは就労自立なのであろうか．意欲の有無による選別と就労の強要ではない国家責任による住宅と最低生活費保障であると考える．単に野宿生活者にとってだけではなく，国民全体にとってもきわめて大きな意味を持つものである．

注

1) 大阪府立大学社会福祉学部都市福祉研究会『大阪府野宿生活者実態調査報告』2002.3，厚生労働省『ホームレスの実態に関する全国調査報告』2002 実施など
2) 福原宏幸・中山徹「日雇労働者の高齢化・野宿化問題」社会政策学会『日雇労働者・ホームレスと現代社会』1999
3) 川崎市労政課（現勤労市民課）発行．前年度の市内の労働情勢を分析している．1979年より労働白書となる．
4) 川崎市労働史編纂委員会編集『川崎労働史』戦前編，戦後編，資料編からなる．1987年
5) 1955年，1965年，1975年 採掘作業者および1985年採鉱・採石従事者は生産工程・労務作業者へ入れた．
6) 紺野岳夫「京浜労働者の生活―特に川崎市を中心にして」『経済評論』7 (13) 1958年
7) 川崎福祉事務所「簡易宿泊所における生活保護ケースの特殊性とその要因について」，「生活と福祉」1966年
8) 労政課は労働情報の提供，労働学校，労働相談，労働会館の運営など他市に例を見ない独自の労働行政を担ってきた．「川崎労働白書」などの刊行，いくつかの労働実態調査を実施している．
9) 宿所連絡員制度の連絡員は神奈川県福祉協会宿所組合に依頼し，止宿している勤労者の労働相談などを実施．
10) 救護施設に併せて，地元への還元事業が要請され，高齢者，障害者のディサービスを併設する複合施設化をはかっている．社会福祉法人神奈川県福祉協会『ノーマ・ヴィラージュ聖風苑創立5周年記念誌』1998年
11) 川崎市が1964年から実施．保護された者は5日間に限り食費・宿泊料無料で臨港苑で生活を行い，早期の社会復帰を目的としていた．
12) 前掲10
13) 川崎市「平成4年版川崎労働白書」
14) 吉田三千雄「産業構造転換の川崎中小・零細企業への影響―鉄鋼産業 N 製鉄，電気産業 N 電気・F 通信の系列・下請企業の事例を中心として―」島崎

稔・安原茂編『重化学工業都市の構造分析』1987 年
15) 総務省『労働力調査』の「完全失業者」とは次の 3 点の条件を満たす者．（1．仕事がなくて調査期間中に少しも仕事をしなかった．2．仕事があればすぐつくことができる．3．調査期間中に，仕事を探す活動や事業をはじめる準備をしていた．）「一般常雇」は 1 年を超えるまたは雇用期間を定めないで雇われている者，「臨時雇い」は 1 ヶ月以上 1 年以内の雇用契約で雇われている者，「日雇」は日々または 1 ヶ月未満の雇用契約で雇われている者としている．
16) 厚生労働省『平成 14 年雇用動向調査報告』 5 人以上の常用労働者を雇用する民営，公営および国営事業所を対象としている．
17) 総務省『労働力調査』各年版
18) 厚生労働省『雇用動向調査報告』各年版
19) 江口英一・西岡幸泰・加藤祐治編著『山谷　失業の現代的意味』1979 年
20) 庄谷怜子著「寿町における日雇労働者の高齢化と老後保障」『現代の貧困の諸相と公的扶助　要保護層と被保護層』1996 年
21) 厚生労働省「ホームレスの自立支援等に関する基本方針」

第6章
川崎市における野宿生活者の就労状況

はじめに

　川崎の野宿生活者の増大に伴い，パン券受給者も増えているという実態がある．これらの状況がなぜ引き起こされているのかを探ってみたい．東京都におけるこれまでの野宿生活者の増大の一因として，失業対策の未熟さが挙げられてきたことなどから鑑みて，川崎市における失業または移住者の動向から野宿生活者増加との関係を考えてみたい．

　その理由のひとつには，川崎市の産業の衰退，減少から失業者が生み出されたのではないか．二つには，バブル崩壊前後からの日本全体の経済的な状況からも失業者が生み出される中，川崎という工業地域に仕事を求めて来た人々が結果として安定した仕事を得ることが出来ずに野宿生活をせざるを得ない状況に追い込まれているのではないかと考えられる．それらの人々の増加が，生活の支えとしてのパン券を受給する者の増大として表れていると考えられる．

　つまり，パン券は非常に役に立っており，彼らにとって生活維持のためのひとつと成り得ているのであるが，彼らの労働力を生かせるような，さらなる失業対策と働くための安定的な居住の場が必要であると考える．

　我々は，緊急援護食料品支給事業の制度から二つの調査を行った．ひとつは，「食料品支給事業更新相談申込書」並びに「予備申請申込書」によるアンケート調査であり，平成14年9月現在において，841件の申し込みがあった．これは，川崎市の野宿生活者のほぼ全数にあたると考えられる事から悉皆調査として捉え，全数調査と呼ぶことは，第3章で述べられている．

　二つ目は，実際に食料品支給事業（通称「パン券」）を利用している人々に

直接面接調査を行ったものである．これを同じくパン券調査と呼ぶ．このパン券調査では，201人の回答が得られている．以下にあげる表のうち，パン券調査による場合のみパン券調査と表記する．

第1節 野宿生活者の概要

この二つの調査を通して，川崎市における野宿生活者の実態を分析した結果を述べたい．

表6-1と表6-2から全数調査，パン券調査ともに男性が圧倒的に多く99%を占めている．

表6-1 パン券調査（n201）

設問	項目	度数	有効%
性別	男性	199	99.0
	女性	2	1.0
年齢区分	55歳未満	67	33.5
	55～64歳	107	53.5
	65歳以上	26	13.0
昨夜の寝場所	公園	82	41.4
	河川敷	24	12.1
	駅周辺	51	25.8
	路上他	41	20.7
健康状態	よい	39	19.4
	ふつう	77	38.3
	よくない	85	42.3
具合の悪い場所	ない	111	55.8
	ある	88	44.2

年齢については，55歳から64歳がどちらも50%を超えており，次の図6-1，図6-2では，より詳細に示されているが，50代から60代前半に集中し

第6章 川崎市における野宿生活者の就労状況　241

表6-2　全数調査（n841）

設問	項目	度数	有効%
性別	男性	835	99.3
	女性	6	0.7
年齢区分	55歳未満	314	37.3
	55～64歳	432	51.4
	65歳以上	95	11.3
昨夜の寝場所	公園	380	45.3
	河川敷	118	14.0
	駅周辺	214	25.5
	公共施設	128	15.2
健康状態	よい	115	14.0
	ふつう	539	65.4
	よくない	170	20.6

ていることが分かる．この結果は，大阪や東京の調査に比べると，やや川崎の野宿生活者の方が高齢化している傾向にあるといえる．

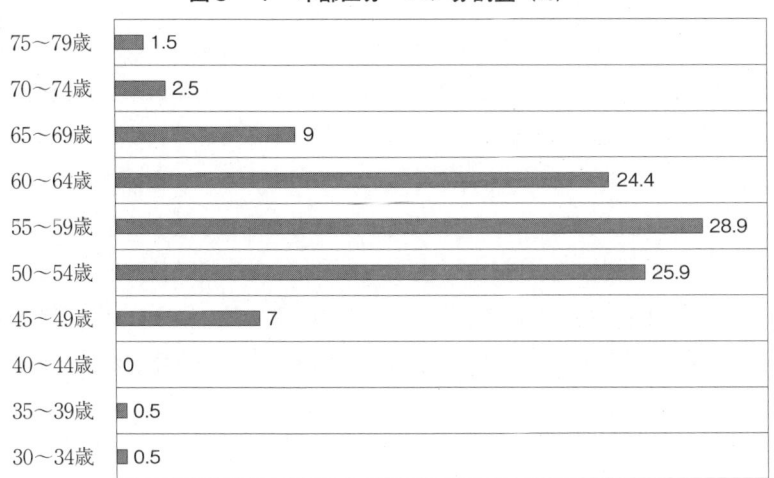

図6-1　年齢区分　パン券調査（%）

年齢	%
75～79歳	1.5
70～74歳	2.5
65～69歳	9
60～64歳	24.4
55～59歳	28.9
50～54歳	25.9
45～49歳	7
40～44歳	0
35～39歳	0.5
30～34歳	0.5

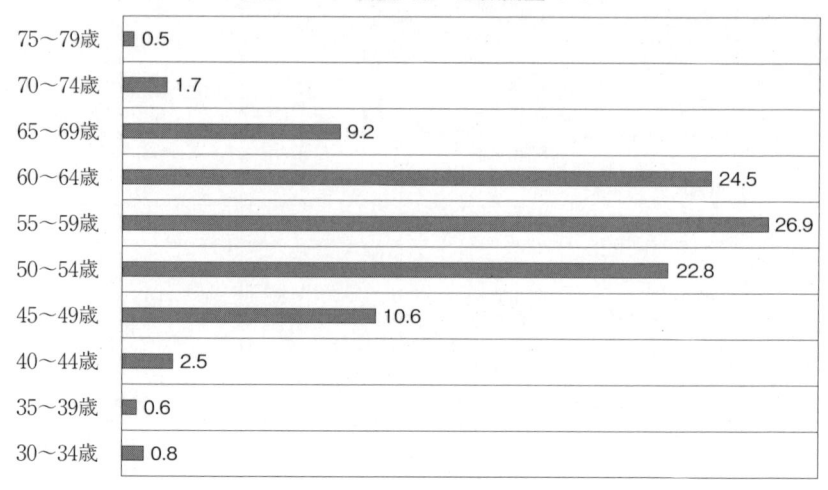

図6-2　年齢区分　全数調査（%）

年齢区分	%
75～79歳	0.5
70～74歳	1.7
65～69歳	9.2
60～64歳	24.5
55～59歳	26.9
50～54歳	22.8
45～49歳	10.6
40～44歳	2.5
35～39歳	0.6
30～34歳	0.8

以下に，どのようにして寝場所を確保しているか，食事をすることが出来ているか等が就労できる体力や気力と関係すると思うので簡単に説明しておく．

1．寝場所について

野宿している場所について，「昨夜の寝場所はどこですか」という形で質問した回答の結果である．もっとも多いのは公園であり，ある公園に実際に行ってみると公園の側面に沿う形でほとんど定住していると思われる人々の小屋が立ち並び小さな「村」のような印象を受ける場所もある．2番目に多いのは，駅周辺であり，駅の通路には，夜になると歩行者が通れる道を残して布団が敷かれ，朝になるとそれらはきれいに片付けられている．その他河川敷，公共施設が1割から2割程度みられる．又，パン券の「路上他」の中には，図書館や庁舎などの公共施設のほかに軒下のような道路上，友人の家などが含まれていた．

2. 健康状態について

　健康状態について，全数調査では「よくない」と回答した者が20％，パン券調査で「あまりよくない」と回答した者が42.3％の結果から，パン券を利用している者の方が健康状態はより悪い傾向にあるといえる．これは，パン券調査によるパン券の利用頻度が高い人々が7割にのぼることとあわせて考えてみても，実際にパン券を利用している人々は働くことがより困難になっているということが窺える．

3. 身の回りのことについて

　彼らの生活実態では洗濯回数が週に1～3回行っている者が8割を超え，週4回以上が1割近くを占め，こまめに洗濯を行っていることが分かった．また，入浴回数は，週1～3回が73.1％と比較的清潔にしているといえる．さらに，散髪は，1ヶ月に1回が3割程度，2～3ヶ月に1回が2割強とこれらの頻度から全体を通して比較的身奇麗にしていることが伺える．これは，仕事が見つかればいつでも行ける準備を日頃から整えているとも見ることが出来る．彼らは労働者であり，失業により野宿生活をせざるを得ない状況にある人々であると思われる．

4. 食事について

　食事の回数は，2回と回答した者がもっとも多く，1回のパン券で支給される2食分を3回に分けて食べる人，1回で食べてしまう人など食べ方は個人差があるようである．
　収入によって食事の回数に変化が見られるかと探ってみたのが表6－3である．この結果として1万円以上の収入があるもので3回食事をとるものは47.5％，反対に収入がないものでは35.7％が1回のみの食事であることから1日の生活費が高ければ高いほど食事の回数も増えているが，反対に得られる収入が低いと食事の回数も減っていることが分かる．

先が読めない不安定な生活の中で，食糧の確保は非常に重要であり，パン券での支給が十分な量ではないにしても，必要最小限のもので一日一日過ごしていけるような個々の工夫が見られた．

表6－3　一日の生活費と食事回数（パン券調査）

$p<.05$

	1日の生活費				合計
	0円	300円未満	300-1000円未満	1000円以上	
1日1回	10	7	4	7	28
（％）	35.7	25.0	14.3	25.0	100.0
1日2回	14	21	30	22	87
（％）	16.1	24.1	34.5	25.3	100.0
1日3回	5	5	11	19	40
（％）	12.5	12.5	27.5	47.5	100.0
合計	29	33	45	48	155

第2節　野宿生活者の就労状況

1．野宿生活者の仕事

　野宿生活者が仕事をしているのかどうか．しているならば，どのような仕事をしているのかということについて質問をした結果，全数調査から「仕事をしている」と回答した者は88.6％であり，具体的にどのような仕事であったかということについてみた結果が，図6－3である．

　図6－3のように土木・建築関係が最も多く，463ケースと半数を超え，次いで空き缶拾い，アルバイト，廃品回収の順になっている．しかし，その1日当りの収入は，土木・建築関係で1万円以下が7割以上，空き缶拾いで1万円以下が9割以上，アルバイトで1万円以下が9割以上，廃品回収で1万円以下が98％といずれも決して十分な収入ではないことが分かった．

また，図6－4から日当の額をみると，1万円以下が非常に多いことが分かる．さらに5千円以下の者も212名いることから，比較的安い賃金で仕事をしているとみることが出来る．また，年齢と収入の関係を表6－4から見ると高齢になるほど得られる金額は少額になるということが分かる．65歳以上の場合だと39.3％と約4割が5千円以下の日当である．加えて，1ヶ月に毎日就労

図6－3　最近の仕事（複数回答）

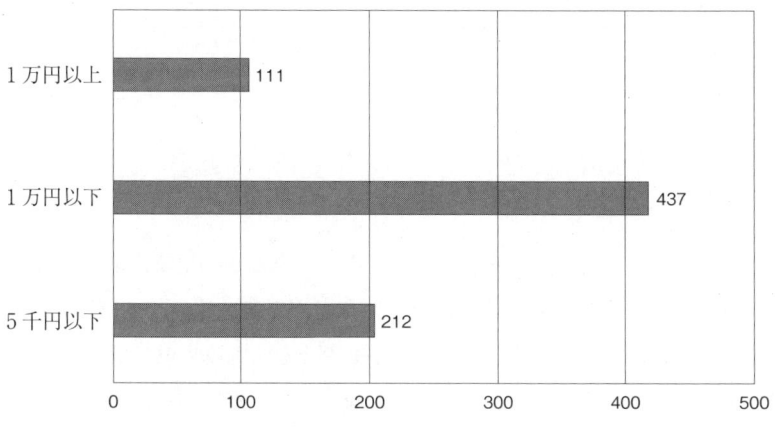

- 仕事をしていない　18
- その他　56
- 廃品回収　56
- アルバイト　73
- 空き缶拾い　194
- 土木・建築関係　463

図6－4　日当

- 1万円以上　111
- 1万円以下　437
- 5千円以下　212

出来るわけではない．表6-5に見られるように月当り収入が3万円未満が3分の2を占める．さらに，表6-5の1ヶ月の生活費と平均年齢で見ても収入が高くなるにつれてそのカテゴリーの平均年齢が低くなっていく様相が見られた．

表6-4　日当

	年齢区分			合計
	55歳未満	55-64歳	65歳以上	
5千円以下	61	120	31	212
(％)	21.0	30.8	39.3	27.9
1万円以下	177	220	40	437
(％)	60.8	56.4	50.6	57.5
1万円以上	53	50	8	111
(％)	18.2	12.8	10.1	14.6
合計	291	390	79	760
(％)	100.0	100.0	100.0	100.0

表6-5　1ヶ月の生活費と平均年齢（パン券調査）

額	平均年齢	度数	標準偏差
0円	59.8	32	6.365
1万円未満	59.2	35	7.024
3万円未満	58.3	47	5.735
3万円以上	54.2	50	6.378
合計	57.5	164	6.674

$F = 6.802$　　$p < .001$

2．川崎で生活し始めた理由

ではなぜ，川崎で生活しているのかということであるが，川崎に来た理由として表6-6から「仕事を求めて」来たという者が7割，次いで，「仕事で来てそのまま川崎に滞在している」という者が2割を超え，あわせて9割以上のものが仕事を媒体に川崎に来たといえる．ちなみにパン券を知った場所は9割

以上が川崎市内であり,他の地域からパン券を求めて川崎に移ってきたというケースはきわめて少なかった.

表6-6　川崎に来た理由

	度数	有効%
仕事を求めて	576	71.9
仕事で来てそのまま	182	22.7
その他	43	5.4
合計	801	100.0

表6-7　仕事をやめた理由（パン券調査：複数回答）

	度数
会社の倒産やリストラ	34
自分の会社や店の倒産	7
自分からやめた	25
仕事がなくなる	61
期限がきた	11
病気・けがのため	30
定年	1
高齢のため	25
その他	26

　川崎で仕事をしてきて,または川崎に仕事を求めて来たにもかかわらず,なぜ川崎で野宿生活をせざるを得なくなったのであろうか.

　彼らが仕事を辞めた理由が表6-7であるが,もっとも多かった理由は,「仕事がなくなった」の61ケースであり,次の「会社の倒産やリストラによる解雇」の34ケース,次いで,「病気・けがのため」が30ケースである.「仕事がなくなる」「期限が来た」というのは,日雇,臨時等に特有な失業の理由と見ることが出来る.これらの理由から仕事を求めて川崎に来た人々は,表6-8に示すようにバブル期までの1990年以前が4割で,それ以降が6割ともっとも多い結果となった.また,表6-9から平成4（1992）年以前から川崎で働

き続けてきた人も同様の理由により失職していることが分かる．

このように社会情勢，会社の経営状況，年齢等の変化により職を失いながら，再就職を図ろうとしているということが，就職に至らないまでも仕事があるときにはパン券で弁当をもらうよりも仕事を優先していると回答したものが7割にも及ぶ結果に結びついているのだと考えられる．

表6-8　川崎に来た理由とその時期（パン券調査）

P<.001

	川崎に来た理由			合計
	仕事を求めて来た	以前から川崎に居住・就労	その他	
1979年以前	24	43	11	78
%	24.7	76.8	25.6	39.8
1980-1989年	16	9	7	32
%	16.5	16.1	16.3	16.3
1990年以降	57	4	25	86
%	58.8	7.1	58.1	43.9
合計	97	56	43	196
	100.0	100.0	100.0	100.0

表6-9　川崎市に来た時期（1990年代の動向）と理由（パン券調査）

	他所で仕事がなく仕事を求めて	若いときから川崎で仕事をしてきた	以前から川崎の住民	他所で野宿していて川崎に移ってきた	その他	合計
1992年以前	43 (37.7%)	41 (36.0%)	7 (6.1%)	2 (1.8%)	21 (18.4%)	114 (100.0%)
1993-1997年	27 (77.1%)	1 (2.9%)	1 (2.9%)	2 (5.7%)	4 (11.4%)	35 (100.0%)
1998年以後	20 (60.6%)	0 (0.0%)	0 (0.0%)	5 (15.2%)	8 (24.2%)	33 (100.0%)
合計	90 (49.5%)	42 (23.1%)	8 (4.4%)	9 (4.9%)	33 (18.1%)	182 (100.0%)

3．川崎で生活し始めた時期

　では，いつ頃から彼らは川崎で生活をしてきたのだろうか．川崎に来た理由とその年代に焦点をあてたのが表6-9である．平成4（1992）年以前に川崎に来た者のうち，「他所で仕事がなく仕事を求めて川崎に来た」ものが37.7％であったのに対し，1993～1997年のバブル崩壊後同じ理由で川崎に来た者の割合が77.1％と高い割合を示しているように，川崎には仕事があるのではないかという希望を持ち川崎に来た人が急増したことが伺える．平成10（1998）年以降の5年間で川崎に来た人々の6割が他所で仕事がなく仕事を求めて川崎に来ている結果となった．このように回答が得られた182人のうち約半数が川崎に仕事を求めて来たことが分かる．さらに，高齢のために仕事を辞めたとする25人のうち，60歳以上の者が16人，50～54歳が3人，55～59歳が6人であり，定年とされる年齢に至る以前に，体力的な面等から雇用を拒否され「高齢」を理由とする離職となっていることが窺える．

第3節　今後の課題

1．希望する生活の場

　彼らの希望する居住形態について表6-10，表6-11に示している．表6-11からは，「アパートに入りたい」と希望している者が4割以上いることと同時に，健康状態が「よくない」と回答した者は「生活保護を受けたい」という希望を4割以上抱いていることも明らかとなった．「生活保護を受けたい」と回答したものは当然アパートで生活しながら生活保護を受けるという意味を含んでいると考えられ，その他の「アパートに入りたい」という人は，自ら働いて得た賃金で家賃を支払う生活を意味していると考えられる．表6-10はより詳細に今後の生活する場の希望を取ったものである．働きながら，住まい

と呼べる場所での生活を自分自身で成り立たせていきたいと思っていることが伺える．もっとも多かったのは，民間アパートで，約半数が希望している．次いで「別に希望はない」，「公営住宅」，「住み込みで働けるところ」，「どこでもいいから住まいと呼べるところ」が続く．「施設」と回答したものは12ケースに過ぎず，「施設」と回答したものの中には，「最後そこしかなければ仕方ない」という回答も含まれていた．

表6－10　これからの希望（パン券調査：複数回答）

項目	度数
住み込みで働けるところ	22
民間アパート	92
公営住宅	25
どこでも良い（住いと呼べるところなら）	23
施設	12
別に希望はない	32
その他	8
合計	214

表6－11　今後の生活希望と健康状態

P<.001

	生活保護を受けたい	施設に入りたい	アパートに入りたい	その他	合計
よい	20	8	48	23	99
%	20.2	8.1	48.5	23.2	100.0
ふつう	123	19	211	107	460
%	26.7	4.1	45.9	23.3	100.0
よくない	62	7	44	28	141
%	44.0	5.0	31.2	19.8	100.0
合計	205	34	303	158	700
%	29.3	4.8	43.3	22.6	100.0

「別に希望がない」と回答したものの中で「独り者はだめ」といわれるはず，「アパートを希望しても入れない」など，現実に入居が困難な状況を想定し，

または体験したとも思われる絶望的な印象を抱いている背景が感じられる回答もあった．また，「まずは仕事がなければ住まいなどない」という回答もあった．収入が少ない中で家賃を払って住むという形態に現実との乖離を確認せざるを得ないために，こうした回答に至っている者もいたと考えられる．

また，「どこでも良い，住まいといえるところで暮らしたい」と回答した者のうち，半数は健康状態があまりよくない者であった．このことからは，働いて収入を得るということが将来的にも困難であるが，今の住まい方ではなく，屋根のある安定した住居での生活を望んでいることが伺える．表6-12からは，年齢が高いほど生活保護受給希望が高く，年齢が若いほどアパートで自活していきたいという希望が多く見られた．このことは，働ける状況と仕事の量が大きく関係しているように思われる．

表6-12 今後の生活希望と年齢階層

p<.001

	生活保護を受けたい	施設に入りたい	アパートに入りたい	その他	合計
55歳未満	51	7	133	62	253
%	20.2	2.8	52.5	24.5	100.0
55-64歳	122	22	154	76	374
%	32.6	5.9	41.2	20.3	100.0
65歳以上	33	5	19	21	78
%	42.3	6.4	24.4	26.9	100.0
合計	206	34	306	159	705
%	29.2	4.8	43.4	22.6	100.0

2．生活上の不安要素

彼らが日々の生活の中で特に困ること，心配していることが表6-13である．生活の中で困っていること，心配していることについての質問項目に対しては，厚生労働省の調査からは食事に関する回答が3割弱あったのに対し，川

崎のパン券調査では1割程度（21ケース）であり，仕事がないことに対する回答と健康面に対する回答が，それぞれ50ケース，40ケースと多くなっていた．

健康面で困っている，不安があると回答した人は，回答した時点で健康状態があまりよくない状況にある人であることも明らかとなった．働ける状況にありながら働くことが出来ない彼らの心配事はやはり仕事であり，働かなければ収入を得ることが出来ないが，働く上においても健康面に不安があることも明らかとなった．また冬の寒さを如何に凌いでいくか，凌ぎきれるのかという不安を持っている者も全体の1割程度（23ケース）見られた．このように，それぞれの状況の中でさまざまな不安を抱えながら野宿生活を続けていることが窺えた．

表6－13　毎日の中で特に困ること，心配していること（パン券調査：複数回答）

項目	人数
仕事（その1）日雇や缶拾いの仕事が十分ないこと，少なくなること	50
仕事（その2）就職できないこと（住民票がないため）	5
お金	27
食事―食べ物が十分ない，パン券がなくならないか	21
住まい（その1）寝場所，住まいが安定しない，雨の日の寝場所	23
住まい（その2）風呂，トイレ，水に困る	6
衣類―下着，防寒着	3
健康（その1）病気，体力，医療	35
健康（その2）歯がないこと	5
物騒なこと	3
天候―冬に向かい寒くなること	23
生活のすべて―先が見えない，死ぬしかないのか	11
特にない―考えないようにしている，慣れた，何とかなる	40
その他	20
合計	272

3．最低生活費と就労状況

　全数調査からは，資料の制約からそれらの人々が十分に仕事を得て働いているという状況は窺い知ることが出来なかった．それは表6－14の結果に見られるように，6割が土木・建築関係の仕事をし，3割弱が空き缶拾いをしたというものであるが，土木・建築関係の労働期間はきわめて短く，1週間以内が6割，1年以内が3割弱であった．それに対し，空き缶拾いは，1週間以内，1年以内がともに3割弱程度であり，1年以上が4割以上を占めていた．個人で続けられる空き缶拾いは，継続していくことが比較的可能であるが，現場で必要なときに補足的に採用される土木・建築関係の仕事は，日雇，臨時雇，パート，アルバイトが6割を越える．直前職の調査（パン券調査）結果からも明らかなように，彼らにとっては慣れている，あるいは経験のある仕事であるが，長期的な仕事とはなり得ないのである．したがって，図6－4のように日当が1万円以上であっても長期的な仕事ではないためにゆとりのある生活には程遠く，5,000円以下の収入であればなおさら切り詰めた生活を余儀なくされることが容易に予測できる．

表6－14　最近の仕事と継続期間

$p<.001$

	最近やった仕事					合計
	土木・建築関係	空き缶拾い	アルバイト	廃品回収	その他	
1週間以内	294	34	47	12	20	407
％	66.1	24.3	75.8	27.9	52.6	55.9
1年以内	114	39	14	12	9	188
％	25.6	27.8	22.6	27.9	23.7	25.8
1年以上	37	67	1	19	9	133
％	8.3	47.9	1.6	44.2	23.7	18.3
合計	445	140	62	43	38	728

4．川崎市におけるパン券の果たす役割

　パン券は彼らに食事についての不安を軽減させているが，パン券のみに頼っているのではなく，パン券があるから働かないわけでもない．パン券は安定した生活を送るひとつの重要な要素であり，収入がきわめて少額な労働をしている者にとってパン券は欠かせない生活の一部である．仕事があり，自分の収入で食事が出来るときはパン券には頼っていないということが分かった．

　また，このような状況では，安定した住まいを自力で手に入れることは到底叶わないという現状も明らかになった．

　住まいの保障，健康面のケアの保障が図られることで，野宿生活を余儀なくされている者の生活はより安心して労働者としての生活を送れるようになるのではないかと考える．

　全数調査，パン券調査から明らかになったことは，川崎の野宿生活者は，仕事をする意欲を持ちながら，そしてできる限り仕事をしながら野宿生活を継続しているということである．しかし，その仕事は非常に不安定であり，長期的な仕事をしている者は僅かである．そのためにパン券を利用せざるを得ないのである．と同時に，パン券があるからこそ，そこでの生活が継続しているといえるのではないだろうか．

　彼らは，労働者としての意識を持って生活をしているのであるが，仕事が十分にないために野宿者として生活せざるを得ない．労働者としての生活を維持しながら生活している川崎の野宿生活者の実態の中で，川崎市におけるパン券の果たす役割は，非常に意義あるものであり，野宿生活を余儀なくされる人々の生活の安定の一助となっていると考えられる．

　今後の課題として，現在野宿生活を送っている人々の労働力をどのように社会に反映させ，賃金を得ながら個々人の住まい，生活の場をどのように確保していくことが出来るのか．労働が困難な健康上の問題，不安がある人々への対

応策をどのように講じていくかなどが挙げられる.

第 1 章
野宿生活が継続可能な川崎市の状況
── 川崎市調査からの考察 ──

はじめに

　筆者は昭和63年から5年間，横浜市寿地区の簡易宿泊所街で生活する方，寿地区の周辺で野宿生活をされている方への生活相談に従事していたが，当時の野宿生活者の多くは，過酷な日雇労働により体調を崩し，簡易宿泊所の家賃が捻出出来ずに野宿生活に至っていたという印象が残っている．野宿生活者の多くは，野宿生活に至る直前職が日雇労働であった者がほとんどであったが，日雇労働の求人もあったため，野宿生活は比較的短期間であったと記憶している．

　しかし平成14年に実施された川崎市野宿生活者実態調査（以下「川崎市調査」とする[1]）に参加し，野宿生活者からの聞き取りや調査結果を検討する中で，昭和63年当時の状況とは変化していることを感じた．野宿生活に至る直前職が土木建築関係の日雇労働であった方が多数ではあるが，安定した職種・業種・地位から野宿生活に至った方も見受けられた．そして何よりも野宿生活者が急増し，野宿生活の期間が長期化している方が多いことを強く感じた．これについて川崎市調査では「川崎市においては，野宿生活者の野宿生活は長期化が進んでいる[2]」とし，他都市と同様に野宿生活の期間が長い方が多いことを指摘している．

　長期化の理由としては，一般的に日雇労働の求人数が少ないこと，野宿生活者への社会福祉施策が整備されていないこと等が考えられるが，同時に川崎市には「野宿生活が継続可能な状況」，なかでも食料品現物支給事業（通称「パン

券」)があり，これも長期化の理由のひとつであると筆者は考えている．

そこで本章では，野宿生活経験者から聞き取った生活歴や生活状況を紹介し，川崎市調査や他都市の調査結果[3]をもとに，川崎市の「野宿生活が継続可能な状況」について考察していきたい．

1. 野宿生活者に至る生活歴の3事例

本章で紹介する野宿生活経験者の3名は，川崎市調査のうち平成14年7月26～27日に実施した「施設入所者調査」（以下「川崎市施設調査」とする）において筆者が聞き取りを行った方で，野宿生活を経て自立支援施設（一時宿泊事業施設・NPO施設）に入所された方たちである．

聞き取りを行った3名の，年齢および野宿生活の時期（初回時期・最後の開始時期）と期間は次の通りである．

Aさん　57歳　　昭和50年（初回）から数十回にわたり野宿生活の経験があり，最後の野宿生活は平成13年9月から平成14年7月までの10ヶ月間

Bさん　59歳　　平成3年7月（初回）から平成13年12月までの10年間

Cさん　54歳　　平成13年5月（初回）から平成13年12月までの7ヶ月間

(1)　Aさん　57歳

中部地方で出生，中学校を卒業後，地元の鉄工所に常用の従業員（製造業現業職）として就職する．県内数ヶ所の鉄工所に勤務（すべて会社の寮にて生活）したが，昭和38年（18歳）に退職した．

昭和50年（30歳），東京方面に行けば仕事があると思い川崎に来る．川崎では日雇（建設土木現業職）として従事する．仕事は手配師を介して見つけていたのだが，住居のこともあったので飯場に入れる仕事を紹介してもらった．健康保険や年金に加入したことはなく白手帳を持ったこともない．

以後，平成14年までの27年間，川崎市を拠点として就労していた．飯場の仕事が契約終了して次の仕事が見つかるまでは，手持金がある時はサウナ等で

過ごし，無くなった時は野宿生活をしていたので，これまでにも数十回の野宿生活の経験があるが，比較的短期間で次の仕事が見つかってはいた．

しかし平成13年（56歳）になると極端に仕事が減り，年齢も高くなったことで手配師からの紹介も少なくなった．最後に仕事をしたのは平成13年1～2月にかけてで，建築現場の出張の仕事であり10万円程の収入であった．この収入があったので，しばらくはサウナを寝場所として過ごしたが，手持金が無くなってからは野宿生活になってしまった．

その後は飯場の仕事もなかったので，平成13年9月より平成14年7月（施設入所時）までの10ヶ月間は野宿生活であった．

野宿生活でよく利用していた寝場所は多摩川河川敷で，ダンボール等は利用せず「そのままのかっこう」で夜を明かしていた．多摩川河川敷は手配師の集まる「原っぱ」にも近く，ひとりで静かに過ごせるし人目につかないので選んだが，寝場所は一定ではなく頻繁に移動していた．昼間は市内の暖房のあるところでぶらぶらと過ごしていた．食事は1日に1～3回と日によって違いがあったが，川崎市の弁当支給（食料品現物支給事業）は毎日利用していた．手持金が少々あった時は日用品や衣類は自分で購入し，風呂はサウナや銭湯で1週間に5回，洗濯もコインランドリーで1週間に1回程度は行っていた．

野宿生活をしている時も手配師を介して1回だけ仕事に出かけたが，手配師から「50歳以上は連れて行けない」と断られることが多かった．

平成14年7月12日，施設入所者に声をかけられて施設を紹介され入所した．山谷や寿町といったドヤ地区で生活した経験はなく，生活保護を受給したこともない．これまで結婚したこともなく，家族とは連絡を取っていない．

現在，治療が必要な疾病もなく，日雇労働に従事するだけの体力もあるため仕事に就くことを強く希望している．

（2） Bさん　59歳

九州地方で出生，中学校を卒業後，大阪のミシンとラジオの製造工場に常用の従業員（製造業現業職）として就職し組立てや塗装に従事する．会社の寮にて

生活したが，昭和36年（18歳）に退職した．

　昭和48年（30歳），東京方面に行けば仕事があると思い新宿に来る．新宿では日雇（建設土木現業職）として従事し，仕事で知り合った友人宅（アパート）に泊めてもらっていた．仕事は手配師を介して見つけていたので，健康保険や年金に加入したことはなく白手帳を持ったこともない．

　平成3年7月（48歳）に友人宅から追い出され，都内の大田区や品川区での野宿生活となったが，野宿生活しながら日雇に従事していた．この野宿生活が初回であり，以後，施設に入所した平成13年12月までの10年間は野宿生活であった．

　平成11年（56歳），川崎市に食料品現物支給事業があることを仕事仲間に聞いて川崎に来る．

　野宿生活でよく利用していた寝場所は川崎駅構内で，ダンボールを利用して夜を明かしていた．川崎駅構内は雨露をしのげ，水道やトイレもあり，通行人や子どもによる嫌がらせもないので選んだが，寝場所は一定ではなく頻繁に移動していた．昼間は市内の図書館や区役所でぶらぶらと過ごしていた．食事は1日に0～1回と，川崎市の弁当支給だけに頼っていた．手持金がある時は日用品や衣類は自分で購入したが，拾ってくることも度々あった．風呂は入らなかったが，駅や公園のトイレで毎日のように清拭，洗濯もトイレの水道で1週間に1回程度は洗っていた．

　野宿生活をしている時も手配師を介して仕事に出かけ，建築現場の片づけや運搬といった仕事で月に1万円から2万円の収入はあったが，手配師から「50歳以上は連れて行けない」と断られることが多かった．

　平成13年12月，施設入所者に声をかけられて施設を紹介され入所した．山谷や寿町といったドヤ地区で生活した経験はなく，生活保護を受給したこともない．これまで結婚したこともなく，家族とは連絡を取っていない．

　現在，治療中の疾病は眼科（結膜炎により見にくい）だけであり，日雇労働に従事するだけの体力もあるため仕事に就くことを強く希望している．

（3） Cさん 54歳

　九州地方で出生，高校を卒業後，叔父の経営する東京の電気機械（変電所の機械材料）の製造工場に常用の従業員（製造業現業職）として就職し組立てに従事する．就職して最初は会社の寮にて生活したが，24歳時にアパートへ転居した．社会保険は厚生年金，組合管掌健康保険に加入．在職中に機械設計士1級の資格を取得．以後，平成10年（50歳）に会社が倒産するまで従事した．結婚をしたが妻とは死別し，現在でも娘とは連絡を取り合っている．

　倒産後は職業安定所の紹介で茨城の工場に就職するが，ここも2年後に倒産．再び職業安定所で機械設計の仕事を探しながら預貯金で生活していたが，アパート代の支払いも困難になりアパートは契約解除となってしまった．住居が無くなったので，職業安定所から住込みの警備員の仕事を紹介され，1ヶ月間の臨時雇として東神奈川にて従事した．契約終了後も警備員の仕事を探すが見つからず，平成13年5月（53歳）から12月下旬までの7ヶ月間野宿生活となった．

　野宿生活でよく利用していた寝場所は横浜の山下公園で，ダンボール等は利用せずベンチで夜を明かしていた．山下公園は職業安定所の近くであり，他にも野宿生活をしている者が多かったので選んだが，寝場所は一定ではなく公園内を頻繁に移動していた．昼間は市内のデパートや公共施設でぶらぶらと過ごしていた．手持金があったので，食事は自分で購入し1日に3回食べることが出来，また日用品や衣類は自分で購入した．風呂は入らなかったが，山下公園のトイレで週に2回は清拭，洗濯もトイレの水道で1週間に2回程度は洗っていた．

　野宿生活をしている間も，警備員の仕事に数日間出かけ3万円の収入はあったが，住居がないために職業安定所からの紹介も困難になってしまった．

　平成13年12月28日，横浜市寿町の越冬対策事業のボランティアに声をかけられ，1月8日までは越冬対策事業のプレハブに入居．退去時に現在の施設を紹介されて入所した．

　山谷や寿町といったドヤ地区で生活した経験はなく，生活保護を受給したこ

ともない．現在，治療が必要な疾病もなく，機械設計の仕事が一番やりたいが，警備員に従事する体力もあるため仕事に就くことを強く希望している．

２．野宿生活の開始時期と期間

（１） 野宿生活の開始時期

野宿生活へ至った過程を考えた時，その要因として社会・経済的側面が考えられる．社会や経済の不安定さ，不況といった社会的背景と，野宿生活者が野宿生活を始めた時期は密接に関連していると思われるからである．

3人の野宿生活経験者が野宿生活を始めた時期をみると，Aさんが昭和50年，Bさんが平成3年，Cさんが平成13年となっているが，聞き取った生活歴からは次のような社会的背景，そして野宿生活に至った要因が考えられる．

Aさんは，日雇労働という不安定就業が野宿生活に至った要因といえるだろう．Aさんは，従来の日雇労働者の典型的なパターンであり，いわゆる「寄せ場」に仕事を求めて来た地方出身者で，固定した住居がなく，飯場や簡易宿泊所を利用しながら就労を継続してきた方である．仕事と仕事の間は，手持金がある時はサウナやカプセルホテルに宿泊し，手持金が少ない時は野宿生活をしていたパターンである．バブル崩壊後は求人数が減ったが，年齢がなんとか40歳代であったので仕事に就けたが，最近の不況では50歳代という年齢もあり仕事に就けなくなり野宿生活に至ったのである．

Bさんが野宿生活に至った要因はバブル崩壊といえる．BさんはAさんと同様，日雇労働者の典型的パターンではあるが，住居が確保されていた方である．ただBさんの場合は，友人宅という不安定な状況であったようで，友人宅を追い出された理由は不明であるが，少なくともバブル崩壊までは野宿生活をしたことはなかったようだ．バブル崩壊後は仕事に就くのも困難になり，野宿生活の期間が10年間と恒常化したようである．

Cさんが野宿生活に至った要因は長引く不況といえる．平成10年（50歳）までは社会保険が保障され，住居も確保されていた常勤の会社員であり，不況による倒産と再就職が困難な年齢の要因によって野宿生活へと至った方であ

る.また結婚歴もあり,長く安定した生活を送れていたといえる.

野宿生活に至った要因・時期として3事例を示したが,バブル崩壊と近年の長引く不況という要因により野宿生活者が増加している状況を,川崎市調査や他都市調査の「初めて野宿生活を開始した時期」の調査結果から見ていきたい.

なお野宿生活者に対して「いつから野宿生活をしていますか?」と質問した場合,「初めての野宿生活の開始時期」と「今回の野宿生活の開始時期」が分けられずに回答されてしまう.例えばAさんのように,初めて野宿生活した昭和50年と,今回の野宿生活となった平成13年との回答がされてしまう.

川崎市調査や他都市調査の全てにおいて,野宿生活者の「野宿生活期間」について調査をしているが,これを分けて質問している「川崎市食料品現物支給事業利用者面接調査」(以下「川崎市パン券調査」とする)と,「大阪府野宿生活者実態調査」(以下「大阪府調査」とする)の2調査の結果が表7-1である.

川崎市パン券調査によると,Aさんのように平成元年以前に野宿生活を始め

表7-1 初めて野宿生活を開始した時期

	川崎市パン券調査		大阪府調査	
	人数	%	人数	%
～昭和54年	4人	2.6%	7人	1.8%
昭和55年～昭和59年	3人	2.0%	4人	1.0%
昭和60年～平成元年	4人	2.6%	8人	2.1%
平成2年～平成6年	33人	21.7%	35人	8.9%
平成7年	9人	5.9%	26人	6.6%
平成8年	18人	11.8%	17人	4.3%
平成9年	11人	7.3%	32人	8.2%
平成10年	10人	6.6%	75人	19.1%
平成11年	19人	12.5%	74人	18.8%
平成12年	10人	6.6%	96人	24.4%
平成13年	13人	8.6%	19人	4.8%
平成14年	18人	11.8%	-	-
合計	152人	100.0%	393人	100.0%

た者は11人 (7.2%) と少ないが，Bさんのように平成2年から6年の5年間に野宿生活を始めた者は33人 (21.7%) と増加している．同様に大阪府調査でも平成2年から6年の5年間が35人 (8.9%) と増加しており，平成3年のバブル崩壊が影響していることがわかる．

さらにCさんのように，平成7年以降に野宿生活を始めた者が確実に存在しており，バブル崩壊後もジワジワと不況が長引いていることがわかる．川崎市では平成11年に，大阪府では平成10年に前年より増加しており，平成10年以後に野宿生活を始めた者は，川崎市では70人 (46.1%)，大阪府では264人 (67.1%) となっている．

平成3年のバブル崩壊により野宿生活者が増えたことは事実だが，それ以上に近年の不況が野宿生活者を増加させている要因といえよう．

(2) 野宿生活の期間の長期化

次に野宿生活の期間 (調査時点での「今回の野宿生活」の期間) について，各都市での調査，および全国調査によって示したのが表7－2である．なお川崎市のデータは「川崎市食料品現物支給事業更新相談時調査」(以下「川崎市全数調査」とする) を用いた．

表7－2から，川崎市では野宿生活期間が「3年以上」が63.2%と6割以上，「1年以上3年未満」が19.9%と約2割を占め，8割以上が長期に渡って野宿生活をしていることがわかる．

一方，他都市調査でも「3年以上」は，名古屋市調査52.9%，大阪府調査40.9%，東京23区調査39.1%と，野宿生活者の4割以上の者が「3年以上」も野宿生活をしている実態が示されている．

ただし大阪府調査以外は，前項で指摘したように「初めての野宿生活の開始時期」と「今回の野宿生活の開始時期」が分けて質問されていない．厳密性を欠くのであるが，概ね長期間に及ぶといえよう．

なお比較として，横浜市寿地区で1982 (昭和57) 年1月に調査された結果を示したが，野宿生活期間が「3年以上」の者は5.8%であり，「3ヶ月未満」が

表7−2 野宿生活の期間・1982年との比較

	3ヶ月未満	3ヶ月以上1年未満	1年以上3年未満	3年以上	不明	合計
川崎市	37人	88人	167人	532人	17人	841人
	4.4%	10.5%	19.9%	63.2%	2.0%	100.0%
大阪府	14人	73人	146人	166人	7人	406人
	3.4%	18.0%	36.0%	40.9%	1.7%	100.0%
名古屋市	15人	35人	71人	138人	2人	261人
	5.7%	13.4%	27.2%	52.9%	0.8%	100.0%
東京23区	87人	152人	193人	277人	0人	709人
	12.3%	21.4%	27.2%	39.1%	0.0%	100.0%
全国	214人	447人	552人	941人	9人	2163人
	9.9%	20.7%	25.5%	43.5%	0.4%	100.0%
横浜市寿地区	50人	7人	7人	4人	0人	68人
（1982年）	73.6%	10.3%	10.3%	5.8%	0.0%	100.0%

7割である．決して好景気の時期ではなかったが，野宿生活は一般的に短期間であったといえる[4]．

3．野宿生活が継続可能な状況

（1）川崎に来た時期と理由

表7−2のとおり，川崎市内には不安定な生活環境で暮らす野宿生活者が少なくとも841人いるのだが，なぜ川崎市内で野宿生活をしているのであろうか．これを検討するにあたり，まず川崎に来た時期と理由について見ていきたい．

川崎市全数調査での「川崎に来た時期」の結果が表7−3である．

表7−3によると，Aさん（昭和50年）のように昭和56年以前に川崎に来た者は169人（23.2%）と少なく，Bさん（平成11年）のように，この5年間に来た者が235人（32.2%）と一番多い．平成4年〜平成14年の10年間に来た者が377人（51.7%）と5割であり，表7−1の野宿生活を開始した時期と同様，平成3年のバブル崩壊以降と近年の不況の長期化に伴って川崎に来た者が多い

表7-3 川崎に来た時期（川崎市全数調査）

	人数	有効%
～昭和46年	88人	12.1%
昭和47年～昭和56年	81人	11.1%
昭和57年～昭和61年	66人	9.1%
昭和62年～平成3年	116人	16.0%
平成4年～平成8年	142人	19.5%
平成9年～平成14年	235人	32.2%
有効回答数	728人	100.0%
不明・回答なし	113人	
合計	841人	

といえる．

次に，川崎に来た理由であるが，川崎市パン券調査での結果が表7-4である．

表7-4によると，「他所で仕事がなく，仕事を探しに川崎に来た」が95人（47.2%）と一番多く，Aさんのように「若い時から川崎で仕事をしてきた」が43人（21.4%），「仕事で川崎に来た」が10人（5.0%）となっている．そしてBさんのように「他所で野宿生活していて川崎に移って来た」は10人（5.0%）と少なく，9割以上の者は川崎に来てから野宿生活に至ったことが分かる．

表7-4 川崎に来た理由（川崎市パン券調査）複数回答

	人数	%
他所で仕事がなく、仕事を探しに川崎に来た	95人	47.2%
若いときから川崎で仕事をしてきた	43人	21.4%
仕事で川崎に来た	10人	5.0%
他所で野宿生活していて、川崎に移って来た	10人	5.0%
川崎市で出生・前から川崎市の住民である	11人	5.5%
その他	26人	12.9%
不明・回答なし	12人	6.0%
回答数	207人	103.0%
回答者数	201人	100.0%

このように川崎で野宿生活をしている者のほとんどが,「ある時期から川崎で仕事をしていたが, 現在では仕事がなくなった」者と,「他の土地で仕事がなくなったために川崎に仕事を探しに来たが, 実際には仕事が十分になかった」者であり, バブル崩壊と近年の不況による求人数の減少により野宿生活に至ったといえる.

(2) 野宿生活での「住」－寝場所の確保－

野宿生活者にとっては毎晩の寝場所を確保することが, 野宿生活を送るうえでの最低条件である. 各地域の状況によって寝場所には相違があると思われるが, 川崎市パン券調査, 名古屋市調査, 東京23区調査の結果が表7－5である.

3都市での調査結果を比較すると, 川崎市では寝場所を「公園」としている者が82人(40.8%)と一番多く, 名古屋市の72.6%より少ないが東京23区の32.9%より多い. 次に多いのがBさんのように「駅・地下街」としている者(25.4%)で, 駅数の多い東京23区より比率が高いことがわかる. またAさん

表7－5 野宿生活での寝場所

	川崎市パン券調査		名古屋市調査		東京23区調査	
	人数	%	人数	%	人数	%
公園	82人	40.8%	189人	72.6%	226人	32.9%
駅・地下街	51人	25.4%	2人	0.8%	137人	19.9%
河川敷	24人	11.9%	6人	2.3%	94人	13.7%
建物の軒下	24人	11.9%	22人	8.5%	－	－
歩道・通路	12人	6.0%	23人	8.8%	－	－
高架下	－	－	8人	3.1%	－	－
商店街・アーケード	－	－	－	－	61人	8.9%
公共施設周辺	－	－	－	－	30人	4.3%
民間施設周辺	－	－	－	－	53人	7.7%
高速道路高架下	－	－	－	－	84人	12.2%
その他	5人	2.5%	10人	3.9%	3人	0.4%
不明	3人	1.5%	－	－	－	－
合計	201人	100.0%	260人	100.0%	688人	100.0%

が話していたように,「多摩川河川敷」としている者(11.9%)も多い.

次に,表7-6が「その寝場所が一定であるかどうか」についての調査結果である.

「小屋・ブルーシート・テントを常設」が29.4%,「(常設していないが)場所はほぼ一定している」が49.7%と,約8割(79.1%)の者が「定住性の高い野宿生活」となっていることが分かる.また,常設している者(59人)のほとんどは,公園や河川敷での野宿生活(表7-5の合計は106人)と思われるので,公園と河川敷で野宿生活する者の半数は「常設している」ことが分かる.

表7-6 寝場所の位置 (川崎市パン券調査)

	人数	%
小屋・ブルーシート・テントを常設	59人	29.4%
場所はほぼ一定している	100人	49.7%
場所をよく移動する	40人	19.9%
その他	1人	0.5%
不明	1人	0.5%
合計	201人	100.0%

川崎市では約3割の者が「小屋・ブルーシート・テントを常設」しており,約2.5割の者が,駅・地下街でダンボール等で夜間を過ごしている.他都市の調査で「寝場所を常設している」は,大阪府調査では75.9%,名古屋市調査では51.9%であり,川崎市は他都市と比較して「常設」の割合は相当低いが,「場所が一定している」者は多い.

一般的に「寝場所が常設している」ということは,毎晩の寝場所を必死になって探す必要はないといえるので,川崎市の野宿生活者にとって「寝場所の確保」は大変なことである.それについての川崎市での調査結果が表7-7である.

寝場所を決める大変さは,「大変」と「大変ではない」とほぼ半数ずつの回答になった.一般的に寝場所を確保することは困難と思えるが,それでも「大

変ではない」の95人から,「常設している」59人を除いた36人も同様に答えていることになる.

このように川崎市では,他都市と比較して「寝場所を常設している」が約3割と少ないにもかかわらず,表7-6のように「寝場所をよく移動する」は約2割と少なく,約8割の方が「定住性の高い野宿生活」となっている.筆者はこの寝場所を確保し易い理由として,表7-5の「公園」「駅・地下街」「河川敷」に特徴があると考えている.

表7-7 寝場所を決める大変さ (川崎市パン券調査)

	人数	％
大変	99人	49.3%
大変ではない	95人	47.2%
非該当	2人	1.0%
回答なし	1人	0.5%
不明	4人	2.0%
合計	201人	100.0%

まず「公園」だが,表7-5のとおり川崎市パン券調査では82人(40.8%)と一番多くなっている.川崎市役所が実施した「野宿生活者夜間実態調査[5]」によれば,野宿生活者が確認された公園は15ヶ所(313人)で,そのうち富士見公園に148人(47%)と報告されており,公園を寝場所としている野宿生活者の約半数は富士見公園にいることが分かる.名古屋市調査では9ヶ所の公園で確認されているが,4ヶ所の公園に分散されており,川崎市は1ヶ所の公園に集中していることが特徴といえる.

富士見公園は川崎駅より東に1.5km,公園は野球場や競輪場,競馬場といった広いエリアにあり,産業道路に囲まれた環境にある.川崎駅前の繁華街から離れており,住宅地域とは産業道路を隔てているので,夜間は比較的に静かな環境といえ,通行人によるいやがらせも無いようである.公園内には小屋やブルーシート,テントによる常設型が目立つことからも,富士見公園は寝場所を確保し易いといえよう.

次に「駅・地下街」だが，表7－5の通り川崎市パン券調査では51人（25.4％）と，他都市と比較して比率が高くなっている．Bさんも「野宿生活でよく利用していた寝場所は川崎駅構内で，ダンボールを利用して夜を明かしていた．川崎駅構内は雨露をしのげ，水道やトイレもあり，通行人や子どもによる嫌がらせもないので選んだ」と話されていた．

一般的に駅や連絡通路，地下街は，深夜から早朝の数時間はシャッターにより閉鎖されてしまい，野宿生活者は雨露をしのぐために，横になれるわずかな空間を探している．しかも，その場所さえも駅や地下街の管理者から追い立てられる状況にある．

しかしJR川崎駅では，東西連絡通路が法律上「道路」の扱いであることから，シャッターによって閉鎖されることがなく，屋根がある広い寝場所が確保できるという状況にある．これほど広い空間がある首都圏内の駅は他にはないと思われ，川崎駅は寝場所を確保し易い条件にあるといえる．もちろん管理者からの移動の指示はあるようだが，野宿生活者の多くは暗黙の了解のように，ダンボールが散らからないように掃除をしているとも聞いている．

次に「河川敷」だが，表7－5の通り川崎市パン券調査では24人（11.9％）となっている．Aさんも「野宿生活でよく利用していた寝場所は多摩川河川敷で，ダンボール等は利用せず『そのままのかっこう』で夜を明かしていた．多摩川河川敷はひとりで静かに過ごせるし人目につかないので選んだ」と話されていた．

多摩川河川敷は川崎駅から北に1km，オフィス街をぬけて国道を渡り，高い土手を超えたところにあり，小屋やブルーシート，テントによる常設型が目立つ．富士見公園と同様，川崎駅前の繁華街から離れており，夜間は静かな環境といえ，通行人によるいやがらせも無いようである．表7－5の通り，地域内にいくつも大きな河川がある東京23区と比率が同じということは，川崎市の野宿生活者にとって「多摩川河川敷」は寝場所として確保し易いエリアといえるだろう．

(3) 野宿生活での「食」－川崎市食料品現物支給事業－

　生きるうえで「食事」はもっとも大切なことであるが，野宿生活者にとって「食の確保」は容易ではない．現金収入がなければ購入出来ず，野宿生活という形態では材料の保存も困難であり，毎回の食事の確保に追われていると考えられる．

　まず，最近の1日の食事回数であるが，川崎市パン券調査，大阪府調査，名古屋市調査の結果が表7－8である．

　3都市での調査結果を比較すると，各都市とも1日2回としている方が一番多く，1日3回の方は3割程度となっている．1日0～1回の方が，川崎市16.4％，大阪府13.3％，名古屋市23.4％もおり，さらに1回未満の方が大阪府6.2％，名古屋市6.9％も存在していることに着目する必要があろう．このことから，野宿生活者の「食の確保」がいかに困難であるかが分かる．川崎市では2食の弁当を「パン券」として配っているが，量が少なく1回で食べてしまうということである．

表7－8　1日の食事回数

	川崎市パン券調査		大阪府調査		名古屋市調査	
	人数	％	人数	％	人数	％
1回未満	－	－	25人	6.2％	18人	6.9％
1回	33人	16.4％	29人	7.1％	43人	16.5％
2回	102人	50.7％	168人	41.4％	120人	46.0％
3回以上	50人	24.9％	143人	35.2％	75人	28.7％
その他	9人	4.5％	27人	6.7％	5人	1.9％
不明	7人	3.5％	14人	3.4％	0人	0.0％
合計	201人	100.0％	406人	100.0％	261人	100.0％

　次に，表7－9が「食べ物の入手方法」についての調査結果である．ただし川崎市パン券調査では入手方法について聞き取りを行っていないため，川崎市施設調査の結果とした．

　3都市での調査結果を比較すると，大阪府では約9割，名古屋市では約8割の者は自分で購入（食材や弁当の購入，食堂の利用）することを基本としながら，

他の方法（知人やボランティアからもらう・廃棄食品）で補っていることが分かる．それに対して川崎市では，自分で購入していたが約5割と低く，川崎市食料品支給事業を利用して補っていたことが分かる（川崎市は施設調査のデータであるので，野宿生活時に「購入していた」「補っていた」との回答である）．

表7-9　食べ物の入手方法（複数回答）

	川崎市施設調査		大阪府調査		名古屋市調査	
	人数	%	人数	%	人数	%
自分で購入（食材・弁当等）	87人	43.3%	367人	91.9%	206人	79.0%
知り合い・友人からもらう	39人	19.4%	99人	24.8%	108人	41.4%
ボランティアからもらう	16人	8.0%	-	-	130人	49.8%
商店・コンビニの廃棄食品	31人	15.4%	126人	31.6%	59人	22.6%
川崎市食料品支給事業を利用	67人	33.3%	-	-	-	-
その他	25人	12.4%	46人	11.6%	9人	3.4%
不明	20人	10.0%	-	-	-	-
回答数	285人	141.8%	638人	159.9%	512人	196.2%
回答者数	201人		399人		261人	

このように川崎市では「食料品支給事業」が，野宿生活者にとって大きな社会資源となっており，この事業によって現に弁当支給を受けている者の利用回数が表7-10である．

表7-10　食料品支給事業の利用回数（川崎市パン券調査）

	人数	%
不規則なので何回とはいえない	12人	6.0%
週に6～7回	148人	73.6%
週に3～5回	33人	16.4%
週に1～2回	2人	1.0%
支給事業を利用したばかり	2人	1.0%
不明	4人	2.0%
合計	201人	100.0%

表7-10の通り，週に「6〜7回」利用しているが73.6%（148人）であるが，このうち「ほぼ毎日利用している」が32.3%（65人）である．表7-8の食事回数で「1日に1回」が33人（16.4%）となっているが，先に述べたように2食分を1回で食べてしまうからであり，また「食料品支給事業」がないと「1回未満」，つまり「1日1回も食べれない」となり，他の入手方法に頼るしかないという状況になってしまう．

ここで簡単に「川崎市食料品現物支給事業」について紹介したい．

この事業は平成6年7月18日に，その日の食事に困っている野宿生活者に対して緊急的措置として始まった．当時は毎朝6：30〜7：30に面接を行い，必要と判断された方に通称「パン券」を交付，それを指定店舗で食料品と交換するものであった．不正受給もあったため，平成11年10月13日よりは1日660円相当の「弁当」の現物支給に変更されている．

実際に弁当支給を受けるためには，4ヶ月に1回実施される「更新相談」を受け「食料品台帳」に登録されることが必要となる．支給場所は富士見公園内のプール管理事務所前で，事業委託先の車両内で5人の緊急援護福祉相談員（川崎市の非常勤職員）が面接をし，食料品台帳を確認して引換券が交付される．そして車両前に待機する指定業者のトラックから弁当の支給を受ける方法を取っている．

支給時間は7：15〜9：00，夏季期間は6：30〜8：00で，土日も含め365日実施しており，1日平均支給件数は平成14年度が579人，平成15年度が618人となっている[6]．単純に試算しても，平成15年度の弁当支給にかかった費用は2億7千万円であり，これは川崎市にとっては大きな財政負担であろうが，調査時現在も継続して実施されている．

なお川崎市全数調査は，この「更新相談」時の申請者841人（この方が「食料品台帳」の登録者となる）の申請書とアンケートを集計したものであり，川崎市パン券調査は平成14年9月22日に弁当支給を受けた604人のうち，201人に聞き取りを実施した集計である．

この川崎市パン券調査の実施日には，登録者841人のうち237人は弁当支給を利用していないことになるが，この理由は何であろうか．川崎市パン券調査では「貴方が弁当支給を利用しない日は，どんな時ですか」と質問しており，「仕事がある時」と「その他」から回答を求め，「弁当支給を利用しない日の有無」，さらに「利用していない日の理由」の集計結果が表7－11である．

表7－11　弁当支給を利用しない時の理由（川崎市パン券調査）

	人数	%	有効%
仕事があるため	90人	44.8%	75.6%
その他	29人	14.4%	24.4%
有効回答者数	119人	59.2%	100.0%
非該当	65人	32.3%	
不明	17人	8.5%	
合計	201人	100.0%	

表7－11の通り，弁当支給をほぼ毎日利用している者は約3割（「非該当」の65人），利用しない日がある者は約6割（119人）である．119人のうち「仕事があるため」を理由とした者が90人（75.6%）であり，この方々は仕事がある日には弁当支給を受けていないことになる．これはパン券調査の実施日に支給に来なかった237人のうち，最低でも170人程度は仕事に行っていると判断してよいだろう．

ところで，川崎市全数調査では「野宿生活しながらも，何らかの仕事をしている」者が745人（88.6%），「仕事はしていない」が96人（11.4%）と報告されている[7]．しかし表7－10の通り，弁当支給を「週に6～7回利用」が73.6%であり，さらに表7－11の通り，弁当支給を「利用しない日がある」方が59.2%であると，集計結果に矛盾があると感じてしまうが，これは野宿生活されている方の「仕事の内容」から整理できるだろう．

表7－12が，川崎市全数調査で示されている最近行った仕事の内容である．
野宿生活しながら働いている方の約6割は，土木・建築関係の日雇労働に従

表7-12 最近行った仕事の内容（川崎市全数調査）複数回答

	人数	％
土木・建築関係	468人	57.3%
空き缶拾い	191人	23.4%
アルバイト	74人	9.1%
廃品回収	60人	7.3%
その他	21人	2.5%
不明	53人	6.5%
回答数	867人	106.1%
回答者数	817人	100.0%

事しており，表7-11の弁当支給を利用しない日がある者（59.2％）とは，仕事の開始時間が早い日雇労働に従事した日といえるだろう．

また建築・土木関係以外で，空き缶拾いや廃品回収といった仕事の者も約3割いる．病気や障害，また病気はないが体力的に日雇労働に従事することが困難な者が，空き缶拾いや廃品回収に従事していると思われる．その稼ぎは明らかに日雇労働より低額であるので，毎日のように弁当支給を受けながら空き缶拾いや廃品回収に従事していると考えられる．

このように「川崎市食料品現物支給事業」による弁当支給は，野宿生活者が仕事を継続することを支援しているといえる．川上昌子は「日雇の仕事に就けない時，つまりアブレた時にはパン券があると思えるから，月に2～3日といった少しの日数でも働くことができ，生活が崩れることなく労働者としてのあり方を維持出来ているのではないか[8]」と，川崎市における弁当支給の意義を指摘している．

Aさんは「食事は1日に1～3回と日によって違いがあったが，川崎市の弁当支給は毎日利用していた」と，またBさんも「食事は1日に0～1回と，川崎市の弁当支給だけに頼っていた」と話しているが，川崎市の野宿生活者の方にとっては「食料品現物支給事業」があることで，厳しい野宿生活を過ごすことが出来ているといっても過言でないだろう．

4. おわりに

　平成16年7月30日現在，川崎市役所による調査[9]で市内には1,028人の野宿生活者が確認されているが，その78%が川崎駅周辺の川崎区と幸区を寝場所としており，川崎市では他都市と比較して野宿生活者が狭い範囲に集中しているといえる．

　本章では，この野宿生活者が集中し，野宿生活期間が長期化している理由のひとつとして，川崎市での野宿生活が継続可能な状況にあることに着目し，寝場所が確保し易い点と「食料品現物支給事業」により1日に最低1食または2食は食事が確保できる点を指摘した．

　しかし，この野宿生活が継続可能な状況も，最近では変化し始めたようだ．

　同調査では寝場所として，公園に46.5%，河川敷に20.3%，駅・駅周辺に11.8%と報告しており，表7−5と比較すると公園と河川敷が増え，駅・駅周辺が減っていることから，川崎市でも他都市と同様に駅からの排除が進んでいると考えられる．それに対して富士見公園や多摩川河川敷は，繁華街から離れており住宅地域とは産業道路を隔てているので，寝場所を確保し易いという点から，今後も増えていくことが予想される．

　また「食料品現物支給事業」も見直しの対象としているようで，平成16年10月に川崎市役所から示された「川崎市ホームレス自立支援実施計画」では，「（現物支給事業は）あくまで緊急的，過渡的な施策として位置付ける必要がある[10]」とし，食料品現物支給事業の縮小，廃止に向けた取り組みを明記している．

　同計画では，「食料品現物支給事業」の見直しは，就労支援センターや公園ホームレス対策型シェルターの設置という施策とのセットで検討されるようであるが，野宿生活者にとって「食事の確保」は，生きていくためにもっとも必要なものである．川崎市の野宿生活者は「食料品現物支給事業」があることで，厳しい野宿生活を過ごすことが出来ているという事実を基本にしていくことが必要であろう．

注

1) 川崎市野宿生活者実態調査は，平成14年7〜9月に実施された次の3調査から構成されており，「川崎市の野宿生活者—川崎市野宿生活者実態調査報告書—」(2003年3月川崎市健康福祉局発行)として報告されている．
   ①「食料品現物支給事業更新相談時調査」
   ②「食料品現物支給事業利用者面接調査」
   ③「施設入所者調査」(一時宿泊事業施設1施設・NPO施設2施設)
2)「川崎市の野宿生活者—川崎市野宿生活者実態調査報告書—」川崎市健康福祉局，2003年3月，p.23．
3) 本稿では次の4つの調査報告書からデータを利用した．
   ①「大阪府野宿生活者実態調査報告書」大阪府立大学都市福祉研究会，2002年
   ②「名古屋市『ホームレス』聞取り調査等に関する最終報告書」基礎生活保障問題研究会，2002年
   ③「平成11年度路上生活者実態調査」(東京23区)都市生活研究会，2000年
   ④「ホームレスの実態に関する全国調査報告書」厚生労働省，2003年
4)「越年期における寿地区日雇労働者の実態調査報告書」横浜市住民生支部ドヤ問題対策委員会，1983年3月，p.98．
5) 川崎市役所健康福祉局が2001(平成13)年7月12日の18時〜24時に実施した調査で，川崎区および幸区の46ヶ所で確認したもの．
6)「川崎市ホームレス自立支援実施計画 —緊急援護から生活づくり支援へ—」(平成16〜20年度)」川崎市健康福祉局，2004年10月，p.6．
7) 前掲書2)，p.23
8) 前掲書2)，p.120
9) 前掲書6)，p.15
10) 前掲書6)，p.20

第8章
労働体系から見る女性「ホームレス」の源泉について

はじめに

　日本では貧困が撲滅されたといわれて久しい．1980年代には社会福祉において貧困の消滅が語られ，それに従い，貧困研究も少数派に位置づけられていった．しかし，社会福祉は常に実態として深く貧困と関わりつづけている[1]．むしろ，貧困は消滅したどころか，目に見え，絶対的な貧困とは異なる見えにくい貧困へと移行したのだと考えられる．それが，今，「ホームレス」[2]という形で顕在化することになったのではないか[3]．

　近年になって「ホームレス」の存在は，公園や駅構内，河川敷などの公共の場で夜を過ごしたり生活していたりすることから注目をされるようになった．また，男性のみならず女性「ホームレス」の存在もマスコミなどで取り上げられるようにもなり，数の少なさにも関わらず注目されている．しかし，過去の「ホームレス」に関する調査・研究では，女性「ホームレス」に焦点をあてたものはほとんど見当たらないのが現状である．もともと多くの研究分野で性差に着目した研究がなされていない以上，当然のことである．しかし，世界的に女性と貧困の関係が認識されつつある現代において，貧困と社会福祉が切り離して考えられないのと同様，女性と貧困の深い関わりについて明らかにしていく必要がある．特に今まで明らかにされていない女性「ホームレス」を取り巻く社会構造と社会的位置に焦点をあてていくことが，社会福祉における貧困解決に繋がるのだと考える．

本章では，女性「ホームレス」を生み出している経済的・社会的生活基盤の不安定さを構造的に分析し，女性「ホームレス」の源泉を明らかにし，女性「ホームレス」の社会構造的な実態把握を目指す．

第1節　女性の労働に関する研究とその問題点

ここでは，女性「ホームレス」の具体的な源泉を探ることを試みる．それはいいかえれば，第一に，女性「ホームレス」の源泉であると考えられる女性の不安定職種，不安定雇用の実態を明らかにすることであり（労働的要因），第二に，家庭における女性の位置の不安定さと女性の「ホームレス」化との関係を明らかにすること（家庭的要因）を目指すということになる．

女性の労働に関する研究そのものが非常に限られており，その中でも女性の不安定職種，不安定雇用の実態を明らかにした研究はほとんど見られない．女性の労働全般に関する研究がなされてこなかった歴史を，大沢真理は社会政策学会の取り組みを回顧しつつ，次のように批判している．「ともかく従来の研究のあり方では，暗黙の大前提としてつぎのような図式がおかれているように思われる．すなわち，労働問題研究には，『一般研究』と『特殊分野』とがある．『女子労働』は，高齢者，外国人労働者等々とならんで『特殊分野』の一つをなすが，なぜか諸『特殊分野』のなかには『男性労働』という分野はない．他方『一般』は，労働者の属性を越えた諸問題を理論的，実証的に扱うはずであり，そうしたそぶりを見せるが，実はそこに登場する『労働者』とは男性のみである．そして，『女性の問題』のような『特殊』な，『周辺的』な研究の成果は軽視されがちであり，そうでないとしても，『特殊』領域から『一般』領域への口出しははばかられる傾向にあるのではないか」[4]．

つまり，以上の指摘は，労働問題研究が男性のみを視野に入れた研究としてなされてきており，したがって女性の労働研究は周辺的なものと見なされ，重要視されてこなかった，ということである．それゆえ，女性の労働に関する研

究が少ないこと，さらに，労働体系の観点から女性の不安定さを明らかにした研究がなされていないことは，現在においては納得出来ることであるといえよう．

とはいえ，そうした現状にあっても，女性の不安定職種，不安定雇用の実態を明らかにした江口英一[5]の研究は重要なものとしてあげられる．この研究は，不安定階層を労働という側面から捉え分析することで，不安定職種とその傾向を明らかにしている．ただし，この分析は1954年の労働省の資料をもとにしているので，社会的な背景が現在とは大きく異なる．つまり，1954年当時は，第二次世界大戦後の高度経済成長が始まった時期であり，労働に関係する経済的な背景は現在とはかけ離れたものであった．しかし，この分析は性差に注目した実証的な分析を行っており，この当時の女性の労働体系を把握するためには欠かせぬ資料であること，また，その分析が現在にも十分応用できる視点を提供していると考えられることから，ここで整理し，考察することとする．

江口の分析は，職種による在職者の平均年齢，入職平均年齢，在職平均年数などから，女性の職業を類型化し，その類型化から不安定職種を導く，というものである．ここで，女性と男性を分けて考察する理由として，「のちに，具体的に示すように，女子の職種は男子の類型を大きくモディファイしなければならぬことがわかったからである．それは，平均経験年数において男子にくらべすべて短いのみならず，その状況は，各職業ともほとんど一様な長さであらわれた．そこには，女子労働及びその労働市場の特質が明確に見られた」[6]と述べている．以下に，江口の具体的な分析を整理することとする．

女性の労働の傾向を男性と比較したとき，そこで明らかになったことは，職種に関係なく継続期間が短いこと，職業によって平均入職年齢と平均年齢との高低差が見られることの2点であるという．このことから，「男子の労働市場と女子の労働市場が全く別に構成されていること」[7]が明らかであるとする．そして，その考えられる要因として，つぎの3点をあげている．「① 女子職業には，家事労働の問題が必然的に含まれて来ざるを得ないこと，② 彼女たちの労働市場への流出は一般的にいって家計補充的，窮迫的性格をつよくもって

いること，③職種としては不熟練職種がほとんどであり，すでに用いた言葉では行きどまり的性格をもち，彼女たちは職業的上向コース——昇身の道を一般にとざされていること」[8]．

そして，平均入職年齢にしたがってつぎの4タイプ（Ⅰ型〜Ⅳ型）に女性職種を類別している．

Ⅰ型は，入職年齢のもっとも低い職業群，つまり，義務教育を終えてすぐ流入するものがもっとも多いグループである．このグループの傾向としては，職業経験がないことと，その多くが未婚であることがあげられる．このグループに属する職種傾向としては，大規模事業所の不熟練女子労働（紡績関係，機械器具製造関係，百貨店など）が典型である．

Ⅱ型は，平均入職年齢が20歳前後のグループであるが，入職年齢の分散度が大きく年齢的な区別が困難であり，連続的であるといえる．Ⅱ型はⅠ型よりも平均入職年齢が高いが，だからといってⅡ型に職業経験・労働経験があるとは限らない．さらに，その多くがⅠ型同様未婚であることがあげられる．このグループに属する職種傾向としては，比較的小規模な事業所の不熟練女子労働（織物関係，製本，飲食店，一般小売店など）が典型であるとしている．

Ⅲ型は，Ⅰ型とⅡ型に比べ，入職年齢がはなはだしく高い職業群である．このグループの傾向として，Ⅱ型同様，職業経験・労働経験があるとは限らないことが推測され，その多くが既婚であることがあげられる．このグループに属する職種傾向としては，鉱山の手選鉱婦，食料品関係の雑工，紙手漉工，金属関係の中子工など，母子世帯的あるいはいわゆる多就業的世帯の場合の女子労働の主要な形態だとしている．

Ⅳ型は，Ⅰ型〜Ⅲ型までの各グループとは別の性格を有する特殊職業層（女子特有な技能的職業）である．特殊的技能的職種であるため，従事期間は先の3つのグループに比べて長いとしている[9]．

以上の類別による分析の結論として江口は，「女子職種または職業の市場の形成要因について，先にのべた考え方からすれば，女子職種は特別の場合を除いて，『下層的』職種または職業である．未婚女子（低年齢）のそれが，『行き

どまり』の職業であるとともに，既婚婦人（高年齢）のそれも同じく下層の職種である」10)と述べる．つまり，日本の労働市場において，Ⅰ型～Ⅲ型のグループはいずれも周辺的な位置に置かれ，同時に底辺部にあるということである．特にⅢ型は「継続期間」が短く，したがって不安定な，いわゆる「行きどまり」的職業，つまり「不安定就業」職種または労働だといえるということである11)．なお，具体的な不安定職種・職業として，「鉱山業の手選鉱婦……，紙及び類似品製造業の手作業調木工，紙手漉工，ガラス・土石の陶磁器仕上工，鋳物業の中子工，保険外交員」12)をあげ，また，このような職種・職業に準ずるものとして，「製本工，紙器製造工，皮革縫製工，包装工，および販売店員，飲食店給仕」13)などを付け加えている．

次に，すでに述べたように江口の分析している資料が1954年のものであること，したがって現在とは社会的背景が異なることを考慮しつつ，この時代の女性労働者の社会的な背景を押さえておきたい．

江口も1954年が高度経済成長の始まる時期だと指摘しているように，この時期が第二次世界大戦後の経済復興期であったことと同時に，近代家族（雇用者・核家族）の成立に向かう時期でもあったことは，女性労働の背景として重要なことであろう．上野千鶴子は，この時期の女性労働者について，「労働市場にのこっている女性は，婚前か婚外，または脱婚の女性たちであり，結婚と仕事は非両立と見なされていた．この時期までは，女は仕事を持っていれば結婚しておらず，結婚していれば仕事をしていないのがあたりまえ」14)だったのだと分析している．また，1955年，この分析に使用した資料の一年後において，「女性労働力人口中自営業主，家庭従業者が全体の66.8％を占めていた．雇用者が50％を超えるのは1960年代後半のこと」15)との分析もすでにされている．

つまり，1954年当時，女性労働者自体が現在と比較して非常に少なく，また，少ない女性労働者の内訳も大半は結婚していない女性で占められていたということは，江口の分析を現代にあてはめて参考にする際に重要な意味を持つ違いであると認識する必要がある．このような社会的背景の違いを考慮にいれて考えるならば，女性の社会進出が進み，多様な就労形態が生れた現代の女性労働

に対して，江口が結論づけているように「女子職種は特別の場合を除いて，『下層的』職種または職業である」とは，いいきれないだろう．しかし，この時代においては，そう述べることが出来たのは，江口の分析によれば女性労働者の社会的状況から当然ともいえることだったのだ．そこで，現代の女性「ホームレス」について述べる前に，現代の女性労働者の状況を把握し，現代における女性の「下層的」職種・職業はどのようなものなのかということを明らかにしなければならない．また，江口の不安定就労の典型としての「行きどまり」的な就労という発見は，現代においても有効な指標であることは変わりない．つまり，現代の女性労働は平均してM字型就労であるが，これは現代の女性が結婚あるいは育児という再生産労働の発生とともにいったん就労からはずれることを意味している．いいかえるならば，M字型という女性の一般的な就労形態は「行きどまり」的な就労を根本的に前提しているといえる．それゆえ，当時と変わらず女性職種・職業が「周辺的」であり続けているという視点は，現在でも有効であろう．簡潔にいえば，それは，女性と男性の賃金格差が世界的にも最上位にある現状，仕事の内容的には女性の多くが補助業務を行っており，昇進の道も閉ざされているといわざるを得ない現状，パートタイム雇用が増加している一方，賃金などの労働条件は悪く，景気変動によって解雇される可能性を含む不安定雇用に置かれている現状と，いずれをとっても，現代の女性の「行きどまり」的かつ「周辺的」な不安定就労を裏づける要素はそろっているのである．

第2節　現代における女性の労働体系

　ここでは，江口の分析方法および概念を参考にしつつ，現代における女性の「行きどまり」的かつ「周辺的な」不安定就労体系を実証するとともに，現代での「下層的」職種（不安定低所得職種）を明らかにすることを目指す．

1. 不安定低所得職種の析出

（1） 分析方法

　現代の女性職種の傾向を年齢構成と労働人数から図る資料としては，「1990（平成2）年の国勢調査職業小分類」がある．A～Jと大きく職業を区分（中分類）した上で職種を294項目と細かく分類していること，女性職種の傾向を図る有効なデータとして，もっとも調査母数が大きいことからこの資料を使用することとする．しかし，国勢調査の職業小分類は資料として次に挙げるようないくつかの大きな欠点を持っている．

　第一に，分類内容の中に現在ではほとんど就労者のいなくなった職種が含まれていることである（例：「I 137 採鉱員」など）．このことはいいかえれば，実情に即した分類ではないということである．したがって，現代の労働者の実情が調査の影に埋もれている可能性が疑われる．

　第二に，分類上，雇用者あるいは経営者と被雇用者の区別がされていないことである（例：「E 93　旅館主・支配人・番頭」など）．職種によっては，雇用者と被雇用者の違いは不安定低所得層であるかどうかと見極める大きな指標になる．その区別がなく，両者が混在していることは，不安定低所得職種を抽出する上での重大な障害となった．

　第三に，「その他の」あるいは「他に分類されない」と分類される職種の内容が明らかでないことである（例：「E 82 その他の家事サービス職業従事者」，「E 100 他に分類されないサービス職業従事者」など）．このような統計上分類不可能な職種にこそ不安定低所得職種が含まれることが予測される．しかし，実態を知ることが出来ないため，資料として使用することが出来なかった．

　最後に，国勢調査の実施方法から見て，「住所不定者」もしくは半「住所不定者」はこの調査に参加していないだろうと予想されることである．そうした人々の中にこそ下層の集団が含まれていると考えられるのである．とはいえ，ここでは不安定低所得職種を明らかにすることを目的としているため，分析上は問題ないと判断した．しかし，調査対象として含まれていないものがいるこ

とも，重要な問題点である．

（2） 分析手順の説明

分析は次のような手順で行った．

① 294職種から，45歳以上の就労率が44歳以下よりも高い職種を抽出した．これはすで述べたように，江口が明らかにした女性の不安定低所得職種にあたるIII型の特徴である．中高年層において高い就労率を示す職種をまず抽出するためである．なお，45歳で区切ったのは，女性の平均就労体系を表すM字型カーブの右側の頂点が「40歳～44歳」の項に出現するからである．

② ①で抽出したものの中で，データとして役に立たないものを削除した．具体的には，就労者人数が1,000人以下のものである（例：「H 121 電車・気動車運転士」など）．これは，統計として人数が少なすぎるからであり，資料として有効性に欠けると判断したためである．さらに，分類として「その他」などと表記されている職種，すなわち広い業務内容を含むものも，統計上の正確さを欠くという理由から除いた（例：「E 82 その他の家事サービス職業従事者」，「E 100 他に分類されないサービス職業従事者」など）．

③ ②までで抽出されたものの中で，分析目的と明らかにそぐわないものを削除した．ここでの分析目的は，女性の不安定低所得職種を明らかにすることであり，その目的からは，明らかに専門的な経験が必要な職種と，管理的な職種は除かれる．さらに，農林水産業関連の職種に関しては，家族経営的な就労が予想されること，雇用関係が明らかでないことが予想されることから除く．また，統計上「分類不可能」とされているものも除く．具体的には「A 1～52 専門的・技術的職業従事者」，「B 53～57 管理的職業従事者」，「G 107～120 農林漁業作業者」，「J 294 分類不能の職業」に分類されている職種である．さらに，同様の理由から，事業主あるいは経営者と被雇用者の区別があいまい，もしくは明らかに両者が混在しているものを排除した（例：「E 93 旅館主・支

配人・番頭」など).

　以上の①〜③の作業過程から，母集団274職種から80職種を抽出することが出来た．この80職種は，現代の女性の不安定低所得職種と見ることが出来る．この80職種の中から典型的な不安定低所得職種を抽出するために，次の作業を行った．

④　この80職種を，45歳以上の労働者が含まれる割合と，45歳以上の就労人数とを基準にして順位づけを行い，それぞれ上位20位までに入った職種を抽出した．

　この作業によって，35職種を得ることができた．それが，表8－1である．これらの職種は，現代の女性の不安定低所得職種の典型な職種であると見ることが出来る．これらの35職種がどのような傾向を示すのかさらに詳しく見ていくために，次の作業を行った．

⑤　年齢階級ごとの就労者の割合に注目し，どの年齢階級で頂点に達するのかを調べた．その上でそれぞれの職種をグループに分類し，40歳〜44歳で頂点に達するグループ，45歳〜49歳で頂点に達するグループ，50歳〜54歳で頂点に達するグループ，55歳〜59歳で頂点に達するグループ，65歳〜69歳で頂点に達するグループ，M字型カーブになるグループの6グループに分けた．その結果は，表8－2のようである．
　そして，各グループの中から，平均的でかつ就労人数が多いものを選び，図で例示している．それは，図8－1から図8－6の通りである．

　⑤の作業から，M字型カーブになるグループを除いて，一様に中高年の年齢階級において就労率が頂点に達すること，いいかえれば，若年層の就労者が少ないことが示された．就労が頂点に達する年齢が高齢になるほど，その傾向

表8-1　45歳以上の構成比と人数の多い職種35職種一覧

分類番号		職　種
C	60	集金人
E	80	家事手伝い（住込みの女子）
E	81	家政婦
E	85	浴場従事者
E	86	クリーニング工，洗張職
E	87	調理人
E	92	娯楽場等の接客員
I	147	れんが・かわら・土管製造工
I	151	セメント製品製造工
I	156	鋳物工
I	165	金属工作機械工
I	166	金属プレス工
I	193	精穀工，製粉工
I	198	パン・菓子製造工
I	199	豆腐・こんにゃく・ふ製造工
I	200	缶詰・瓶詰食品製造工
I	202	水産物加工工
I	213	織機準備工
I	214	織布工
I	218	製網工，精網工（繊維製）
I	220	婦人・子供服仕立工
I	221	男子服仕立工
I	222	和服仕立工
I	227	製材工
I	231	木製家具・建具製造工
I	233	竹細工工
I	234	草・つる製品製造工
I	238	紙器製造工
I	248	プラスチック製品成形工・加工工・仕上工
I	256	洋傘組立工
I	266	包装工
I	283	畳工
I	284	土木工，舗装工
I	291	荷造工
I	292	清掃員

出所）1990（平成2）年国勢調査職業小分類より作成．

表8-2　35職種の傾向を年齢と型で分類

頂　点	分類番号		職　種
40〜44歳	C	60	集金人
	I	248	プラスチック製品成形工・加工工・仕上工
	I	266	包装工
	I	291	荷造工
45〜49歳	E	86	クリーニング工，洗張職
	E	87	調理人
	I	165	金属工作機械工
	I	166	金属プレス工
	I	238	紙器製造工
50〜54歳	I	147	れんが・かわら・土管製造工
	I	151	セメント製品製造工
	I	156	鋳物工
	I	199	豆腐・こんにゃく・ふ製造工
	I	200	缶詰・瓶詰食品製造工
	I	202	水産物加工工
	I	213	織機準備工
	I	214	織布工
	I	218	製網工，精網工（繊維製）
	I	220	婦人・子供服仕立工
	I	221	男子服仕立工
	I	231	木製家具・建具製造工
	I	256	洋傘組立工
	I	283	畳工
55〜59歳	E	81	家政婦
	I	193	精穀工，製粉工
	I	227	製材工
	I	233	竹細工工
	I	234	草・つる製品製造工
	I	284	土木工，舗装工
	I	292	清掃員
65〜69歳	E	80	家事手伝い（住込みの女子）
M字型	E	85	浴場従事者
	E	92	娯楽場等の接客員
	I	198	パン・菓子製造工
	I	222	和服仕立工

出所）1990（平成2）年国勢調査職業小分類より作成．

290

図8-1　I 266　包装工（40〜44歳頂点）

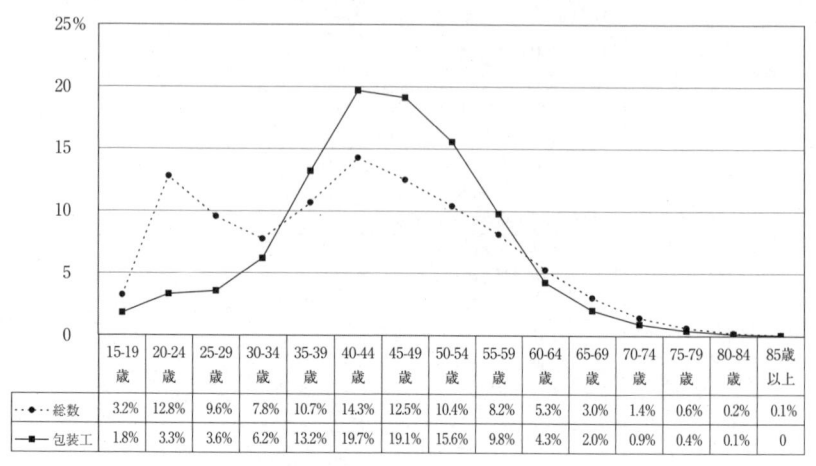

	15-19歳	20-24歳	25-29歳	30-34歳	35-39歳	40-44歳	45-49歳	50-54歳	55-59歳	60-64歳	65-69歳	70-74歳	75-79歳	80-84歳	85歳以上
‥◆‥ 総数	3.2%	12.8%	9.6%	7.8%	10.7%	14.3%	12.5%	10.4%	8.2%	5.3%	3.0%	1.4%	0.6%	0.2%	0.1%
― 包装工	1.8%	3.3%	3.6%	6.2%	13.2%	19.7%	19.1%	15.6%	9.8%	4.3%	2.0%	0.9%	0.4%	0.1%	0

出所）1990（平成2）年国勢調査職業小分類より作成．
注）総数は，年齢階級ごとの平均を表わしている．

図8-2　E 87　調理人（45〜49歳頂点）

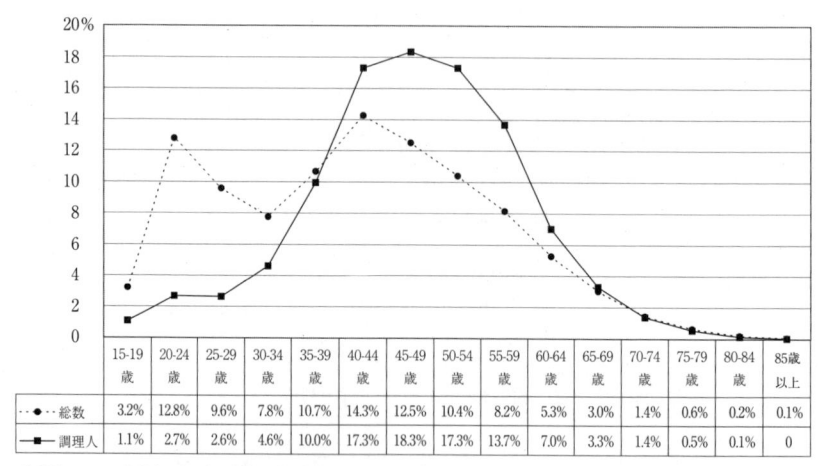

	15-19歳	20-24歳	25-29歳	30-34歳	35-39歳	40-44歳	45-49歳	50-54歳	55-59歳	60-64歳	65-69歳	70-74歳	75-79歳	80-84歳	85歳以上
‥◆‥ 総数	3.2%	12.8%	9.6%	7.8%	10.7%	14.3%	12.5%	10.4%	8.2%	5.3%	3.0%	1.4%	0.6%	0.2%	0.1%
― 調理人	1.1%	2.7%	2.6%	4.6%	10.0%	17.3%	18.3%	17.3%	13.7%	7.0%	3.3%	1.4%	0.5%	0.1%	0

出所）1990（平成2）年国勢調査職業小分類より作成．
注）総数は，年齢階級ごとの平均を表わしている．

第8章　労働体系から見る女性「ホームレス」の源泉について　291

図8-3　I 200　缶詰・瓶詰食品製造工（50〜54歳頂点）

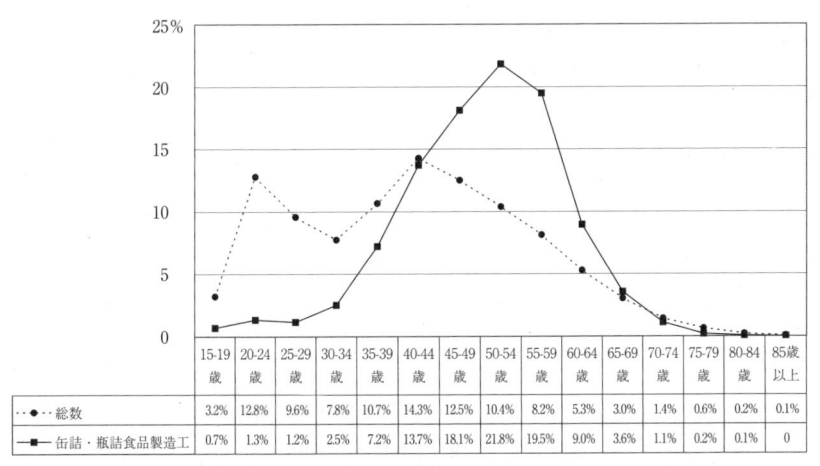

	15-19歳	20-24歳	25-29歳	30-34歳	35-39歳	40-44歳	45-49歳	50-54歳	55-59歳	60-64歳	65-69歳	70-74歳	75-79歳	80-84歳	85歳以上
･･･総数	3.2%	12.8%	9.6%	7.8%	10.7%	14.3%	12.5%	10.4%	8.2%	5.3%	3.0%	1.4%	0.6%	0.2%	0.1%
━ 缶詰・瓶詰食品製造工	0.7%	1.3%	1.2%	2.5%	7.2%	13.7%	18.1%	21.8%	19.5%	9.0%	3.6%	1.1%	0.2%	0.1%	0

出所）1990（平成2）年国勢調査職業小分類より作成．
注）総数は，年齢階級ごとの平均を表わしている．

図8-4　I 292　清掃員（55〜59歳頂点）

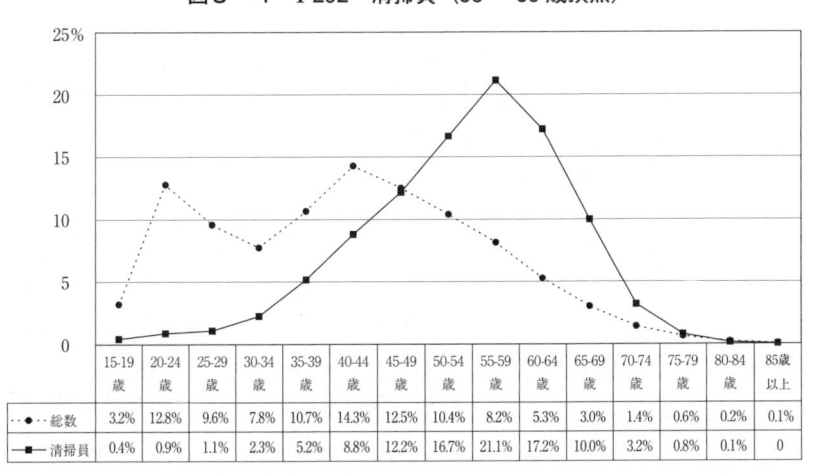

	15-19歳	20-24歳	25-29歳	30-34歳	35-39歳	40-44歳	45-49歳	50-54歳	55-59歳	60-64歳	65-69歳	70-74歳	75-79歳	80-84歳	85歳以上
･･･総数	3.2%	12.8%	9.6%	7.8%	10.7%	14.3%	12.5%	10.4%	8.2%	5.3%	3.0%	1.4%	0.6%	0.2%	0.1%
━ 清掃員	0.4%	0.9%	1.1%	2.3%	5.2%	8.8%	12.2%	16.7%	21.1%	17.2%	10.0%	3.2%	0.8%	0.1%	0

出所）1990（平成2）年国勢調査職業小分類より作成．
注）総数は，年齢階級ごとの平均を表わしている．

292

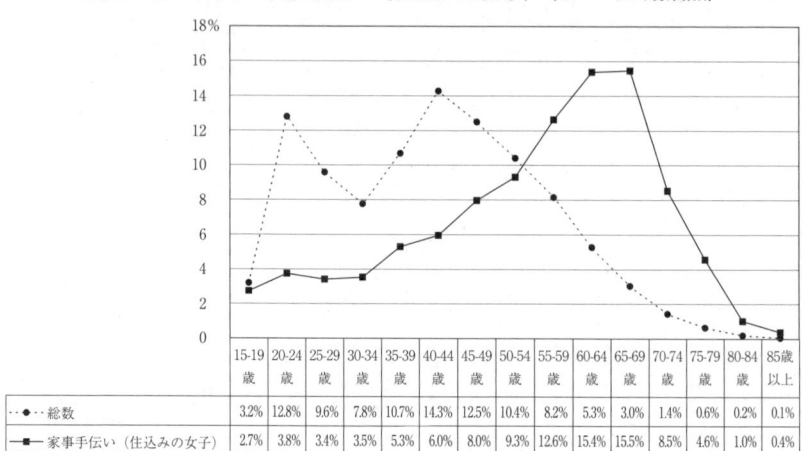

図8－5　E 80　家事手伝い（住込みの女子）（65～69歳頂点）

	15-19歳	20-24歳	25-29歳	30-34歳	35-39歳	40-44歳	45-49歳	50-54歳	55-59歳	60-64歳	65-69歳	70-74歳	75-79歳	80-84歳	85歳以上
……◆…… 総数	3.2%	12.8%	9.6%	7.8%	10.7%	14.3%	12.5%	10.4%	8.2%	5.3%	3.0%	1.4%	0.6%	0.2%	0.1%
——■—— 家事手伝い（住込みの女子）	2.7%	3.8%	3.4%	3.5%	5.3%	6.0%	8.0%	9.3%	12.6%	15.4%	15.5%	8.5%	4.6%	1.0%	0.4%

出所）1990（平成2）年国勢調査職業小分類より作成．
注）総数は，年齢階級ごとの平均を表わしている．

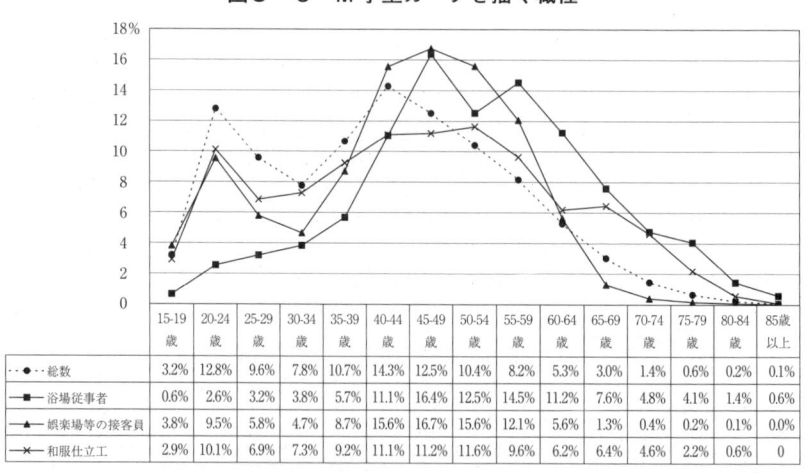

図8－6　M字型カーブを描く職種

	15-19歳	20-24歳	25-29歳	30-34歳	35-39歳	40-44歳	45-49歳	50-54歳	55-59歳	60-64歳	65-69歳	70-74歳	75-79歳	80-84歳	85歳以上
……◆…… 総数	3.2%	12.8%	9.6%	7.8%	10.7%	14.3%	12.5%	10.4%	8.2%	5.3%	3.0%	1.4%	0.6%	0.2%	0.1%
——■—— 浴場従事者	0.6%	2.6%	3.2%	3.8%	5.7%	11.1%	16.4%	12.5%	14.5%	11.2%	7.6%	4.8%	4.1%	1.4%	0.6%
——▲—— 娯楽場等の接客員	3.8%	9.5%	5.8%	4.7%	8.7%	15.6%	16.7%	15.6%	12.1%	5.6%	1.3%	0.4%	0.2%	0.1%	0.0%
——×—— 和服仕立工	2.9%	10.1%	6.9%	7.3%	9.2%	11.1%	11.2%	11.6%	9.6%	6.2%	6.4%	4.6%	2.2%	0.6%	0

出所）1990（平成2）年国勢調査職業小分類より作成．
注）総数は，年齢階級ごとの平均を表わしている．

は顕著になり,「逆への字」を描くことになる.つまり,年齢階級別の就労の推移が「逆への字」を描く職種は,不安定低所得職種の中でもさらに下層的であるとの推測が出来るのである.

⑥ 職種の傾向に注目し,傾向ごとに分類した.それは,家事サービスに類する職種,生産工程に従事する職種,服飾に関する職種,伝統工芸に関する職種,その他の縁辺的職種の5つである(表8－3).そして,各職種の中から典型的なものを選び,年齢階級ごとの就労者の割合を図で示した.それは図8－7から図8－11の通りである.

⑤で得られた推測を⑥の作業過程で見てみると,家事サービスに類する職種が「逆への字」を描いていることがわかる.家事サービスに類する職種は,いずれも55歳～59歳で頂点に達するグループと65歳～69歳で頂点に達するグループに分類されている.⑤と⑥のことから,家事サービスに類する職種がもっとも下層的な職種であるとの推測ができるのである.

さらに,この推測を検証するために,次の作業を行った.

⑦ 45歳～59歳までの就労者の構成比と就労人数,60歳以上の就労者の構成比と就労人数に分けて,それぞれの上位20職種の中で,家事サービスに類する職種がどのような位置を占めているのか考察した(表8－4).60歳以上という区切りは,一般的な定年年齢が60歳以上であることを考慮したものである.

45歳～59歳の就労者の割合が多い上位20職種の中には,家事サービスに類する職種は含まれていない.しかし,就労人数の上位20職種には,「Ⅰ292清掃員」(2位)と「E81家政婦」(15位)が含まれている.60歳以上では,就労者の割合が多い上位に「E80家事手伝い(住み込みの女子)」(1位),「E81家政婦」(2位),「Ⅰ292清掃員」(3位)が並んでいる.就労人数でも,「Ⅰ292

表8-3 仕事の傾向で分類

分類	分類番号		職種	表3との対応
服飾	I	220	婦人・子供服仕立工	50～54歳
	I	221	男子服仕立工	50～54歳
家事	E	80	家事手伝い（住込みの女子）	65～69歳
	E	81	家政婦	55～59歳
	I	292	清掃員	55～59歳
生産	E	86	クリーニング工，洗張職	45～49歳
	I	147	れんが・かわら・土管製造工	50～54歳
	I	151	セメント製品製造工	50～54歳
	I	156	鋳物工	50～54歳
	I	165	金属工作機械工	45～49歳
	I	166	金属プレス工	45～49歳
	I	193	精穀工，製粉工	55～59歳
	I	198	パン・菓子製造工	M字型
	I	199	豆腐・こんにゃく・ふ製造工	50～54歳
	I	200	缶詰・瓶詰食品製造工	50～54歳
	I	202	水産物加工工	50～54歳
	I	213	織機準備工	50～54歳
	I	214	織布工	50～54歳
	I	218	製網工，精網工（繊維製）	50～54歳
	I	227	製材工	55～59歳
	I	231	木製家具・建具製造工	50～54歳
	I	238	紙器製造工	45～49歳
	I	248	プラスチック製品成形工・加工工・仕上工	40～44歳
	I	256	洋傘組立工	50～54歳
	I	266	包装工	40～44歳
	I	284	土木工，舗装工	55～59歳
	I	291	荷造工	40～44歳
伝統	I	222	和服仕立工	M字型
	I	233	竹細工工	55～59歳
	I	234	草・つる製品製造工	55～59歳
	I	283	畳工	50～54歳
その他	C	60	集金人	40～44歳
	E	85	浴場従事者	M字型
	E	87	調理人	45～49歳
	E	92	娯楽場等の接客員	M字型

出所）1990（平成2）年国勢調査職業小分類より作成．

第8章　労働体系から見る女性「ホームレス」の源泉について　295

図8-7　家事サービスに従事する職種の年齢階級ごとの就労者の割合

	15-19歳	20-24歳	25-29歳	30-34歳	35-39歳	40-44歳	45-49歳	50-54歳	55-59歳	60-64歳	65-69歳	70-74歳	75-79歳	80-84歳	85歳以上
･･･●･･･総数	3.2%	12.8%	9.6%	7.8%	10.7%	14.3%	12.5%	10.4%	8.2%	5.3%	3.0%	1.4%	0.6%	0.2%	0.1%
─■─清掃員	0.4%	0.9%	1.1%	2.3%	5.2%	8.8%	12.2%	16.7%	21.1%	17.2%	10.0%	3.2%	0.8%	0.1%	0.0%
─▲─家事手伝い（住込みの女子）	2.7%	3.8%	3.4%	3.5%	5.3%	6.0%	8.0%	9.3%	12.6%	15.4%	15.5%	8.5%	4.6%	1.0%	0.4%

出所）1990（平成2）年国勢調査職業小分類より作成．

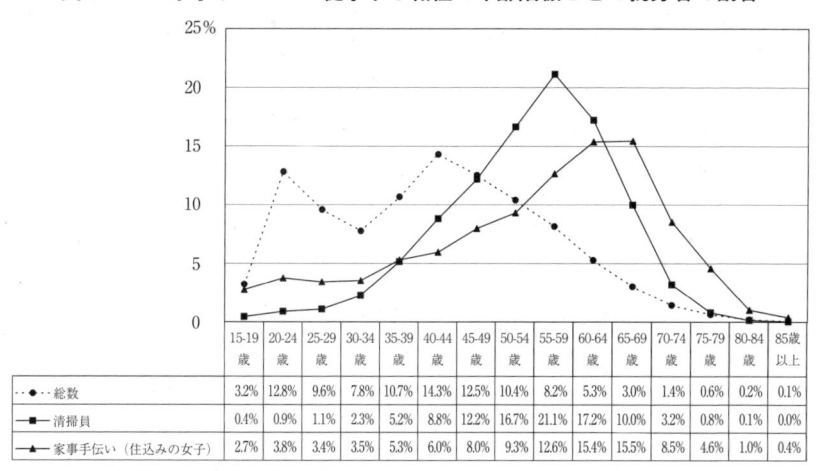

図8-8　生産工程に従事する職種の年齢階級ごとの就労者の割合

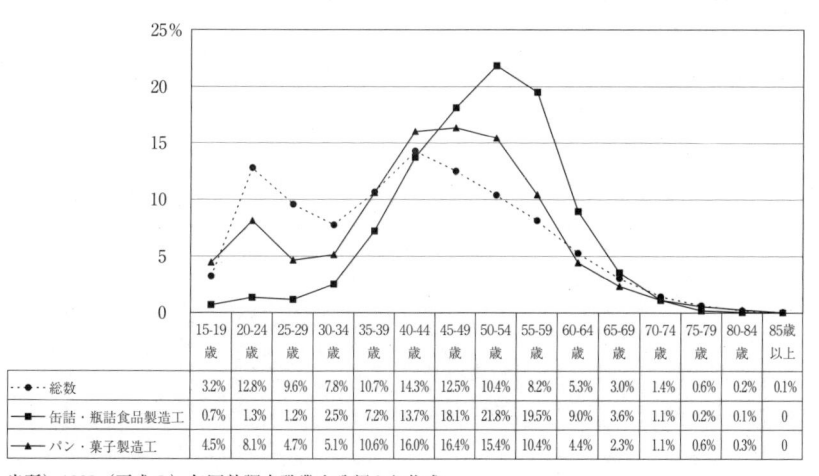

	15-19歳	20-24歳	25-29歳	30-34歳	35-39歳	40-44歳	45-49歳	50-54歳	55-59歳	60-64歳	65-69歳	70-74歳	75-79歳	80-84歳	85歳以上
･･･●･･･総数	3.2%	12.8%	9.6%	7.8%	10.7%	14.3%	12.5%	10.4%	8.2%	5.3%	3.0%	1.4%	0.6%	0.2%	0.1%
─■─缶詰・瓶詰食品製造工	0.7%	1.3%	1.2%	2.5%	7.2%	13.7%	18.1%	21.8%	19.5%	9.0%	3.6%	1.1%	0.2%	0.1%	0
─▲─パン・菓子製造工	4.5%	8.1%	4.7%	5.1%	10.6%	16.0%	16.4%	15.4%	10.4%	4.4%	2.3%	1.1%	0.6%	0.3%	0

出所）1990（平成2）年国勢調査職業小分類より作成．
　注）総数は，年齢階級ごとの平均を表わしている．

図8-9 服飾に関する職種の年齢階級ごとの就労者の割合

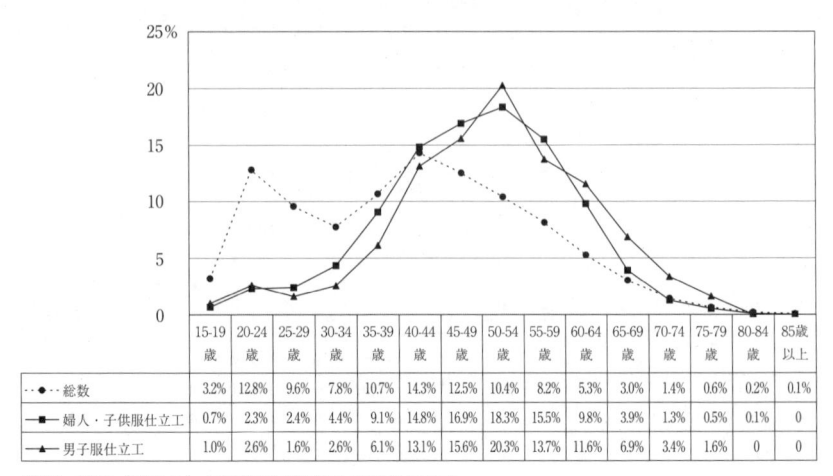

	15-19歳	20-24歳	25-29歳	30-34歳	35-39歳	40-44歳	45-49歳	50-54歳	55-59歳	60-64歳	65-69歳	70-74歳	75-79歳	80-84歳	85歳以上
総数	3.2%	12.8%	9.6%	7.8%	10.7%	14.3%	12.5%	10.4%	8.2%	5.3%	3.0%	1.4%	0.6%	0.2%	0.1%
婦人・子供服仕立工	0.7%	2.3%	2.4%	4.4%	9.1%	14.8%	16.9%	18.3%	15.5%	9.8%	3.9%	1.3%	0.5%	0.1%	0
男子服仕立工	1.0%	2.6%	1.6%	2.6%	6.1%	13.1%	15.6%	20.3%	13.7%	11.6%	6.9%	3.4%	1.6%	0	0

出所) 1990 (平成2) 年国勢調査職業小分類より作成.
注) 総数は, 年齢階級ごとの平均を表わしている.

図8-10 伝統工芸に関する職種の年齢階級ごとの就労者の割合

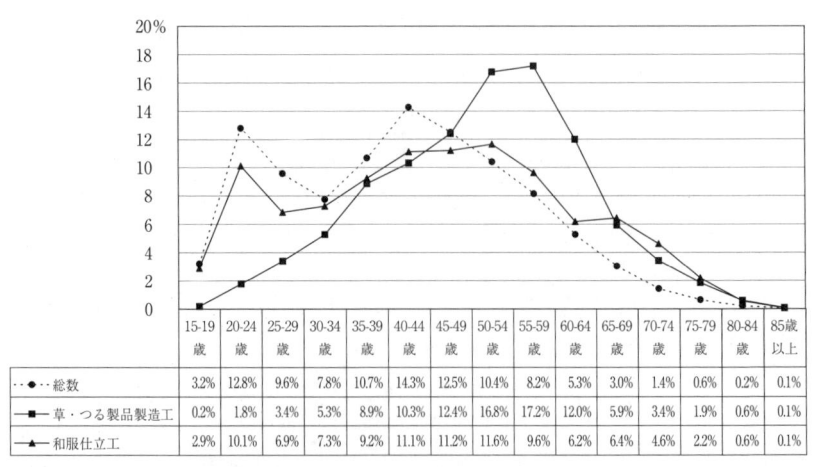

	15-19歳	20-24歳	25-29歳	30-34歳	35-39歳	40-44歳	45-49歳	50-54歳	55-59歳	60-64歳	65-69歳	70-74歳	75-79歳	80-84歳	85歳以上
総数	3.2%	12.8%	9.6%	7.8%	10.7%	14.3%	12.5%	10.4%	8.2%	5.3%	3.0%	1.4%	0.6%	0.2%	0.1%
草・つる製品製造工	0.2%	1.8%	3.4%	5.3%	8.9%	10.3%	12.4%	16.8%	17.2%	12.0%	5.9%	3.4%	1.9%	0.6%	0.1%
和服仕立工	2.9%	10.1%	6.9%	7.3%	9.2%	11.1%	11.2%	11.6%	9.6%	6.2%	6.4%	4.6%	2.2%	0.6%	0.1%

出所) 1990 (平成2) 年国勢調査職業小分類より作成.
注) 総数は, 年齢階級ごとの平均を表わしている.

図8−11 その他の縁辺的職種の年齢階級ごとの就労者の割合

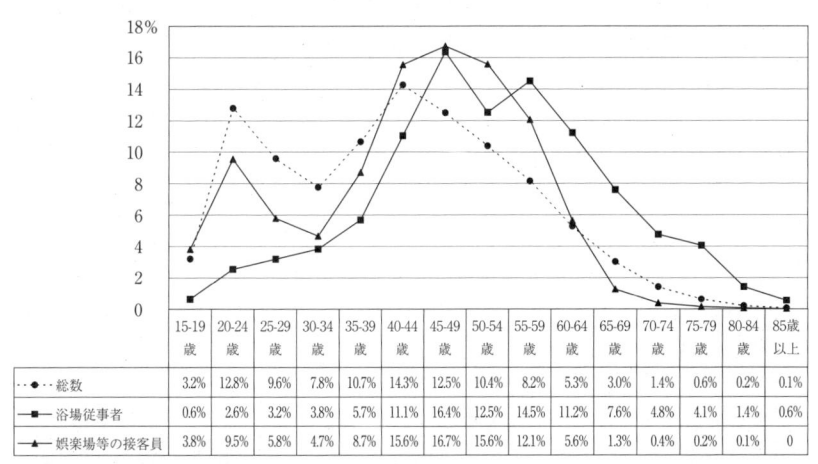

	15-19歳	20-24歳	25-29歳	30-34歳	35-39歳	40-44歳	45-49歳	50-54歳	55-59歳	60-64歳	65-69歳	70-74歳	75-79歳	80-84歳	85歳以上
⋯・総数	3.2%	12.8%	9.6%	7.8%	10.7%	14.3%	12.5%	10.4%	8.2%	5.3%	3.0%	1.4%	0.6%	0.2%	0.1%
─■─浴場従事者	0.6%	2.6%	3.2%	3.8%	5.7%	11.1%	16.4%	12.5%	14.5%	11.2%	7.6%	4.8%	4.1%	1.4%	0.6%
─▲─娯楽場等の接客員	3.8%	9.5%	5.8%	4.7%	8.7%	15.6%	16.7%	15.6%	12.1%	5.6%	1.3%	0.4%	0.2%	0.1%	0

出所）1990（平成2）年国勢調査職業小分類より作成．
注）総数は，年齢階級ごとの平均を表わしている．

清掃員」（2位）と「E 81 家政婦」（4位）が上位に，下位にも「E 80 家事手伝い（住み込みの女子）」（17位）が含まれている．以上のことから，家事サービスに類する職種は高齢になるまで残る職種なのであり，高齢になるほど，不安定低所得職種の中に占める割合は増えるということが分かる．

⑧ ③まで得られた80職種を，45歳〜59歳と60歳以上の二つの年齢階級に大別し，それぞれの職種における年齢階級の相対比を捉えて，その比率の高い職種を明らかにした（表8−5）．江口によれば不安定低所得職種であるIII型は，入職年齢が著しく高齢であり[16]，したがって，その構成比も高齢であると考えることが出来るからである．

表8−5を見ると，特に「E 80 家事手伝い（住み込みの女子）」は，60歳以上の就労人数の方が45歳〜59歳より多いことを示している（151.6%）．また，「E 81 家政婦」（81.7%）と「I 292 清掃員」（62.8%）のいずれも高い比率を示

表 8−4 家事サービスに従事する職種の位置 (上位 20 位)

順位	45～59歳構成比			45～59歳就労人数			60歳以上構成比			60歳以上就労人数		
1	セメント製品製造工	I	151	調理人	E	87	家事手伝い(住込みの女子)	E	80	調理人	E	87
2	畳工	I	283	清掃員	I	292	家政婦	E	81	清掃員	I	292
3	土木工、舗装工	I	284	包装工	I	266	清掃員	I	292	包装工	I	266
4	製材工	I	227	娯楽場等の接客員	E	92	精穀工、製粉工	I	193	家政婦	E	81
5	れんが・かわら・土管製造工	I	147	水産物加工工	I	202	浴場従事者	E	85	娯楽場等の接客員	E	92
6	合板工	I	229	パン・菓子製造工	I	198	竹細工工	I	233	土木工、舗装工	I	284
7	缶詰・瓶詰食品製造	I	200	荷造工	I	291	洋裁組立工	I	256	水産物加工工	I	202
8	鋳物工	I	156	プラスチック製品成形工・加工工・仕上工	I	248	和傘・ちょうちん・うちわ製造工	I	255	織布工	I	214
9	金属プレス工	I	166	土木工、舗装工	I	284	草・つる製品製造工	I	234	パン・菓子製造工	I	198
10	れんが・タイル張職	I	279	クリーニング工、洗張職	E	86	男子服仕立工	I	221	クリーニング工、洗張職	E	86
11	清涼飲料製造工	I	206	織布工	I	214	再生資源卸売・回収従事者	D	72	和服仕立工	I	222
12	屋根ふき工	I	280	木製家具・建具製造工	I	231	豆腐・こんにゃく・ふ製造工	I	199	プラスチック製品成形工・加工工・仕上工	I	248
13	繊機整備工	I	213	金属工作機械工	I	165	揚返工、かせ取工	I	212	豆腐・こんにゃく・ふ製造工	I	199
14	木製家具・建具製造工	I	231	金属プレス工	I	166	土木工、舗装工	I	284	荷造工	I	291
15	水産物加工工	I	202	家政婦	E	81	和服仕立工	I	222	婦人・子供服仕立工	I	220
16	大工	I	277	婦人・子供服仕立工	I	220	製綱工、精網工(繊維製)	E	218	浴場従事者	E	85
17	左官	I	281	集金人	C	60	製茶工	I	204	家事手伝い(住込みの女子)	E	80
18	圧延工	I	159	紙器製造工	I	238	織布工	I	214	金属工作機械工	I	165
19	漂白工、精練工	I	215	和服仕立工	I	222	金属熱処理工	I	158	木製家具・建具製造	I	231
20	木工	I	230	靴製造工・修理工	I	251	漆塗師、まき絵師	C	257	集金人	C	60

出所) 1990 (平成 2) 年国勢調査職業小分類より作成。
注) 家事サービスに従事する職種に網をつけた。

第8章 労働体系から見る女性「ホームレス」の源泉について 299

表8－5 45～59歳と60歳以上とにおける各職種の就労者数と両者の相対比 (比率の高い順)

分類番号		職種	45～59歳(A)(人)	60歳以上(B)(人)	B/A
E	80	家事手伝い（住込みの女子）	3,531	5,353	151.6%
E	81	家政婦	20,147	16,469	81.7%
E	85	浴場従事者	7,880	5,376	68.2%
I	193	精穀工，製粉工	2,101	1,408	67.0%
I	233	竹細工工	1,625	1,064	65.5%
I	292	清掃員	170,730	107,266	62.8%
I	222	和服仕立工	14,475	8,929	61.7%
I	255	和傘・ちょうちん・うちわ製造工	585	349	59.7%
D	72	再生資源卸売・回収従事者	2,336	1,284	55.0%
I	256	洋傘組立工	802	422	52.6%
I	234	草・つる製品製造工	3,587	1,848	51.5%
I	199	豆腐・こんにゃく・ふ製造工	13,933	6,723	48.3%
I	221	男子服仕立工	5,000	2,363	47.3%
I	212	揚返工，かせ取工	1,051	494	47.0%
I	204	製茶工	886	373	42.1%
I	158	金属熱処理工	480	191	39.8%
I	218	製綱工，精網工（繊維製）	4,955	1,903	38.4%
I	257	漆塗師，まき絵師	3,544	1,308	36.9%
		総数	6,064,560	2,170,191	35.8%
I	214	織布工	35,659	12,595	35.3%
I	259	印判師	1,075	378	35.2%
I	239	紙製品製造工	4,634	1,617	34.9%
I	261	表具師	3,965	1,382	34.9%
I	209	繰糸工	1,096	380	34.7%
I	284	土木工，舗装工	43,802	15,072	34.4%
I	211	合糸工，ねん糸工，加工糸工	8,039	2,605	32.4%
I	197	めん類製造工	11,121	3,490	31.4%
I	220	婦人・子供服仕立工	19,307	5,930	30.7%
I	195	味そ・しょう油製造工	2,100	632	30.1%
I	185	自転車組立工・修理工	2,338	693	29.6%
I	152	石工	3,634	1,035	28.5%
I	213	織機準備工	4,558	1,250	27.4%
I	254	がん具製造工	6,355	1,714	27.0%
C	60	集金人	16,144	4,336	26.9%
I	202	水産物加工工	53,666	14,390	26.8%
I	230	木工	6,331	1,675	26.5%
I	148	陶磁器工	10,422	2,690	25.8%
I	238	紙器製造工	15,721	4,001	25.5%
E	87	調理人	430,400	108,217	25.1%
I	227	製材工	8,662	2,135	24.6%
I	200	缶詰・瓶詰食品製造工	7,366	1,718	23.3%
I	253	かばん・袋物製造工	13,013	2,986	22.9%

分類番号		職　種	45～59歳(A)(人)	60歳以上(B)(人)	B/A
I	156	鋳物工	3,167	701	22.1%
I	237	紙すき工	2,300	496	21.6%
I	215	漂白工, 精練工	1,701	366	21.5%
I	244	製本工	12,167	2,597	21.3%
I	217	編物工, 編立工	11,927	2,520	21.1%
E	86	クリーニング工, 洗張職	43,736	9,213	21.1%
I	147	れんが・かわら・土管製造工	2,515	525	20.9%
I	250	製革工	1,388	287	20.7%
I	198	パン・菓子製造工	49,081	10,143	20.7%
I	149	窯業絵付工	6,832	1,406	20.6%
I	165	金属工作機械工	22,918	4,649	20.3%
I	151	セメント製品製造工	7,012	1,413	20.2%
I	146	ガラス製品成形工	1,503	300	20.0%
I	231	木製家具・建具製造工	23,517	4,594	19.5%
I	171	めっき工	3,575	676	18.9%
I	174	一般機械器具修理工	3,200	572	17.9%
I	251	靴製造工・修理工	14,027	2,500	17.8%
I	248	プラスチック製品成形工・加工工・仕上工	44,361	7,787	17.6%
I	266	包装工	163,896	28,530	17.4%
E	92	娯楽場等の接客員	94,048	15,934	16.9%
I	169	板金工	5,485	912	16.6%
I	166	金属プレス工	22,502	3,518	15.6%
I	247	ゴム製品成形工	8,982	1,332	14.8%
I	205	酒類製造工	1,365	198	14.5%
I	168	鉄工, びょう打工, 製缶工	733	104	14.2%
I	291	荷造工	46,860	6,564	14.0%
I	206	清涼飲料製造工	1,253	165	13.2%
I	167	金属溶接・溶断工	11,492	1,487	12.9%
I	260	内張工	2,356	268	11.4%
I	229	合板工	6,917	750	10.8%
I	283	畳工	3,414	335	9.8%
I	201	乳・乳製品製造工	1,856	140	7.5%
I	163	油脂加工工	527	38	7.2%
I	279	れんが積工, タイル張工	1,884	135	7.2%
I	280	屋根ふき工	1,228	77	6.3%
I	282	配管工, 鉛工	2,664	155	5.8%
I	281	左官	4,580	261	5.7%
I	277	大工	3,630	173	4.8%
I	159	圧延工	610	17	2.8%

出所）1990（平成 2）年国勢調査職業小分類より作成．
注）家事サービスに従事する職種に網をつけた．なお, 表中の「総数」の比率は, 女性就労の平均を表している．

第8章 労働体系から見る女性「ホームレス」の源泉について　301

している。このことは、家事サービスに類する職種が60歳を境にしても就労人数があまり減少しないことを示している。「E 80家事手伝い（住み込みの女子）」に限定すれば、減少するどころか増加しているのである。他のほとんどの職種においては、大きく就労人数が減っていることと比較すると（総数35.8％）、その意味は明らかである。つまり、不安定低所得職種の中で、大半の人が働かなくなる傾向の高い年齢階級でも働きつづけるのが家事サービスに類する職種なのである。

⑨　⑥で用いた職種の傾向ごとの分類を80職種にあてはめて分類し、80職種の総労働者数において、6つの職種傾向の比率が45歳～59歳と60歳以上とでどのように移り変わるのかを示した（図8-12）。

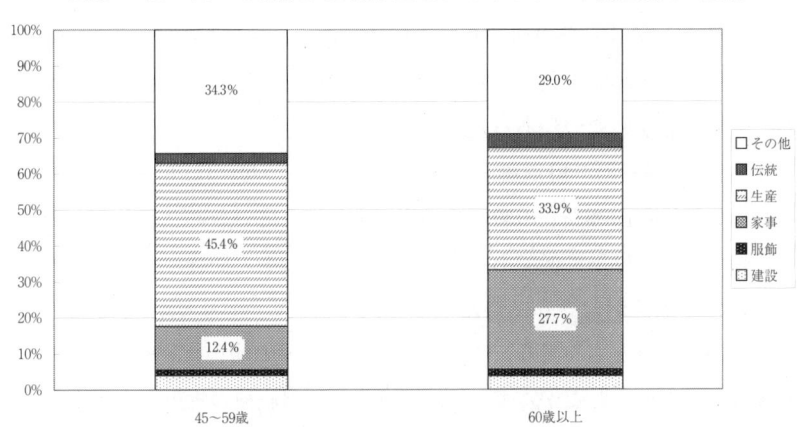

図8-12　45～59歳と60歳以上とにおける6つの職種傾向の割合

	45～59歳	60歳以上
その他	34.3%	29.0%
家事	45.4%	33.9%
伝統	12.4%	27.7%

出所）1990（平成2）年国勢調査職業小分類より作成。

45歳～59歳のものに比べて、60歳以上になると、家事サービスに類する職種がその職種数が少ないにも関わらず、全体において占める割合が高くなっていることがわかる。その増加率も著しく大きい。

以上のことから，現代の女性の不安定低所得職種の中でも，家事サービスに類する職種，具体的には「E 80 家事手伝い（住み込みの女子）」，「E 81 家政婦」，「I 292 清掃員」はもっとも下層的な職種として位置づけられているということが分かる．なお，これらの職種に従事している女性は，全女性就労者の1.6％であり，人数としては395,737人である．

2．不安定性の検証

（1） 方法

「1. 不安定低所得職種の析出」で年齢と人数の観点から，女性職種の中で現代における不安定低所得職種を析出してきた．ここでは，「1. 不安定低所得職種の析出」で得られた不安定低所得職種に焦点をあてて，それらを賃金という側面から検証することとする．

女性の賃金体系を知る資料として「1990（平成2）年の賃金センサス職階・職種別の賃金と賞与」を使用する．これは，女性の職種を40職種に分類し，それぞれを年齢と経験年数によって分類したものである．しかし，これには資料としての限界がいくつかあった．

まず，女性の職種が40職種と少ないことである（男性は101職種）．そして，その少ない職種と国勢調査の職種は必ずしも対応していない．したがって，単純に比較することは不可能であった．また，国勢調査と同様に，現代において衰退している職種が含まれていた（例：キイ・パンチャーなど）．さらに，この検証においてもっとも重要な，家事サービスに類する職種は「ビル清掃員」以外含まれていない．したがって，「1. 不安定低所得職種の析出」で得た不安定低所得職種と似たような職種，あるいは年齢による就労者の変化が似たようなものを選び，検証することとした．

（2） 手順の説明

① 「1. 不安定低所得職種の析出」で得られた不安定低所得職種の80職種のうち，「賃金センサス」の40職種と比較して，対応すると見られる職種を7職

第8章　労働体系から見る女性「ホームレス」の源泉について　303

表8−6　賃金センサスと国勢調査対応職種一覧

賃金センサス職種	分類番号		国勢調査職業小分類
パン・洋生菓子製造工	I	198	パン・菓子製造工
陶磁器工	I	148	陶磁器工
合成樹脂製品成形工	I	163	油脂加工工
保険外交員	C	60	集金人
調理士見習い	E	87	調理人
娯楽接客員	E	92	娯楽場等の接客員
ビル清掃員	I	292	清掃員
	E	81	家政婦

出所）1990（平成2）年国勢調査および同年賃金センサスより作成．

種抽出した（表8−6）．職種の抽出の基準は，「賃金センサス」の職業解説から，対応する，もしくは準ずるものであると判断出来，さらに，年齢別就労者割合が似た傾向を持つものである．

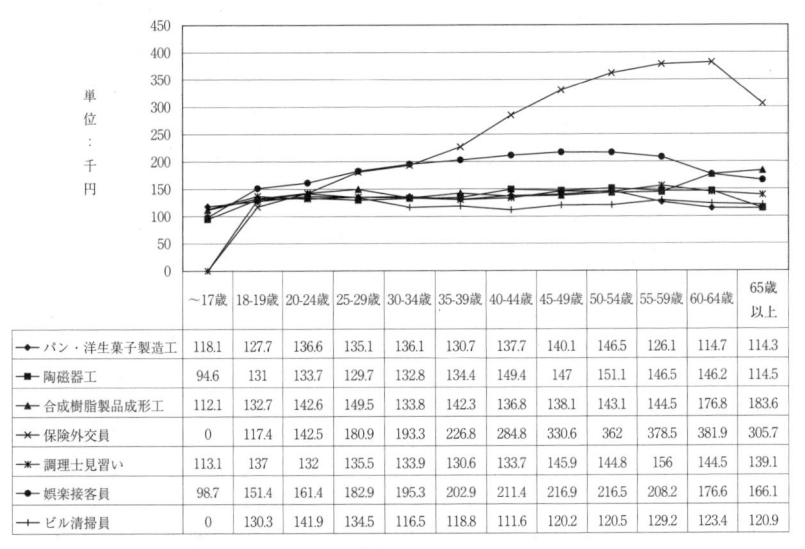

図8−13　7職種における年齢による賃金

	〜17歳	18-19歳	20-24歳	25-29歳	30-34歳	35-39歳	40-44歳	45-49歳	50-54歳	55-59歳	60-64歳	65歳以上
パン・洋生菓子製造工	118.1	127.7	136.6	135.1	136.1	130.7	137.7	140.1	146.5	126.1	114.7	114.3
陶磁器工	94.6	131	133.7	129.7	132.8	134.4	149.4	147	151.1	146.5	146.2	114.5
合成樹脂製品成形工	112.1	132.7	142.6	149.5	133.8	142.3	136.8	138.1	143.1	144.5	176.8	183.6
保険外交員	0	117.4	142.5	180.9	193.3	226.8	284.8	330.6	362	378.5	381.9	305.7
調理士見習い	113.1	137	132	135.5	133.9	130.6	133.7	145.9	144.8	156	144.5	139.1
娯楽接客員	98.7	151.4	161.4	182.9	195.3	202.9	211.4	216.9	216.5	208.2	176.6	166.1
ビル清掃員	0	130.3	141.9	134.5	116.3	118.8	111.6	120.2	120.5	129.2	123.4	120.9

単位：千円

出所）1990（平成2）年賃金センサスより作成．
　注）表中の「0」は就労人数が0人であることを示す．

図8－14　7職種の経験年数による賃金変化

	1年未満	1～4年	5～9年	10～14年	15年以上
パン・洋生菓子製造工	119.4	131.7	132.3	138.6	115.7
陶磁器工	128.2	128.1	136.4	143.8	158.8
合成樹脂製品成形工	128.8	132.8	135.8	145.5	169.6
保険外交員	130.4	226.1	328.4	390.1	433.7
調理士見習い	127.8	133.2	139	147.9	164.1
娯楽接客員	165.3	185.5	214.7	222	226.8
ビル清掃員	110.5	117.8	122.5	127.2	143.3

出所）1990（平成2）年賃金センサスより作成．

図8－15　経験年数15年以上の年齢ごとの給与

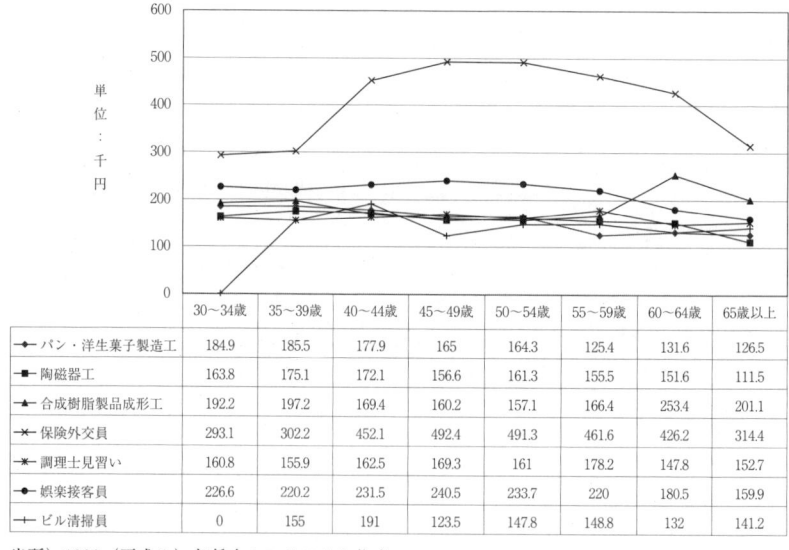

	30～34歳	35～39歳	40～44歳	45～49歳	50～54歳	55～59歳	60～64歳	65歳以上
パン・洋生菓子製造工	184.9	185.5	177.9	165	164.3	125.4	131.6	126.5
陶磁器工	163.8	175.1	172.1	156.6	161.3	155.5	151.6	111.5
合成樹脂製品成形工	192.2	197.2	169.4	160.2	157.1	166.4	253.4	201.1
保険外交員	293.1	302.2	452.1	492.4	491.3	461.6	426.2	314.4
調理士見習い	160.8	155.9	162.5	169.3	161	178.2	147.8	152.7
娯楽接客員	226.6	220.2	231.5	240.5	233.7	220	180.5	159.9
ビル清掃員	0	155	191	123.5	147.8	148.8	132	141.2

出所）1990（平成2）年賃金センサスより作成．
注）表中の「0」は就労人数が0人であることを示す．

第8章　労働体系から見る女性「ホームレス」の源泉について　305

図8-16　経験年数による賃金変化（不安定低所得職種以外のもの）

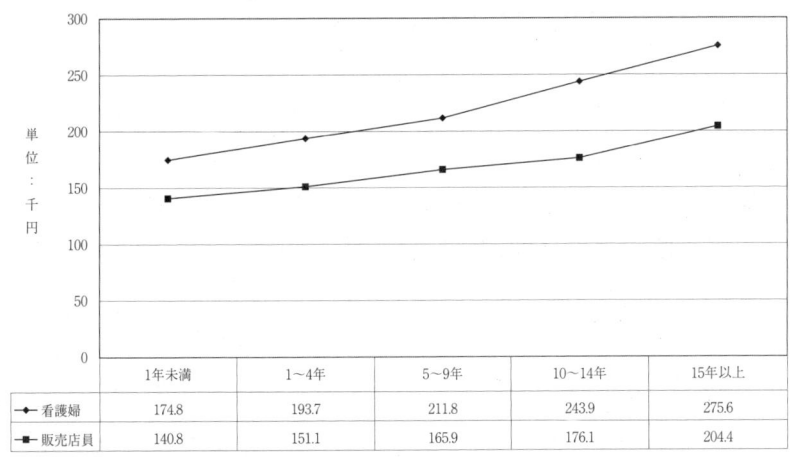

単位：千円

	1年未満	1～4年	5～9年	10～14年	15年以上
◆看護婦	174.8	193.7	211.8	243.9	275.6
■販売店員	140.8	151.1	165.9	176.1	204.4

出所）1990（平成2）年賃金センサスより作成．

図8-17　年齢ごとの賃金変化（不安定低所得職種以外のもの）

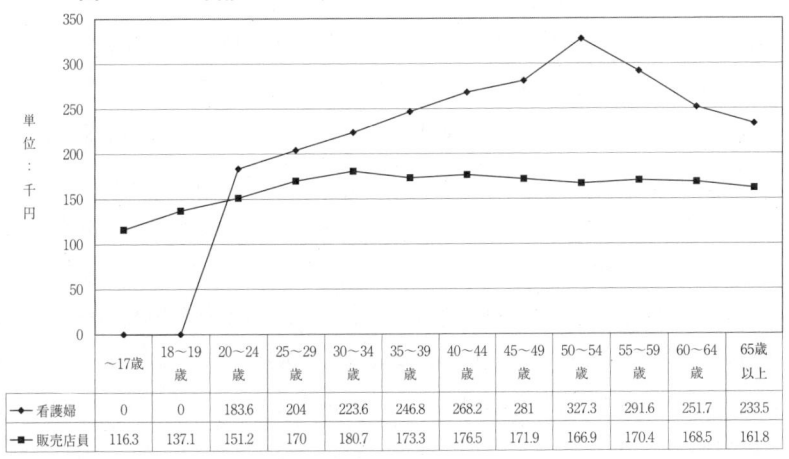

単位：千円

	～17歳	18～19歳	20～24歳	25～29歳	30～34歳	35～39歳	40～44歳	45～49歳	50～54歳	55～59歳	60～64歳	65歳以上
◆看護婦	0	0	183.6	204	223.6	246.8	268.2	281	327.3	291.6	251.7	233.5
■販売店員	116.3	137.1	151.2	170	180.7	173.3	176.5	171.9	166.9	170.4	168.5	161.8

出所）1990（平成2）年賃金センサスより作成．
　注）表中の「0」は就労人数が0人であることを示す．

② ①で得られた7職種における年齢区分ごと（図8-13）と経験年数ごと（図8-14）の給与の増減を調べた．さらに，7職種について，経験年数15年以上での年齢別の給与の比較をした（図8-15）．

図8-13と図8-14から，「保険外交員」以外は，一様に賃金の差がないことが分かる．つまり，年齢を重ねても経験を重ねても賃金は増加しないのである．さらに，図8-15からは，15年以上の長期就労者の年齢ごとの給与が，「保険外交員」以外変わらないということが分かる．つまり，これらの職種は経験を必要としない不熟練職種であることを示している．また，その賃金額も「保険外交員」と「娯楽接客員」以外は，ほぼ平均して低い額であることが分かる．

③ ①と②を比較する職種として，専門職である「看護婦」と若年層の就労率が高い「販売店員」の経験年数による給与の増減（図8-16）と年齢区分ごとの給与の増減（図8-17）を示した．なお，「販売店員」は，女性の一般的な職種であり，就労人数も多いことから，不安定低所得職種と比較する職種として取り上げた．

図8-16では，「看護婦」と「販売店員」は経験年数によって給与が上昇していることが分かる．しかし，図8-17をみると，「看護婦」は一定の年齢まで上昇し続けるのに対して，「販売店員」は比較的若年で上昇が止まり，あとは平坦になる．すなわち「販売店員」は経験を重ねれば給与が増加するが，長期間就労には向かない職種である．ここに，熟練職と不熟練職の差異が表われていると見ることが出来るだろう．さらに，図8-13〜15，17を比較すると，不安定低所得職種の中の不熟練職であっても一般的な不熟練職であっても，その賃金は一様に15万円でうち止めになることが明らかである．すなわち，女性の就く職種のうち，大部分の賃金は15万円を上限としているということになるのである．

④ ①で得られた7職種の入職年齢の傾向を，経験年数1年未満の就労者で比較した（図8−18～24）．これは，正確に入職平均年齢を比較したものではなく，調査の時点で経験年数1年未満の就労者の年齢ごとの人数に着目して，それぞれの職種の入職年齢の傾向を探るものである．

「パン・洋生菓子製造工」（図8−18）と「合成樹脂製品成形工」（図8−20）では，若年層の就労者が多いことが分かる．それに対して，「調理士見習い」（図8−22）と「娯楽接客員」（図8−23）とでは比較的中年層の就労者が多い．「ビル清掃員」（図8−24）に関しては，その大半が中高年層である．このように，経験年数1年未満の年齢ごとの割合は職種ごとに異なり，これは，それぞれの職種の入職年齢を反映していると見ることが出来る．すなわち，就労者の多い年齢層で入職する傾向があると考えられるのである．ここでも，「1．不安定低所得職種の析出」で示された家事サービスに類する職種に含まれる「ビル清掃員」が，他の職種と比較して入職年齢が著しく高いことがわかる．そこで，「ビル清掃員」に注目して，以下に詳しく見ることとする．

「ビル清掃員」の経験年数ごとの年齢層の占める割合を示したのが，図8−25である．この図から明らかなのは，経験年数1年未満においても，45歳以上の占める割合は約8割であり，経験年数15年以上においては，ほぼ100％が45歳以上で占められるということである．つまり，「ビル清掃員」は中高年層でも入職可能であり，高齢になっても働き続けることの出来る職種なのである．ここまでで得られたことを総合すると，「ビル清掃員」は，経験は必要ではなく，年齢も関係なく従事でき，さらに中高年層でも入職可能で，高齢になっても働き続けることの出来る職業であるということは，不熟練の最たる職種であることを示しており，女性にとって最後に残された職種であることを意味している．しかしいいかえれば，このような職種は，雇用者にとっては容易に入れ替え可能だということであり，就労者はいつでも解雇されうる不安定な職種だということなのである．「賃金センサス」からは明らかにすることが出来な

図8－18　パン・洋生菓子製造工の経験年数1年未満就労者割合

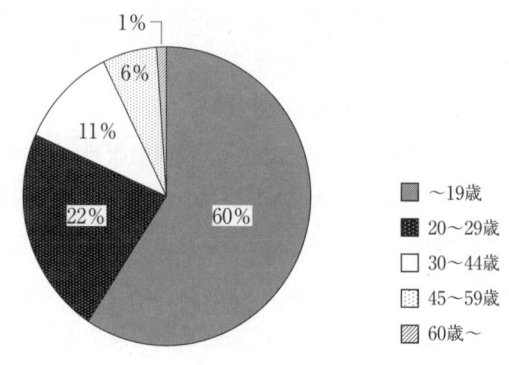

- ～19歳: 60%
- 20～29歳: 22%
- 30～44歳: 11%
- 45～59歳: 6%
- 60歳～: 1%

出所）1990（平成2）年賃金センサスより作成．

図8－19　陶磁器工の経験年数1年未満就労者割合

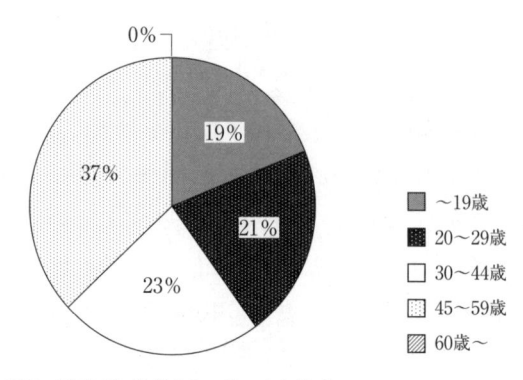

- ～19歳: 19%
- 20～29歳: 21%
- 30～44歳: 23%
- 45～59歳: 37%
- 60歳～: 0%

出所）1990（平成2）年賃金センサスより作成．

図8−20　合成樹脂製品成形工の経験年数1年未満就労者割合

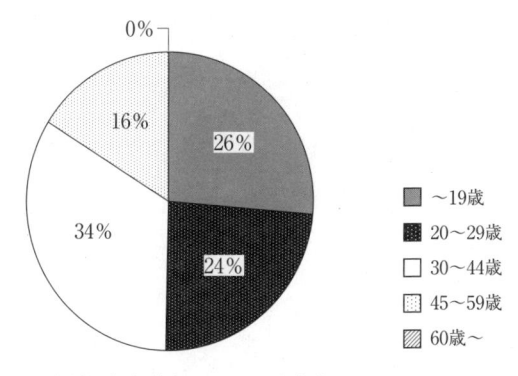

- ～19歳：0%
- 20～29歳：26%
- 30～44歳：24%
- 45～59歳：34%
- 60歳～：16%

出所）1990（平成2）年賃金センサスより作成．

図8−21　保険外交員の経験年数1年未満就労者割合

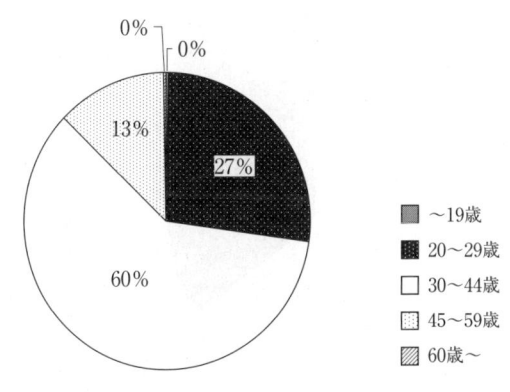

- ～19歳：0%
- 20～29歳：27%
- 30～44歳：60%
- 45～59歳：13%
- 60歳～：0%

出所）1990（平成2）年賃金センサスより作成．

図8−22　調理士見習いの経験年数1年未満就労者割合

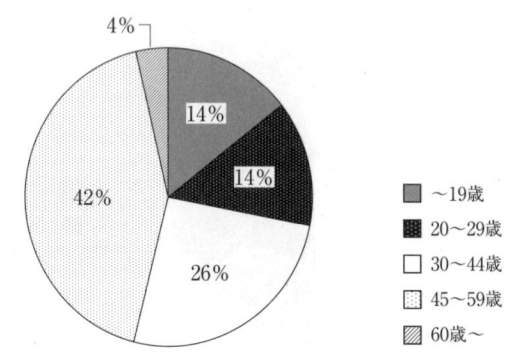

- ～19歳: 14%
- 20～29歳: 14%
- 30～44歳: 26%
- 45～59歳: 42%
- 60歳～: 4%

出所）1990（平成2）年賃金センサスより作成．

図8−23　娯楽接客員の経験年数1年未満就労者割合

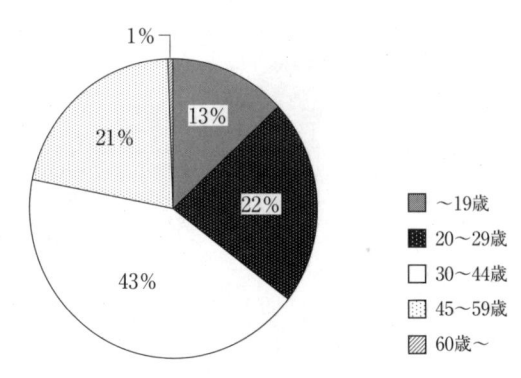

- ～19歳: 13%
- 20～29歳: 22%
- 30～44歳: 43%
- 45～59歳: 21%
- 60歳～: 1%

出所）1990（平成2）年賃金センサスより作成．

第8章 労働体系から見る女性「ホームレス」の源泉について 311

図8－24 ビル清掃員の経験年数1年未満就労者割合

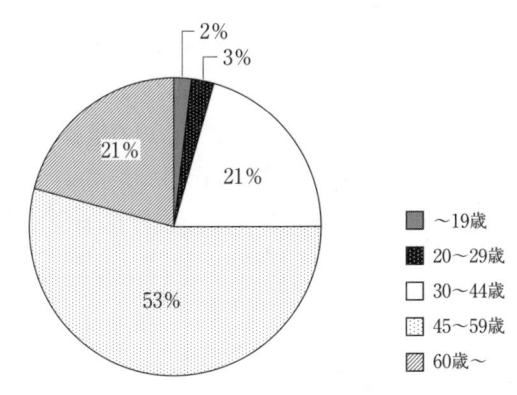

- ～19歳: 2%
- 20～29歳: 3%
- 30～44歳: 21%
- 45～59歳: 53%
- 60歳～: 21%

出所）1990（平成2）年賃金センサスより作成.

図8－25 ビル清掃員：経験年数ごとの年齢構成移り変わり

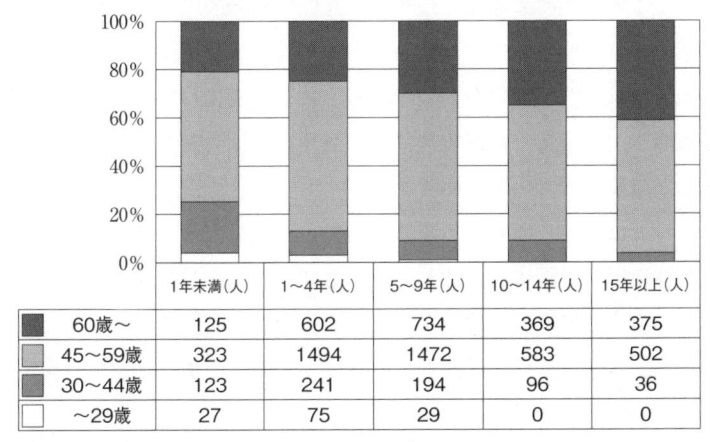

	1年未満(人)	1～4年(人)	5～9年(人)	10～14年(人)	15年以上(人)
60歳～	125	602	734	369	375
45～59歳	323	1494	1472	583	502
30～44歳	123	241	194	96	36
～29歳	27	75	29	0	0

出所）1990（平成2）年賃金センサスより作成.

かった他の家事サービスに類する職種（家政婦，家事手伝い）においても，同様のことがいえるのではないかと考えられる．

ここで家事サービスに類する職種以外をみると，不安定低所得職種では，一部（例えば「パン・洋生菓子製造工」，「調理士見習い」など）の職種を除いて，賃金に年齢や経験が反映しないことは，まさに江口の指摘する「行きどまり」的な就労であることを示しているし，中高年層になって就労できる職種が一部（例えば「保険外交員」など）を除いて不熟練の最たるものに限られているという，現代の女性の就労形態が明らかになったといえるだろう．

おわりに

——現代女性の労働体系に見るホームレスの源泉

これまで，女性の労働体系から，女性が経済的に不安定階層におかれていることを述べてきた．女性労働者が若年層に集中していること，中高年層になってから就労できる職種の多くが，不安定低所得職種であること，賃金は一部の職種を除いて低賃金であり，また増額しないこと，そして，常に解雇と隣り合わせにいることを述べてきた．つまり，女性は社会的に独立した労働者であることを求められているわけではない，あるいは，単身生活者としては労働者であることを求められてはいないのである．社会が変化してもなお，いまだに結婚後の離職を，そして，再就職後には家計補助・社会参加的な就労を期待されていることは変わっていないのである．

それだけではなく，何らかの事情で離婚・死別したり，高齢単身者であることが，女性を不安定階層へと押しやることになる．そして，特に近年の離婚の背景に潜む暴力という問題は，女性であるがゆえに起こる女性問題である．これらの離婚，死別，暴力，高齢者という要因そのものが，女性を不安定階層へと導くのである．

以上のような，女性の経済的・社会的生活基盤の不安定な状況が，女性を不安定階層に結びつけるといえる．そして，そうした状況においては，労働的要因，経済的要因に加えて，家庭的要因，社会的資源の活用の有無など，そのど

れかひとつに決定的な要因があるというよりはむしろ,それらが重なり合ったところに現代の女性を「ホームレス」にする要因,いいかえれば女性「ホームレス」の源泉があるといえよう.ここでは,紙数の関係から家庭的要因については論じていないが,そうした諸要因の中でも,女性の労働形態が不安定就労型であることが,女性の家庭における地位の不安定さを規定し,特に女性の「ホームレス」を生みやすくしているのである.

注

1) 詳しくは,川上昌子「社会福祉と貧困」(江口英一編『社会福祉と貧困』法律文化社,1981年)を参照されたい.
2) 本章では括弧書きの「ホームレス」を使用する.その理由として,1999年5月に「ホームレス問題連絡会議」が発表した「ホームレス問題に対する当面の対応策について」で正式に使用された用語に従うこと,また,一般的に浸透している用語・呼称であることの2点が挙げられる.しかし,当事者たちや支援団体からは「ホームレス」という呼称に対して問題提起がなされており,そのような問題提起を筆者自身も考慮した上で,括弧を付けて「ホームレス」とする.
3) 吉田久一『日本の貧困』勁草書房,1995年,を参照.
4) 大沢真理「日本における『労働問題』研究と女性—社会政策学会の軌跡を手がかりとして—」(社会政策学会年報『現代の女性労働と社会政策学会』第37集,御茶の水書房,1993年,p.7)
5) 江口英一『現代の「低所得層」中』未来社,1980年.
6) 江口前掲書,p.14.
7) 江口前掲書,p.34.
8) 江口前掲書,pp.34-35.
9) 以上の引用箇所は,江口前掲書,pp.35-37.
10) 江口前掲書,p.37.
11) 江口前掲書,pp.41-43.
12) 江口前掲書,p.42.
13) 同上.
14) 上野千鶴子『家父長制と資本制—マルクス主義フェミニズムの地平』岩波書店,1990年,p.201.
15) 天木志保美「労働者階級の女性たち—女性労働の歴史②」江原由美子など

『ジェンダーの社会学―女たち／男たちの世界』新曜社，1989年，p.146.
16) 江口前掲書，p.35.

第9章

東京都・23特別区における「路上生活者自立支援事業」の現状と今後の方向性

はじめに

　筆者は1988年4月から2002年3月までの14年間を，東京都心部の福祉事務所において社会福祉6法担当現業員として勤務していた．当初の1988年から1993年頃までは，福祉事務所での「野宿」生活者への関わりは現在のように顕著ではなかった．

　筆者の在籍した福祉事務所での1993年度の「野宿者」の来所者数は年間で503人であった．それが1994年度以降急激に増加していき，2003年度では多い日には1日の来所者数だけで100人を上回り，年間を通した来所者数は12,000人を超えた．15年間で実に20倍にまで増加したことになる．1990年代の半ば前後に急増した「野宿者」の来所者数の変化は，ほとんどそのまま東京都・23特別区内で生活する「野宿者」数の増加の反映であるといえるだろう．

　こうした中で，東京都・23特別区においては，2002年8月の「ホームレスの自立の支援等に関する特別措置法」の成立に先んじて，1996年の段階で「路上生活者問題に関する都区検討会報告書」がまとめられ，概ね5ヶ所の「自立支援センター」の設置の方向が提示された．

　「野宿者」の増加に対して，東京のような都市部において，ナショナル・ミニマムを保障するはずの生活保護制度はほとんど機能しなかったのである．

1990年代を通して同制度の運用に従事していた筆者のような福祉事務所現業員は，同制度による実質的な「野宿者」排除への加担者でもあったといえる．

今日展開されている東京都・23特別区における「路上生活者自立支援事業」は，生活保護制度における国家責任の原理，無差別平等の原理，最低生活保障の原理の実質的崩壊状況の中から生まれてきたといえる．同事業の現状を踏まえながら今後の課題と方向性を検証するという課題は，生活保護制度の実際のあり方の問題点と切り離せない問題である．

ここでは，東京都・23特別区の「路上生活者自立支援事業」を，「野宿者」に対して20年近くも法の原理に反する運用がなされてきた生活保護制度との関係において整理し，「路上生活者自立支援事業」と生活保護制度の双方の，これからの課題と方向性について考察したいと考える．そして，今後の具体的な改善の方向を少しでも提示することが本章の目的である．

1．東京都・23特別区共同実施の「路上生活者自立支援事業」の開始に至る過程

（1）「冬季臨時宿泊施設＝なぎさ寮，さくら寮」の開設－2000年まで－

まずは，東京都における「路上生活者自立支援事業」の開始に至る過程について見ていくことにしたい．

東京都は1993年に新宿駅の「5号街路」の「野宿者」に対して，「動く歩道」の設置を理由に排除に乗り出した．同じ年に，大田区内に「冬季臨時宿泊施設なぎさ寮」が開設され，翌年12月に新宿区内の「さくら寮」が開設され，2ヶ所で毎年12月～翌3月の期間の冬季臨時宿泊施設事業が行われることになった．

1996年1月には「動く歩道」の工事に伴い，新宿駅西口地下通路の段ボールハウスは強制撤去され，「臨時保護施設＝芝浦寮」に79人が入所した．その後の経過は「野宿者」を巡る東京都・23特別区の紆余曲折の軌跡であったといえる．以下に，その概略を追ってみる．

1996年:「路上生活者問題に関する都区検討会報告書」(概ね5ヶ所の「自立支援センター」の東京都と23区共同の設置, 経費負担割合は東京都50％：23特別区50％等)

1997年:新宿区議会での「自立支援センター暫定計画」の白紙撤回を求める請願の採択, 東京都生活福祉部保護課から「住所不定者に対する生活保護法による保護の適用について」(昭和50年の東京都民生局長通知)の改めての各福祉事務所宛て通知

1998年:新宿駅西口地下通路の段ボールハウス約40戸の焼失(4人焼死), 都区の「自立支援センター実施要綱作成検討委員会」の設置,
＊国の「ホームレス問題関係自治体のヒヤリング」の実施

1999年:東京都・23特別区での「路上生活者自立支援事業実施要綱」(案),「暫定宿泊事業実施」の提案, 都の「宿泊所の届出に関するガイドライン」制定,
＊国の「ホームレス問題連絡会」(総理府(当時), 厚生省(当時), 労働省(当時), 建設省(当時), 自治省(当時), 東京都, 新宿区, 横浜市, 川崎市, 名古屋市, 大阪市)の開催と「ホームレス問題連絡会」による「ホームレス問題に対する当面の対応策」の発表

2000年:「自立支援センターの設置等に関する報告」の23特別区長会了承,「路上生活者自立支援事業実施大綱」に係る東京都・23特別区協定締結,「自立支援センター台東寮」「自立支援センター新宿寮」開設, 都の「緊急一時保護センター」「自立支援センター」等の「自立支援システム」構築の提案を受けての23特別区長会による「路上生活者対策」に関する23特別区厚生部長会への検討の下命

以上の経過から, 生活保護法の規定や東京都民生局(現・福祉局)長通知が「住所不定者」を生活保護の適用対象としているにもかかわらず, 福祉事務所は生活保護の適用対象としない運用を行いつつ,「路上生活者自立支援制度」の運用は福祉事務所で実施されることになった.

（2）『東京のホームレス－自立への新たなシステムの構築に向けて－』の発行[1]

2001年発行の東京都福祉局福祉部による東京都白書『東京のホームレス－自立への新たなシステムの構築に向けて－』は，1998年4月から2001年1月までに東京都福祉局生活福祉部に寄せられた「野宿者」に対する東京都民の声を，次のように集約している．

- 迷惑，不快感を表すもの＝18件
- 施設への入所（排除）を求めるもの＝25件
- 就労の場の確保を提言するもの＝23件（「働く機会を提供して自立を促すべき」等）
- 福祉的援助を提言するもの＝44件
- ホームレス対策の是非に関するもの＝7件（「税金の無駄遣い，ホームレスの社会復帰に向けて都は強力な取組みを」等）
- その他＝16件（「怠けているだけではないのか，段ボールハウスは景観を損ない首都東京のイメージダウンにつながる」等）

基礎的自治体である23特別区に寄せられた区民の"声"は，より社会的排除の方向に傾きを見せていて，1997年6月の新宿区議会では「自立支援センター暫定計画」の白紙撤回を求める請願が採択された．筆者は当時，「目障りな青ビニールシートと段ボールハウスを何とかしろ！」という電話を受けたことがある．そうした中で，2001年に「自立支援センター豊島寮」の開設，東京都・23特別区の「路上生活者対策事業実施大綱」，「路上生活者緊急一時保護事業実施要綱」，「路上生活者自立支援事業実施要綱」施行，寒さの訪れる11月下旬に「緊急一時保護センター大田寮」の設置（定員300名）がすすめられた．

（3）2002年8月「ホームレスの自立の支援等に関する特別措置法」成立とその背景

2002年8月に「ホームレスの自立の支援等に関する特別措置法」は成立する．東京都内の各福祉事務所では，2000年4月の介護保険法施行後，65歳以上の

「住所不定者」の生活保護制度利用に際して，「住所不定者」の介護サービス費用を特定の区市町村のみが負担する理由がないとして，介護保険主管課は「住所不定者」を第1号被保険者としないという主張を専ら財源上の観点からしている．そのように保険者が被保険者を逆選択するということは，社会保険制度上あってはならないことであるし，「普遍的な社会福祉」とは反する．そうした中で，「ホームレスの自立の支援等に関する特別措置法」は成立したのである．

2003年2～3月に実施された「ホームレスの実態に関する全国調査」では全国約25,296人と数えられた．大阪府7,757人，うち大阪市6,603人，東京都6,361人，うち23特別区5,927人，名古屋市1,788人，川崎市829人，京都市624人，福岡市607人，横浜市470人，北九州市421人等と確認された．

「野宿者」は581市町村で確認され，平均年齢は55.9歳であり，1年間以内に「ホームレス」となったものが約30.7％，5年未満で76.0％である．「野宿者」となった理由は，「仕事が減った」35.6％，「倒産・失業」32.9％，「病気・けが・高齢で働けなくなった」18.8％．「野宿者」となる直前の仕事上の地位は，「常勤職員・従業員（正社員）」39.8％，「日雇」36.1％，「臨時・パート・アルバイト」13.9％．身体に不調のある者は47.4％，うち未治療は68.4％．きちんと就職して働きたいという者49.7％，「今のままでいい」という者13.1％．毎日の生活上の困難として「食べ物が十分にないこと」40.1％，「入浴，洗濯のできないこと」38.8％　等が明らかにされた．

「野宿者」の人数は，1999年3月調査時点で16,247人，1999年10月調査時点で20,451人，2001年9月調査時点で24,090人と一貫して増加し続けていることが，国の調査結果として示されている．

（4）「路上」の実状－「路上死」と「餓死」

東京都は2003年4月に「宿泊所設置運営指導指針」の適用を決定し，その設備基準については同年4月1日以降新たに設置される施設に適用することとし，既存施設は適用除外とした．既存の宿泊所の中には6畳間に複数の同居状

況で，各人から生活保護の住宅扶助費の上限（2003年度の東京都基準月額53,700円）の家賃を取っていた施設もある．このことを「生活保護費で儲けている」と表現することも出来るけれども，既存施設を設備基準の適用除外としなければ，おそらく1,000人を超える人たちが再び路上に出されてしまう可能性もあった．

東京都衛生局によると1999年，2000年と続けて過去10年間で最高の年間26人が東京都23区内で「餓死」したことを明らかにしている．また，2000年に東京都監察医務院で解剖された10,000人のうち，「ホームレスの路上死」は443人，「餓死」と見られる衰弱による死亡者26人の胃等の消化器の中は空っぽであったという．

（5）「路上」への対応の姿勢

2003年6月26日には自治労社会福祉評議会は「ホームレス対策『基本方針』策定にあたっての要望事項」[2]を提出している．7月3日には，厚生労働省社会・援護局地域福祉課，高齢・障害者雇用対策部企画課が，「ホームレスの自立の支援等に関する特別措置法」第8条に基づく，「ホームレスの自立の支援等に関する基本方針（案）」の公開と「意見の募集」を開始した．僅か3週間という期間に合計約80の個人・団体から意見が寄せられている．（社）日本社会福祉士会の「ホームレスの自立の支援等に関する基本方針（案）」への意見[3]は，東京都，大阪府，神奈川県，広島県支部の4支部からの意見を基に提出されている．

厚生労働省は「ホームレスの自立の支援等に関する基本方針」を7月31日に告示，同日付で『官報』に掲載したが，寄せられた意見の中からは唯一，東京社会福祉士会の「女性ホームレスへの対応」[4]に関係した意見が追加されたのみであり，地方公共団体の連携・協力先として社会福祉士会が明記されたにすぎない．基本方針は「ホームレス」となる要因として，就労意欲はあっても仕事がなく失業・医療や福祉等の援護の必要性・社会生活の拒否・経済情勢の悪化・家族・地域の住民相互の繋がりの希薄化，社会的排除等の背景を指摘し

ている．

（6）各地の「路上」の状況

2003年8月3日における厚生労働省による「ホームレスの自立の支援等に関する基本方針に関する説明会」以降の，各地での展開は以下の通りである．

横浜市中区において，寿町の約470人の「野宿者」のうち226人を（福）神奈川県済生会「自立支援施設『はまかぜ』」に委託．うち女性20人を含む．「はまかぜ」は原則30日から最大180日までの入所期間で，「生活指導，雇用相談」を実施する再利用可能な全国初の恒久型「自立」支援施設としてオープンしたものである．

名古屋市では2002年10月若宮大通公園（定員150人）の緊急一時宿泊施設（シェルター）を開設した．2003年7月17日現在の入所者累計は154人，これまでに退所した78人のうちの約8割は就労相談を行う自立支援センターへの入所替えや実際に就労自立している．だが，市内の「野宿者」は依然として増加しており，2004年度に新たに市内2ヶ所目の緊急一時宿泊施設（シェルター＝1日1食の提供と生活相談等を行う，原則6ヶ月間の入所）の設置を計画（定員200人）している．

ところで，国は，この数年で急増し2003年6月末時点で全国に280施設，定員約11,000人の民間の宿泊施設（第2種社会福祉施設）に関して"劣悪施設"排除に乗り出した．さらに，2004年度から企業を回り，市町村・NPOと連携して求人情報を「野宿者」に知らせる等の活動によって，「野宿者」の働き口を開拓する「就業開拓推進員」（仮称）を，新たに東京都，大阪市，名古屋市，横浜市のハローワークに18人を配置することとした．また，公園にシャワー室を作り保健所による健康相談事業も始めるとしている．

2.「路上」生活を強いられる人たちへの「眼差し」

（1）「浮浪者狩り」

1987年に，上野瞭氏は『砂の上のロビンソン』[5]の中で「野宿者」について，

他人を傷つけ押しのけして"利益の追求"に奔走する現代社会のあり方に見切りをつけた人たちが，他人を傷つけたり押しのけたりすることのない生活の場として「路上」を「選択」していると書いている．だが，同書の「町の底」の章には，家を出て家族にも知られずに「路上」生活を始めた父を，その事実を知らない息子とその仲間が「町の美化」のために，「人間の屑」として「浮浪者狩り」をするという描写箇所がある．

「野宿生活」と「市民社会」はこうして「町の底」で，「襲撃」し「襲撃」される関係を通して相互に通底する．実際に，横浜で1982年末から1983年2月にかけて，中学生5人を含む14～16歳の少年10人が「野宿者」を次々に襲って3人を殺害し，13人に重軽傷を負わせた「浮浪者狩り」があった．その後も，それに類する事件が続いている．

（2）「野宿者」に対する距離

この社会は「野宿者」への「浮浪者狩り」を20年近くも放置したままである．「野宿者」に対する上野氏の視点は，吉本隆明氏の『日々を味わう贅沢』[6]，養老孟司氏の『バカの壁』[7]にも共通するものがあり，「他人を傷付け押しのけして"利益の追求"に奔走する現代社会のあり方に見切りをつけた人たち」という，「野宿者」に対し一定の距離を置いた"共感"があるように感じられる．

「市場原理」に基づくグローバリズムの中で余裕を失いつつあるように見える「市民社会」に関係して，吉田久一氏は「『市場原理』に基づくグローバリズムと社会福祉は，『緊張関係』にあると考えてきた．『自立』のみを強調する制度は，必ず社会的弱者を生ぜざるを得ない」[8]と指摘している．

例えば，川崎市から淑徳大学川上研究室に調査委託され，2002年夏から秋に実施された川崎市の「野宿生活者」調査[9]では，1日当たりの食事の回数を「3回」と答えた人は20.3％，「1回」と「2回」の人の合計は52.9％であり，1日3回の食事にも事欠く生活の状況が明らかになった．「社会福祉の普遍化」の流れに隠れがちな問題点[10]をきちんと踏まえていくことが大切である．

（3）「野宿者」支援活動を担う NPO の人々

　増大する「野宿者」への支援の活動の輪は，この何年間かを通じて社会的な拡がりを見せている．例えば，広島市で2001年6月からの街頭相談・支援団体と福祉事務所現業員の奮闘によって，「野宿」生活から生活保護利用に至った人が350人に達したと報告されている[11]．

　2003年6月13日の「野宿者」と支援者の全国集会では，厚生労働省，国土交通省に対し就労支援施策を主たる内容とする要望書を提出している[12]．NPO法人釜ケ崎支援機構は日雇労働者の特別就労事業を大阪府・市から受託実施している[13]．

　同NPO法人は，同年8月現在，大阪市内の自立支援センターの定員は3ヶ所で合計280人であり，入所待ちは130人余もいる．同法人は，国が自立支援に際して公的な雇用の創出を実施していないことを批判している．

　NPO法人自立生活サポートセンター「もやい」は自立支援センター退所後の状況把握を要望している．2001年5月～2003年5月に自立支援センターを就労自立によって退所して，「もやい」の連帯保証人提供を利用して61人がアパートに入居し，そのうちの31人は何等かの生活困窮に陥っていること，アパート入居から困窮までの期間は半年以内16人（52%），半年～1年13人（42%），1～2年2人（6%）であること，自立支援センターからの就労自立退所後も，実際にはこうしてきわめて不安定な状況にあることを示し，問題提起している．

（4）徐々に見えてくる課題―連携・活用

　名古屋市内の「野宿者」支援活動に具体的に携わっている山田壮志郎氏は，「ホームレス対策」に関係するアプローチとしての「就労自立」型への傾斜とその限界性に言及している[14]．確かに「就労自立」か生活保護かという二者択一的な対応だけでは，当の生活保護制度の硬直化ゆえに実際には，適切な生活保護制度の利用も出来ないという状況がある．

　2004年4月策定・実施の「大阪府ホームレスの自立の支援等に関する実施計

画」では，NPOと行政の関係を「民間団体の活用」＝「これらNPOや社会福祉法人等民間団体を活用するとともに，積極的に連携を図るものとします」（傍点は筆者）としている．大阪府の生活保護率は平成4年度の10.9‰を境に上昇を続け，平成13年度末で17.3‰である．その中で「実施計画」はNPOを「活用」の対象としている．

愛知県は同時期に「愛知県ホームレスの自立支援施策等実施計画」を公表している．こちらは，「社会福祉法人，NPO等の民間団体との連携により，身元保証のための有効な支援方策を検討」（傍点は筆者）とされている．

3．東京都および23特別区の「路上生活者自立支援事業」の現状と問題点

（1）「自立支援施設」利用者への医療扶助単給適用事務から見えてくる無責任さ

東京都福祉局生活福祉部保護課長通知（平成13年12月27日13福生保第1126号）は，緊急一時保護センター，自立支援センター利用者への生活保護適用の際の医療扶助単給の要否判定基準を，＜加算（高齢・障害）＋医療費（高額療養費（（低所得者））限度額35,400円）＞として，さらに手持ち所持金を20万円までは退所後の自立のために充てるものとして認定除外し，施設長に保管させることを示した．

本来，生活保護制度の要否判定は，申請に対して要否判定基準に従って決定または却下されるべきである．そもそも，生活保護制度の運用は申請行為そのものを行わせないという硬直化状況になっているが，緊急一時保護センター，自立支援センター入所者については，実質的に要否判定の無いままに医療扶助が開始され，保護の開始決済も簡便化され，「所持金等少額（または，なし）」，「預貯金等なし」，「扶養親族なし」「他法の活用なし」……「よって生活困窮状態にあると言える」と記載される．（傍点筆者）

要するに「生活困窮状態」は病気になったか否かに関係なく事実として存在しているにもかかわらず，「病気である」ことによって初めて制度が動くこと

など，ナショナル・ミニマムを保障するための制度運用として，あまりにやり方がずさんであると指摘出来る．

（2）緊急一時保護センター大田寮の現状

　緊急一時保護センター大田寮におけるアセスメント事業を受託した東京都社会福祉士会の会員からは，アセスメント事業を少しでも良いものにしようとする熱気を，当時の筆者は感じていた．従来からの福祉事務所では生活保護制度，「路上生活者自立支援事業」が，利用当事者と福祉事務所現業員だけの閉ざされた空間の中でのやり取りに終始していたが，こうして第三者による利用当事者への支援・援助の立場から，新たな関与が始められたことについて新鮮な感慨を覚えた．

　筆者の理解では，緊急一時保護センター大田寮でのアセスメント事業と23特別区各福祉事務所との関係についての問題点は，以下の通りに整理されると考える．

・アセスメントを行った大田寮利用者の退所後について，福祉事務所担当者からアセスメント担当者へはほとんど知らされることはなく，また，大田寮利用者のその後を気にかけるアセスメント担当者への積極的な連携の姿勢は福祉事務所側にはほとんど見られなかった
・福祉事務所の中には，生活保護の「措置」権は福祉事務所にあり，アセスメント調査・報告書に「生活保護の適用が必要」と書かれることを好ましいこととではないとする雰囲気が存在していた
・実際に23特別区福祉事務所長会はアセスメント調査・報告書の中に「生活保護の適用の必要性」に類する内容を書かないようにといっていた
・こうしてアセスメントといっても，その際の選択肢は①自立支援センター，②更生施設，③簡易宿泊所・宿泊所利用，④アパート入居（以上②〜④は生活保護利用）の4つしかなく，このうち①の選択肢は比較的容易でも，②③④，特に④は非常に難しい
・福祉事務所窓口での相談では，本人の生活保護制度利用申請意思の有無とは

関係なく，緊急一時保護センター大田寮の入所に誘導する傾向や，本人への生活保護制度と「路上生活者自立支援事業」に関する説明が不十分で，本人自身がほとんど何も知らないままに緊急一時保護センター大田寮に入所し，本人は「自分はいったいどうなるのか」不安なままの状態に置かれていた
・緊急一時保護センター大田寮から自立支援センターに入所した人が就労自立に至らなかった場合に，「自己責任」ということで再び路上に戻させる福祉事務所もあった
・「路上生活者自立支援事業」の利点として，従来は「生活保護を受けている」と精神的負担を感じる人も，「緊急一時保護センター，自立支援センター利用」では，楽な気持ちで利用されている方も見られた
・生活保護制度，「路上生活者自立支援事業」の制度・事業の実施機関が共に福祉事務所であり，当の福祉事務所が厳しい制度・事業運用に傾斜すると，生活保護制度も「路上生活者自立支援事業」も共にその運用の硬直化に歯止めがかからない状況にあった
・緊急一時保護センター大田寮におけるアセスメント事業のような相談援助部分の委託を受ける際には，事業の受託側には保護の決定権を持つ福祉事務所とどこまで対等に利用者本位に対応していけるのか，難しいと思われた

以上，従来の福祉事務所だけの関りでは見えなかった点が見えてきたといえる．

緊急一時保護センター利用実績（平成15年12月末現在）は，入所者累計5,808名，退所者累計5,446名，うち自立支援センター入所2,523名である．2,500名が「自立」出来ているならば路上生活者問題はそれほど年月を要さないで解決できるはずである．その先の就労および地域への定着についてはいろいろいわれているが正確なところはわからない．

（3）各福祉事務所に見られる改善の状況

緊急一時保護センター大田寮・板橋寮の入所者数について見てみると，2001

年12月6日～2003年4月までの間では，①台東区 556人 ②墨田区 298人 ③新宿区 287人 ④大田区 186人 ⑤渋谷区 176人 ⑥中央区 162人 ⑦豊島区 158人 ⑧足立区 155人 ⑨千代田区 150人 ⑩江戸川区 136人……となっている．他方で，少ない区では，①北区 35人 ②中野区 48人 ③目黒区 52人 ④品川区 54人……となっていて，福祉事務所によって最大16倍もの差がみられる．

1993年以降の「野宿者」の来所の急増のあった福祉事務所では，満足な面接相談すら実施できない状況で，「法外援護」対応で済ませてしまうことが多くなっている．

しかし，NPO，NGOとの関係から生活保護制度の運用を福祉事務所側も徐々に変えてきている．例えば，新宿区福祉事務所では「新宿野宿労働者の生活・就労保障を求める連絡会議・医療班」の活動によって，必要な医療受診率の向上が実現されている[15]．

神戸市では更生施設退所に際しての敷金等の支給が，NGO側からの要望によって行われるようになり，居宅保護になる人は1999年に105人，2000年に181人，2001年に201人，2002年に234人，2003年に213人と倍増しているという[16]．

表9-1 自立支援センター利用実績，2003年

入所者累計 A	退所者累計 B	就職者実人員C（就職率C／A）	就労自立者数D（自立率D／B）		就労自立実績既設4ヵ所合計（台東，新宿，豊島，墨田）
			住宅確保	住込み等	
3,509名	3,203名	2,779名（79％）	1,002名（31％）	632名（20％）	1,634名（51％）

（4）自立支援センターの利用状況

ここで，自立支援センターについてのデータを示しておきたい．各自立支援センターの2003年4月末現在での入所者の平均年齢は，台東寮49.9歳，新宿寮51.8歳，豊島寮47.2歳，墨田寮51.1歳となっている．

自立支援センターの利用実績（平成15年12月末現在）は以下の通りである．

就労自立率は，2001年4月末で34％，2002年3月末で47％，2003年12月末で51％と推移している．2003年について状況を示すと，表9－1の通りである．

（5）自立支援センターの有効性と限界

自立支援センターからの就職種別は，①管理・警備　22.4％，②建築・土木　18.1％，③清掃関係　14.9％が中心で，自立支援センターの就労比率は4施設平均68.2％である．

自立支援センターからの就職者実数は2,145人，就職率（実人数）は83.9％（以上，施設開設時から2003年4月末まで）と高率であり，仕事に就く体力があるけれど仕事の無い人にとっては，自立支援センターはそれなりに有効といえる．問題は就職がそのまま就労自立に結びついていない，つまり長期の就労自立となっているかである．上記したようにその点については現状での把握はほとんど出来ていない．

自立支援センターからの退所のうち「自立困難」は4施設平均で13.3％であり，この人たちに対してきちんと生活保護制度対応が行われているかどうかが問題である．実際には，就労自立に至らなかった結果を「自己責任」として，再び路上に戻すという対応も行われている．

他方で，保護施設である更生施設では，

・初期対応期：約1ヶ月間（住民票設定，疾病等の確認，サラ金その他の問題の整理，アセスメント，支援プラン作成，退所目途の確認等）
・課題解決期：約3ヶ月間（通院継続による健康の回復，サラ金負債問題の解決等）
・求職支援期：約2ヶ月間（求職活動の支援，支援目標の達成状況の点検等）
・就労期　　：約2ヶ月間（就労継続の確認，状況による更生積立金制度の利用等）
・退所準備期：約2ヶ月間（就労の継続を確認しての居宅移管準備，アパート確保・保証人確保等）

というように10ヶ月をかけて就労自立準備が行われている．それに対して現在の自立支援センターの利用期間は通常2ヶ月程度とされていてはるかに短期間である．

4．東京都・23特別区共同実施の「路上生活者自立支援事業」の現状の課題

（1）他自治体との比較
（イ）横浜市の状況

横浜市中区寿地区の人口は1984年度5,653人，1987年度6,004人，以降，2002年度6,559人である．

他方で，生活保護制度利用者数は1987年度に2,675人，1994年度に2,590人，1995年度には3,188人，1996年度4,129人，2002年度には5,758人へと5年間で倍増している．この背景には1984年度に504人であった高齢者人口（65歳以上の者）が2002年度には3,039人へと6倍に増加している現実がある．

こうして，他都市と比較しても「野宿」生活からの生活保護制度利用者の顕著な増加によって，横浜市では1999年以降2003年までの毎年8月の時点での「野宿者」の人数は，794人，627人，602人，712人，531人と減少傾向で推移している．

「自立支援センターはまかぜ」の職員総数は22人（女性職員は2人）で，「職業相談員」は3人（職安からの派遣），さらに，中区福祉事務所に「自立支援相談員」2名（元・横浜市の現業員）が配置されている．

寿生活館の相談件数は，1998年度21,323件，1999年度23,501件，2000年度25,834件，2001年度36,920件と増加傾向である．横浜の寿町でも高齢者ふれあいホーム「気楽な家」，NPO法人「さなぎ達」「さなぎの食堂」，「カラバオの会」「ろばの会」「アルクデイケアセンター」等の活動が行われ，この他にも横浜市中区福祉保健センターの「宿泊券」「パン券」の支給も行われている．

(ロ) 大阪市の状況

2002年3月20日現在の「自立支援センターおおよど」の就労退所率は44.1%になっている。職安相談ルートは45.4%、センター開拓ルートは30.6%、個人開拓ルートは24.0%であり、就労職種は、警備員・管理人・用務／雑務員の18.2%、構内作業員の15.8%、清掃員の15.5%の三大職種になっている。

「自立支援センターおおよど」の母体である更生施設「大淀寮」の仕事作りの4本柱は、ヘルパー養成・生ごみリサイクル・営繕事業・就農であり、「自立支援センターおおよど」の自立支援事業の3本柱は、保証人制度・アフターケア・貸与金制度である。特に保証人制度は大阪市生活保護施設連盟による就職・アパート賃貸における身元保証制度として利用されている。

アフターケア事業は、「自立支援センターおおよど」を就労退所した人たちのケアを行う事業であり、その事業に関わる人たちの意見として、「アフターケア対象者の就労退所後の経緯—全28ケースについて—」[17]には、「センターで金銭管理を行う」「一見すると生活についても意欲が感じられない様子」「やや頑固な面もある」「就労自立に対する強い意思があることがわかる」「就労意欲が薄く仕事の上達も悪い」「孤独感が強く淋しがり屋」「自己処理能力が決定的に不足している」などの意見があり、同事業の従事者サイドから「アフターケア対象者」の人柄や人間性に触れるような微妙なニュアンスも感じられる。

こうしたニュアンスは福祉事務所現業員のそれとある種の共通性を持っているように思われる。生活保護制度やアフターケア事業への従事を通して、人は多分にパターナリスティックな関わりへの傾斜を避け難いのかもしれない。

（2）新宿区福祉事務所の模索

新宿区福祉事務所の「被保護者自立生活支援事業」は「社会的自立」の困難になっている「被保護世帯（元ホームレス等）」との関わりに、専門の「自立生活相談員」による自立阻害要因解消に向けた「適切な助言、相談、指導、援助」を通して「社会的自立」を図ることを目的としている。

新宿区福祉事務所では、2002年度に月平均796人を宿泊所（簡易宿泊所含む）

で保護し，2001年度以降宿泊所で保護する「野宿者」数は3年連続で増加し続け，宿泊所の確保を中心とした対応にならざるを得ないとしている．

　「自立生活相談員」は福祉事務所現業員と連携して個々に自立支援計画を作成して，継続した相談，指導，援助を行い，技能修得等を目的とした企業等への委託（職親制度）実施，「日常生活の指導」，アパート等の転居先の確保，就労の支援等，「被保護」者に対する入所後の相談援助機能の強化を図ることとしている．

　このことは，生活保護法の目的である「最低限度の生活を保障する」ことと「自立を助長する」ことの後者を，部分的に「事業委託」する方向である．確かに急増する生活保護制度の利用者への，きちんとした生活保護費の決定実施を行いながら，「自立を助長する」ことまでを現状の福祉事務所が行うことには相当の無理があるといえる．

　福祉事務所は生活の困窮状態からの保護申請に対して，きちんと申請の受理と保護の要否判定を経て，保護を決定後は必要即応に保護費を支給することに関して責任を全うするべきである．福祉事務所は「自立を助長する」ことに時間を取られることを理由に，"水際作戦"などという保護申請権の侵害を行い，保護の決定と保護費の支給を行わないことは絶対に避けなければならない．

（3）NPOの側からの意見―新宿区福祉事務所との連携―

　さらに，新宿区福祉事務所は，宿泊所入所者への相談援助業務について2003年7月から，「宿泊所入所者等相談援助体制強化事業」としてNPO団体「スープの会」に委託を実施している．同会世話人である後藤浩二氏は元「野宿者」の「地域生活移行」への模索を進め，宿泊所での滞留に歯止めをかける意向を持ち，同区戸塚町の「地域福祉会議」での勉強会の企画＝民生委員・町内会長その他によるブルーテント訪問等，2004年4月以降の東京都23区厚生事務組合の各施設でのデイサービス事業の開始，就労自立に特化した千駄ヶ谷荘における利用者と職員の関係が，施設利用中と実際のアパート入居後では「ずいぶん違って見えるものだ」という具体的な例を引いて，「失敗してもら

うための場」の提供の必要性と,「雇用創出のパターン化から居場所つくりへ」の方向性を提起している.

「スープの会」は自ら運営する宿泊所に「主任生活援助相談員」と「生活援助相談員」3名を配置して各宿泊所を訪問し,日常生活（食生活,健康管理等）援助,地域と職場での対人関係援助,家族・親族との交流促進,求職活動・就労支援,住宅確保支援等,路上訪問,「フリーダイヤル電話相談」,「地域生活支援ホーム」の運営,一定期間のアパート生活体験のための中間施設の設置を行っている.

後藤氏は,東京都の「宿泊所」ガイドライン（2004年1月7日施行）による民間宿泊所規制によって,広域宿泊所展開事業者は都心部からの一部撤退,第二種社会福祉事業としての宿泊所の返上と「簡易旅館」への鞍替え等の対応をしたが,宿泊所としての益分を「地域生活」移行へのプログラム費用として捻出してきた地域密着型のNPOには大きな打撃になっている現実を報告している.

さらに,「屋根と食事」すら十分でない状況下での「何とか屋根と食事を」から,「地域生活移行」への視点と,その視点から還流してさらに十分な「屋根と食事」の必要性を指摘している[18].

（4）東京の「路上生活者自立支援事業」の課題のまとめ
（イ）生活保護制度と「路上生活者自立支援事業」の可能性

東京の「野宿者」の人数は1990年代に急増したけれど,それ以前の生活保護制度運用は病院入院中と施設入所にほとんど限定されていた.その後,1994年頃から山谷地域の簡易宿泊所利用が始まった.福祉事務所は"居所"の確保の困難さから生活保護の実施に消極的で,行政側が「野宿者」への"屋根のある場所"の提供を怠ってきたことを背景に1998年以降に民間宿泊所が急増した.

従来は,「稼動能力があるのだから仕事を探してください」と申請を受理しなかった福祉事務所は,宿泊所に居所を確保した上での保護申請を受理せざるを得なかった.こうして,福祉事務所は法の理念に沿った制度の運用実施を外部から強いられ,稼動年齢層への生活保護の適用につながった.

「路上生活者自立支援事業」の自立支援センターは,稼働能力を持つ人たち

にとってはある程度まで有効に機能している．他方で，緊急一時保護センターは，当初，全ての「野宿者」に対して，路上からの脱出のための施設とされていたが，緊急一時保護センターから自立支援センターに向かわない人や，自立支援センター入所後に就労自立に至らない人にとっては「出口」の無い状況が続き，現状の緊急一時保護センターは自立支援センター入所前の準備施設の機能以外の選択肢を持てないでいる．

(ロ) 生活保護制度と「路上生活者自立支援事業」の限界

他方で，福祉事務所には生活保護を必要とする人は緊急一時保護センター入所には適さないとする対応も見られ，「路上生活者自立支援事業」と生活保護制度の疎外関係を生じている．

また，「路上生活者自立支援事業」と連携したアウトリーチ的な機能を持っておらず，NPOの活動を除くと，本人の福祉事務所への来所待ちになっている．自立支援センターから就労自立した人々に対する居宅生活のサポート体制の不在から，就労自立した後に再び生活困窮に陥ることもある．

2003年2月の全国実態調査時で「路上生活者自立支援事業」も生活保護制度も利用しようとしない人たち約2,400人が公園や河川等でテント生活をしている．同調査の東京都分400人分の個別調査の集計結果では，緊急一時保護センターの利用希望無し約64%，生活保護制度の利用歴無し約69%であり，約62%の人は何らかの仕事をしていて，月当たり1〜3万円の収入を得ている者が約31%，3〜5万円が約13%，5〜10万円が約18%であった．家賃支出までの余裕の無い人たちが生活費を削って，最低限以下の収入で何とかテント生活を維持している．こうした状況に対して現行生活保護制度は有効に機能していない．

5．東京都・23特別区共同実施の「路上生活者自立支援事業」の今後の方向

（1）東京都の「ホームレス地域生活移行支援事業」(2004年2月)

東京都は2004年度以降「ホームレス地域生活移行支援事業」として，都営・民間アパートを2年間で2,000室確保して，初年度だけで600〜700室を借り上げ，入居期間を原則2年間（更新あり），家賃を3,000円程度／月として，アパートでの生活に際してさまざまな相談援助を行う「生活指導員」を，入居者100人について1人の割合で置き，具体的にはNPO等に委託することとした．

この事業は，「路上生活者自立支援事業」も生活保護制度も利用しようとしていない前記した約2,400人の公園や河川等でテント生活をしている人たちを含む約3,000人に対して，アパートでの生活を提供して従来からの収入に公的就労（公園清掃等の軽作業労働）をプラスした約8万円での生活を設計している．

不安はいくつかある．本当に「路上での雑業」と公的就労の8万円での生活設計は可能なのか，疾病など不測の事態の発生によって，生活保護への丸投げになるのではないか，さらに「公園，河川敷対策」としての単なる"追い出し"にならないか，何よりテント生活をしている人たち自身がこの事業を希望するのであろうか….

けれども，新宿連絡会の笠井和明氏は「『あったり前じゃない．公園にこれだけテントがあれば誰だって何とかしたいと思うよ』．評価すべきは，その目的に対する手法が歴史的に見て，そして現状に即してどうかと云う点のみである．私等は賛成も反対も評価もしないなんて，マスコミのような客観的な視点を，当事者団体であるが故にもたない．私等は『積極的推進の立場を（何故か）孤立無援状態の中，早々と決め，貧民史の流れを変える一世一代の大勝負として今の状況と対している」と書いている[19]．

福祉事務所による生活保護制度とその運用は，「野宿者」が6,000人近いという状況までいったい何をしてきたのか．自戒を込めて考えると，「ホームレス地域生活移行支援事業」は，これまで責任を果たすことから逃げ続けてきた

23特別区の生活保護行政への警鐘として受け止めなければならないと思う．

（2）問題解決のための基本的な方向
（イ）地域での安定したアパート等での生活
　「野宿者」問題では常に施設に重心が置かれてきたけれど，実際に人がその一生のうちの幾分かを施設で暮らすことは大変なことであり，それを希望しない人たちが「路上生活者自立支援事業」を利用せずにテント生活を送っている．一時的な居住の「場」としての施設の量的な拡大だけではなく，アパート等での生活への流れを大きく創り出すことが必要である．現状の施設利用をさらに一時的なものとして，緊急一時的な施設利用の余地を拡げていくことが必要である．

　これまでの施設中心の理由としては，アパート入居時の保証人確保の困難性，アパート生活に際して，実際には一定のサポートが必要な場合に，サポート体制が不在であること，区内の"住民"でない者の生活保護費等の負担を負うことに地域の反感があるとする福祉事務所側の言い訳，その区内でアパートを探すという福祉事務所間の「自区内処理」ルールが，法的な根拠も無いままに福祉事務所間に定着してきたこと等がある．これらの地域生活移行に際しての阻害要因の除去は不可欠である．

（ロ）「野宿者」を受け入れていく地域
　結論としては当該の地域で受け入れていく以外に本来的な解決の方向はないのではないか．その地域の人びとの受入れの"不安"ゆえに，他の地域に出て行って欲しいということではなく，社会的にその"不安"を回避する仕組みを模索し，地域社会での"不安""負担"からのコンフリクトを通して合意形成に向けた方向性を見出していくしか途はない．

（ハ）「路上生活者自立支援事業」の拡充と，現行生活保護制度の連携
　生活保護制度利用の入り口を不当に狭めて「路上生活者自立支援事業」へと

誘導したり，逆に「路上生活者自立支援事業」の出口の選択肢のひとつとして，生活保護制度の利用への入り口もまた狭めるというような状態は改めなければならない．「路上生活者自立支援事業」は「野宿者」が，「自助」努力によって社会復帰していくための条件整備のために作られたけれど，それは他方で生活保護制度の支えなくして有効に機能しないことは明らかである．

（二）緊急一時保護センター等での「福祉オンブズ・パーソン」の役割

緊急一時保護センターの機能を「就労自立」に限定せずに，「野宿者」全体にとって利用可能な施設として再構築する．自立支援センターは就労継続を保障する場であり，「出口」のひとつに過ぎないものと位置づけ，緊急一時保護センターで生活保護制度以外の他法他施策の活用の余地の無い場合や，自立支援センターからの就労自立退所とならなかった場合の生活保護制度利用に際して，担当福祉事務所に対してこれらの施設に「福祉オンブズ・パーソン」としての役割を担う機能を持たせ，その展望の先に生活保護制度の実施機関としての福祉事務所の「措置」権に連携，参画していく方向性を目指すべきである．

（3）問題解決のための具体的な提起

「社会保障制度審議会－福祉部会－生活保護制度の在り方に関する専門委員会」第10回の資料3（2004年4月20日）の大川委員提出資料は，生活保護制度利用者に対する「就労支援にあたって，当事者（保護受給者）が直面する様々な課題の例」として，「動機付けの段階」における生活保護制度利用者の思いとして，「まだ働けるとは思えない」「なぜ，福祉事務所から働くように言われるのかわからない」「働かなければいけないことは分かっているが，どうしても意欲が湧かない」をあげている．果たして，実際にこうした思いのどれほどが，福祉事務所現業員に伝わっているのであろうか….

また，2003年7月20日～9月14日にかけての「アパートなどで生活している人への支援に関するアンケート」（名古屋市の笹島診療所居宅者調査プロジェクトチーム編集）では，「野宿脱却後のアパートなどで生活している人」95人の方

の調査の結果，「医療・福祉の制度利用にあたっての相談相手」として「笹島診療所のメンバー」が64.2％，「福祉事務所の職員」が58.9％であった[20].

　筆者が2001年5月〜9月にかけて行った「現行生活保護制度『利用者』調査」で，72人の生活保護制度利用者の協力を得ての「相談事・援助を期待する相手について」に関する質問では「福祉事務所の職員」は28.8％とさらに低率であり，「他の社会福祉機関の職員」は68.1％，「知人・友人」は44.4％，「その他の人（ボランティアの人）」が43.1％であった[21]．2つの調査において，「自立を助長すること」をその職務とする福祉事務所の職員を相談相手とする人の割合は，両調査の結果に2倍近いポイント差があるとはいえ，第一義的な相談相手とされていないという点については一致している．

(イ) 生活保護制度運用に関係する相談援助について

　生活保護制度の実施機関としての福祉事務所現業員だけが生活保護制度や「路上生活者自立支援事業」に関係する相談援助相手であるということでなく，制度の利用申請段階から第三者の関与を模索するべきである．何事も「生活保護処遇」として自身で決定することに慣れている福祉事務所現業員は，外部からの風に吹かれて初めてこれまでの偏りに気づくであろう．

　生活保護制度と「路上生活者自立支援事業」との利用の選択権が保障され，実際に侵害されることのないようにするためには，生活保護制度と「路上生活者自立支援事業」の利用申請窓口と，「法外援護」の受付窓口のすべてが福祉事務所で行われている現状では，「立場の強い」福祉事務所側の恣意的な振り分けの可能性は否定できない．経過的な対応として，福祉事務所の生活保護制度の実施体制からは相対的に別個な，別枠の「路上生活者自立支援事業」の相談援助活動部門を作ることも検討する必要がある．

(ロ) 自立支援センターの機能の充実と限界の確認

　入所型を当然視するのではなく，通所型の自立支援センターの設置が必要である．さらに，自立支援センター利用者を対象とする技能講習事業や，緊急一

時保護センター利用者に対する法律相談事業（弁護士，司法書士），グループ・ホームを小規模な自立支援センターのような形で設置して，小回りの効く懇切丁寧な生活面，就労面等の支援を行うことも必要である．加えて，施設退所者への関わりの体制や巡回相談センター事業も不可欠である．こうして，さまざまな事業実施者の連携体制を作り，福祉事務所中心の旧来の体制から徐々に脱皮していくことである．

先ずは，緊急一時保護センターでのアセスメント時の内容に「生活保護制度の利用の必要性を言及しないこと」等の，アセスメントに対する福祉事務所側からの"足枷"対応は早急にやめ，アセスメントに対する福祉事務所側からのアカウンタビリティーとして，緊急一時保護センター利用者の「その後の状況とその選択の理由」の連絡を返すべきである．

また，さらに，自立支援センター等の機能の充実をいくら計っても，施設自体の持つ限界性に自覚的に対し，制度利用当事者を中心とする本来的な制度のあり方から，制度利用者自治組織の設立支援，支援ボランティアの人たちとの協力関係のあり方を常に意識して，風通しの良い施設として機能させていかなければならない．

（ハ）求職活動方法の選択肢の拡大

実際に現状の自立支援センターの定員は，「野宿者」の人数をカバー出来ていないために，"待機待ち"を前提にしている．「路上生活者自立支援事業」に関係する支援プログラムの質も量もまだ不足状況にある．

そうした状況では自立支援センター以外の就労ルートの確保も必要である．ハローワークに限定されない，新聞，雑誌，インターネット等の活用や，厚生労働省の「緊急地域雇用創出特別交付金（基金）事業」等を，「野宿者」に提供している地方自治体も実際に存在している．

「緊急特別就労対策事業」を実施し，「緊急地域雇用創出特別交付金（基金）事業」，「緊急特別就労対策事業」の申込み窓口として，職業安定所，高齢者就業相談所，公園清掃等については公園管理事務所も活用していくことも考える

等，公的な雇用創出は不可欠である．加えて，就職時の身元保証問題についての公的な対応が必要である．

(ニ) アパート入居時の公的な連帯保証人制度

アパート入居時の連帯保証人問題については，「NPO法人　自立生活サポートセンター・もやい」の活動が，2001年5月の発足から2003年5月までで，総計380件の連帯保証人提供を実施して，自立支援センターからの「就労自立」退所によるアパート入居では，61名に連帯保証人提供を実施してきている．公的部門の関わりの皆無な状況の中で，仕方なくNPOが開始せざるを得なかった事業である．

今後は，住宅バウチャー制度の導入による連帯保証の不要化や，前記した大阪市生活保護施設連盟による就職・アパート賃貸借における身元保証制度のような形から，公的連帯保証制度の構築に進むことを考えるべきである．東京都の「ホームレス地域生活移行支援事業」(2004年2月) で計2,000のアパートが確保されようとしている現状で，なおのことアパート賃貸借における公的連帯保証制度の必要性は明らかである．

(ホ)「自立」後の関わりの必要

いうまでもなく，人間の「自立」にゴールがある訳ではない．ただ，ぎりぎりの生活費だけを持って自立支援センターを退所して，雇用の形態も不安定な時給，日給月給制の少なくない状況では，実質的には日雇労働と変わらないのであって，「自立」＝問題の解決であるはずはない．

実際に「NPO法人　自立生活サポートセンター・もやい」の報告では，前記したアパートに入居した61人のうち，約半数の31人はその後に生活困窮に陥っている．生活困窮に至る期間は，半年以内16人 (52%)，半年〜1年13人 (42%)，1〜2年2人 (6%) であったことは前記した通りである．

経済的不安定状況下での下支えとして生活保護制度の柔軟な実施が行われ，"セーフティネット"を機能させることは，大きな安心につながる．「自立」

後の社会福祉援助としての関わりや「心のケア」ばかりに特化されない，"セーフティネット"のきちんとした張り直しが前提とされなければならない．こうした関わりの主体はあくまで関わりを求める側にあることから，多様な相談や援助を選択することの可能な窓口を「路上生活者自立支援事業」の周辺に配置していくことが必要である．

おわりに

「路上生活者自立支援事業」関連従事者の資質の問題や研修等の議論もあるけれど，実際にはいかなる支援者，援助者であってもこうした社会的な問題に際して，その問題を"抱え込む"ことの中から解決の方向性が見えてくることはない事を自覚する必要がある．むしろ，いかにして多様な支援者，援助者が本人を中心にしながら共働していくのかが大切なことである．例えば，施設に入所している人に路上での支援活動を行っているボランティアの関係者が面会に行くような場合に，本人を巡って施設や路上での支援活動を行っているボランティアの関係者がお互いにぎくしゃくしていたら，何より本人は辛い．

宿所提供施設の50人以上の定員基準も緩和されてよい．この基準緩和によってより小規模でも宿所提供施設とすることを可能にするべきである．加えて，東京都の「ホームレス地域生活移行支援事業」(2004年2月)のように，地方公共団体によるアパートの借り上げを考えるべきである．それらの宿所提供施設をグループ・ホームとして運用することが考えられてよい．

以上，「路上生活者自立支援事業」における，総合相談事業の体制作りには行政に限定されない支援団体も含めた幅広い体制を作ることを目指すことが大切である．

今，現在，東京都・23特別区内で，「路上生活者自立支援事業」や生活保護制度利用申請に来ない人たちの平均年齢は55歳である[22]．10年を経過した2014年には平均年齢は65歳である．その段階になれば，「就労自立」だけに限定して考えることの出来ないことは明白である．

就労，仕事の出来ない年齢に誰もがなっていく．その時に普通で違和感の無

い，無料で食事とベッド，そして入浴等の提供される"シェルター"や，「野宿生活」を強いられている状況から地域でのアパート生活への移行を，地域社会は受け入れるであろうか．

注
1) 2001年3月の同白書では「東京のホームレス」は，
 ・50～64歳の単身中高年齢男性中心で，6割はかつて安定的な就労を行っていた．
 ・7割の人が解雇，倒産，病気などの理由で職を失っている．
 ・食事確保の困難さ，通行人とのトラブル，健康状態の悪化等の問題がある．
 ・7割以上の人は実際に求職活動を行っていて，約半数は仕事に従事して現金収入を得ている．
 ・けれども，仕事による収入の約半数は月収3万円未満．
 ・比較的若く健康な人を中心にホームレスの8割が就労を希望している．
 ・社会復帰に向けての対策と方向として，第1ステップ：緊急一時保護とアセスメント，第2ステップ：自立支援プログラム，第3ステップ：地域生活のサポートの提示．
 等の示唆に富んだ指摘を行っている．
2) 自治労社会福祉評議会の厚生労働省社会・援護局地域福祉課長宛ての要望書「ホームレス対策『基本方針』策定にあたっての要望事項」は，「生活保護に過度の負担をかけないこと」として，「ホームレスの自立支援対策における生活保護制度の位置づけを明確にすること」「国，地方自治体はホームレスの自立の支援等に関して，その人権・生活保障の具体的手段としての住宅や施設整備を早急かつ強力に推進すること」を要望している．
 また，「従来からの生活保護の運用におけるホームレスの排除の背景としての，適切な住居・施設・緊急保護シェルターやアセスメントを実施する中間施設の全く整備されていない状況」「関連社会保障制度からの排除の実態」を指摘している．
 加えて，「計画策定・基盤整備は都道府県の責任と役割であることを明確に示すこと」「基礎的自治体単位レベルでの対策では不可能であること」「『ホームレスの自立の支援等に関する特別措置法』第6条の『地方公共団体の責務』が努力義務にとどまっていることから，施策を実施するところとそうではないところにおける不平等が生じて，地方公共団体間の軋轢の原因になっていること」「自立支援センター利用・相談援助の窓口として福祉事務所を位置づけること」「民間の実施する事業への支援の円滑化をはかること」を要望・指摘している．

3) （社）日本社会福祉士会の「ホームレスの自立の支援等に関する基本方針（案）」への意見は，
   ・財政措置によるドイツ連邦政府の「モーツァルト・プロジェクト（Mozart）」（＝全国30ヶ所の市町村で（州平均2市）で，社会保険事務所，労働事務所（職安）を統合化して，双方のノウハウを活かした個人の複合的ニーズのアセスメント，支援計画の策定，ジョブ・コーチ制の実施等の失業者，ホームレス支援の実験事業）を参考にするべきであること
   ・社会福祉協議会と社会福祉士会の連携による，「社会福祉人材センター」を活用しての就労支援，職業転換のための職業訓練，相談援助の実施
   ・「社会的支援を拒否するホームレス」に対する長期の相談援助の実施の必要性
   ・保護雇用としての「雇用の場の創出」，民間・自治体・政府・NPOあらゆる領域での「雇用の場」の確保の必要性
   ・生活保護申請の際の援助の必要性
   ・女性のホームレス対策における女性相談センターの役割の明記と積極的な取組みの必要性
   ・「借上型福祉住宅」での路上生活者の受入れに際しての，特別補助枠の設定等による低所得者住宅のストック拡充の誘導
   ・地方自治体によるアパート等の借上げ，公設宿泊所としての設置による居住の場所としての提供
   ・福祉事務所の現状は日々増加する被保護者の対応に追われて新たな事務に取り組むことの困難な場合も少なくないため，福祉事務所の行うホームレス等に関する相談援助の事務の委託に際しての，補助の仕組みの必要性
   等を指摘している．
4) 「性差を配慮した支援を行うとともに，婦人相談所や婦人保護施設等の関係施設とも連携する」という内容であった．
5) 上野瞭『砂の上のロビンソン』新潮社，1987年5月
   同書は，現代社会のありかたと「路上生活」を結ぶ視点として，「企業は，人間の個性や感性をタテマエとしては尊重する．しかし，利潤追求競争の日常の中で，だれがその純粋性を尊重するだろうか．人間がただ人間であるというそのことだけで，相互を尊重し合えるのは，もう家庭と呼ぶ小さな世界しか残されていないのではないか．学校だって能力や成績を重視する．企業と変わらない側面を持っている．その最後の砦『家庭』だって，じつは，人間がのびのび手足を伸ばしておれない世界に変わりつつある」（p.332），さらに，「『なつかしい過去』は，それをじぶんの生の軌跡として大切にする人の心の中にだけ存在するのであって，だれかと語り合うことによって，再現できるものでも，手に触れることのできるものでもない．過去は，現在ただ今

を精いっぱい生きる人間の地下茎なのだ．白日のもとにさらして，なにになるというのか…」（p.584）と，例えば「路上の生活」を「選択」した人の心に関係して書いている．

6) 吉本隆明『日々を味わう贅沢』青春出版社，2003年2月には，「ホームレスに思う平和の像（イメージ）…血眼になって食糧をあさり，日銭を稼ぎ，焼酎をあおって酔っぱらい，喧嘩口論と怪しい物々交換に明け暮れといった敗戦直後のホームレスのイメージとは，似て非なるもののようにおもえる．…敗戦直後と五十年経った現在ではホームレス生活の質が変わったのではないかとおもえる．…現在は家や，仕事の煩わしさや，家族の冷たさを逃れて浮浪生活をしている人たちが，そのなかに交じっているような気がする．…敗戦から五十年のあいだの上野の山と不忍池をめぐるホームレスの風俗の変遷は，お金持ちになり，そして同時に息苦しさや煩わしさを増してきた日本の社会の生活様式をとてもよく象徴しているとおもった．…わたしのなかには，寛容に，できるだけ長くそっとしてやってもらいたいものだというひそかな願望が兆したりする．その願望は，じぶんのなかにある，この社会への心身の不適応性からでてくる本音を交えているのだとおもう」（pp.110-117）という記述部分がある．

7) 養老孟司『バカの壁』新潮社，2003年6月10日には，「都市化が起こったときの一番大きな影響は，…それまでは働かなきゃ食えないという状態が前提だったのに，働かなくても食えるという状態が発生してきた．ホームレスというのは典型的なそういう存在です．ホームレスを生み出すのは必ず都会です．ホームレスは否定的に見られるし，蔑まれたりもします．しかしよく考えると，実は，それは私たちが子供だった頃には理想の状態だったはずなのです．何せ彼らは『働かなくても食える』身分なわけですから」（pp.122-123），また，『養老　孟司の＜逆さメガネ＞』，PHP新書，同年8月25日では「『旅宿人』になって，あちこち渡り歩く．そのたびに出世する．それがアメリカン・ドリームでしょう．でも報道されるのは，そうやって出世した人ですけど，ほとんどは渡り歩くたびに給料が下がって，最後はホームレスでしょうな．常識で考えたら，わかるじゃないですか」（p.187）と記述されている．

8) 吉田久一・長谷川匡俊『日本仏教福祉思想史』法藏館，2001年7月「序章」p.8

9) 『川崎市の野宿生活者―川崎市野宿生活者実態調査報告書―』川崎市健康福祉局，2003年3月

10) 岩田正美「『ホームレス』としての現代の失業・貧困　その視覚と課題」『日雇労働者・ホームレスと現代日本』御茶の水書房，相川書房，通巻101号，1999年7月，pp.15-16「福祉国家の諸政策が，労働者一般，国民一般のニー

ズにしたがうという普遍主義的傾向の下で，整備していく方向が強まれば強まるほど，多数者のもっているニーズに多くの焦点が当てられ，この結果，政策の受益者は圧倒的に中位の社会階層に傾いていくことになる．…この中で，公的扶助など，（予防ではなく，救貧的な）貧困政策自体が仕分けされ，…価値の低いものとしての位置づけが固定化していくようになる」という指摘は，公的扶助制度としての生活保護制度自体の軽視傾向を鋭く捉えていると思われる．

11) 都留民子「責任・覚悟あるホームレス対策を」『福祉新聞』『論壇』第2157号，2003年6月23日は併せて，「ホームレスの自立の支援等に関する特別措置法」を「…大山鳴動の結果は，ご存知のように自立支援特別措置法―自立支援ホームでしかなかった…さらに50年以上前に生活保護制度で否定された『欠格条項』を持つ施策が復活し，対象も限定された」と指摘している．

12) 当日の「就労支援3点」の要求は，
　・自立支援センター以外の就労ルートの確保・拡大
　・野宿者対象の緊急特別就労基金事業の創設
　・基金事業による公共事業としての就労の方向を，技術習得，トライアル雇用等の就労対策と組合わせていくことを要求
　・野宿者の就労支援への既存施策の活用
　等である．

13) 大阪府，大阪市は「緊急地域雇用創出特別交付金事業」を利用して，あいりん高齢日雇労働者特別就労事業を主にNPO法人釜ケ崎支援機構に委託実施している．事業委託内容は除草，清掃等の仕事で，各人はおよそ10日に1回の順番で日給5,700円を受取る．「緊急地域雇用創出特別交付金事業」は通常は公共職業安定所経由で労働者を雇用するために路上生活者は採用されにくいという問題点も，NPO法人への委託により改善されることになっている．

14) 山田壮志郎「ホームレス対策の3つのアプローチ―『就労自立アプローチ』への傾斜とその限界性―」『社会福祉学』Vol.44-2（No.69），2003年11月では，「ホームレス対策の3つのアプローチ」として「就労自立」「福祉自立」「退去」を上げ，現在の「福祉国家」（筆者）における「『公共空間』の不法占拠に対する迷惑論」(p.25)に言及しつつ，「各種のホームレス対策がどのようなプログラムを提供すべきなのかといったことを検討することが，今後の課題であるといえよう」(p.30)としている．

15) 『シェルタレス』誌，No.21, 2004年, Summer, p.92に，「2000年9月以降2003年10月までの歯科相談から，紹介状を書いてそれを持って福祉事務所に相談した人の歯科受診割合は年々，66.7%，92.3%，93.8%とあがってきている」と報告されている (p.93)．

16) 苧本 郁「生活保護改革に物申す NGOの側からの取り組みを考える」『シェルタレス』誌, No.21, 2004年, Summer, pp.98-107は福祉事務所における生活保護制度運用の現状を見事に暴いている. 以下の通りである.
- 姫路市では「ホームレス数」は57人, 入院数は38人なのに, 居宅保護は2人だけと極端に少なくて, 退院即廃止の制度運用の常態化が窺われるとしている.
- 西宮市, 篠山市では入院しての保護開始と退院と同時の保護廃止という運用を続けていたが, 退院即廃止処分に対して不服申し立てが行われ, その結果, 退院即廃止処分の違法性を認めるに至っている.
- 神戸市では福祉事務所長委任規則で更生援護相談所に保護の実施機関としての性格を持たせていることを盾にとり, 福祉事務所の保護の決定実施から「住所不定者」を除外している.
- 自立支援事業を実施する自治体でも, 生活保護適用をせずに自立支援センターに誘導する傾向がある.
- せめて法の趣旨, 各種の通知に基づいた制度運用をして欲しいといっているに過ぎない.
- 福祉事務所だけで解決しろというのではなく, NGO, NPOとの連携・協働を呼びかけている.

17) NPO 地域自立推進協会元気100倍ネット, 「脱野宿への実践—自立支援センター就労退所者支援マニュアル(社会福祉・医療事業団助成『高齢野宿生活者の就労自立支援モデル事業』」2002年3月31日, pp.80-84には「最初の何ヶ月間かはとても就労意欲があるしプライドもあるのだが, 時間が経つと, どうかなぁという感じがする」「…それは誰かが先導して与えないといけないものであって, 価値観を転換するきっかけを与える者が居ないと…」「仕事を与える…意欲を与える」等, 一生懸命の支援とパターナリズムの間の難しい活動を想起させられる.

18) 『スープの会』世話人・後藤浩二「ホームレスの人々の生活再建の現状と課題, そして展望〜宿泊所運営を通して見えてきたもの〜」『東京ソーシャルワーク第123回『月例みーてぃんぐ』2004年4月24日

19) 笠井和明「2004年 TOKYO路上感 収容からの卒業」『シェルタレス』誌, No.21, 2004年, Summer, pp.62-70参照. 笠井氏は「もちろん良い結果に結びつくか, それとも期待外れに終わるかなんてのは, やってみなければ判りはしない. その意味で大勝負なのである. …そして結果が悪かったから『東京都, お前のやり方が悪かったんだ』なんて他人のせいにもできない. あくまでこの種の支援事業は, 共同で創っていくものであり, その意味で『自己責任』は私等の方にもある」と書かれている. かっての筆者のように福祉事務所のカウンターの内側に居て, 「福祉川柳」事件のような心象を持ち,

福祉事務所現業員として胡坐をかいていた自分を恥ずかしく思う．
20) 山田壮志郎・樋渡貴晴「野宿脱却後のアパートなどでの生活をしている人への支援に関するアンケート　地域生活支援に向けて」『シェルタレス』誌, No.21, 2004 年, Summer, pp.126 – 144
21) 木本明「現行生活保護制度とその運用をめぐる問題点と改善の方向について」『大正大学大学院文学研究課社会福祉学専攻修士論文』, 2001 年 12 月 17 日提出
22) 2003 年 2 月の全国実態調査での「路上生活者」の平均年齢は 55.9 歳, 東京都内で都市生活研究会が実施した「平成 11 年度路上生活者実態調査」(2000 年 3 月) での「路上生活者」の平均年齢は 55.2 歳あった．

第10章
英国のホームレス重点主義政策に関する考察

はじめに

　貧困対策は，第二次世界大戦後の社会保障制度の確立とともに，中央レベルの，つまり国家責任による施策として実施されるようになることで，公的扶助制度として国民の最低限度の生活—ナショナル・ミニマム—を支えるセーフティ・ネットとして機能するに至ったと一般に理解されている．1950年に成立した我が国の生活保護法も「無差別平等」の一般扶助主義の原則を取っていることは周知である．1950年以来これまでに何回かの「適正化」が実施されたが，一般的には，それは「適正化」であり，量的削減策ではあっても政策の質の変化とは見なされず，生活保護は日本における最後のセーフティ・ネットであると考えられてきたといえる[1]．

　ところが，近年一般扶助主義とはいえない傾向が顕著になってきているように見える．例えば，実施要領による要件の厳格化や，ホームレス対策に見られる生活保護の変則的な適用や除外である．野宿者は，明らかに保護基準以下の，というより，食べる物も住まいも全く欠乏している窮乏状況にありながら，一般扶助主義による生活保護適用を受けることが出来ていない．野宿者の中の一部の者がNPO等による施設短期入所やホームレス自立支援策の対象とされているのが現状である．生活保護法の「基礎構造改革」は，社会保障審議会の「生活保護制度のあり方に関する専門委員会報告書」が2004年12月16日に出されたものの，どのような実施内容となるか分からない点も多いのであるが，先行しているホームレス対策から推測すると，自立支援に重点をおくことによる

一般扶助主義の制限や実施責任の大幅な自治体への移譲が行われるかもしれないと予想される．

　このような，一般扶助主義からの乖離は，イギリスのホームレスに関する先行研究者の研究によれば，日本に限定されない動向のようである．ここでは，先行しているイギリスの傾向を踏まえながら考察したいと考えている．1999年にイギリスのブリストル大学の社会政策学科に便宜を図っていただいて，貧困問題に対する最新の政策動向が見られるブリストル市内の一地域を訪問し，聞き取りをする機会を得た．その紹介していただいた地域は，たばこ産業で栄えていた地域である．禁煙の広がりから，たばこ需要が急激に縮小し，企業は閉鎖に追い込まれた．その企業城下町であったその地域は，失業が多発し貧困地域と化したのであるが，筆者が訪問した時には男性の失業者の多くはすでに地域移動し，地域の主な構成員は女性と子供であった．その地域では母子家庭が全世帯中の5割を占めるという説明を受けたときには日本では見られない特異な現象であり，にわかに信じがたく，どのように考えればよいか理解に苦しんだのだった．女性と子供が地域の主な構成員であるという事態は，イギリスの貧困施策により作りだされた現象であるといえるであろう．つまり，そこは1960年代末から実施されるようになったイニシアチブ Initiative と呼ばれる重点主義政策により作られた地域といえた．なされていた施策のうち訪問しインタビューをして知ることが出来た事は，第一に十分な広さと壁の色にまで配慮した質の高い住宅の提供，第二にパソコンの技能修得を中心とした職業訓練，第三に保育所の提供とそこでの実験的な保育実践，第四に心身に障害を持つ児童への特別な治療施設（職員をアメリカへ派遣し特別な心理療法を修得させたということであった），第五にティーンエイジャーの女性失業者に対するネイル・アートを内容とする職業訓練と集いの事業を実施していた教会の存在である．いずれの施策も対象とされていたのは女性と児童であった．そのように女性と児童に特化した手厚い事業は，一般扶助主義とは異なるものである．そのように一般扶助主義ではない特別な問題への重点的な施策が行われるようになっていたのであるが，ホームレス問題も1980年代以降において重点施策が対応するよ

うになった．しかし，イギリスでは全面的にそうだということではなく，一般政策に追加する形で重点施策が実施されているのではないか．つまり，所得政策だけでは対応出来ない問題の特質に対応することの必要の認識から，施策が追加され補完されている側面があり，日本とは，基本的な違いがあるといえるのではないか．その点を，本章を通して明らかにしたいと考えている．

ともあれ，ここでは英国のホームレス対策を見ることを通して，日本のホームレス問題を相対化して捉えたいのである．その上で重点施策の意義について考察したいと考えている．

ホームレス問題に関わる施策の有り様が，問題の有り様を規定するといえる．社会政策が高度に発展している国においては，施策が問題を規定し，作っているといえる側面があると考えられる．実際に，問題を大きくすることも小さくすることも出来，問題の性質を変えることも出来るようである．英国において野宿者が極度に少ないのはどのような施策の成果なのか．また，施策により，野宿者問題は解決したといえるのかである．

従来は，社会問題があって，それを解決もしくは軽減するべく社会政策が対応すると考えられてきたが，現代においては逆転して政策が問題を作る，もしくは規定するといえる事態となっていると思うのである．例えば，ホームレス問題に関していえば，日本では，生活保護と切り離した形で「ホームレスの自立の支援等に関する特別措置法」が制定され，ホームレスとなった人々への量的にも質的にも非常に限られた不十分な施策が対応している．その結果としてホームレス問題の解決は殆ど進まず，景気が好転しない限り拡大していくばかりであろうと予測される．日本におけるホームレスの人数は，2003年4月現在で2万5千人と国による調査結果として発表されている．それは宿泊施設入所者を除いた野宿者のみの数値である．それに対して，イギリスでは，日本のホームレスという言葉に当たるラフ・スリーパー（野宿者）の人数はイングランドで2001年末現在532人とかなり少ないのである．なぜそのように少ないのか，また，その中心は20歳代の若い世代であるということだが，日本のホームレスは50歳代以上が殆どである．なぜ，そのように異なるのかである．背

景となる経済状況の差異の影響はもちろん考えられるが，英国では施策が日本よりもより十分にラフ・スリーパーに対応しており，かつ，失業政策や年金制度，住宅制度が中高年者のホームレス化を予防しているのかもしれない．

以上の研究のために，イギリスのブリストル市において聞き取りと資料収集をすることが出来たので，それらを参考としながら，また，日本の研究者による先行研究を参考にしながら，イギリスのホームレス施策とそのホームレスへの影響について把握したいと考えている．ブリストル市は，RSI (Rough Sleepers Initiative) に取り組んだ自治体としてはロンドンに次いで早いということである．また，HUBという官民一体化した特異なホームレス対策の組織を作りだしており，イギリスの各自治体からHUBの見学者が多く訪れるため職員が対応に追われている程ということであり，先駆的な施策を展開している市である．

筆者は，ブリストル大学と淑徳大学とが従来から関係があり諸便宜を図っていただけることから，幸いにも，たまたま先進的な取り組みがなされているブリストル市での聞き取りをすることが出来た．また日本におけるイギリスのホームレスに関する先行研究も政策・制度の展開過程に関する研究は多くなされているが，筆者の主たる関心であるところのホームレス者の特質やその原因に関する社会構造的分析，特に施策との関係において捉えている研究は少ないといえる．筆者も本研究において問題の構造と施策の関係を十分把握出来たということではない．ここでは，施策の内容を出来るだけ具体的に把握し検討することを通して，英国のホームレスに対する重点施策の意味を捉えたいと考えている．

1．英国における 80' 以降におけるホームレス施策の展開

（1） ホームレス問題の提起

まず，先行研究によりながら，英国のホームレス対策の展開を簡単に概観しておくことにしたい．ホームレス対策が盛んになったのは，ホームレスの状態

にあるものの人数が増加したことによると指摘されている．早川和男によると，イギリスでは1979年サッチャー政権以降に，特に職を求めて地方からロンドン等へ移動してくるものが増え，B＆Bなどの安宿に過密住状態で暮らすものが見られるようになり，ホームレスの人数が急増することになったということである．また，サッチャー政権下における，公営住宅の私有化政策も原因として指摘されるところである[2]．ホームレスの世帯数は表10－1のような増加を示している．法定ホームレスの世帯数の変化の傾向をスコットランドの資料で示したものである．「住宅法」の中にホームレス関係が規定された1987年以降の数値である．1992年までの5年間に注目するとその短期間に，ほぼ倍増していることが見て取れる．

表10－1　1987年度以降の法定ホームレスの推移（スコットランド）

年度	世帯数
1987	15,339
1988	15,773
1989	18,277
1990	23,500
1991	27,800
1992	30,100
1993	30,900
1994	31,600
1995	30,300
1996	30,600
1997	32,400

S.Fitzpatrick, P.kemp, S.Klinker, *Single homelessness*, 2000, p.18.

1970年代から大きな社会問題となったホームレス問題に対して，英国ではそれまでは公的扶助で対処していたのが，1977年にHomeless Person's Actが作られ，1985年以降は，住宅法の第7章（Housing Act Part Ⅶ）においてホームレス対策が規定され，それを法的根拠として対応されてきた．住宅法は数次にわたる改正が行われているが，ホームレス問題に対しては，住宅政策からのアプローチがなされてきた点に英国の特徴があるといえる．そのため，ホームレス対策は，野宿者のみではなく，B＆Bを住まいとしている者や友人宅にいる者，つまり居住期間が一時的もしくは不安定な者まで含めて住宅困難者全体を視野に入れて，ホームレスの概念を広義にとら

え対応しているという特徴がある．その中でさらに施策対象の優先順位が決められているが，野宿者は優先度の高いものとは位置づけられていない．住宅困難者を広く対象としていることは一面では評価出来ることであるが，広義であるために，その世帯数や人数の把握さえも困難であるとともに，施策の焦点が後掲の表に示されるような「優先ニード」を持つ者＝社会的弱者の場合に，その中でも「故意のホームレス」ではない場合に援助対象が限定され，住宅問題としてもっとも深刻と思われる「ルーフレス」と分類される野宿者が公的施策対象からむしろ排除されるという状況が生じた[3]．

「住宅法」による対象別施策の対応は以下の表10－2のようである．下の表から分かるように，ホームレスと見なされない場合はもちろんのこと，ホームレスと見なされても優先ニードを持たない場合は，与えられる支援は助言と情報の提供だけである．

表10－2　住宅請求者のうち「住宅法」による支援対象と支援内容

優先的ニードの有無	故意か否か	審査結果	住宅当局から受けられる支援
－	－	ホームレスと見なされない	助言と情報の提供
なし	－	ホームレスと見なされる	助言と情報の提供
あり	故意	ホームレスと見なされる	一時的な宿泊所の提供
あり	故意でない	ホームレスと見なされる	2年間（裁量により延長可）の宿泊施設の保障

伊藤泰三「イギリスにおける『ホームレス』への住宅保障施策」『社会問題研究』第52巻1号 p.50より．

住宅の請求者全数は2001年に25万9,000件である．これは，住宅支援を求めて申請した者の総数の数値である．ホームレスには表面に表れてこない隠れた（hidden）部分，Ｂ＆Ｂに住んだり友人宅に住んだりしていても申請しない者があり，実際はこれよりはるかに多いだろうと考えられているが，ともあれ，表10－2の分類に従ってその構成比をイングランドについて示すと，請求者全数中，「優先ニード有りで故意でない」とされた者は45.8％，優先ニード有りで故意の者は3.2％，優先ニードのないホームレスは22.5％，ホームレスと

見なされなかった者が28.9%である．「優先ニード有りで故意でない」とされた者は2年間の宿泊施設の保障があるということであるが表10－2によると46%であり全体の半数以下である．住居に困り，申請した者の中で，住宅法により必ず対応される者は半数に及ばないのである．また，申請しても，ホームレスではないと見なされる者が29%にも及ぶ．

さらに，「優先ニードを持つ」とされる者の特性を示すことにすると，表10－3の通りである．

表10－3　優先ニードを持ち故意でない法定ホームレスの構成（2001年）

優先的ニード	世帯数	%	優先的ニード	世帯数	%
総　　数	118,700	100	精神障害	10,020	8.4
扶養児童	66,970	56.4	18歳以下	5,770	4.9
妊　娠	11,730	9.9	家庭内暴力	7,080	6.0
老　齢	4,240	3.6	災　害	1,060	0.9
身体障害	6,190	5.2	その他	5,640	4.7

中山徹「イギリスにおけるホームレス問題と野宿者政策」『グローバリゼーションと社会政策』社会政策学会誌，法律文化社，2002年，p.129より．

表10－3は，優先ニードを持つと認定された者についての内訳である．表側にあげられているような事柄が優先ニードの内容である．そのうち身体障害，精神障害，家庭内暴力（扶養児童含む）の者が増加傾向にあると指摘されている．

（2）　野宿対策室（RSU）の設置とその施策の展開

前述したように，住宅法が「優先ニード」や「故意でないこと」を支援条件としたため，単身のラフ・スリーパーに対して，別途に，重点施策が臨時施策として追加されなければならなくなったといえる．

中山徹によると，1980年代後半から，上記のような住宅法で規定している「優先ニード」から漏れがちである「単身ホームレス」もしくは「ラフ・スリーパー」を対象とする特別の対策が考慮されるようになったということである．具体的には1990年に野宿者優先プログラム Rough Sleepers Initiative：RSI（環境省）が

作られ，さらに，1997年労働党への政権移譲とともに1999年に野宿者対策室 Rough Sleepers Unit：RSU（環境・交通・地域省，後に地方政府も含まれる）が設立され対策に当たることとなる．中山によるとRSUの設立以降に，本格的に取り組まれるようになり，イングランドにおける野宿者の人数は1998年の1,985人から2001年末の532人へと大きく減少したということである．なお，1991年のセンサスでは2,703人と数えられている．

RSUの施策を列挙すると以下のようである．
イ ベッド数の増加
野宿者が利用できるベッド数が，1年間に，例えば450のホステルで19,000人分の施設がつくられ，そこで1週間続けて宿泊したものを次の施策へ繋げることがなされた．
ロ CATs（Contact and Assessment Team）などと呼ばれる専門家を含むアウトリーチ・チームの立ち上げ．
全国に2000年に22のチームが出来る．長期野宿者やアルコール，ドラッグ問題に取組む．
ハ 年輩者のためのナイトセンター，若年者のための家族関係復活のプログラムを持つ，および女性専用の安全自立プログラムを持つ諸施設の設置
ニ 情報システムモニターの開発
ホステルの空き情報と長期野宿者のデーターベースの作成．野宿者は移動するため，前に受けた支援の有無，援助の重複はないかなどのデータベース化
ホ スープ・ラン（スープの提供）の重複の調整
ヘ アルコールやドラッグ問題へ対応するための専門家の採用
ト 住宅給付の手続きの簡素化，ホステルやアウトリーチによる手続き書類制作の援助
チ 医療サービスの迅速な提供の確立
リ 賃貸権維持チームの設立

ヌ　自尊心を持てるよう社会的に意味のある仕事への従事をはかる
ル　予防策の強化

　以上の施策を見ただけでも，野宿の解消と，さらに進んで野宿者が抱える問題の解決が明確に志向されていることが窺える．なお，RSI と称する事業は今日も継続して実施されている[4]．

　この流れの中で，2002 年には，ホームレス法 Homeless Act が制定された．2002 年法により，ホームレス対策委員会が副首相府のもとに作られ，RSU および B&BUnit を吸収し，これまで以上に強力にすすめられることとなった．2002 年法の特徴は，岩田正美によれば，① 地方政府による調査の実施，包括的戦略の公表と実行責任の強化，② 優先的ニードがなくとも意図的でない場合への柔軟な対応，2 年間とされていた住宅供給義務の制限の撤廃．③ 社会住宅への登録を廃止し個人の選好を尊重すること，地方政府の所有の建物の自由な利用を認めるなどの改善が見られると指摘している．加えて,「優先グループ」に，16 〜 17 歳の若年ホームレス，18 〜 21 歳までの福祉ケアの経験者（児童養護施設出身者）や軍隊，刑務所経験者が加えられたことなど，ホームレス施策をより拡充，徹底させる方向が示されていることを述べ，地方政府に非公認ホームレスも視野に入れた包括的な戦略を住宅と福祉の共同責任で実施するよう義務づけたものということである．

　しかし，岩田は，単純に拡大策と評価するわけにはいかないとし，これによって地方政府は，一方で住宅法に基づく従来からの「公認」ホームレスへの責任を果たしつつ，他方で新法に基づく「非公認ホームレス」も視野に入れなければならなくなった．「90 年代に開発されたターゲット型臨時対策の複合アプローチ戦略を地方の責任で拡大させていくことに法の重点があると見ることが出来る」と述べている[5]．そのように拡大した責任をどの程度地方が担いきれるかという指摘である．

2. 野宿者問題の把握と野宿者施策

(1) 1998年時点におけるSEUによる問題の把握

1999年のRSUの設立に先だって，1998年にSocial Exclusion Unit：SEUによる野宿者に関するレポート (Rough Sleeping Report by the Rough Sleepers by Command of Her Majesty 1998) が出されている．何を政策課題とすべきと考えたかを表すものであると思量されるので，内容を箇条書きで示すことにしたい．

イ 1990年代に野宿者の人数の急増．

ロンドンにおいて，年間2,400人が野宿をしている．1,800人があらたに加わっているが，早期にホステルや施設が対応しているので平均すると400人が野宿をしていることになる．ロンドン以外では2,000人が野宿をしており，10,000人が野宿者として漂流している．大きな都市に集中している．

ロ 野宿者の属性の特徴

18歳以下は非常に少ない．18歳から25歳が25％を占め多い．60歳以上は6％と少ない．

男性がほぼ90％である．ロンドンで若いホームレスが増加している．

エスニックの者は野宿者全体の中では5％以下と少ないが，ホステルにいるものの中でのエスニックの割合は不釣り合いに高い．

ハ 家族の側面

若者の86％は家にいることが出来なくなった者．その原因は多くは若者にある．不登校，家計のため，ドラッグなど，親の離婚も多い，若いホームレスの4分の1が継父母であった者である．家庭内における本人への精神的性的虐待も見られる．若い女性の40％は，ＤＶを受けている．高齢のホームレスも家族問題の危機を経験した者が多い．

ニ 制度の問題

野宿者の4分の1から3分の1が児童養護施設出身者である．施設では60％の者が16歳で出る，残りの者は18歳である．一般家庭においては

平均年齢22歳で親の家から自立する．
ホ 刑務所経験者が半数を占める．
ヘ 兵役経験者が野宿者の4分の1を占める．
ト 精神的，または身体的健康問題を持つ者が30～40％を占める．
チ 野宿者の50％がアルコール問題を抱えている．
リ 野宿者の4分の3の者が教育を十分受けていないという研究結果がある．

　以上のように，野宿者の人数の多さと，その特徴がもっとも社会的に排除された人々であると捉えられたことで，政策課題として人数の減少をはかることに止まらず，ドラッグやアルコール，教育問題などを抱えている者をターゲットとして設定し，重点的施策でもって諸問題に対応することとなったと見ることが出来る．

（2） 社会福祉の支援－生活の再構築のための重点施策

　公的扶助の受給者も含めてホームレスとなるのは，アルコールやドラッグなどにお金を費消してしまうことによるという指摘が多く見られる．ブリストル市のホステルを訪問した際に，応対してもらったマネージャーに施設利用者がホームレスとなった原因を質問したが，ドラッグとアルコールによるというのが共通した回答であった．ホステル内では禁酒，禁麻薬が建前であるが守られないことが多いという．それが事実とするならば，所得保障や住宅保障だけでは問題を解決出来ないことになる．生活の再構築が課題とされなければならないとされたことは当然の流れであったといえる．

　そのための支援策は，今日セカンド・ステップと呼ばれている．ホステルでの生活が落ち着いてきたところで，アセスメントをして，セカンド・ステップへの橋渡しがなされる．

　単なるその日その日の夜の宿所提供を越えて，種々のケアニードに対応し，長期の安定した居住へ導くという考えは，1988年のグリフィスレポート（Griffiths Report）の中で，コミュニティ・ケア行動指針として示されたもの

であり，1989年のNational Federation Housing Associationはそれにそって *Housing: The Foundation of Community Care* ，をケアニードを持つ人々への援助の基本を示すものとして刊行している．それにより，各自治体および各施設はケアニードへの対応に取り組んでいる．しかし，野宿者に対するケアニードへの対応は近年やっと着手され始めたところである．目的は生活の再建であり，地域で，普通の市民として生活出来るようになることである．聞き取りをさせてもらった救世軍のホステルでは建物の改装に取り組んでいた．ベッド数を減らして入所者一人あたりの面積を広げ，まず，施設の生活そのものをより快適にするということであった．医療，職業，教育，生活技術などが取り組まれている領域である．

　ブリストル市のセカンドステップは，2000年にプランが立てられて，基礎作りがなされ，発足したということである．Second Step, *Annual Report 2001-2002* という2001年度の年報によりながら組織の特徴やなされる事業について概略を述べることにする．

　セカンドステップの目的は，良質の住宅の提供，メンタルヘルスの問題やそれに関連して援助を要する諸ニーズを抱えている人々へ援助することとされている．

　それは，次のような理念によるということである．すべての人が敬意と威厳を持つ者として遇される権利を持つ．個々人はその人が抱える問題にきちんと対応するところの行き届いた処遇を受ける権利を持つ．提供者は利用者のニーズと要望にそえるようにサービスのあり方を高めていく努力をしなければならない．援助は，利用者の自立心と責任感を高めるようにしなけれならない．個々人の多様性に配慮するとともに，機会とアクセスが平等に提供されなければならない．セカンドステップの利用者についての見方を常に発展させ，最先端のやり方で対応しなければならない．設備の整った住宅と専門家の援助を受けられるようにすること．つまり，セカンドステップはメンタルヘルスと住居の問題，そして良い処遇という点に留意して努めるものであり，実際に雇用と働け

る環境を作っていくものである．(Second Step, *Annual Report 2001-2002*, p. 5)
以上の理念の下に実施された2001年度の事業実績は以下のようである．

イ　居住の支援

16のプロジェクトから成る．サービスの種類としては2種類である．ひとつは，土曜日・日曜日以外の毎日，入居者とコンタクトを取りながら進める長期のメンタルヘルスニードを持つ者への適切な援助プロジェクト．もうひとつは急性期のメンタルヘルスのニードを持つ者への対応である．予備の住居を持っている施設と関係を持って実施している．

ロ　野宿者支援，再定住支援

メンタルヘルスサービスを必要とする者を自立支援施設へ移住出来るよう市当局，市住宅協会との連携の下に精力的に援助している．90人をアパートに住めるようにした．支援は最低1年間，最高3年間．地域で自分のアパートで生活出来ることが目標．

財政的基盤は寄付による．家具などの購入のために利用者へ少額の補助金を出している．

ハ　野宿者への特別支援 (RSI)

1999年以来セカンドステップは二つの事業を実施している．ひとつはメンタルヘルスの問題，もうひとつは長期野宿経験者への支援である．長期に提供できる自前のアパート群を持って実施している．入居者はプライバシーを持てるが，しかし，現場の職員とコミュニティの機関からの助けも受ける．24時間の対応をしている．

ブリストル市のRSIを通しての委託事業として，住宅協会のアパート5ヶ所において，セカンドステップが運営している．

ニ　貸家支援

貸家支援はすでに貸家に住んでいる者への支援である．住まいを放棄しそうなリスクを持つメンタルヘルスの問題を抱える人への，住宅管理やその他についての6～18ヶ月間の支援で，サポートネットワークを作っている．

ホ 外延的受け入れ（autreach）

二つの新チームが出来た．ひとつは医療に関わるチームで，もうひとつは従来の方法では対応が困難なメンタルヘルスを必要とする者への援助を目的とするソーシャル・サービスの複数の機関である．

ヘ 新人訓練

1998年に野宿している人々について野宿に至る過程の調査と定住へと導く方法の研究を実施し，野宿という同じ経験を持つ者同士の支援が良いと考えられた．

セカンドステップは，この事業へ1999年に環境，交通，地域省から財政支援を得ることに成功した．この事業は"水平（Horizons）"と性格づけられている．野宿経験者で再定住出来た者が「教師」となり，その経験に基づいて新人の訓練をする．この事業計画は同市のブリストル大学によって支援され，「教師」は援助技術の訓練を受け学習を発展させている．

ト 連携の広がり（TREE）

路上生活を経験した者が住まいに定住出来るのは，個人として意義を見い出せる社会参加が出来た場合に限られるものであるという考えを基本において，セカンドステップは，RSIのクライアントとともに生活の再構築のための技術を発展させ，意味ある仕事や雇用を得るという長期の目標に向けて訓練や教育機会を提供している．

TREEのワーカーは利用者の関心やニーズを受け止め，それに合う細かい実施プランを現場で作りだしている援助ワーカーと連携を取ることである．必要とされる支援を用意することが出来，アセスメントにとって有効な情報を多く集めることをしている．

ト 発展―新しい展開

メンタルヘルス戦略を開始することにした．それは発達過程の問題（Advance）と生来の気質（Mind）のどちらがよりホームレス化と関係しているかについての12ヶ月間以上に及ぶ議論に基づいている．

それを通してお互いに知識や経験を共有し，中央（国）のサービス配分へ結びつく実績を作る事業を拡大することが出来る．人的資源サービス，利用者中心の質の確保，種々の重点的サービス提供のための訓練がすでに着手されている．それらは，ケア標準法（Care Standards Act）が求めているものに適合する内容の水準に達している（Second Step, *Annual Report 2001-2002*, pp. 11～15）．

以上がセカンドステップの2001年度年報に記載されている事業報告の概略である．やや詳しく紹介したのは，最新の動向であり，どのような事業がなされ，どのようなことを実際に目指しているかを知ることが出来る資料であり，その手法が日本でも参考にされていると思われるからである．

3．イギリスのホームレス施策についての検討

以上から，イギリスのホームレス施策が，住宅問題の範囲だけを課題とすることから広がり，野宿者をターゲットとして加え，さらに，野宿者の中のメンタルヘルスの問題や長期野宿者の問題へターゲットを向けていっていること，それらの治療や解決にターゲットが向けられてきたことが分かる．

ではターゲットを設定し重点施策化することで，広義の住宅問題としてのホームレスの問題は解決したのか，また，狭義のホームレス問題とされる野宿者の問題はどのように解決しているのだろうか．さらに，ターゲットという政策手法の是非についても考察する必要があろう．

だが，目下の筆者の研究のレベルでは，これらの課題に十分答えることは出来ないが，いくつかの点について以下に言及することにしたい．

（1）社会保障の他施策との関連－特に所得保障との関係について

ホームレスに関連する社会保障としては，失業手当，所得補助，住宅手当が考えられる．これらが，野宿者に対してはどのように対応しているのかである．

第一に前記の施策が，なかでも所得補助が住宅手当とともに十分機能していれば，そして，第二に各地域の世帯数と人口に対して数量的に十分なだけの住宅の戸数があり家賃の心配なく入居出来るのであれば，ホームレスは発生しないはずである．一体，何が野宿者を多くした原因であるのか．これまでの日本のイギリス研究は，多くの野宿者の存在に対してどのような施策がなされたかを追跡したものが多い．その前に，所得補助と住宅手当という一般的施策がありながら，野宿者が生成されたのはなぜなのかの究明が必要であるように思われる．

1996年の求職者法(Jobseekers Act)により，失業手当は求職者手当(Jobseeker's Allowance)と名称を変え，従来は，失業者も失業手当とともに，所得補助の基準に手当が満たなければ所得補助(Income-Support)の対象とされていたが，96年法により明確に分離されたということである．求職者手当の期限が切れた者は，つまり，6ヶ月以上失業状態が続いている者には，所得補助と同様の資力調査を経て，求職者手当が継続される．

求職者法の制定に伴って，所得補助を受給出来る者は，失業者を除く身体的・精神的障害により就労不可能な者，亡命者の一部，難民としての地位を得ている者の一部，年金年齢以上の者，フルタイムの学生，妊娠している者など，労働能力のない者を主要な対象とするようになったということである．

住宅手当は，所得補助が国家扶助(National Assistance)と称していた時代には国家扶助の中に含まれる支援であったのだが，1996年以降住宅手当は，求職者手当を受けている者も，所得補助を受けている者も受けることが出来るようになった．

だが，法的に権利があるということと，実際に補助を必要とする者がもれなく受給出来ていることとが異なることは，日本の生活保護の受給状況と照らし合わせると明白である．イギリスにおいて1960年代の中葉に，A・スミスとP・タウンゼントが英国で100万人以上が国家扶助基準以下の所得であることを示し，それらの者が扶助を受給していないことから，漏救としtake-up率の問題提起をしたことは良く知られていることである[6]．以来，漏救問題は社会政策

の重要な論点のひとつとされてきているが，P・アロックは，ミーンズ・テストがあること自体が国民に制度利用を避けさせるように働くとし，サッチャー政権以降，補足給付（Supplementary Benefit）以外の諸社会政策もミーンズ・テストを必要とするものへと変わっていったことが，利用資格がありながら受給しない者を生み出してきたと指摘している．ミーンズ・テストを必要とする制度になればなるほど，制度の利用者は減少することになり，予防的施策として機能しなくなると述べている[7]．

中山によると，野宿者が主に利用するデイセンターの利用者およびスープラン利用者についてなされた1991年調査により明らかにされた所では，前者では45％，後者では51％の者が求職者手当（失業給付）または所得補助を得ているということである．つまり，約半数は公的扶助を得ていることになる．そして半数は公的扶助を利用していないということである．公的扶助の制度を利用していても野宿をしている者が半数いることは問題であるし，公的扶助を得ていない者が半数を占めることも問題である．前者は公的扶助を得ながらホームレスとなることを意味し，後者は公的扶助の制度へアクセスしないか，アクセスしても得られないかである．

そのことから，二つの問題があることが示唆されている．前者の公的扶助を得ていても野宿者となるのは，アルコールやドラッグなどにお金を費消するからか，所得補助基準がまともな生活を保障しない低水準であるからなのかである．後者の公的扶助を得られない者は，寝場所に困るだけではなく食べる物をはじめ生活の諸側面において難儀しているであろう．

約半数が公的扶助を得ていないという数値は，上記のように1991年の調査によるものである．それ以降に優先ニードのない者へ施策が広げられてきているのであるが，岩田が述べているように，「とりあえず短期の住宅（施設＝筆者）へ誘導されたに過ぎない」という評価が，筆者がデイセンターやホステルを訪問しての感触でもある．ホステルに宿泊すればその宿泊費用は市からホステルへ住宅手当として直接支払われるが，その他の生活のための所得補助は受けていない者もおり，またホステルは住まいとはいい難いレベルのものである．ホ

ステルは日本の救護施設や自立支援施設で感じられるような,ある種の差別感というか,いかにも社会的に一段低い者達の施設といった殺伐とした独特な雰囲気が感じられた.それは,筆者がこれまで見聞した英国の老人福祉施設にはない雰囲気である.

(2) 援助方法の組織化について

ブリストル市の野宿者施策を述べるとするならば,市独自な組織形態であるHUBについて触れなければならない.それは官民一体となった組織であり,単身もしくは子どものないカップルが野宿者となることを防止し,野宿者となった者に対しては住まいおよびその他を提供すべく助言をするセンターである.多くのプロジェクトがHUBに連結している.複数の,性格の異なる機関による総合的な対応と問題解決が1ヶ所に集められた複合機関(Multi-agency)として機能することがHUBの狙いである.下の図のような複合的な機関で構成される組織である.組織の運営およびスタッフも各機関から参加しているし,賃金は各自が所属する機関から支払われている.我々が訪問したホステルのマネージャーたちも定期的にHUBへいく事になっているとのことであった.

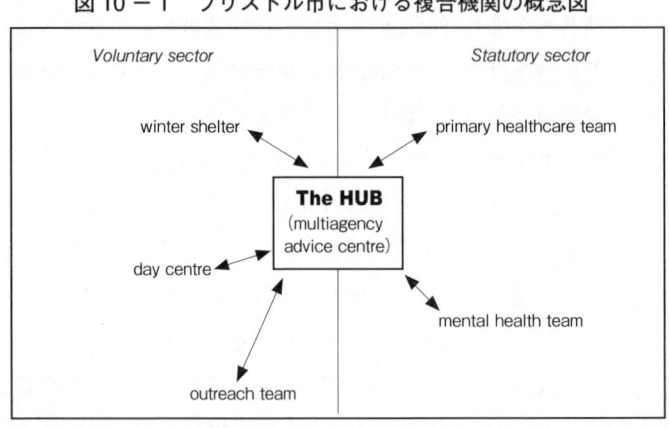

図10－1　ブリストル市における複合機関の概念図

Voluntary sector | Statutory sector

winter shelter → The HUB (multiagency advice centre) ← primary healthcare team

day centre →   ← mental health team

outreach team

Patricia Kennett and Alex Marsh, *HOMELESSNESS*, The Policy Press, 1999, p. 244.

第 10 章　英国のホームレス重点主義政策に関する考察　365

　ブリストル市の HUB は 1995 年に設立されている．それは市独自に発展させてきたホームレス対策のための組織である．人的構成員は，住宅局関係のワーカー，公的扶助給付職員，ブリストル市住宅部長，ブリストル市ソーシャルサービスのワーカー，住宅問題への最前線で活躍している「ブリストル・キュレネ」のメンバー，雇用サービス担当のスタッフ，16 ～ 17 歳の者への職業訓練と教育をしている「ラーニング・パートナーシップ・ウエスト」のキャリアを持つ職員，シェルターの相談スタッフからなる．

　このような組織が作られてきたのは，ブリストル市が英国でロンドン以外では唯一 RSI からの補助金を受けて，早くから野宿者対策事業を展開させていたこと，その事業の展開の過程において，制度が住宅，雇用，医療，公的扶助，教育と縦割りであることが個々人を援助するとき不都合であり，諸施策の運用がうまく結びついたときうまく解決出来るということが経験的に分かってきたことによる．というのは，野宿者問題は住宅問題だけの単一の問題ではなく，種々の複合的問題が絡んでいると捉えられたからである．例えば，ホステルへの宿泊を申し込んだ者の半数は飲酒のために断られている（1996 年調べ）．また，医療とともに，3 分の 2 近くの者が医療に関連した他の援助を必要としているが，わずかの者しか受けることが出来ていないなどの問題が指摘されている[8]．

　そのようなことで，個々人のニーズに対応できる相談およびサービス提供組織として，すべてのホームレス関係機関が連携することでより適合するサービスを個々人に提供出来るようにするべく HUB が作られていったということである．

　1999 年度の相談者の件数は，HUB の年報によると，2,524 人が新しい来所者であり，9,003 人が全相談者である．全数の中の 23% が野宿者であり，33% が友人や親戚宅に一時的に寄宿させてもらっている者である．そして 17% がメンタルヘルス，ドラッグ，アルコールの問題をもつ者である[9]．

（3） 施策による野宿者の減少について

野宿者の対策は2002年以降においては，前記したように，公認ホームレスの範囲が拡大するとともに，非公認ホームレスへの対策も進められた．その結果として特にルーフレスと分類される野宿者の人数はさらに減少したといえるだろう．おそらく，施策の影響ばかりではなく，経済状況も悪くないことから，施策は成果を挙げることが出来ていると推測される．前記したように，「とりあえず短期の住宅へ誘導されたに過ぎない」としても，野宿者の減少を重点施策とし，それを実現出来ていることは，日本と比較して考えるとき非常な驚きである．日本では，まともとは全くいえないような処遇をしている短期宿泊施設（例えばSSS）を提供することさえも十分出来ていない．

ブリストル市のホステルでの聞き取りによると，複数のホステルにおいて同じタイムスケジュールで入所者を受け入れていた．それは7時から12時まではホステル自身のアウトリーチによる受け入れ，12時から17時まではHUB（ブリストル市のホームレス対策のための独自の組織）からの依頼者の受け入れ，17時以降は直接来所者の受け入れである．もしも全市的にホステルでこのようであるとすれば，利用者は宿泊する施設を選ぶことができるし，住居というには粗末であり，個室とは限らないが，ベッドは用意されているので，少なくとも野宿を回避することは出来るのである．

そのように，人が路上で夜を過ごすことはないということがかなり徹底しているように見えた．人口40余万人のブリストル市で，2001年の野宿者の人数は7人とある．1998年では42人ではあった[10]．このような状況を，質的には低レベルとはいえ，施策により実際に作り出せるのである．

ブリストル市では，ブリストル大学で教鞭を執られているスー・キュルロイ氏にホステル等の見学の仲介の労を執っていただいたが，氏からの最初のホームレス問題へのコメントは，「貴方はこれから現場を見ることによって，イギリスでは住まいの権利があると考えられていることを実感できると思う」というのであった．実際に，野宿者は全くではないが，ほとんど見られなかったのである．筆者が実際に野宿している人を見たのは8日間の滞在期間において1

人であり，他に1人からお金を欲しいと声をかけられたのであった．

4．おわりに——日本のホームレス問題を考える上でのイギリスの施策の評価

　イギリスでは広義のホームレス対策から，狭義のホームレス，つまり，ラフスリーパー対策へ重点が移っていったといえる．そして，その際に住宅政策としての対応というよりも，アルコールやドラッグ，家族といった問題への対応を同時に含むことの必要が指摘され，施策も複合的な施策へと変わってきている．そのように政策が変わって行かざるを得なかったのは，イギリスにおいて指摘されているように，イギリスのホームレス問題が複合的な要因を含む問題として表れてきたことに一因はあるであろう．

　だが，指摘されているような問題の性格の変化は，一面ではそうであろうと筆者も考えるが，しかしながらどの程度そうなのかという疑問も残る．従来の所得政策，住宅政策，医療政策，失業政策，教育政策といった縦割りの施策では対応出来ない，HUBのような横につなげた組織や総合的な施策が必要ということであるが，本当にそうなのかである．一般政策が縦割りの形で低所得層に至るまで十分対応することが出来ないのは，問題の本来的性格の所為であるのか，一般政策のそれぞれが不十分だからなのかである．一般政策の守備範囲や実施のされ方に問題はないのか．例えば日本でも住宅公団は単身者用の住宅は殆ど建設してこなかったが，単身者に対する住宅施策はイギリスではどうであったのか．イギリスでは白人の20歳代の若者が野宿者の中核ということであるが，なぜ彼らが働かないでアルコールやドラッグと結びつくのか，彼らの怠業は失業対策や教育では如何ともし難いのか．養護施設出身者や服役の前歴者は前からいたはずであるのに，なぜ今日特に問題となるのか等，多くの疑問が筆者の中で解答を得られていない．

　イニシアテイブ（Initiative）という政策方法に繋げるための問題の捉え方は，特定の問題にターゲットを絞ることから，必然的に問題を個人から発して捉えていくことになる．個々人のニーズを捉えようとするので，人が社会からエク

スクルージョンされている理由についても，個々人の側の問題を追求し，改善する方法を探ることになる．そのように個人から発する視点で捉えることで，個人への対応へ限定された枠組みになりがちになるのではないか．ホームレス対策の初期の段階では広い枠組みで捉えたためにルーフレスが施策の縁辺におかれたが，ルーフレスが重点施策となることで，今度は住宅問題そのものや経済的問題の側面がぼやけてきているように思われる．

　つまり，狭義のホームレスであるルーフレスの問題にしても特殊化されて理解される傾向から，まともな，ミニマムといえる住宅，まともなミニマムといえる生活をラフスリーパーに普遍的に保障するという発想の確立を阻害することになっているのではないか．前記したように見学したすべての施設に，おそらく職業訓練用に用いるために備えたと思われるパソコンを並べた部屋があったが，それらが日常的に用いられている風ではなかった．ホステルは1日の宿泊は提供するが，そこは永住できる場所ではない．永住の権利がないだけではなくて，住居という代物ではない．そのような標準的な生活レベルから引き下げられた住宅が提供され，したがって標準的な生活は営めないことになる．以上のような理由から，ラフスリーパー（野宿者）の徹底的な減少を図っていることに対して驚くと同時に，個人の次元へホームレス問題が還元されることの結果への疑問も残る．

　ところで，アルコール問題やドラッグ問題は広義のホームレス問題なのか，それとも，狭義のホームレスの問題なのか．おそらく，大部分は狭義のホームレス問題として表れ，ラフスリーパーの主たる問題というように捉えられているであろう．

　だが，住宅法という一般施策に第7章としてホームレス規定が加えられ，優先的ニードを設けて重点施策の観点を導入したこと自体，誰にでも住宅を提供することが出来なくなったことの証左ともいえるのではないか．次いでイニシアチブの重点がラフスリーパーに向けられたことは優先的ニードという考えを住宅法に取り入れた二次的結果といえるのではないか．そのように二重に排除

し，特化した結果としてラフスリーパー施策が求められ，現在，ホステル入所という住宅としては最低のレベルの次元において対応の徹底化が図られているという構図に見える．その意味では所得政策や住宅政策へ追加された「サービス政策」としての「補完」とはいい難い．アルコールやドラッグの問題を持つ若者や子どもを持つDVの女性はセカンドステップのような施策へ結びつけられて，将来の地域生活へ向けての自立のための援助としてサービスが提供されるであろうが，特別の問題を抱えていないルーフレスの者は，ホステルでの日々単位の宿所が提供されるだけである．日本で見られる中高年のホームレスの人々と変わりはない風体の人々をホステルやデイセンターでは多く見かけた．20歳代の人々ではない．

　翻って日本においてイギリスのように特化した施策が必要であるかを考えたい．日本でも重点主義施策である「ホームレスの自立支援等に関する特別措置法」が2002年8月に成案を見た．働くことで自立出来る者かを中心に置いたアセスメントにより選別された者を，就職と地域生活へ繋げることがねらいである．除外された者は路上生活するも，宿泊所に入所するも自由である．
　我々は同年の2002年に川崎市において野宿者の全数調査を実施することが出来た．川崎市は単独事業として，野宿者の全員を対象とする「パン券」と称される365日の弁当の配食事業を実施している．その他にも駅のコンコースから野宿者を閉め出すことをしない，公共施設のトイレや水道の使用を許容しているなど，野宿者への排除の意識は殆どない．おそらくその結果としてひどく汚れ，特有のにおいを発しているような野宿者は殆ど見られないし，野宿者が寝場所として常用している場所もよく清掃され，清潔さが保たれ，山谷のような消毒薬のにおいはない．市民も野宿者を避ける風でも警戒する風でもない．日本において川崎市におけるような地域社会の有り様を規定するほどのホームレス施策は殆ど実施されていないといえるのではないか．調査結果は，2003年3月に『川崎市の野宿生活者』として報告書に纏めた．本書の第3章がほぼそれである．その報告書の中で知り得たこととしてもっとも強調したことは，

野宿状態になりながらも1人の労働者として自立した生活への志向が強いこと，その意識を支えているのが川崎市の野宿者であれば全員を対象としている「パン券」であり，それによって最低の体力が維持され，仕事に就くことが出来る日には働いている事実である．つまり，野宿者が川崎市では「浮浪者」にならないということである．「パン券」という一日に2食（というより1.5食）の弁当の配布というある意味でささやかな制度が，加えて，野宿者を排除しないで労働者として受け入れているという歴史的風土の条件もあると思うが，野宿者となりながらも労働者としての誇りを維持することを可能としている．そのことから川崎市での野宿者の問題は，アルコールやドラッグの問題というよりは，仕事がないことの一事であり，単純な性格のものと捉えた．社会生活を拒否したりしているわけではない．多くの場合，人格や習癖・嗜癖の問題ではない．第3章において野宿前に仕事を辞めた理由をみたが，「解雇」や「リストラ」によるものよりも「仕事がなくなった」ことを理由に挙げる者の方がはるかに多かった．仕事に，主として日雇の仕事であるが，就労でき，続けることが出来さえすれば，高度成長期のように60歳以上まで就労出来れば，その後は社会福祉関係の施設に入所したり，ドヤで，あるいはアパートで，生活保護を受けることが出来さえすれば，別段問題なく人生を終えることが出来るのである．反社会的存在として社会的排除の対象となることもなかったであろう．多くの者は，生活習慣や嗜癖を矯正する特別のプログラムが必要であるとは思われない．必要なのは，仕事の創出，斡旋と，仕事場に近い住居の保障と，生活の保障という普遍的施策であると考える．もし，仕事の創出と斡旋が出来ないとすれば，通常の生活保護の適用を広げるしかないであろう．

注

1) 川上論文では，不安定低所得層の質の変化を指摘している．
2) 早川和男「現代居住問題への基本視座」講座現代居住1 東京大学出版会，1996年，p.13．
3) S.Fitzpatrick,P.kemp,S.Klinker, *Single homelessness*, 2000, p.7において，1 ルーフレス，2 ホームレスネス，3 一時的寄宿状態 4 安全面，精神的に

耐えられない住環境　5同居を余儀なくされている者というホームレス分類を示している．
4) 中山徹「イギリスにおけるホームレス問題と野宿者政策」『グローバリゼーションと社会政策』社会政策学会誌，法律文化社，2002年，p.125．51回日本社会福祉学会全国大会報告，垣田裕介，野宿者対策―その動向および支援の実例」を参考にした．
5) 岩田正美「英国社会政策と『社会的排除』―近年のホームレス政策の混乱をめぐって―」『海外社会保障研究』141号，winter，2002年，p.35．
6) Abel Smith & Peter Townsend, *The Poor and the Poorest*, 1965, London.
7) Pete Alock, *Understanding Poverty*, Second Edition, 1997 Macmillan.
8) Patricia Kennett and Alex Marsh *HOMELESSNESS* The Policy Press 1999, p.241.
9) *THE HUB Annual Report 1999/2000*.
10) 中山徹「イギリスにおけるホームレス問題と野宿者政策」『グローバリゼーションと社会政策』社会政策学会誌，法律文化社，2002年，p.132．

補章
戦前の草間八十雄による浮浪者調査

1. 浮浪者調査の流れ

　戦前の浮浪者に関連する調査は，大正末期に登場し，それから昭和のはじめまでの，いわゆる「社会調査ブーム」の時期に，集中して行われている．そして，調査の主流は，他の社会事業分野の調査と同じように，行政機関による官庁調査である．つまり，行政機関による社会事業調査の一環として実施されたということである．なかでも，東京市社会局によるものがもっとも多いが，それを上げると以下のようである．

```
1923（大正12）年東京市『浮浪者及残食物に関する調査』
1924（大正13）年『集団細民の生活状態調査・夕刊売少年の調査』
1926（大正15）年東京府『行旅病人死亡人に関する調査』
1926（大正15）年大阪市『公園内における無宿者調査』
1929（昭和 4）年東京市『浮浪者に関する調査・児童連行の乞食に関する調査』
1931（昭和 6）年東京市『無料宿泊所止宿者に関する調査』
1931（昭和 6）年東京市『浅草公園を中心とする無宿者の調査』
1933（昭和 8）年神戸市『浮浪者調査』
1939（昭和14）年東京市『市内浮浪者調査』
国勢調査付帯，1925年，1930年『東京市の浮浪者に関する調査』
```

　この時期に，なぜ，浮浪者調査が実施されることとなったのかは，諸都市において，当時の社会情勢を背景として，組織的に社会事業調査を実施する体制が作られることとなるが，その体制のもとに実施された社会事業調査の諸テーマのひとつに「浮浪者」が設定されたことによると思われる[1]．

　東京市社会局による浮浪者調査報告書の目的の記載をみると，いずれも，「社会事業施設経営に資するため」と，「研究資料として提供するため」と簡単に

記されているだけで，調査の動機はいまひとつ明確ではなく，具体性に欠ける．とはいえ，まったく任意に，思いつき的に設定されたわけではないだろう．この時代に浮浪者の存在が社会的に特異な現象として突出し，重大な社会問題として人々の目に映じたことによると思われる[2]．

ところで行政機関による浮浪者への関わりは，明治のはじめに早々に，行旅病人，死亡人として，対処することで始まっている．行旅病人を収容した東京市の養育院は，戦前のもっとも代表的な社会事業施設であるが，それは，明治5年の浮浪者の刈込み，収容に端緒を持ち，その後も，行旅病人の収容を継続しており，第二次世界大戦終結に至るまでその事業は行われている．また，養育院のほかにも，収容事業を行う施設が作られ，増加していっている．

だが，組織的調査としては，1922（大正11）年に実施された東京市社会局の調査が最初のものであろう．これは，収容保護されていない，いわば，野にある浮浪者についての調査である．前記したように，1922年の東京市調査以降，諸都市において浮浪者調査が行われているが，激動の時代を背景として，社会の最下の階層への沈澱者である浮浪者への社会的関心が，社会調査の形をとることとなったということであろう．

いま，調査により捉えられた浮浪者の数を国勢調査の結果等も含めて東京市について示すと次のようである．まず，前記した最初の調査である1922（大正11）年調査では，253人であり，次に1924（大正13）年では，大震災のあった翌年であるが，東京市勢調査によると10月1日現在で281人である．さらに翌年の1925（大正14）年10月1日の国勢調査によると380人である．1928（昭和3）年の東京市社会局調査では，全市でなく特定地域に限定したものであったが，473人の結果を得ている．全市では700人位であろうと推計されている．さらに，1930（昭和5）年10月1日の国勢調査結果によると，「財界の不振は極めて酷く失業者が続出したので，野宿をなすもの多くな」り，一挙に，1,799人の多数となっている．翌年の1931（昭和6）年8月に東京市社会局が，浅草松清町に一泊宿泊所を開所するための資料とするため，浅草公園とその付近に限って調査した結果だが，602人の多数が捉えられている．ついで，1935（昭

和10) 年の国勢調査では1,171人に減少してきており，1937 (昭和12) 年11月の東京市社会局調査では，5〜6人以上の集団的に野宿をなす場所に限って調査し，363人を数えているが，もし，市内くまなく調査したならば，500人位であろうと推計されている[3]．

　以上のように，1929年の昭和恐慌時を中心に，浮浪者数は，著しく増大し，また，減少していったことが捉えられているが，このように，激しく変動した時期に浮浪者調査は集中して行われたのである．ところで，付記しておきたいことは，上記の浮浪者として数えられた者は，調査日現在において，野宿をしていた者のことである．その中には，長期に浮浪している者 (それが厳密な意味での浮浪者であろうが) も含まれるが，たまたまその日に野宿していた者も含まれている．あとで述べるように，現に野宿している者を全体的に調査したことによって，浮浪者の概念が広いものとなり，浮浪者調査を通して，当時の最下層の状況や構造を推測することが可能な資料となっている．

　以上，述べてきたように調査の主流は，行政機関によるいわゆる官庁調査であり，量的にもそれが多い．だが浮浪者調査には，問題の性質上，官庁調査の枠の中に収まりきれない面があり，そのため官庁による刊行物とは別の，浮浪者に関する文献が見られる．それらは，主として，官庁調査にたずさわった人々の中の，特定の個人の手によるものである．そのもっとも典型的な例をあげれば，戦前の浮浪者調査を実施した人として，もっとも著名な人物である草間八十雄は，一方で東京市社会局の嘱託として，東京市社会局による数回にわたる浮浪者調査のすべてにおいて指導的役割を果たし，調査の陣頭指揮をとっている．そして，その調査結果は，一方で官公物として刊行されているが，他方で同時にその調査において得られたデータを取り入れながら，それに彼個人の踏査による蒐集データを加えて『浮浪者と売笑婦の研究』や，雑誌『社会事業』誌上その他に論文を発表している．その数は30篇余にもなるが紙数の関係上そのいくつかをあげると以下のようなものがある[4]．

　貧民生活の実状『社会と救済』3巻10号，11号，大正9年1月，2月

東京市の浮浪者調査概観『社会事業』5巻12号，大正11年3月
浮浪者と野宿の実態に就て『社会事業』9巻1号，2号，大正14年4月，5月
東京に於ける浮浪者に就て『社会事業』13巻6号，昭和4年9月
大東京の浮浪者『改造』11巻10号，昭和4年10月
浅草公園に於ける浮浪者調査報告『社会事業』13巻8号，昭和4年11月
貧民層とルンペン『改造』18巻3号，昭和11年3月
時局と浮浪者『社会福利』24巻1号，昭和15年1月

　草間とともに，東京市職員として浮浪者調査に従事した工藤英一がいる．工藤も浮浪者に関する著書『浮浪者を語る』（1933年）をあらわしている．また，社会政策時報誌上にいくつかの論文を発表している．「浮浪者の稼ぎについて」（1929年），「ヨナゲ屋と堀り屋」（1929年），「ゴンドラ村生活抄」（1931年）などであり，内容は工藤の場合統計的なものではなく，実地踏査による見聞をもとに，浮浪者の世界を描き出している．

　同じく，神戸市調査に関連して，杉田安太郎が『社会事業研究』に「時季に依り見たる浮浪者の生活種々相」を1928年10月，11月，1929年1月の3回にわたって連載している．それは浮浪者の定義にはじまり，年齢，出生地，教育程度，父母の現存と職業，浮浪原因，労働日数，衣食住に関して，疾病状況，事例と分析し，失業問題と関連させたつっこんだ考察がなされている．

　その他，東京市養育院の大久保満彦による「東京市の浮浪者について」『社会福利』（24巻3号）がある．

2．東京市社会局浮浪者調査と草間八十雄

　これまで述べてきたところから，すでに，草間八十雄の戦前浮浪者調査において果たした役割の大きさは明白であろうが，草間八十雄を戦前浮浪者調査の第一人者としてあげることに異論はないであろう．そこで，以下では草間八十雄の浮浪者調査をとりあげて，述べることにしたい．

　草間八十雄の浮浪者調査は，東京市社会局調査と不可分の関係にある．草間は，新聞記者を経た後1922年に48歳にして東京市社会局の嘱託となるが，1929年以降には主事として，東京市社会局における数回にわたる浮浪者調査

補章　戦前の草間八十雄による浮浪者調査　377

にかかわっている．中川清による三好豊太郎氏ならびに磯村英一氏からの聞き取りによれば，「東京市社会局にあって，『浮浪者調査』を強力に推進したのは草間八十雄であった」[5]ということである．草間は，1922（大正11）年の最初の調査の年に，東京市役所に転職しており，東京市における浮浪者調査の実際の遂行をまかせることの出来る下層社会によく通じた者として，求められて入職したものと推測される．その後の浮浪者調査は，中川の聞き取りにあるように，調査実施の決定自体の点でも，おそらく「推進」者であったであろう．東京市社会局の浮浪者調査は草間を得たことによって推進されたが，その反面において，その調査内容が，草間の視点に影響された面も大きいと思われる．前に記したように，調査結果は，一方で市の公刊物として発表されているが，他方で，それを材料として用いながら書かれた草間の論文も多い．ここでは東京市の調査報告書によるよりも主として，草間の手による著書や論文によりながら，浮浪者調査により明らかにされたことについて述べることとしたい[6]．というのは，浮浪者に関する草間の各論文が，大なり小なり，市社会局調査の結果に言及しながら書かれており，また，市調査の動機や調査項目の意味が述べられているからである．

　上述したように，草間浮浪者調査と東京市社会局の浮浪者調査とは不可分の関係にあるので，まず，東京市社会局調査の概要について述べておくことにしたい．東京市の組織的調査としては，1922（大正11）年，1928（昭和3）年，1937（昭和12）年調査が中心となる調査である．したがって，この3つの調査について以下述べていくことにしたい．調査方法の特徴は，調査日を何月何日と特定し，その日に野宿している者を調査対象として，野宿しているところにおもむき，直接聞き取りをしている点にある．この方法は，3回の調査とも基本的に共通している．この方法により，とにかく現に野宿している者を調査対象とすることとなり，結果的に浮浪者を広義に捉えることとなった．この点は，調査結果を解釈する上で重要な点である．調査の意図としては，浮浪者の一斉調査を実施することにあったようである．

　1922年調査は2月25日午前零時から，また1937年調査も11月6日〜26

日夜にと，寒い時季の夜を選び，1928年調査では6月13日から7月10日までの梅雨期を選んで「屋根の下に寝ないで野宿をする者」の「果敢なき」ねむりについている様子を一斉にとらえることに第一義的目的が置かれていたのである．つまり，浮浪者についての定義や範囲があらかじめ検討され，その限定された浮浪者を捉えるための調査方法として上記の方法が選択されたというものではない．とにかく調査日現在に野宿をしていた者の一斉調査であったということである．

そこで，調査事項として第一に重要視されているのは，浮浪者＝野宿者の正確な数を捉えることである．第1回の1922年調査が具体的にどのような手順ですすめられたかを，草間は，「東京市の浮浪者調査概観」[7]で描き出しているが，それによると大学生，在郷軍人，篤志家，青年団員，市吏員，区吏員，方面委員等，568名もの協力者を集めて，それを241班に編成し，市内各区を区分して調査担当地区を割り当てて，その地区内の野宿者の発見と質問票に基づく聞き取りを行わせている．調査は午前零時から6時までかけて，一斉におこなわれたが，そうやって得られた結果が253人の浮浪者の発見であった．このような厳密な方法によって捉えた浮浪者の人数であったわけで，草間は，この数に大いに信頼を置き，はじめて確実に，「科学的」につかまれたものとして彼の多くの論稿にこれをあげている．

だが，1928年調査，1937年調査では，これほど徹底した方法はとられていない．1928年調査では調査日が1ヶ月余りにわたることと浅草公園，上野公園，芝公園，虎ノ門公園，四谷区旭町，深川区富川町の6地区に調査地区が限定されている．発見された浮浪者の数は473人であったが，「一斉調査をしたならば，7百人位あるだろう」[8]との推測が述べられている．また，1937年調査も，11月6日から26日までの間の8日間に間欠的に調査を行い，5〜6人以上の集団をなして就寝しているものに限っている．したがって発見された浮浪者は363人であるが，全員を調査したならば500人位であろうと推測している．

次に，調査の項目であるが，1922年調査があと2回の調査の原型とされているといえる．1928年，1937年調査ではそれにいくつかの点がつけ加えられ

補章　戦前の草間八十雄による浮浪者調査　379

ているが基本的には踏襲されている．まず，1922年調査の項目をあげると次のようである．1) 発見地（地区，寝臥場所）　2) 性別，年齢　3) 配偶関係　4) 出生地　5) 教育程度　6) 健康状態　7) 生活状態（職業，生活方法）　8) 浮浪状態（開始年，理由，地区）　9) 浮浪を脱せざる理由　10) 上京理由　11) 扶養能力ある親族関係（続柄，住所，職業）　12) 院内救助関係の以上である．

　1928年調査でつけ加えられた項目は，残飯物の供給状態，精神的関係として信教，希望および思想，趣味嗜好．それに職業関係がくわしくなり，職業変換数，変換経路および状態，直前の職業が現職以外に加わっている．その他，院内救助（受否，場所，収容期間）である．1937年調査では，以上の他に兵役関係がつけ加えられている．1928年調査以降で精神関係と職業関係が付け加わったことは，第一に，浮浪者の主体的側面に目が向けられたことであり，第二に，社会的経済的関係に視野が広がったことである．ともに，注目される点である．つまり，内的にも，外的にも視野が深められ広がっていったといえる．

　さて，以上の項目による調査を通して明らかにされた事柄を述べていくことにしたいが，東京市社会局の調査結果を述べるのでなく，ここでは草間が重要視した点について，つまり，彼の著書および論文にあらわされている点について述べることにしたい．

　第一は，繰り返しになるが，浮浪者の人数である．草間が捉えようとするのは，悲惨な境遇にあるものの人数が社会の中に一体どの位なのかという数の把握が一方の関心事として強くあるが，それが，何年の調査結果についても「多数である」と述べ，浮浪者が社会の中に多数存在することを強調している．さらにそれだけにとどまらず，寒い冬の時季や梅雨期が調査日に選ばれていることからも分かるように，そのような時季に屋根のあるところで寝ることが出来ない人が，ともあれ存在すること自体を重大な事と考えて，その悲惨な状況を捉えようとしている．少し長くなるが，1922年調査の時の草間の記述から引用することにしたい．

　「偖て本間保護課長と私とは寫眞班を伴って眞夜中の午前一時本部を出て，自動車を馳ら

せて神田,下谷,浅草方面における調査實狀を視察に向ふたのであるが,頻りに降る雨の中を先づ神田龍閑橋際の市設塵芥収扱場に這入ると,四間に五間位ゐの屋根を掩へる此ごみ溜場には,五人の浮浪者が菰を敷き菰を被って果敢ない夢を結んでゐる.中に七拾位の老爺が目を醒し,身を縮めながら此處を一夜の姆に許してくれと頭を垂れての頼みである,誰とて惻隠の涙を注がずには居られない,而して軈て一人起き二人起き悉くのものが起き出でて手を合はさん許りに頼むのである.……次に神田昌平橋の塵芥置場に行くと此處には三ケ所に分かれて九人のものが寝込んでゐて,何れも頭から古蓙や菰をかぶってゐる,その様子は前の龍閑橋の夫れにも劣らざるまで酷いものであった.……夫れから浅草方面に向ひ,吾妻橋西詰を右に曲る駒形河岸の塵芥置場に這入って見ると,雨のために外に宿ることの出来ないものが,驚くべし男女二十人暗闇のなかに恰も大根を並べたる如く塵芥の上に又土間にゴロゴロと寝ている.……次に行ったのは浅草日本堤下の今戸公園である.丁度調査班と出會したので,此公園に彷徨へる浮浪者を探し廻はると,降りしきる雨に背中をうたれながら平気で寝込むでゐる一人の浮浪者がゐた.待乳山小學校南入口の軒には片足の男と眼病患者の老人が寝込むでゐた.又共同便所には二十位ひの男乞食が臭気に頓着なく宿り込むでゐた」[9]

　この種の描写は草間の記述の中にいくらでも見出すことが出来る.「果敢ない」とは,浮浪者に関して草間が繰返し好んで用いている表現であるが,そのような状況に置かれているものの存在自体を容認すべからざるものとして,繰り返し指摘しているのである.

　第二の特徴は,「生活実情」を捉えることに,大方の関心が向けられていることである. 1922年調査の結果について纏めた著書である『浮浪者と賣笑婦の研究』の「浮浪者の実情」の編のはじめでも,「これより述べようとするのは,浮浪者の中でも最も下等な部類に属する人々の・生・活・実・情に就いてである」[10]（傍点川上）と述べている. 社会の底辺に生きるものの「生活実情」をありのままに捉えることが彼の浮浪者調査研究の一貫した主題であったと思われる. その点は,彼の下層社会研究の全分野にわたって共通していえることだが,浮浪者調査についていえば,調査項目に表れているように,どのような所でねむり,どのようにして収入を得,あるいは日々の食糧を摂取出来ているかが主要な関心事となる.

　どのような所でねむっているかは先の引用にすでに表れているが,全数調査である1922年調査の結果によれば,多い順にあげると塵芥置場および塵芥箱,住宅軒下,物置および工事小屋,寺社境内および墓地,空屋,道路面,公園四阿屋などである[11]. 地区では,吉原遊廓と浅草公園のある浅草区に3割もが

集中する．次が深川区である．残肴残飯の無料供給が多く，また，「立ちん坊，軽子，広告くばりの如き不規則的な雑業の比較的多く需められる土地」12)であるという．

「生活の方法は三段になっている」としている．ひとつは就労によるもの，二つは，金銭物品の施しをうけるもの，三つは，正しくない方法で生活の資料を得ている者である．一般に，第二の方法による者が多いと思われているが，乞食の数は，1922年調査で253人中66人，26.1％，1928年調査では乞食は473人中42人，8.9％，1937年調査では363人中19人，5.2％にすぎず，何らかの仕事に従事するものが，1922年で84％，1937年で81％であり，就労している者の方が多いというのである．

だが，その収入は，後に述べる健康上の理由により，人並みの労働能力がないものが多く，概ね少ないという．「下等な労働者であっても，兎に角眞面目な途で生活をなさうとするのであるが，人並みの労働能力を持たない，即ち性来虚弱なものとか老衰者であると，彼の日傭人夫に傭われても強い仕事には就けないのでやむなくさまで力業のいらない立ちん坊とか廣告配りなどに傭われるから，賃金の安いのは詮方がない」13)というのである．1922年についてひとつの試算を行っている．1日50銭の雑役夫で，15日の就労日数とみて月22円50銭の月収となるが，「就業日数がそれ以下のものは，ダイガラ（残飯一筆者）を食ひ野宿をして，生きる外に途がないのである」14)という．つまり，働いている者が多いにもかかわらず，食物の貰いに依存する者は，1928年で52％，1937年で33％となるのである．

このように，「眞面目に」働きながらも残飯の貰いに依存し，あるいは野宿をせざるを得ない事情は，これらの実態調査による分析によって，初めて明らかにすることが出来た浮浪者の重要な生活側面であろう．

第三に，健康状態と浮浪との関係を非常に重要視している．健康なものの割合は，1922年で52％，1928年で51％，1937年で44％であり，残りの半数ないし，それ以上が非健康者であり，軽病者，不具者，重病者，精神異常者からなるという．

まず年齢と健康との関係に目が向けられている．1922年調査によると，健康者は，19歳以下では69％，20～30歳では63％と6割をこえ良好の者の方が多いのであるが，31～40歳では45％，41～50歳で42％，51～60歳で43％，61歳以上で41％と，40歳をこえると4割程度になるという．

この健康の問題は，一方で，浮浪化の原因となり，多方で，浮浪を長期化させる原因となるという点で，重大なのである．

「昔の浮浪者（明治以前―筆者）と今日の浮浪者とは本質が異なるのである．殊に吾人の感ずる事柄は四十歳以上の浮浪者の中には，疾病，不具，老弱のもの少なからざるのであって，比等が斯の如くなれる原因を観察すると，時代的思想のもたらせる一つの生活的缺陥に因るものの如く思われる．即ちかかる輩らの前職業を捜ると概ね土方稼業にあったもの，工場労働者などが落果てて居る．然して工場労働者は扨て措き，此土方の概ねは元気旺盛時代にあっては極めて激しい労働に就くものであって，彼等社會に於て一人前の土方と稱されるものは一日四千貫の土砂を運搬整理する能力がなくてはならぬ．隨て過労は體力の衰弱を來すので，初老の期に達すれば自然と引退せねばならぬ」[15]．その引退の先に浮浪者の世界があるという．このように，土方のような重筋的単純労働者であったものが，体力の衰えとともに，段階的に浮浪者にまで落層していくことを指摘している．

さらに，浮浪と健康との関連で指摘するのは次の点である．「浮浪することが長ければ長いほど，健康を害し，疾病に罹り，或は衰弱して，労働その他眞面目になる途により生活を営むことが出来ないので，己むなく浮浪者の群に入って生活を続けるより外に途がないのである」[16]と述べ，浮浪が健康を害せしめ，浮浪をさらに長期化させる要因となることを指摘している．

草間がとくに同情をよせているのは，老浮浪者に対してである．「哀れの思ひに耐へないのは六十六歳から七十歳のもの，更に七十一歳を超へたものである．之等老齢の者は生活困難であれば，當然保護されるべきもので，野宿をなすまでに傷ましい身空となっている」[17]と，草間の老浮浪者への同情には実に厚いものがある．

第四に，浮浪原因についての分析を見ておきたい．浮浪原因については，くわしい分類をあげ，分類結果の数字を示しているが，それについて草間自身は多くを語ってはいない．分類結果の数字を掲げ，簡単に説明しているだけである．だが，分類のたて方，およびそれへの振り分け方に，自ずから，浮浪原因についての草間の見方，およびその変化が表れていると思うので，その表をここにあげることにする．まず，1922年についてあげると表11－1の通りである．

表11－1　浮浪原因（1922年）

			男	女	計
個人的關係	身體的不能力	不具	30	2	32
		疾病	31	—	31
		老衰	4	—	4
		精神神異常	—	1	1
		低能	3	—	3
	精神神的不能力	怠惰	29	1	30
		技術拙劣又は無能	2	—	2
	不良行爲	放蕩	7	2	9
		飲酒	32	—	32
	小　　計		138	6	144
家族的關係	家族不和		19	2	21
	家族疾病又は死亡		5	—	5
	扶養者の死亡		16	1	17
	扶養者逃亡又は離婚若くは失産		8	1	9
	小　　計		48	4	52
職業上の關係	商業の失敗又は事業頓挫		11	1	12
	失業		8	—	8
	小　　計		19	1	20
社會的關係	勞銀低廉		1	—	1
	勞働需要の缺乏		12	—	12
	小　　計		13	—	13
其他の原因			19	1	20
不詳			4	—	4
	總　　計		241	12	253

出所）「浮浪者と賣笑婦の研究」36〜38ページ．小計，總計は筆者の加筆．

前記の表について，個人的関係によるものが57%ともっとも多いことを指摘し，だが，「放蕩，飲酒に基くものの如き，自から招来せるものを除き，他の原因によるものに関しては同情と慈愛とを眼目に之が境遇に想ひを注がざる

表11-2　浮浪原因（1937年）

職業的関係に因るもの			
	商業失敗のため		28人
	就職出来ざるため		43〃
	上京後職業に就き得ざるため		20〃
	失業のため		41〃
	計		132〃
個人的關係に因るもの			
	肉体的缺陷	不具廢疾のため	74人
		疾病のため	30〃
	精神神的缺陷	怠惰仕事嫌い	4〃
		堕落のため	8〃
		飲酒のため	15〃
	計		131〃
	家庭不和のため		23人
	父母死亡のため		4〃
	夫に死別せるため		3〃
	離縁されたるため		1〃
	破産のため		3〃
	計		34〃
其の他			
	勞働に堪へざるため		4人
	主人との不和		6人
	大震災のため		10〃
	孤獨のため		6〃
	計		26〃
不詳			40〃
總計			363〃

出所）　草間八十雄「時局と浮浪者」『社会福利』Vol 24, No.1, 昭15年1月号, 98ページ.

べからざるのである.」[18] と述べている. 放蕩飲酒等のいわゆる「第二次貧困」のものは73ケース29％と3割以下であり，少なく見ている. とはいえ，表に見られるように，職業上の関係や社会的関係を原因とするものは，前者が8％，後者が5％と実に少くしか捉えられていない.

　1928年調査についても分類のたて方に変化はなく，また，個人的原因のものが54％とやはり多いのであるが，社会的原因のものが29％と増加している.

　1937年調査では，分類自体が変更されている. その分類と数の結果は表11－2の通りである. 職業的関係によるものの概念が拡大し，それが分類順位としても第1位に置かれてくる. また数として見ても，36.3％を数えている. 個人的原因は次位にあげられ，その割合は36.1％と1922年および1928年調査と比べて，かなりの減少を示している. 中でも，怠惰や飲酒等の精神的欠陥によるものは，27ケース7％でしかない.

　以上のように，浮浪原因について，個人的関係を重視していた見方から，職業的関係（1937年調査分類では，社会的関係もここに含めるようになっている）の方へ重点を移していること，もともと，いわゆる第二次貧困の意義を小さく見ていたこと，個人的原因のうちでは身体的理由（健康的理由）が大きい比重を占めると捉えていたことを指摘出来るのである.

　以上が，草間の浮浪者調査の主要点としてあげられる点である. 草間の浮浪者調査は東京市社会局調査の結果に依拠しているために，統計的把握の面がつよい. 統計的把握は，草間が一方でつねに追求した方法であり，社会調査は「科学的」でなければならないと考え，数量的把握につとめている. だが，草間が真に得意とするのは，新聞記者という前歴からも，実地踏査というか，日常的に足を運んで，対象者に接し，対象者個々人の生活事情や下層の人々の社会的習慣や諸関係について聞き取ることにある. 草間が調査した領域は，浮浪者の他には，細民地区，売笑婦，その他からなるが，東京市社会局の嘱託となってからも，各領域にわたって，実によく，彼のもとで調査をした磯村英一氏の表現によれば「毎日のように足を運ん」で，観察をし，聞き取りをしている. したがって，彼の調査は，参与調査ともいえるものである. 浮浪者についても，

浅草方面を中心にしげしげと足を運んでいたようである．だが，浮浪者に関連した著作や論文は，観察や聞き取りによる叙述も多いがどちらかというと，前述したように，統計的分析の面がつよいものになっている．東京市社会局の数回にわたる浮浪者調査が，草間のイニシアティブのもとに行われた組織的調査であり，草間の中で，大きなウエイトを占めていたからであろう．

3．浮浪者の形成について

次に，戦前の浮浪者の形成の特徴について見ることにしたい．草間は，形成に関しては，前述したように体力や健康との関係については分析しているが，その社会的過程＝前職については，ごく大雑把に述べているだけである．しかし，東京市社会局の1928年，1937年調査報告書には，「職業関係」の章があり，前職に関する統計表が掲載されている．それらは，浮浪者の形成についての社会的過程を捉えることの出来る貴重な資料であるので，紙数の関係で簡単にしか出来ないが，1928年分についてその分析を試みることにしたい．

ひとつには，「職業変換の経路」として，調査報告書の43ページから56ページまでにわたり9表に及んで詳細な把握がなされている．それらの表から，職業歴上の最初の職業と浮浪に陥いる直前の職業の関係を捉えることが出来るが，それらを加工してひとつの表にして示すと表11－3のようになる．表頭，表側の分類および表現は原表のものをそのまま用いている．その分類についての説明は，調査報告書ではなされていないが，「技術労働たりしもの」の例示として，飾職とか亀甲細工とか古い性格の熟練職人があげられており，「筋肉労働たりしもの」には，煙管職工，鉱夫，土工，人夫のような職種が上げられている．

さて，表を見ることにしたい．表の最上欄が，最初の職業の分布を示すものである．それを見ると「技術労働たりしもの」が35％ともっとも多く，次が「農業に従事したりしもの」で22％である．ついで，「筋肉労働たりしもの」の14％と「店員たりしもの」の12％である．つまり，最初の職業の特徴としていえることは，古い性格の熟練職人である「技術労働たりしもの」を中心にしな

表 11-3　浮浪者の最初の職業と浮浪直前の職業

最初の職業＼直前職	知識的労働にあたりしもの	農業に従事したりしもの	技術労働たりしもの	自から事業を営みたりしもの	店員たりしもの	筋肉労働たりしもの	娼妓・芸妓たりしもの	自由業たりしもの	かつて職業を有せざりしもの	家事手伝たりしもの	不詳	総計
知識的労働にあたりしもの	3											3 (0.6%)
農業に従事したりしもの		27										27 (5.7%)
技術労働たりしもの	1	5	90	3	5			1				105 (22.2%)
自から事業を営みたりしもの	2	3	5	7	2			1				20 (4.2%)
店員たりしもの		4	4		17							25 (5.3%)
筋肉労働たりしもの	11	58	64	16	34	66		7				256 (54.2%)
娼妓・芸妓たりしもの							2					2 (0.4%)
自由業たりしもの		5	2					3				10 (2.1%)
かつて職業を有せざりしもの									5			5 (1.1%)
家事手伝たりしもの										8		8 (1.7%)
不詳											12	12 (2.5%)
総計	17 (3.6%)	102 (21.6%)	165 (34.8%)	26 (5.5%)	58 (12.3%)	66 (14.0%)	2 (0.4%)	12 (2.5%)	5 (1.1%)	8 (1.7%)	12 (2.5%)	473 (100.0%) (100.0%)

出所）『浮浪者に関する調査』東京市社会局，昭和3年，43～56ページ．

がら，種々の職業のものに広く分散していたということである．それが浮浪に陥る直前の職業になると，「筋肉労働たりしもの」が54％と，約半数を占めるようになり，次が「技術労働たりしもの」の22％で，その他の職業のものは5％台以下の少い割合となる．

次に，最初の職業から直前職への移動の特徴を見ると，最初の職業のほとんどのものにおいて，直前職では「筋肉労働たりしもの」への移行が見られる．「知識的労働にあたりしもの」では17名中11名が，「農業に従事したりしもの」では102名中58名が，「技術労働たりしもの」では165名中64名が，「自から事業を営みたりしもの」では26名中16名が，「店員たりしもの」では58名中34名が，「自由業たりしもの」では12名中7名がというように，各職業において，半数をこえる者が直前職には「筋肉労働たりしもの」に移動している．しかし，最初の職業が「技術労働たりしもの」の場合は，「筋肉労働たりしもの」へ移動したのは約3分の1でしかなく，「技術労働たりしもの」がそのまま直前職となっている者の方が165名中90名と多い．同じく注目されるのは，「農業に従事したりしもの」も，102名中27名が直前職でも農業である点である．少からざるものが農業から直接に浮浪者になっているということである．

次に，いまひとつ，直前職について，職業小分類による詳細な表が掲載されているので，それについて，さらに具体的に見ることにしたい．しかし，その表も8ページにも及ぶ表なので，ここに転載するわけにはいかないし，また，そのままでは，特徴も捉えずらいので，表11－4のような職業群（社会階層）にまとめて示すことにした．この職業群分類は，1961年に，日本女子大学社会福祉学科生活問題研究会において，昭和初期の低所得層の社会階層分類の作業を実施した時に作成したものである[19]．

浮浪に陥る直前の職業を分類した結果は，表11－5のようになった．表により，直前職の特徴をあげると，第一は，単純労働者の割合がきわだって大きい点であろう．43.3％ともっとも多い．その他に集中する階層は，手工的工業従事者が14.0％，行商露天商および類似の職業従事者が8.9％，サービス業従事者が6.8％，そして，建設職人が5.7％である．浮浪者はこれらの諸階層を経

表11－4　職業群分類（社会階層）

1.	単 純 労 働 者
	軽　　作　　業
	土　　　　　　工
	運　　　　　　搬
2.	行商露店商及び類似の浮動的職業従事者
	行　商　露　店　呼　売
	浮　動　的　職　業
3.	販　売　被　用　者
5.	サ ー ビ ス 従 事 者
6.	家　事　使　用　人
7.	鉱　業　従　事　者
8.	建　　設　　職　　人
9.	手 工 的 鉱 業 従 事 者
	要　　熟　　練
	不　　熟　　練
10.	機 械 工 業 従 事 者
11.	陸 上 運 輸 従 事 者
12.	海 上 運 輸 業 従 事 者
13.	通 信 業 従 事 者
14.	事　務　従　事　者
15.	役付俸給生活者・技術者
16.	医　療　技　術　者
17.	官　　　公　　　史
18.	教　　　　　　　師
19.	自　由　業　従　事　者
20.	仲　　　買　　　人
21.	商　　　業　　　主
22.	サ　ー　ビ　ス　業　主
23.	鉱　　　業　　　主
24.	土　木　建　築　業　主
25.	手　工　的　工　業　主
26.	機　　械　　工　　業　　主
27.	運　　　輸　　　業　　　主
28.	金　　　融　　　業　　　主
29.	金　利　生　活　者
30.	軍　　　　　　　人
31.	農　　　　　　　業

表11－5　浮浪に陥らざる直前の職業

		実数	％
1	単　純　労　働　者	205	43.3
	軽作業・土工	176	37.2
	運　　　　搬	29	6.1
2	行商露店商及び類似の職業従事者	42	8.9
	小商人・行商露天・呼売	22	4.7
	浮　動　的　職　業	20	4.2
3	商　業　被　用　者	17	3.6
5	サービス業従事者	32	6.8
6	家　事　使　用　人	13	2.7
7	鉱　業　従　事　者	4	0.8
8	建　　設　　職　　人	27	5.7
9	手工的工業従事者	66	14.0
	要　　熟　　練	53	11.3
	不　　熟　　練	13	2.7
10	機械的工事従事者	10	2.1
19	自　由　業　従　事　者	2	0.4
20	仲　　　買　　　人	2	0.4
31	農　　　　　　　業	34	7.2
	不　　　就　　　業	6	1.3
	不　　　　　　　詳	13	2.8
	総　　　　　計	473	100.0

出所）『浮浪者に関する調査』東京市社会局, 昭和3年, 56～63ページより作成.

由して，主として形成されたということである．No11 から No18 までの階層および No21 から No29 の諸階層は，直前職としては登場してこない．それらの階層からは，直接浮浪者に落層することはほとんどないということである．

ところで，前述のように，単純労働者から浮浪者化するものがもっとも多いのであるが，その割合は4割強と比較的少ないことに注目する必要があると思われる．つまり，圧倒的多数が，単純労働者を経由して浮浪者化するというのではなくて，最下の沈殿層である浮浪者の直前職には，当時の低所得層の，多分に前近代的性格を持つところの諸階層が広く含まれていたということである．前掲の表11－5とあわせ考えるならば，一方では，単純労働者化し，そして，浮浪者化するという形成ルートが形づくられつつあったが，他方で，上にあげた諸階層から直接的に浮浪者化したものも少なくなかったということである．

注

1） 『東京百年史』によれば，1917（大正6）年に，東京府救済課において社会調査を，社会事業を公的に推進する前提として実施する計画がたてられている．
2） 中川清氏は『日本の都市下層』において，都市下層に関する官庁調査が細民調査から要保護者調査へと分散，抽象化する中で，それの対局として浮浪者調査が執拗に行われたと意味づけられている．また，中川氏から直接受けた示唆であるが，1920年から始められた国勢調査との関係で，人口の正確な把握の一環として浮浪者調査が行われたと考えられる．
3） 草間八十雄「時局と浮浪者」『社会福利』24巻1号，昭和15年1月，p.94.
4） 草間八十雄の著書および論文について，安岡憲彦氏による詳細なリストが作成されている．草間八十雄の著作の復刻版である『近代下層民衆生活誌』pp.730－758.
5） 中川清『戦前日本の都市下層』p.260.
6） 東京市社会局の浮浪者調査については，すでに社会調査研究会編による『日本の社会事業調査』の中の山内悦「第2部　第1章浮浪者調査」および「第3部　社会事業調査文献抄録」に詳細な内容の紹介がなされている．
7） 『社会事業』Vol.5, No.12.
8） 草間八十雄「東京市に於ける浮浪者について」『社会事業』13巻6号．
9） 草間八十雄「東京市の浮浪者調査概観」『社会事業』5巻12号，1922年，

pp. 45-46.
10) 草間八十雄『浮浪者と賣笑婦の研究』p. 2.
11) 同上書, p. 17.
12) 同上書, p. 12.
13) 同上書, p. 25.
14) 同上書, p. 29.
15) 草間八十雄「浮浪者と野宿の実態について」『社会事業』9巻2号, 1925年5月, p. 83.
16) 草間八十雄『浮浪者と賣笑婦の研究』p. 41.
17) 草間八十雄「時局と浮浪者」『社会福利』24巻1号, 1940年1月, p. 96.
18) 草間八十雄「浮浪者と野宿の実態について」『社会事業』9巻2号, 1925年5月, p. 83.
19) 生活問題研究会「都市生活者の社会階層と貧困」『社会福祉』8号, 日本女子大学社会福祉学科紀要.

〔初出　江口英一編『日本社会調査の水脈』法律文化社「Ⅱ-5　浮浪者調査と草間八十雄」〕

あとがき

　2000年以降，山谷調査，大宮市調査，川崎市調査等，若い研究者や学生達とともに，ホームレス調査に掛かりきりで過ごしてきたように思う．この間に論点の把握・整理や理論的究明を十分果たせたとはいえないのであるが，さしあたり本の形にして出版することにした．私たちが取り組んできたこの5年間においても，ホームレス問題は拡大はしても，解決の方向には向かっていないと考えるからである．私たちが懸命に調査に取り組んだ川崎市においても，シェルターとデイセンターを兼ねた施設が川崎駅からそう離れていない所に作られ，屋根の提供を労働現場と離れない所で提供してほしいという私たちの主張が受け入れられた形ではあるが，他方で，川崎市における有意義な施策であった食料品現物支給事業は閉じられるようである．ひとつの自治体で実施していくには費用がかさむこと，その事業を目指して野宿者が他地域から集まっているということではなかったが，川崎市にとどまり他の地域への移動を押しとどめることになってはいる．しかし食料品現物支給事業は，日々の食べ物の提供という以上に，少しでも人間らしさを保つことを可能とする生命線ともいえる貴重な施策であったと評価出来るだけに，残念である．

　また，本の形にするにあたり，「日雇」労働者の日本社会の底辺における意味をもっと深めるつもりでいた．日本の底辺を規定する基本であるとは述べているのであるが，本書においてその論拠について十分に展開出来ているとはいい難い．第Ⅰ部において第3章としてそれを展開するつもりであった．江口英一先生を中心とした日雇労働者研究は，「低所得層」の研究の重要な部分として，日雇労働者に「単純労働者」を代表させ，その近代的性格を明らかにすることを目的とするものであった．社会の底辺層における「雑業層」の存在は，明治以来都市底辺研究において指摘されてきたことである．江口先生が日雇層を研究の核とされてきたのは，「雑業層」から転換し，「貧民」ではなく「低所得層」と捉えうるところの近代的性格へ変化してきていることを示し，その社会的意

味を明らかにすることに主眼があったといえる．社会階層構成の変化の追跡研究の結果から，量の面でも，「名目的自営業」に代表される「雑業層」は戦前と比べて比較にならないほどに減少していることを社会階層構成表の作成を通して示してきた．「プール」の意味は，いうまでもなく過剰人口プールということであり，産業予備軍の役割を付与されている者たちということである．単に貧困な状況にある者として捉えてきたのではない．

このテーマに関して現時点において論じるには，現代的貧困の観点からの吟味が必要であろう．そしてそれだけではなく，ドヤや飯場でなくアパートに住み，「常用」として雇用されていたと回答しているが，実質日雇と思われる「人出し業者」の下に雇われていた人々の研究が必要であると調査の聞き取りを通して考えるに至った．しかし私たちの研究はそこまでは及んでいない．「常用」と答えている者たちが，実際には派遣労働者というべき雇用内容であったと推測される話を多く聞いたし，ホームレスとなった理由にリストラや解雇もだが，「仕事の減少」という理由が大きな割合を占めていたのである．本書では「常用」の解明は今後の課題として残し，これまでの調査から纏められる範囲でとにかく纏めることとしたものである．

学文社の田中千津子氏に心からの感謝の言葉を申し上げたい．私の貧困研究の成果は20年以上も前に出版を計画したのであるが，纏め上げることが出来ないまま今日に至ってしまった．全く遅々たる歩みで，いくらかでも纏められるようになるのに随分と年月を要してしまったものであると自省する．このたびの出版も貧困研究のうち最近実施したホームレスに関する部分が主であるが，纏めることが出来た部分から出版していきたいと考えている．学文社の田中氏にその機会を提供していただけたことはうれしいことである．

最後に，このたびのホームレスに関する一連の調査研究は，淑徳大学大学院で学んだ者たちを中心に進めてきた成果である．私たちの実証研究がホームレスの状態にある人々の理解に役立つよう私たちは願っている．

2004年9月10日

川上　昌子

編著者紹介

川上　昌子（かわかみ　まさこ）
1937年　生まれ
1960年　日本女子大学文学部社会福祉学科卒業
1971年　法政大学社会科学研究科経済学専攻博士課程単位取得退学
2002年　日本女子大学大学院人間生活学研究科，博士号(学術)取得
現　在　淑徳大学社会学部社会福祉学科教授
論文及び著書　「貧困と社会福祉」（江口英一編『社会福祉と貧困』法律文化社，1981年）
「社会構成の変化と貧困の所在」（江口英一編『生活分析から福祉へ』光生館，1987年）
「高消費化と家計構造の均等化について」（共著『現代日本の労働と生活』第一書林，1983年）
「生活保護の推移」（『日本の労使関係の特質』社会政策学会年報第31集）
『公的扶助論』光生館，2002年

日本におけるホームレスの実態

2005年6月30日　第一版第一刷発行
2006年3月10日　第一版第二刷発行

　　　　　　　　　　　編著者　　川　上　昌　子
　　　　　　　　　　　発行者　　田　中　千津子

〒153-0064　東京都目黒区下目黒3-6-1
発行所　☎ 03(3715)1501　FAX 03(3715)2012
　　　　振替　00130-9-98842
　　　　　　　　　　　　　　　株式会社　学文社

印刷所／新灯印刷㈱　Ⓒ 2005 KAWAKAMI Masako　Printed in JAPAN
検印省略　　　　　　http://www.gakubunsha.com
ISBN4-7620-1445-1